EWALD GLÄSSER · ACHIM SCHNÜTGEN

ISLAND

WISSENSCHAFTLICHE LÄNDERKUNDEN

HERAUSGEGEBEN
VON
WERNER STORKEBAUM

BAND 28

1986
WISSENSCHAFTLICHE BUCHGESELLSCHAFT
DARMSTADT

ISLAND

VON

EWALD GLÄSSER UND ACHIM SCHNÜTGEN

Mit 45 Abbildungen und 35 Tabellen im Text
sowie 31 Bildtafeln im Anhang

1986

WISSENSCHAFTLICHE BUCHGESELLSCHAFT
DARMSTADT

CIP-Kurztitelaufnahme der Deutschen Bibliothek

Glässer, Ewald:
Island / von Ewald Glässer u. Achim
Schnütgen. – Darmstadt: Wissenschaftliche
Buchgesellschaft, 1986.
(Wissenschaftliche Länderkunden; Bd. 28)
ISBN 3-534-01225-9
NE: Schnütgen, Achim:; GT

1 2 3 4 5

Bestellnummer 1225-9

Satz: Maschinensetzerei Janß, Pfungstadt
Druck und Einband: Wissenschaftliche Buchgesellschaft, Darmstadt
Printed in Germany
Schrift: Linotype Garamond, 9/11

ISSN 0174-0725
ISBN 3-534-01225-9

INHALT

VERZEICHNIS DER ABBILDUNGEN

VERZEICHNIS DER TABELLEN

VERZEICHNIS DER BILDTAFELN IM ANHANG

BILDNACHWEIS

Die Aufnahmen im Bildanhang stammen von den Verfassern, sofern als Quelle nicht Landmælingar Íslands, Reykjavík, angegeben ist.

VORWORT DER VERFASSER

Es ist das Hauptanliegen dieser Wissenschaftlichen Länderkunde, die besondere, ja einzigartige Stellung der isländischen Natur- und Kulturlandschaften in ihren dominanten Zügen herauszustellen und in formaler, funktionaler und historisch-genetischer Sicht zu interpretieren. Dabei stehen zwei Problemkreise im Vordergrund der Analyse, nämlich zum einen die rezenten physisch-geographischen bzw. geologisch-morphologischen Prozesse, vor allem der Vulkanismus und der glaziale Formenschatz, sowie zum andern das Ringen der isländischen Bevölkerung mit den Naturgewalten in Vergangenheit und Gegenwart. Für die Erforschung aktueller geologischer Vorgänge in der Erdkruste – man denke nur an die Kontinentaldrift – hat Island heute eine Schlüsselposition, so daß schon aus diesem Grunde die entsprechenden Zweige der Geowissenschaften in den folgenden Kapiteln stärker zum Tragen kommen. Der nunmehr über 1000 Jahre alte Auseinandersetzungsprozeß der wirtschaftenden Menschen mit der Natur wird vor allem an der Fischereiwirtschaft, aber auch an den agraren Produktionsformen, den Be- und Entsiedlungsvorgängen sowie den Vegetations- und Bodenzerstörungen aufgezeigt.

Die Herstellung des Manuskriptes erfolgte in ständiger Zusammenarbeit der Autoren. Ewald Glässer verfaßte Kapitel 2.1, 3, 7, 9, 10 und 11.1–3; Achim Schnütgen schrieb Kapitel 2.2, 4, 5, 6, 8, 11.4 und 12; Kapitel 1 und 13 wurden gemeinsam erarbeitet. Zahlreichen isländischen Behörden und Institutionen sowie isländischen und deutschen Fachkollegen sind wir für Anregungen und Arbeitsmaterialien zu großem Dank verpflichtet. Ein besonderer Dank gilt an dieser Stelle auch Prof. Dr. M. Schwarzbach und Dr. H. Noll. Sie machten A. Schnütgen während der vergangenen Jahre mit den geologischen Grundlagen Islands vertraut. Ein großer Teil der kartographischen Bearbeitung wurde dankenswerterweise von den Kartographen E. Butschan und P. Cuber (Universität zu Köln) durchgeführt. Schließlich möchten wir dem Herausgeber und der Wissenschaftlichen Buchgesellschaft für die Aufnahme dieser Arbeit in die Reihe ›Wissenschaftliche Länderkunden‹ unseren Dank aussprechen.

Das Manuskript wurde im wesentlichen Ende 1984 abgeschlossen.

Köln, im Dezember 1984

Ewald Glässer
Achim Schnütgen

1. DIE BESONDERE GEOGRAPHISCHE STELLUNG ISLANDS: INDIVIDUELLE UND TOPOGRAPHISCHE KENNZEICHEN DES INSELSTAATES

Während in der Öffentlichkeit dem scheinbar so weit abseits gelegenen Island lange Zeit kaum Beachtung geschenkt wurde und auch heute noch recht unklare Vorstellungen über dieses Land vorherrschen, hat der Inselstaat wenigstens auf einen kleinen Teil der mitteleuropäischen Bevölkerung schon seit vielen Jahrzehnten eine besondere Faszination ausgeübt, und zwar sowohl als Reiseland wie auch als Forschungsobjekt. Nicht nur allein das einzigartige Naturlandschaftsbild zog dabei den aufmerksamen Reisenden in seinen Bann, sondern ihn beeindruckte das mühsame und zähe Ringen des wirtschaftenden Menschen mit den für ihn zumeist rauhen naturräumlichen Voraussetzungen. In jüngster Zeit wird Island jedoch vom internationalen Tourismus mehr und mehr erfaßt. Als ›Land der Naturwunder‹, als ›Europas Naturparadies‹, als ›Feuerinsel am Polarkreis‹ oder als ›Land der Sagas‹ wird es in den Sommermonaten von vielen Tausenden besucht, wobei aber auch mancher Tourist wohl mit einer nüchterneren bzw. härteren Realität konfrontiert wird, als er vielleicht erwartet hat.

Das zum großen Teil unbewohnte Island (nur 15 % des Landes sind heute besiedelt) erstreckt sich mit einer Breitenlage zwischen 63° und 66° N unmittelbar südlich des Polarkreises und ist damit rein topographisch etwa mit dem mittleren Norwegen und mit dem südlichen Grönland zu vergleichen, obwohl jene beiden Regionen ganz andersartige physiogeographische und geologische Voraussetzungen bieten. Von der norwegischen Küste, der Heimat der ersten Siedlergruppen, liegt Island rd. 1000 km entfernt, von Schottland ca. 800 km, den Färöer-Inseln etwa 420 km und von Grönland nur knapp 300 km. Die Gesamtfläche Islands beträgt 103 106 km^2, was ungefähr der zweieinhalbfachen Fläche der Schweiz entspricht. Die West/Ost- und Süd/Nord-Erstreckungen betragen 500 bzw. 300 km bei einer Länge der Küstenlinie von insgesamt rd. 6000 km. Allerdings zählt der Inselstaat nur 232 000 Menschen (1982), von denen sich allein 123 000 auf den Hauptstadtbereich Reykjavík konzentrieren und der Rest auf andere Teile der von Buchten und Fjorden stark zergliederten Küstensäume und Tieflandregionen. Die statistische Einwohnerdichte von etwa 2 Einw./km^2 ist die geringste unter den Staaten Europas. In der Hauptsache liegen die heute besiedelten Räume unter 200 m Höhe. Nur 1 % der Landesfläche wird als kultiviertes Areal sowie 20 % werden als Naturweidefläche ausgewiesen.

Als völlig unbewohnt zeigt sich das zentrale Hochland mit einer durchschnittlichen Höhe von 500 m NN. Über fast vegetationsfreien Schuttflächen erheben sich in dieser wüstenhaften Landschaft Vulkanbauten verschiedenster Gestalt und Gletscherschilde, deren höchste Erhebungen – meistens vom Eis verdeckte Vulkane – bis 2119 m Höhe aufragen. In den Regionen der flachlagernden, tertiären Plateaubasalte im Nordwesten, im Norden und im Osten wurden die Vulkane von der Abtragung bereits eingeebnet. Von Gletschern eingetiefte Fjorde greifen dort weit in das Land hinein. Hier besitzen einige Räume den Charakter einer alpinen Landschaft. Vulkane und Gletscher formten das wechselhafte Erscheinungsbild der isländischen Landschaft. Heute bedecken die Gletscher insgesamt 11 % der Landesfläche. Der Vatnajökull ist mit rd. 8300 km^2 Ausdehnung, was flächenmäßig der Mittelmeerinsel Korsika entspricht, der bei weitem größte Gletscher Europas. Seine Eismächtigkeiten betragen bis über 1000 m. Die südlich des Vatnajökull sich erstreckenden, praktisch vegetationslosen Sanderflächen mit ihren sich ständig verändernden Schmelzwasserflüssen zeigen dem Besucher ein Naturlandschaftsbild, wie es während der Eiszeiten in vielen Teilen Norddeutschlands vorgeherrscht haben muß. Island bietet weiterhin als größte Vulkaninsel der Erde dem interessierten Laien und dem Geowissenschaftler einen ungewöhnlich großen vulkanischen Formenschatz. Seit mehr als 100 Jahren zieht es Forscher aus aller Welt an und steht im Zusammenhang mit der heute wieder sehr aktuellen Diskussion um die ›Kontinentaldrift‹ und die ›Plattentektonik‹ (vgl. Kap. 4.1.1) mehr denn je im Mittelpunkt der geowissenschaftlichen Forschung. Island ist aus der Sicht des Geologen ein sehr junges Forschungsobjekt. Es ist in dieser Hinsicht das jüngste Land Europas und entstand vor etwa 16 Mio. Jahren, als im Meeresuntergrund Spalten aufrissen und die erste Lava förderten, die sich schließlich über dem Meeresspiegel ausbreitete. Auch heute noch dehnt sich die Erdkruste, reißen Spalten auf und fließt mancherorts glühendheiße Lava aus. Und so wird wohl jeder beim Anblick der oft kilometerlangen Spalten in der Erdkruste fühlen, daß hier gewaltige Prozesse im Erdinnern ablaufen. Seit der Besiedlung mußten sich die Bewohner mit den Wirkungen der aus dem Erdinneren frei werdenden Kräfte, dem Vulkanismus, den Erdbeben und ihren Folgeerscheinungen auseinandersetzen. In den rd. 1100 Jahren der Anwesenheit von Menschen auf der Insel brachen mindestens 30 Vulkane insgesamt etwa einhundertfünfzigmal aus und haben häufig genug in Vergangenheit und Gegenwart auch katastrophale Folgen für die isländische Bevölkerung mit sich gebracht. Genannt sei nur der Ausbruch der Laki-Spalte im Jahre 1783, der mit seinen Aschen und seinem Schwefelsäureregen große Teile des isländischen Weidelandes vernichtete und damit die Viehbestände so dezimierte, daß in den folgenden Jahren ein Viertel der damals knapp 49 000 Einwohner verhungert sein soll. Das bekannteste Beispiel dieses Auseinandersetzungsprozesses mit den Naturgewalten in der jüngsten Vergangenheit ist sicher die Insel Heimaey, auf der im Jahre 1973 ein Vulkanausbruch mit seinen Aschen und Lavamassen das fischereiwirtschaftlich so bedeutende Zentrum mit rd. 5500 Einwohnern zu vernichten drohte. Systematische Abwehrmaßnahmen haben dazu beigetragen, eine größere Katastrophe zu verhindern.

Charakteristisch und wirtschaftlich von großer Bedeutung für das isländische Wirtschaftsleben sind die mittlerweile vielfachen Nutzungen der mit dem Vulkanismus verbundenen Energieressourcen. Genannt sei hier nur der Einsatz von warmem bzw. heißem Wasser und Dampf zur Beheizung von Wohnungen, Gewächshäusern, Schwimmbädern usw. Inzwischen werden 75% der Bevölkerung mit der umweltfreundlichen, geothermalen Heizungsenergie versorgt.

Bodennutzungsformen haben das isländische Naturraumpotential beeinträchtigt. Man denke nur an die jahrhundertelange direkte und indirekte, d. h. weidewirtschaftlich bedingte Vegetationszerstörung und damit verbundene Bodenverheerung. Die wüstenhaften Gebiete Islands außerhalb des zentralen Hochlandes sind zumindest teilweise auf jene anthropogenen Einflüsse zurückzuführen. Mit kostspieligen Begrünungs- und Aufforstungsmaßnahmen versucht man heute jener Entwicklung entgegenzutreten.

Über viele Jahrhunderte, d. h. vor und nach dem Untergang des isländischen Freistaates in der zweiten Hälfte des 13. Jahrhunderts, spielte die Bauern-Fischer-Bevölkerung mit ihrer viehwirtschaftlich ausgerichteten Produktion die entscheidende Rolle für den Lebensunterhalt der Inselbewohner. Die heutige Dominanz der Fischerei und Fischverarbeitung – noch in den letzten Jahren entfielen rd. 80% (1982 gut 70%) des isländischen Gesamtexports auf Fisch und Fischprodukte – hat sich erst in jüngerer Zeit herausgebildet. Vor dem Hintergrund der Monostruktur der isländischen Volkswirtschaft sind auch die Konflikte um die mehrfachen Ausweitungen der Fischereigrenzen (›Kabeljaukriege‹) während der letzten Jahrzehnte zu sehen. Aufgrund der schwankenden Fangerträge, der Überfischungsproblematik und der instabilen Weltmarktpreise für Fischprodukte ist man in den letzten Jahren durchaus bemüht, eine Diversifizierung der isländischen Wirtschaft zu erreichen. Hier bietet sich vor allem der Ausbau der reichlich vorhandenen Energieressourcen in Verbindung mit einer verstärkten Errichtung energieintensiver Industrien an. Eine solche Entwicklung wird jedoch ohne ausländisches Kapital bzw. Investitionen und ohne Umweltbelastungen kaum möglich sein, so daß hiermit zugleich aufs engste die Frage der ›sozialen Akzeptanz‹ seitens der isländischen Bevölkerung verknüpft ist. Andererseits ist der isländische Pro-Kopf-Energieverbrauch schon heute einer der größten auf der Welt. Islands Bevölkerung lebt zweifellos in einem Wohlfahrtsstaat, der allerdings – wie in anderen nordischen Ländern – besorgniserregende Entwicklungszüge angenommen hat. Auch in Island scheint man vielerorts über seine Verhältnisse zu leben, was mit einer Belastung der Volkswirtschaft, einer bedrohlich zunehmenden Auslandsverschuldung und vor allem mit hohen Inflationsraten (in den letzten Jahren durchschnittlich 50 bis 70% pro Jahr, 1982/83 nahezu 100%) bezahlt werden muß.

Zur administrativen Gliederung Islands sei an dieser Stelle noch kurz folgendes gesagt: Der alte isländische Freistaat war gegen Ende der Landnahmezeit, also um 930 n. Chr. (Gründung des Althings), in vier große Landeseinheiten (fjórðungur) eingeteilt, nämlich in Vesturland, Norðurland, Austurland und Suðurland. Der heutigen Verwaltungseinteilung liegen folgende große Landesteile zugrunde: Reykjanes mit dem Hauptstadtbereich und den benachbarten Zentren im Südwesten, Vesturland, Vestfirðir, Norðurland (Norðurland vestra und Norðurland eystra) sowie Austurland und Suðurland. Im einzelnen erfolgte eine Aufteilung des Landes in 16 Bezirke (sýslur), die wiederum in 213 ländliche Gemeinden (hreppar) und verwaltungsmäßig selbständige Städte (kaupstaðir) untergliedert wurden. Jene Städte bzw. Stadtkreise sind Reykjavík, Kópavogur, Hafnarfjörður, Akranes, Ísafjörður, Sauðárkrókur, Siglufjörður, Ólafsfjörður, Akureyri, Húsavík, Seyðisfjörður, Neskaupstaður, Keflavík, Selfoss, Bolungarvík, Dalvík, Egilsstaðir, Eskifjörður, Seltjarnarnes sowie Vestmannaeyjar. Im unbewohnten zentralen Hochland sind Verwaltungsgrenzen nicht exakt festgelegt.

Der amtlichen isländischen Statistik liegen allerdings zum großen Teil andere Bezugsflächen zugrunde. Diese sind a) die Hauptstadt Reykjavík; b) die 19 Kaupstaðir, also Orte mit eigenem Stadtrecht; c) Handelsplätze ohne Stadtrecht (kauptún) mit mehr als 300 Einwohnern bzw. andere Gruppensiedlungen (þorp) unter 300 Einwohnern; d) alle anderen ländlichen Gebiete mit sehr dünner Besiedlung (sveitir). Schließlich seien noch die statistischen Grenzen der isländischen Fischereigebiete genannt, die acht Zonen umschließen, nämlich die weiträumigen Nord- und Südzonen (zwischen 62 und 68° N) die von Nordwest-, West- und Südwestzonen bzw. Nordost-, Ost- und Südostzonen (von etwa 11 bis 27° W) flankiert werden.

2. DIE GEOGRAPHISCHE UND GEOLOGISCHE ERFORSCHUNG ISLANDS

2.1. Landeskundliche Berichte aus mittelalterlicher und neuerer Zeit

Einen relativ ausführlichen Landesbericht über Island aus dem hohen Mittelalter verdanken wir, wenn man von den berühmten Isländersagas (vgl. Kap. 3) absieht, dem Chronisten Adam von Bremen in seiner ›Bischofsgeschichte der Hamburger Kirche‹ (›Gesta Hammaburgensis ecclesiae Pontificum‹). Diese umfangreiche Stoffsammlung aus der zweiten Hälfte des 11. Jahrhunderts umfaßt auch eine ›Beschreibung der Inselwelt des Nordens‹, in der es über Thule, das jetzt Island genannt wird, folgendermaßen heißt[1]: »›Die Insel Thule, die durch das endlose Meer von anderen Ländern getrennt ist‹, liegt weitab mitten im Ozean und gilt als fast unbekannt. Römische Schriftsteller und Barbaren berichten von ihr vielerlei Bemerkenswertes. Sie sagen: ›Thule ist von allen Inseln die letzte; zur Zeit der Sommersonnenwende, wenn die Sonne das Zeichen des Krebses durchläuft, gibt es keine Nacht, zur Zeit der Wintersonnenwende ebenso keinen Tag. Das, meint man, ereigne sich alle 6 Monate . . . Daß es auf der Insel Thule so ist, die um 6 Tagesreisen mit dem Schiff nördlich von Britannien liegt, berichtet Pytheas von Massilia‹. Dieses Thule heißt heute nach dem Eise, das den Ozean gefrieren läßt, Island. Als weitere Besonderheit berichtet man von ihm, dieses Eis sei offenbar so schwarz und trocken, daß es brenne, wenn man es anzündet[2]. Die Insel ist so groß, daß sie viele Menschen aufnehmen kann, die nur von Viehzucht leben und sich in die Felle ihrer Tiere kleiden. Getreide gibt es dort nicht, Holz nur ganz wenig.« Adam von Bremen berichtet weiter von dem ersten Bischof in Island, Isleph (Isleifr oder Isleif), der im Jahre 1056 in Bremen die Weihe erhielt. Auch erwähnt er in einer Anmerkung, daß die größte Siedlung auf Island ›Scaldholz‹ sei. Damit ist zweifellos der spätere Bischofssitz Skálholt gemeint.

[1] Übersetzung nach W. Trillmich in ›Quellen des 9. und 11. Jahrhunderts zur Geschichte der hamburgischen Kirche und des Reiches‹, Bd. XI der Reihe ›Ausgewählte Quellen zur deutschen Geschichte des Mittelalters‹ (Wissenschaftliche Buchgesellschaft), Darmstadt 1961, S. 485 ff.; vgl. auch die Fassung von S. Steinberg nach der Ausgabe der ›Scriptores rerum Germanicarum‹, 3. Aufl., Leipzig 1926, S. 239 ff.

[2] Eventuell ist mit dieser scheinbar naiven Behauptung der sog. ›Surtarbrandur‹ gemeint, d. h. besonders in Westisland in den Basaltformationen vorkommende dünne Braunkohleschichten.

Erste Beschreibungen des isländischen Vulkanismus gibt es seit der Mitte des 12. Jahrhunderts, zuerst durch HERBERT VON VAUCLAIRE, der allem Anschein nach über das Feuer der Hekla berichtet; dann weiterhin in der ›Topographia Hiberniae‹ des GIRALDUS CAMBRENSIS, der ›Historia Danica‹ des SAXO GRAMMATICUS sowie in dem sogenannten ›Königsspiegel‹, einer wichtigen Quelle für die mittelalterliche Geographie und Geschichte ganz Nordeuropas, die um die Mitte des 13. Jahrhunderts in Norwegen von einem Geistlichen in Königsdiensten verfaßt wurde. Auch von submarinen Vulkanausbrüchen vor Islands Küsten ist schon im 13. Jahrhundert in mehreren Aufzeichnungen die Rede (vgl. Kap. 4). Þ. THORODDSEN ist in seiner ausgezeichneten Arbeit ›Geschichte der isländischen Geographie‹ (2 Bde., Leipzig 1897/98; eine detaillierte Darstellung der Landes- und Volkskunde Islands in ihrer geschichtlichen Entwicklung) auf diese frühen Nachrichten eingegangen. Mit der gleichen Thematik befaßt sich die umfangreiche Abhandlung ›Island in Vergangenheit und Gegenwart‹ (Bd. 1, 1907) von P. HERRMANN.

In seiner klassischen Arbeit ›Island von seiner ersten Entdeckung bis zum Untergange des Freistaats‹ verweist K. MAURER (1874, S. 18f.) auf eine von dem Abt ARNGRIMR VON ÞINGEYRAR um 1350 verfaßte Lebensbeschreibung des Bischofs Guðmundr Arason, in der auch eine kurze Beschreibung Islands vorangeschickt wird. Hier heißt es über das Land, das in den Büchern ›Thile‹ (Thule), von den Nordleuten aber ›Island‹ genannt werde, folgendermaßen:

Man kann auch wohl sagen, daß dies der richtige Name sei für diese Insel, denn Eis gibt es da genug, zu Wasser wie zu Land. Auf der See liegen solche Massen von Treibeis, daß sie mit ihrer unermeßlichen Ausdehnung genügen, um das nördliche Meer zu füllen, auf den Hochgebirgen des Landes aber so unschmelzbare Gletscher von übermäßiger Höhe und Weite, daß es denen unglaublich vorkommen wird, welche in entfernten Landen geboren sind. . . . Andere Berge gibt es in diesem Lande, welche fürchterliches Feuer auswerfen, mit schwerem Ausschleudern von Steinen, so daß man den Lärm und das Getöse über das ganze Land hin hört, . . . dabei kann dieses Schrecknis von so großer Finsternis vor dem Winde begleitet sein, daß man im Hochsommer zur Mittagszeit seine eigenen Hände nicht unterscheiden kann. Zu diesen Seltsamkeiten kommt noch, daß im Meere selbst, eine Seemeile (viku sjáfar) südlich vom Lande, durch ausbrechendes Feuer ein großer Berg entstanden ist, während ein anderer dafür versank, welcher vorher auf dieselbe Weise entstanden war. Siedende Quellen und Schwefel gibt es da genug. Wald gibt es da keinen, außer Birken, und auch diese nur geringen Wuchses. Korn wächst an einigen Stellen im Süden des Landes, jedoch ausschließlich Gerste. In der See gefangene Fische und die Produkte der Viehwirtschaft bilden dort die gemeinhin übliche Speise.

Man mag schon aus diesem Auszug entnehmen, daß jene Schilderung von 1350 recht gut auch auf die geographische Situation Islands in der neueren Zeit passen könnte. Jedenfalls erscheint eine derartige landeskundliche Beschreibung wahrheitsgetreuer als jene Berichte über Island und seine Bewohner, die dann in der spät- und nachhanseatischen Zeit, besonders im 16. Jahrhundert, von deutscher und englischer Seite verfaßt worden sind. Ob jedoch die Meinung P. HERRMANNS (1907, S. 1 u. 88), daß nämlich bewußt Fabeln und Unwahrheiten und sogar für Isländer beleidigende Angaben verbreitet wurden, nachdem die Engländer und die Hanseaten aus dem isländischen Handel verdrängt worden waren, tatsächlich der Wahrheit entspricht, sei dahingestellt. Erwähnt seien schließlich noch die interessanten Hinweise, die sich auf dem von Martin BEHAIM gegen Ende des 15. Jahrhunderts in Nürnberg fertiggestellten Globus befinden. Dort heißt es über Island unter anderem: ›Item in Ysland findet man menschen von 80 jahren, die nie kein brod gegessen do wäch(s)t kein korn und an brodt statt ist man dörre fische. In der insel Ysland fehet man den Stockfisch den man in unser landt bringet‹ (zitiert nach Þ. THORODDSEN 1897, S. 88). Darüber hinaus sollte auch noch das Werk von OLAUS MAGNUS über die Länder und Völker des Nordens genannt werden, das 1555 zuerst in Rom erschien, in dem sich unter anderem auch eine recht genaue Beschreibung Islands mit seinen landschaftlichen Gegebenheiten, seinem Fischreichtum, seiner Viehwirtschaft und seinen Handelsverhältnissen befindet.

Angeregt von der ansonsten fehlenden Berichterstattung über sein Land erschien dann 1593 in Kopenhagen ein bedeutendes Werk des Isländers Arngrímur JÓNSSON (auch Arngrímur der Gelehrte genannt) über seine Heimat, der einige Jahre später u. a. auch einen Abriß der isländischen Geschichte veröffentlichte.

Ein weiteres interessantes Werk über Island mit konkreten Zahlenangaben zur demographischen, sozialen und ökonomischen Situation sind die im Auftrag des dänischen Königs von Àrni MAGNÚSSON und Pál VÍDALÍN zu Beginn des 18. Jahrhunderts angefertigten Kataster. Diese enthalten auch die erste exakte Volkszählung von 1703, auf die noch an späterer Stelle (z. B. Kap. 9) zurückzukommen sein wird. Das eigentliche Grundstücksverzeichnis aus jenen Jahren beschreibt außer den Hauptgrundstücken auch sämtliche Vorwerke und Fischeransiedlungen und nennt auch viele damals schon außer Betrieb gesetzte Grundstücke. Es gibt den Wert der einzelnen Grundstücke an, die Abgaben und Frohnden, die darauf lasten, das Vieh und die Leute, die darauf leben, die Grunddienstbarkeiten und die Jagden, die damit verbunden sind usw. (Þ. THORODDSEN, 2. Bd., 1898, S. 266).

Von dem bekannten norwegischen Schriftsteller Ludwig HOLBERG stammt eine im Jahre 1729 erschienene Beschreibung Dänemarks und Norwegens (›Dannemarks og Norges Beskrivelse‹, Kopenhagen 1729), in der auch Island kurz behandelt wird. Nach HOLBERGS Angaben ist Island – wie Norwegen – voller Steine und Berge; die Einwohner leben nur an den Küsten, während das Landesinnere unbewohnt ist. Es wächst kein Getreide, so daß aus Kopenhagen große Mengen Mehl für die Vornehmen nach Island gebracht würden. Aber ›die Gemeinen geniessen trockenes Fleisch und gedörrte Fische statt des Brods. Das Meer wirft eine Art süssen Grases oder Schlams aus, Sölv genannt, welches arme Leute dörren, und statt des Mehls oder Brods gebrauchen‹ (L. HOLBERG 1729, in

Þ. Thoroddsen, 2. Bd., 1898, S. 344f.). Holberg schreibt weiter u. a. über die Schwefelgewinnung und den Falkenfang. So befänden sich auf dem Falkenschiff oft über 100 Falken, die der dänische König an europäische Fürstenhäuser verschenke. Insgesamt würden 24 isländische Häfen angelaufen (in der Hauptsache Fischerhäfen), die an die auswärtigen Kaufleute verpachtet würden. Somit ziehe die dänische Krone beträchtliche Einkünfte aus Island.

Um die Mitte des 18. Jahrhundert entstanden dann die sogenannten Sysselbeschreibungen (Kreisbeschreibungen), die ebenfalls zahlreiche interessante Hinweise zu den naturräumlichen und kulturlandschaftlichen Gegebenheiten Islands vermitteln.

Die eigentliche wissenschaftliche Erforschung der geographischen Probleme Islands begann in der zweiten Hälfte des 18. Jahrhunderts durch die Isländer Eggert Ólafsson und Bjarni Pálsson, die mit ihrem Opus ›Reise igjennem Island‹ (›Reise durch Island‹, Sorö 1772) dem Ausland zum erstenmal einen detaillierten Einblick in die naturräumlichen und kulturlandschaftlichen Verhältnisse der Insel gaben. Wenn auch seit dem 19. Jahrhundert die Geographie immer stärker in den Schatten der geologischen Erforschung Islands trat, die aufgrund des rezenten Vulkanismus Wissenschaftler aus zahlreichen Ländern anzog, so sind zwischenzeitlich dennoch mehrere wissenschaftliche geographische Abhandlungen erschienen, die weit über frühere Reisebeschreibungen hinausgehen und z. T. Aspekte der historischen Kulturlandschaft oder auch wirtschafts- und sozialgeographische Fragen zum Gegenstand haben. Einen guten Überblick über den damaligen Forschungsstand bietet wenigstens auf deutschsprachiger Seite der von H. Spethmann herausgegebene Band ›Deutsche Islandforschung 1930‹ (Bd. 2, Breslau 1930). H. Spethmann war es auch, der schon im Jahre 1908 zum Ausdruck brachte, daß die Zeit der Durchquerungen in Island vorüber und die Zeit der Detailarbeit gekommen sei.

2.2. Die geologische Erforschung Islands

Die Isländer besaßen schon immer ein ausgeprägtes Geschichtsbewußtsein. Beispielsweise geben mittelalterliche Sagas (vgl. Kap. 3) nicht nur über Menschenschicksale und historische Begebenheiten Auskunft, sondern auch über Naturereignisse, wie z. B. Vulkanausbrüche, gehen erste isländische Aufzeichnungen über das geologische Geschehen mindestens bis zum 11. Jahrhundert zurück (siehe auch Kap. 2.1). Von einer geologischen Erforschung kann aber erst ab Mitte des 18. Jahrhunderts gesprochen werden, als Eggert Ólafsson im Jahre 1752 bei Brjánslækur in Nordwestisland in Sedimenten zwischen Basaltlagen Blattabdrücke tertiärer Pflanzen entdeckte und sie zutreffend in dem mit seinem Landsmann Bjarni Pálsson verfaßten Werk ›Reise durch Island‹ beschrieb (siehe auch Schwarzbach 1964, S. 31 und Akhmetiev et al. 1981, S. 11f.).

In der Folgezeit wurde Island vor allem von Naturwissenschaftlern aus Deutschland, Dänemark, Schweden, Norwegen, Frankreich und England besucht, so daß sich nun nach den anfänglichen naturräumlichen Beschreibungen Islands die wissenschaftlichen Aktivitäten sowohl auf den geologischen Aufbau als auch auf die Erforschung geologischer Phänomene konzentrierten. Als erster deutscher Geologe kam im Jahre 1833 KRUG VON NIDDA nach Island und legte nach seinen Untersuchungen mit der Arbeit ›Geognostische Darstellung der Insel Island‹ ein erstes geologisches (tektonisches) Konzept über die Insel vor (siehe SCHWARZBACH 1983, S. 26). Wertvolle Beiträge in der Erforschung spezieller geologisch-vulkanologischer Probleme leisteten bald darauf der Vulkanologe Sartorius VON WALTERSHAUSEN und der Chemiker Robert BUNSEN (1846), wobei letzterer neben vielen Erkenntnissen auf gesteinskundlichem Gebiet auch eine Erklärung für die Geysirtätigkeit fand.

Sartorius VON WALTERSHAUSEN stellte u. a. fest, daß es auf Island tuffähnliche Gesteine gab, die er kurz zuvor auf Sizilien als Palagonittuffe identifiziert hatte. Er hatte damit eines der typischsten isländischen Gesteine entdeckt und konnte auch seine Entstehung nahezu richtig deuten (siehe Kap. 4.1.2). Neben der Lösung grundsätzlicher geologischer Probleme rückten dann in der zweiten Hälfte des 19. Jahrhunderts stratigraphische Fragestellungen in den Vordergrund. So beschrieb z. B. der Schweizer O. HEER (1868) die tertiäre Flora Islands und datierte sie ins Miozän. Dieses Ergebnis stand trotz wiederholter Bestätigung im Widerspruch zu den Erkenntnissen des Engländers J. GARDNER (1878, 1885), der die isländischen Floren und damit ihre umgebenden Basalte in das Eozän einordnete. Ein Irrtum, wie sich durch exakte Datierungen etwa 90 Jahre später herausstellen sollte.

In der zweiten Hälfte des 19. Jahrhunderts suchte K. KEILHACK, ein deutscher Geowissenschaftler, Island auf, wo er sich vorwiegend den glazialen Formen zuwandte. Aber dennoch richtete sich das Hauptinteresse weiterhin, und zwar verstärkt durch die Ausbrüche der Hekla 1845 und der Askja 1875, auf die systematische Vulkanforschung. So brachten gerade die Arbeiten um die Jahrhundertwende große Fortschritte in der geologischen Erforschung Islands, woran maßgeblich der Däne F. JONSTRUP, der Norweger A. HELLAND sowie die Deutschen K. SAPPER und VON KNEBEL, der auf tragische Weise im Öskjuvatn 1907 ums Leben kam, beteiligt waren.

Die größte wissenschaftliche Leistung wurde aber von zwei Isländern, nämlich Þ. PJETURSS und Þ. THORODDSEN (letzterer gilt als ›Vater der isländischen Geologie‹), erbracht. THORODDSENS Arbeiten sind eine wahre Enzyklopädie über Islands geologischen Aufbau und Vulkanismus, die ihre große Bedeutung als Bezugsliteratur bis heute erhalten haben.

Seit der Jahrhundertwende rückte die isländische geowissenschaftliche Forschung immer mehr in den Vordergrund. G. BARÐARSON, J. ISKELSSON und Th. THORKELSSON taten sich besonders in der Bearbeitung stratigraphischer, sedimentologischer und klimatologischer Probleme des Pliozäns und des Quartärs hervor. Von ausländischen Geowissenschaftlern wurden zusammenfassende Untersuchungen aus geomorphologischer und geologischer Sicht in den 30er Jahren veröffentlicht. SAPPER und THORODDSEN, die bereits die große Bedeutung der Vulkanspalten erkannten, aber noch nicht in der Lage waren, sie richtig zu deuten (was erst durch die Entwicklung des tektonischen Konzepts durch A. WEGENER, 1915, möglich war), rückten Island in den Blickpunkt der Geologie, Geodäsie und Geophysik. Aber nicht nur allein die Grundlagenforschung wurde forciert, sondern aufgrund des wachsenden Energiebedarfs fanden auch Fragen der angewandten Geologie mehr Beachtung. In den 1940er Jahren wurde durch die geodätischen Arbeiten BERNAUERS und NIEMZYKS (1943), die sich mit der Vermessung der Spalten in der Riftzone befaßten, der Grundstein für eine neue Entwicklung in der geologischen Erforschung Islands gelegt. Nach dem Zweiten Weltkrieg wurden die geologischen Verhältnisse Islands im Rahmen des Konzepts des Krustenaufbaus, der Plattentektonik, erklärt. Nun suchten auch erstmals Forschergruppen aus den USA, der Sowjetunion und Japan Island auf. Die Nachkriegszeit war aber auch jene Zeit, in der die Arbeit des wohl bedeutendsten Islandforschers der Moderne, nämlich S. ÞÓRARINSSONS, ihre Früchte trug. Etwa 50 Jahre lang widmete sich ÞÓRARINSSON vor allem vulkanologischen, glaziologischen und geomorphologischen Fragestellungen. Neben vielen Verdiensten auf diesen Gebieten ist die Entwicklung und die Vervollständigung seines Werkes, nämlich nach Aschenlagen in Böden ein geologisches Zeitschema des Holozäns aufzustellen, seine größte wissenschaftliche Leistung.

In den 1960er Jahren wurde besonders die Stratigraphie des Tertiärs durch die Anwendung geomagnetischer Methoden und durch absolute Datierungen neu bestimmt. Auf diesen Gebieten taten sich besonders die Holländer VAN BEMMELN, RUTTEN und HOSPERS sowie die Engländer MOORBATH und DAGLEY hervor.

Zur gleichen Zeit und bis in die 1970er Jahre hinein führte das Engagement M. SCHWARZBACHS dazu, daß das Geologische Institut der Universität zu Köln zu einem Zentrum deutscher Islandforschung wurde. In diesen Jahren wurde eine Vielzahl geologischer, paläontologischer und klimatologischer Arbeiten über Island veröffentlicht.

In jüngster Zeit sind verstärkt zahlreiche ausländische Geowissenschaftler in Island tätig. Zum Beispiel schloß im Jahre 1979 die Sowjetunion ein umfangreiches Forschungsprogramm ab. Ein Jahr später wurden die Ergebnisse eines in Zusammenarbeit zwischen Deutschen, Isländern und Nordamerikanern erstellten Programms, das sich näher mit dem Krustenaufbau befaßte, publiziert.

3. GRUNDZÜGE DER LANDESGESCHICHTE IN IHREM EINFLUSS AUF DEN SIEDLUNGS- UND WIRTSCHAFTSRAUM

Zu den individuellen Kennzeichen Islands gehört zweifellos auch eine junge Besiedlungs- und damit auch seine Landesgeschichte. Kein Land in Europa ist so spät von siedelnden und wirtschaftenden Menschen in Besitz genommen worden wie Island. Eine dauerhafte Besiedlung hat erst vor rd. 1100 Jahren stattgefunden, und zwar im Zuge der Wikingerexpansion, insbesondere von Norwegen. Allerdings müssen schon vor den Skandinaviern irische Mönche nach Island gekommen sein, d. h. Einsiedler bzw. Anachoreten, die sich eine Zeitlang vornehmlich an der Südostküste niederließen. Noch heute bestehende Namen wie Papey (›Pfaffeninsel‹) oder Papafjörður weisen auf diesen Vorgang hin. Auch schriftliche Überlieferungen geben hiervon Kenntnis. So heißt es in der um 825 n. Chr. verfaßten Erdbeschreibung ›Liber de mensura orbis terrae‹ des irischen Mönches Dicuilius, daß schon im Jahr 795 Geistliche auf der Insel (nach den Angaben, so die Meinung der Historiker, kann es sich hierbei nur um Island handeln) gewesen seien und dort die Sommermonate zugebracht hätten. Von Anfang Februar bis Anfang August wollen jene Mönche auf der Insel geblieben sein, ›und ihre Angaben über den Sonnenstand sowohl als über die Temperatur des Meeres können darüber keinen Zweifel aufkommen lassen, daß es Island ist, auf welches ihre Berichte sich bezogen‹ (K. Maurer 1874, S. 2). Es ist also sehr wahrscheinlich, daß sich jene Mönche nur während der Sommermonate in Island aufgehalten haben und daß ihre Anwesenheit nur wenige Jahre dauerte, da sie schon bald vor den Norwegern zurückwichen, die sich nun ansiedelten.

Auch in dem ›Landnámabók‹ (Buch von der Besiedlung und Geschlechtergeschichte Islands) wird von irischen Menschen geschrieben, die die nordischen Siedler bei ihrer Ankunft in Island antrafen und die von den Norwegern ›Papen‹ genannt wurden. Es wird aber auch erwähnt, daß die ›Papen‹ aus Island wieder abgewandert bzw. geflohen seien, da sie mit den heidnischen Siedlern das Land nicht teilen wollten[3].

[3] Aus einigen römischen Münzfunden (Münzen aus den Jahren um 300 n. Chr.) an der süd- und ostisländischen Küste ist häufiger die Theorie abgeleitet worden, daß sich schon römische Seefahrer und Kaufleute in Island aufgehalten hätten. Eher könnten jedoch die Münzen von den Britischen Inseln, die ja in jener Zeit zu einem großen Teil unter römischem Einfluß standen, nach Island gelangt sein. Interessant sind in diesem Zusammenhang aber auch die Berichte über den Seefahrer Pytheas von Massilia, dem heutigen Marseille, der schon um 300 v. Chr. eine Expedition in das nördliche Europa unternahm und von dem

Die Wiederentdeckung Islands hängt aufs engste mit den wagemutigen Beute- und Handelsfahrten der Wikinger zusammen. Nachdem norwegische Wikinger um die Mitte des 9. Jahrhunderts auf den Färöern Fuß gefaßt hatten, wird es nur noch wenige Jahre gedauert haben, bis auch Island in ihren Gesichtskreis trat. Die dauerhafte Besiedlung der Insel, die mit dem Namen des aus Westnorwegen stammenden Ingólfur Arnarson verbunden ist, setzte mit dem Jahre 874 [4] ein, d. h. zu einer Zeit, als viele Norweger nach der Reichsgründung durch Harald Hårfagre (Harald Schönhaar) ihr Land verlassen mußten und vor allem entlang der westisländischen Küste aufgrund der dortigen relativ guten landwirtschaftlichen Möglichkeiten eine neue Heimat suchten. Seinen Hof errichtete Arnarson im Bereich der heutigen Hauptstadt des Inselstaates; die in der Nähe seines Gehöftes hervorbrechenden heißen Quellen veranlaßten ihn, seinen Besitz ›Reykjavík‹ (übersetzt: ›Rauchbucht‹) zu nennen. Ein von dem Isländer Einar Jónsson geschaffenes bronzenes Denkmal Ingólfur Arnarsons erinnert heute auf der Arnarhóll-Höhe in Reykjavík an jene erste Besiedlung. Übrigens haben seit den 1960er Jahren vorgenommene Ausgrabungen im ältesten Stadtteil Reykjavíks, also im Bereich zwischen der Meeresbucht und dem Stadtteich Tjörnin, Zeugnisse jener ersten Besiedlungsvorgänge ans Tageslicht gebracht. Datierungen nach der C^{14}-Methode haben zudem ergeben, daß das seinerzeit verwandte Bauholz aus der Zeit um 800 n. Chr. stammte. Der Besitz Arnarsons soll eine Landfläche umfaßt haben, auf der im Jahre 1850 unter schwierigen naturräumlichen Bedingungen etwa 420 Bauernhöfe standen und hier ihr Auskommen hatten. Auch die kurz nach Arnarson in Island siedelnden Norweger müssen nach unserer heutigen Vorstellung über riesige Besitztümer verfügt haben. Nach H. Kuhn (1971, S. 22f.) haben die ersten vier Siedlergruppen, ›gerechnet nach dem wirtschaftlichen Nutzwert, nahezu ein Drittel der gesamten großen Insel zu ihrem Eigentum erklärt‹.

Über jene erste Periode der isländischen Geschichte, über die sogenannte Landnahmezeit von 874 bis 930 n. Chr., in der sich viele Familien und Geschlechter mit ihren Gefolgsleuten aus Skandinavien, in der Hauptsache aus Norwegen, in Island niederließen, ist man auf das genaueste unterrichtet durch das berühmte ›Landnámabók‹. Dieses einzigartige Werk wurde Anfang des 13. Jahrhunderts verfaßt; es beinhaltet nicht nur genealogische Aufzeichnungen und Chroniken bzw. Sagas, sondern auch eine Vielzahl von Orts-, Flur- und Personennamen sowie eine Fülle von Hinweisen landes-, kultur- und rechtsgeschichtlicher Art. Dem unbekannten Verfasser dieses Werkes müssen detaillierte Unterlagen, z. B.

nördlichsten Punkt Schottlands in drei Tagesfahrten bis zur Insel ›Ultima Thule‹ kam, wo er in ein ›erstarrtes Meer‹ geriet. Ob Pytheas damit wirklich die ostisländische Küste und darüber hinaus bis über den Polarkreis die dortigen Treibeiszonen erreichte, sei dahingestellt.

[4] Manche Geschichtsforscher sprechen auch von 870 n. Chr., jedoch ist das Jahr 874 praktisch zu einer isländischen Tradition geworden, womit die feste Landnahme der Wikinger beginnt.

Stammbäume und Genealogien der damaligen Landnehmer, zur Verfügung gestanden haben. Das Landnámabók berichtet von rd. 400 Einwanderern oder besser gesagt von Einwandererführern und gibt u. a. auch an, wo und wie sie Land erwarben. Danach nahmen sie sich große Besitztümer vor allem entlang der fischereiwirtschaftlich günstigen sowie weidewirtschaftlich geeigneten Fjordarme, die natürliche Häfen bilden. Wie der Überlieferung zu entnehmen ist, unterstand das Leben in dem neubesiedelten Land zunächst keiner überregionalen sozialen Organisation. Dann bildeten sich schon gegen Ende des 9. Jahrhunderts um die ›heiligen Höfe‹ (Höfe mit Tempelhauptsäulen, die aus Norwegen mitgebracht worden waren) die sogenannten ›Tempelgemeinden‹ (isländisch: ›Goðorð‹), zu deren religiösen Befugnissen in der Hand der ›Goðen‹ (›Priester‹) sich bald auch die weltlichen Rechte und Pflichten fügten. Das einzelne Goðorð entwickelte sich somit zu einem unabhängigen religiösen und auch politischen Gemeinwesen. Um Probleme oder Streitfälle zwischen den Goðorð-Bezirken lösen zu können, richtete man schon um 900 n. Chr. Thingstätten ein, zunächst auf Snæfellsnes und auf Kjarlarnes. Ein entscheidender erster Schritt auf dem Wege zu einem geordneten Staatswesen erfolgte im Jahre 930 mit der Gründung des Althings nach dem Vorbild der alten norwegischen Rechts- und Thingverbände. Das Althing, eine Art Landesgemeinde mit oberster gesetzgebender und richterlicher, aber nicht exekutiver Gewalt und mit einem ›Gesetzessprecher‹ in der alljährlichen Versammlung (›lögrétta‹), kam von nun an jeweils im Mittsommer, d. h. Ende Juni, für zwei Wochen in dem berühmten Þingvellir zur Rechts- und Gerichtssprechung sowie zu Staatsverwaltungsfragen u. a. m. zusammen. þingvellir lag für die damaligen Verhältnisse günstig an der Kreuzung verschiedener Wege zwischen dem bewohnten Küstensaum und dem unbewohnten inneren Hochland. Die Umgebung von þingvellir wird von den Lavafeldern des Vulkanes Skjaldbreiður sowie von dem größten Binnensee des Landes, dem þingvallavatn, geprägt. Durch die Lavafelder führt eine tiefe Schlucht, die ›Almannagjá‹ (›Allmännerschlucht‹), zu dem eigentlichen Thingplatz. Die Verfassung, die der isländische Freistaat (von 930 bis 1264) hier erhielt, ist, so H. Kuhn (1971, S. 37), ›sehr eigenartig, und manches in ihr nicht klar und daher umstritten. Es ist deutlich, daß ein Weg versucht worden ist, der die Entwicklung einer starken zentralen Staatsmacht unmöglich machte. Man wollte nicht die gleiche Entwicklung wie in Norwegen. So gründete man einen Staat, der ohne jedes Machtmittel war.‹

In den etwa 60 Jahren der Landnahmezeit vollzog sich eine rasche Besiedlung der küstennahen Inselfläche. Der Zustrom an Einwanderern kam verständlicherweise überwiegend aus Norwegen, zu einem kleineren Teil aus England, Schottland und Irland. Einige Siedler stammten auch aus den Norwegen benachbarten Teilen Skandinaviens. Gegen Ende der Landnahmezeit, d. h. also um 930 n. Chr., sollen in Island ca. 20 000 Menschen, manche Autoren sprechen sogar von 30 000, Fuß gefaßt haben. Im Zuge der Kolonisation wurden aber nicht nur die begünstigten Küstensäume, Buchten und Fjordlandschaften vor allem im Südwesten, Westen und Norden der Insel besiedelt, sondern auch manche Berglandbereiche mit mehr oder minder ungünstigen naturräumlichen Voraussetzungen. Die späteren großen Entsiedlungs- bzw. Wüstungsprozesse in Island sind mit auf diese Tatsache zurückzuführen.

Die hundert Jahre zwischen 930 und 1030 sind in die Geschichte Islands als Sagazeit eingegangen. Allerdings reichen mehrere der berühmten Isländersagas (Íslendingasögur) noch in die Zeit vor 930, d. h. in die frühe Einwanderungszeit, zurück. Es handelt sich bei den Sagas bekanntlich um eine Art Familien- oder Sippengeschichten, deren Inhalt zunächst lange Zeit nur mündlich überliefert wurde. Erst gegen Ende des 12. und Anfang des 13. Jahrhunderts, also etwa 300 Jahre nach den tatsächlichen Geschehnissen, wurden jene Sagas schriftlich fixiert. Leider existieren heute nur noch 40 jener Sippenerzählungen, die sicher zu den größten und auch eigenartigsten literarischen Werken der abendländischen Kultur zählen. Die Sagas geben u. a. auch Kenntnis von den berühmten Grönland- und Vinlandfahrten des Eirik des Roten (Eiríkur rauði) und seines Sohnes Leif Eiríksson, der nahezu 500 Jahre vor Kolumbus durch die Reise nach dem sagenhaften Vinland Nordamerika entdeckte. Neben jenen Prosawerken entwickelte sich im isländischen Sagazeitalter auch die Verskunst, meist in Form von Götter- und Heldensagas (ältere Eddalieder sowie Skaldendichtung), deren Wurzeln ebenfalls in Norwegen zu suchen sind. Einer der berühmten Autoren und Gelehrten, dem wesentliche Aufzeichnungen der frühen isländischen Geschichte zu verdanken sind, war Snorri Sturluson, der außer der ›Snorra-Edda‹ u. a. auch das bekannte Werk ›Heimskringla‹ (›Weltenkreis‹) gegen Ende des 12. Jahrhunderts verfaßt hat, in welchem er die Weltgeschichte und insbesondere die Geschichte der norwegischen Könige behandelte. Schon vor Snorri hatte der Isländer Ári Þorgilsson (Ári der Weise) das ›Isländerbuch‹ (›Íslendingabók‹) geschrieben, das die Geschichte der Insel in Form einer genauen Chronologie bis etwa 1120 zum Gegenstand hat. Neben dem einzigartigen Quellenwert dieser und anderer Werke aus dem frühen Island ist es – wie W. Schutzbach (1967, S. 25) formuliert – ›wirklich erstaunlich, daß in einer Zeit, in der ganz Europa nur eine einzige Schriftsprache kannte, nämlich das Lateinische, auf diesem abgelegenen Eilande bereits Bände in der Landessprache, auf Isländisch, geschrieben wurden‹.

Mit der Vervollständigung der isländischen Verfassung und mit der Durchorganisierung des staatlichen Gemeinwesens (u. a. Aufgliederung des Landes in die schon früher genannten vier großen Landesteile) vollzog sich gegen Ende des 10. Jahrhunderts zugleich eine neue Entwicklung von größter Bedeutung für die isländische Landesgeschichte, nämlich die Einführung des Christentums und schließlich dessen Erhebung zur Staatsreligion durch das Althing im Jahre 1000. Die Christianisierung Islands durch nordische und z. T. auch deutsche Mönche war besonders von dem norwegischen König Olaf Tryggvason mit politischen Intentionen und starkem Druck vorangetrieben worden. Bis zum Beginn des 12. Jahrhunderts unterstand die isländische Kirche den deutschen Erzbischöfen von Bremen, dann für einige Jahrzehnte den Erzbischöfen von Lund, bis um die Mitte des 12. Jahrhunderts Island und Grönland zusammen mit Norwegen dem Erzbistum Trondheim (Nidaros) unterstellt wurden. Auch mit dieser eher politischen als kirchlichen Entscheidung geriet Island in eine immer stärker werdende Abhängigkeit von Norwegen, die dann in der zweiten Hälfte des 13. Jahrhunderts zum Untergang des isländischen Freistaates führen sollte. Nach mehreren ausländischen Missionsbischöfen in Island tritt um die Mitte des 11. Jahrhunderts erstmals ein einheimischer Bischof auf, nämlich Ísleifur Gissurarson von Skálholt, der von Erzbischof Adalbert in Bremen geweiht worden war. Dieser erste isländische Bischof ist den Geschichtsquellen zufolge in Herford in Westfalen zum Priester ausgebildet worden. Nach seiner Bischofsweihe residierte er auf seinem väterlichen Erbe, dem Hof Skálholt[5] im südwestlichen Landesteil. Die frühe Kirchengeschichte im peripher gelegenen Island weist manche eigenen Züge auf, die nicht unbedingt dem kirchlich-kanonischen Recht folgten. So war es z. B. das Althing, das die einheimischen Bischöfe wählte und ausstattete; auch die Ehelosigkeit der Geistlichen war im fernen Island nicht durchsetzbar. Der Sohn und Nachfolger des ersten isländischen Bischofs führte gegen Ende des 11. Jahrhunderts die Zehntlast in Island ein und errichtete einige Jahre später einen zweiten Bischofsstuhl in Nordisland, nämlich in Hólar im Hjaltadalur. Seit dem 12. Jahrhundert entstanden auch mehrere Klöster der Benediktiner und Augustiner, z. B. auf Þingeyrar, im Hitardalur oder auf Flatey und bei Saurbær im Eyjafjörður. Die meisten der Benediktiner- und Augustinerklöster existierten bis zur Einführung der Reformationen um die Mitte des 16. Jahrhunderts. Mit der Reformation selbst erfolgte u. a. auch eine Auflösung bzw. Übernahme des Kirchengutes, das damals etwa ein Fünftel des gesamten Grundbesitzes in Island ausgemacht haben soll[6].

Mit der Unterwerfung Islands unter die norwegische Herrschaft im Jahre 1264, die durch Machtkämpfe und die innere Auflösung in der sogenannten Sturlungenzeit begünstigt wurde, endete die Periode des mittelalterlichen isländischen Freistaates. Im Jahre 1380 fiel schließlich Norwegen zusammen mit Island an die dänische Krone, so daß von nun an jene Personalunion zwischen Dänemark und Island begann, die bis in das 20. Jahrhundert hinein fortdauern sollte. Insgesamt gesehen sind jene Jahrhunderte jedenfalls für Island als eine Zeit des

[5] Skálholt war ca. 750 Jahre lang Bischofssitz und Schulzentrum zugleich. Neben seiner großen geistlichen und kulturellen Bedeutung hat es auch einen besonderen politischen Einfluß ausgeübt. Immerhin haben in Skálholt 32 katholische und 13 evangelische Bischöfe residiert, bis dann die kirchliche und politische Macht auf Reykjavík übertragen wurde. Die heutige Kirche, deren Grundstein am 900. Jahrestag im Jahre 1956 gelegt wurde, gilt als die elfte der Skálholter Kirchen.

[6] So soll z. B. dem Bischofssitz Skálholt im Jahre 1289 ein Grundbesitz von etwa 60 mittelgroßen Hofstellen und 1520 etwa sechsmal soviel zugehörig gewesen sein. Darüber hinaus hatte der Bischofssitz 1520 rd. 1700 Milchkühe auf seinen verpachteten Hofstellen (vgl. H. Þorláksson in ›Urbaniseringsprosessen i Norden‹, 1, 1977, S. 22).

wirtschaftlichen und sozialen Niedergangs einzustufen. Neben den einschneidenden Veränderungen im politischen und kirchlichen Leben (z. B. verlor das Althing seinen Einfluß und seine Bedeutung; die norwegische bzw. später dänische Macht wuchs) ging auch der einst freie Handel der Isländer ständig zurück. Dafür sorgten vor allem die Handelsprivilegien, wie sie von den norwegischen und dänischen Königen vergeben wurden. So wurde z. B. in der Mitte des 14. Jahrhunderts die westnorwegische Stadt Bergen mit dem alleinigen Seehandelsrecht bezüglich Island ausgestattet, um Isländer wie aber auch englische und deutsche Kaufleute auszuschalten, was freilich nur teilweise gelang. Im 16. und 17. Jahrhundert führte die dänische Krone immer strengere handelspolitische Maßnahmen durch. So wurde im Jahre 1602 ein Gesetz erlassen, das nur den Städten Kopenhagen, Malmö und Helsingör ein Handelsrecht mit Island einräumte. Damit kamen der englische und der inzwischen beachtliche hanseatische Islandhandel (›Bruderschaft der Islandfahrer‹ in Hamburg) weitestgehend zum Erliegen. Das Monopol führte Island im Grunde nur ins Verderben, da es bittere Armut und Leid über seine Bewohner brachte (vgl. hierzu z. B. die sehr plastische Schilderung von Þ. THORODDSEN, 2. Bd., 1898, S. 7ff.). Auch fischereiwirtschaftlich sprach der dänische König Verbote aus; z. B. wurde den Isländern das Fischen mit Deckbooten untersagt und nur den Dänen bzw. nach einem entsprechenden Abkommen auch den Engländern zugestanden. Neben den Handelsrestriktionen und der wirtschaftlichen Ausbeutung hatte die Inselbevölkerung unter Naturereignissen zu leiden, nämlich vor allem unter den zahlreichen vulkanischen Katastrophen, deren Auswirkungen (u. a. Gletscherläufe, Weidezerstörungen, Mißernten, Hungersnöte) seit der spätmittelalterlichen Zeit immer verheerender wurden. Zudem forderten Epidemien große Opfer unter der Bevölkerung[7]. So raffte Anfang des 15. Jahrhunderts die Pest etwa zwei Drittel der damaligen Bevölkerung dahin; Anfang des 18. Jahrhunderts sollen 18 000 Menschen bzw. ein Drittel der Bevölkerung an den Schwarzen Blattern gestorben sein. Nach dem großen Vulkanausbruch in der Laki-Spalte und seinen verheerenden Wirkungen in den 1780er Jahren – infolge dieser Naturkatastrophe starben mehr als 10 000 Menschen – soll der dänische König ernsthaft erwogen haben, den Rest der Inselbevölkerung zu evakuieren und in den Heidegebieten Jütlands anzusiedeln (siehe auch Kap. 4.1.2).

[7] Þ. THORODDSEN schreibt in seiner ›Geschichte der isländischen Geographie‹ (2. Bd., 1898, S. 5) darüber u. a. wie folgt: ›Der Winter 1601 war äußerst kalt und hieß ›Prügelwinter‹. Da fiel das Vieh in großen Mengen und der Graswuchs war so schlecht, daß die Schafe vor Johanni kein genügendes Futter auf der Weide fanden, das Treibeis lag den ganzen Sommer über vor der isländischen Küste und aus dem Nordlande konnten wegen des schlechten Wetters keine Abgeordneten zur Lögrétta (dem Gerichtshof auf dem Landtage) kommen. Der nächste Winter wurde der ›Qualwinter‹ genannt, und massenhaft starb in den nächsten drei Jahren das Volk an Nahrungsmangel dahin. In diesen Jahren sollen auf Island gegen 9000 Menschen an Seuchen und Hunger gestorben sein.‹

Gegen Ende des 18. Jahrhunderts, d. h. nach der Lockerung des dänischen Handelsmonopols im Jahre 1786, verbesserten sich die Lebensbedingungen der isländischen Bevölkerung nach und nach. Auch die politischen Verhältnisse wurden zumindest seit den ersten Jahrzehnten des 19. Jahrhunderts erträglicher, nachdem als Folge der gesamteuropäischen Entwicklungsprozesse die absolute Macht des dänischen Königshauses gebrochen worden war. Allerdings vermochte der dänische König wenigstens in Island zunächst noch uneingeschränkte Macht auszuüben. Um die Mitte des 19. Jahrhunderts wurden dann die restlichen einschränkenden Bestimmungen des Islandhandels aufgehoben. Nun begannen auch wieder isländische und ausländische Kaufleute bzw. Gesellschaften, Handelsbeziehungen aufzunehmen. Inzwischen hatten auch die isländischen Forderungen und Bestrebungen nach einer Wiedergewinnung der staatlichen Selbständigkeit mehr und mehr konkrete Formen angenommen. So kam zunächst eine neue isländische Verfassung zustande, die 1874, d. h. also genau 1000 Jahre nach der ersten dauerhaften Besiedlung der Insel, in Kraft trat. Zusammen mit der dänischen Krone (vertreten durch einen Minister) erhielt das neugewählte Althing gesetzgebende Gewalt und auch die Finanzkontrolle. Damit war allerdings die vieldiskutierte Frage der Personalunion für die Isländer noch keineswegs gelöst. Die verstärkten Unabhängigkeitsbestrebungen manifestierten sich u. a. im Jahre 1915, als Island eine eigene Nationalflagge erhielt; deren Gestaltung und Farbgebung, ein rotes Kreuz mit weißen Rändern auf blauem Grund, symbolisieren die feurige und eisbedeckte Insel im Meer. Ende 1918 erhielt Island dann seine Souveränität zurück, jedoch blieb es bis Ende des Zweiten Weltkrieges durch die Person des Königs mit Dänemark verbunden. Während des Zweiten Weltkrieges befanden sich britische und danach nordamerikanische Streitkräfte auf der Insel. Die USA errichteten u. a. in Keflavík jenen bekannten Luftstützpunkt, der auch heute noch im Rahmen der NATO-Politik eine wichtige Rolle spielt. Im Mai 1944 sprach sich die isländische Bevölkerung in einer Volksabstimmung für eine Auflösung der Unionsakte mit Dänemark und für eine Republik auf demokratischer Grundlage aus. Danach erfolgte am 17. Juni 1944, dem heutigen Nationalfeiertag Islands, in Þingvellir, d. h. der historischen Thingstätte des Landes, die Erklärung zur unabhängigen Republik. Damit hatte das isländische Staatswesen nach 682 Jahren norwegischer und dänischer Herrschaft seine volle Eigenständigkeit zurückgewonnen.

4. DIE GEOLOGISCHEN UND MORPHOLOGISCHEN PROZESSE

4.1. Tektonik, Vulkanismus und Erdgeschichte

4.1.1. Die Stellung Islands in der Entwicklung des atlantischen Raumes

Kaum ein anderes Land befindet sich wegen seiner besonderen geologischen und tektonischen Verhältnisse für die Erforschung aktueller Prozesse in der Erdkruste in einer solchen Schlüsselposition wie Island. Denn hier ragt für den geowissenschaftlichen Beobachter auf einer Strecke von 350 km direkt zugänglich ein Teil des atlantischen Meeresgrundes, des Mittelatlantischen Rückens, auf, wo – wie an nur wenigen Stellen der Erde – durch das Aufreißen von Spalten und durch das vulkanische Geschehen der Ablauf des in seinen Dimensionen fast unbegreiflichen geotektonischen Prozesses der Kontinentalverschiebung verfolgbar und erfaßbar wird. Hier kann man den Teil einer von den Azoren bis Spitzbergen verlaufenden Grenzzone betreten, in der riesige Teile der Erdkruste entstehen und als eurasische und nordamerikanische Platte auseinandergleiten.

Lange wurde ein Wandern der Kontinente von vielen Geowissenschaftlern bestritten. Erst nach dem Internationalen Geophysikalischen Jahr 1957/58 stellten sich durch die Entwicklung und Anwendung moderner Verfahren zur flächenhaften Untersuchung der Tiefseeböden die Ergebnisse auf den Gebieten der Geophysik, der Geologie und vor allem der Ozeanographie ein, die die Kenntnis über die Morphologie und Geologie des ozeanischen Untergrundes vervollständigten und damit der Hypothese der Kontinentalverschiebung zum Siegeszug verhalfen. Besonders wichtige Impulse über den Aufbau, das Alter und die Mobilität der Erdkruste gingen von den im atlantischen Raum und auf Island gewonnenen Forschungsergebnissen aus.

Der Gedanke, daß sich Kontinente bewegt haben könnten und daß die Umrisse gegenüberliegender Kontinente am Atlantik sich zu einer kontinentalen Einheit zusammenfügen lassen, wurde schon bald nach den großen Entdeckungsreisen der Spanier, Portugiesen und Engländer im 15. und 16. Jahrhundert geboren. Die offensichtliche Übereinstimmung der Küsten Afrikas und Südamerikas beschäftigte bereits zu Beginn des 17. Jahrhunderts nach der Fertigstellung der ersten Karten aus diesem Raum den englischen Philosophen und Politiker Francis Bacon. Der französische Zoologe George de Buffon wies 1780 auf die Ähnlichkeiten der Kontinentalsäume hin, wobei auch die Vermutung geäußert wurde, daß das Becken des Atlantischen Ozeans durch die Trennung und das folgende Auseinanderrücken der ihn umgebenden Landmassen entstanden sein könnte.

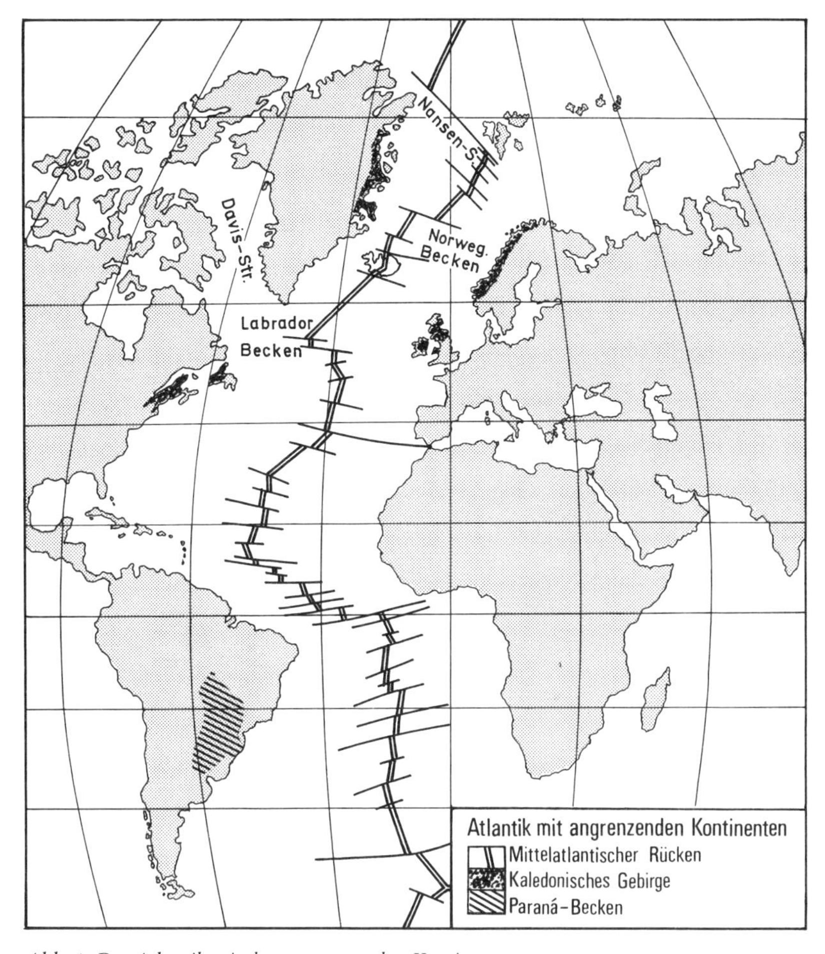

Abb. 1: Der Atlantik mit den angrenzenden Kontinenten.

Der deutsche Theologe Theodor LILIENTHAL brachte die Schöpfungsgeschichte (Genesis 10,25) in einem 1756 veröffentlichten Buch mit der Entstehung des Atlantiks in Verbindung, da er erkannte, daß besonders die südlichen Teile Afrikas und Südamerikas, obwohl durch das Meer getrennt, gut zueinander paßten (CALDER 1974, S. 70). Auch Antonio SNIDER-PELEGRINI verband biblisches Gedankengut mit der Geologie und unternahm in seinem 1858 veröffentlichten Werk ›La Création et Mystéres de voiles‹ (MARSHALL 1979, S. 12) als erster den Versuch, die Kontinente um den Atlantischen Ozean nach geometrischen und geologischen Gesichtspunkten (ähnliche Fossilien in europäischen und amerikanischen Kohleschichten) auf einer Karte zusammenzufügen. Die Kontinente sollen nach SNIDER

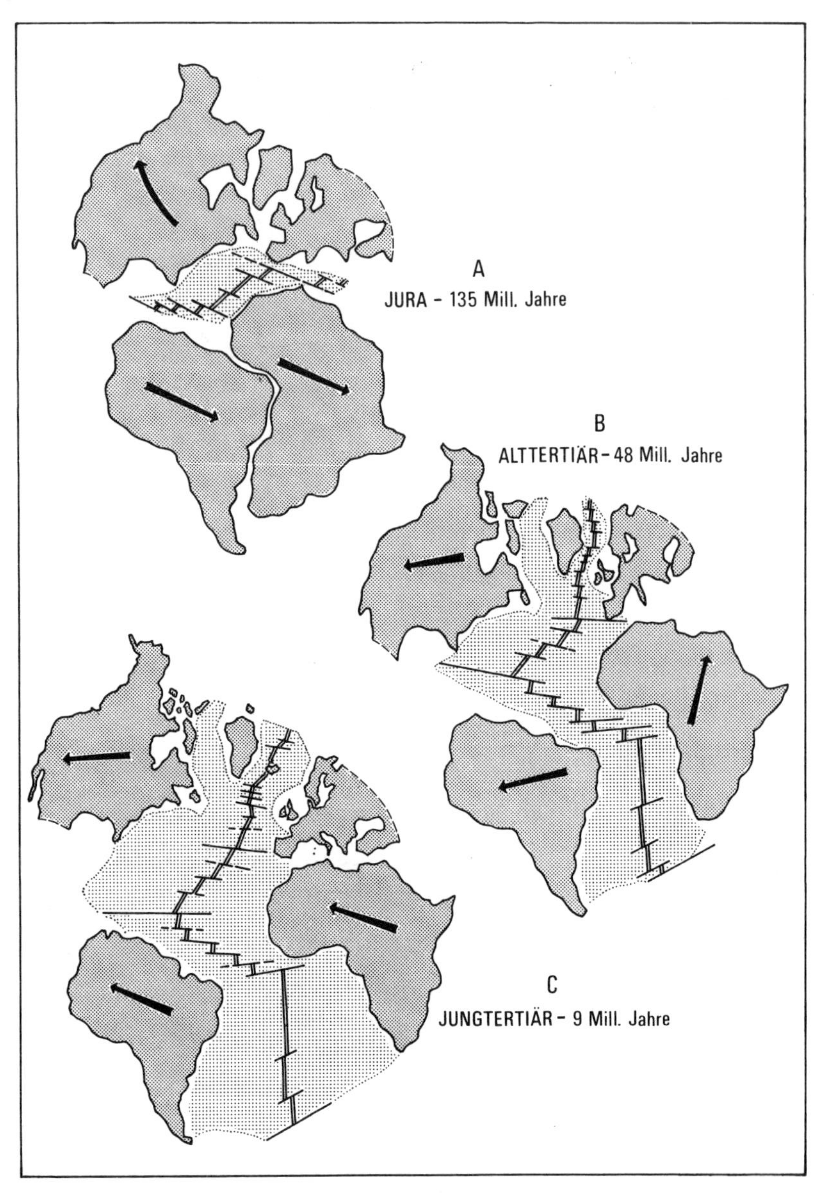

Abb. 2: Die Entstehung des Atlantiks (nach BULLARD aus K. SCHÄFER 1978).

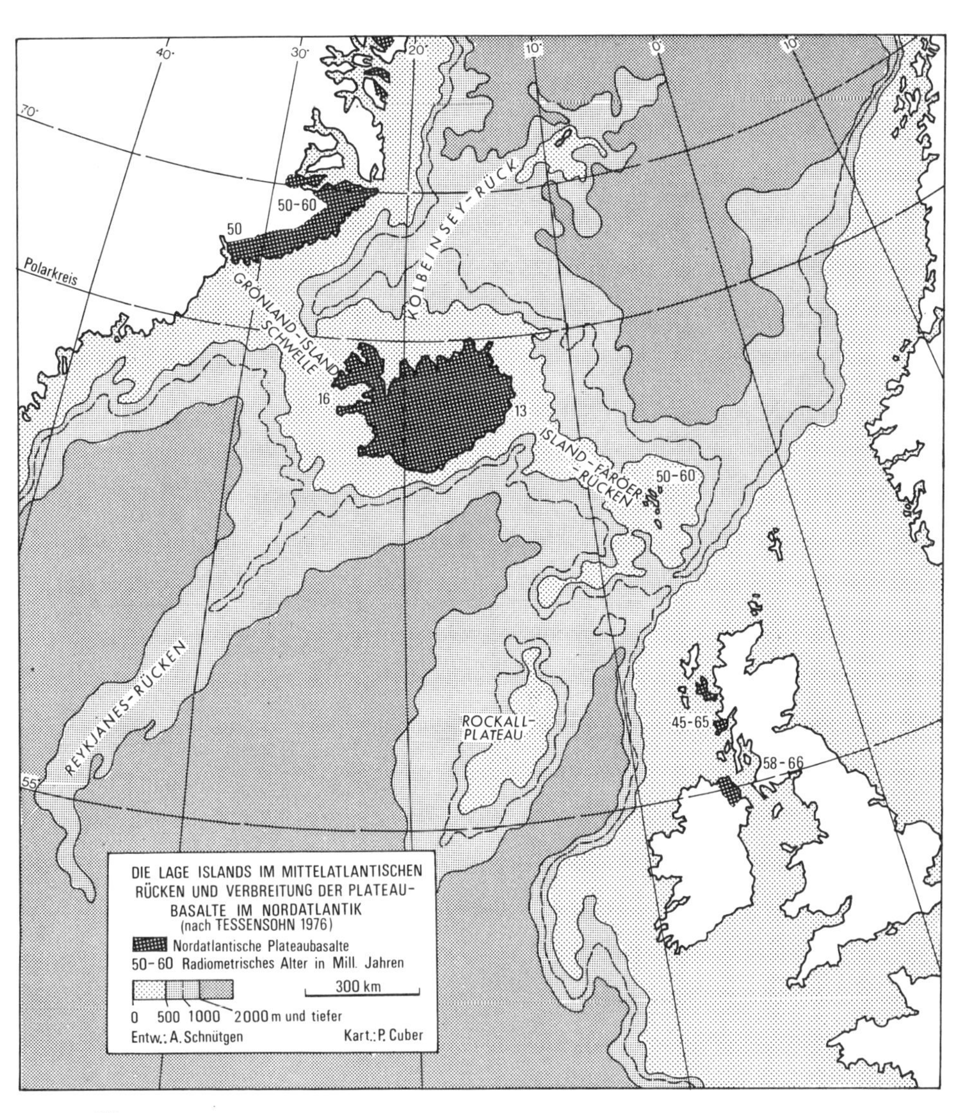

DIE LAGE ISLANDS IM MITTELATLANTISCHEN RÜCKEN UND VERBREITUNG DER PLATEAU-BASALTE IM NORDATLANTIK
(nach TESSENSOHN 1976)
Nordatlantische Plateaubasalte
50-60 Radiometrisches Alter in Mill. Jahren
300 km
0 500 1000 2000 m und tiefer
Entw.: A. Schnütgen
Kart.: P. Cuber
KOLBEINSEY-RÜCK
GRÖNLAND-ISLAND-SCHWELLE
ISLAND-FÄRÖER-RÜCKEN
REYKJANES-RÜCKEN
ROCKALL-PLATEAU
Polarkreis
50-60
50
16
13
45-65
58-66
70°
55°
40°
30°
20°
10°
0°
10°

Abb. 3

nach der Sintflut auseinandergebrochen sein. Dennoch war der Geophysiker, Meteorologe und Astronom Alfred WEGENER der erste, der aus seinen Beobachtungen eine Hypothese erarbeitete, die er im Jahre 1912 zum erstenmal in einem Vortrag auf der Hauptversammlung der Geologischen Vereinigung in Marburg der Öffentlichkeit vorstellte. 1915 erschien dann sein zumindest bei einigen Geologen umstrittenes Werk ›Die Entstehung der Kontinente und Ozeane‹. Die durch WEGENERS Hypothese ausgelöste Diskussion führte zu einer Aufspaltung des geowissenschaftlichen Lagers, indem sich die Lehrmeinungen des ›Mobilismus‹ (die Kontinente driften, neue Ozeane entstehen) denen des ›Fixismus‹ (Kontinente und Urozeane sind ortskonstant) gegenüberstanden (CARLÉ 1980, S. 11). In der konventionellen Geologie wurde die Kontinentalverschiebung nicht anerkannt. Führende Geologen taten sie sogar unmittelbar nach WEGENERS Tod als Hirngespinst ab (vgl. CALDER 1974, S. 71). Die negative Einstellung zu diesem genialen Werk ist sicherlich darin begründet, daß WEGENERS Hypothese Schwächen in der Beweiskette aufwies; z. B. konnte er nicht die bei der Kontinentalverschiebung wirksamen Kräfte erklären. Andererseits wird die kontroverse oder reservierte Haltung der für die Anerkennung wichtigen Kollegen sich aus dem Umstand ergeben haben, daß WEGENER ›der falschen Zunft‹ angehörte, wie es der Brite Sir E. BULLARD ausdrückte, der durch seine Arbeiten der Theorie der Kontinentaldrift zur allgemeinen Anerkennung verhalf. Interessant ist in diesem Zusammenhang, daß WEGENER auf seinen Nordlandreisen in Island weilte, wo er weitere Beweise für seine Hypothese hätte finden können. Sein Aufenthalt galt aber nur der Vorbereitung seiner Grönland-Expeditionen.

Heute ist es nun allgemein anerkannt, daß Amerika, Europa und Afrika als Anrainer des Atlantischen Ozeans bis zu Beginn des Mesozoikums vor 200 Mio. Jahren Bestandteile einer einheitlichen Landmasse waren, die WEGENER als Pangäa bezeichnete und die sich aus dem Südteil Gondwana und dem Nordteil Laurasia zusammensetzte. Teile des im Paläozoikum entstandenen Kaledonischen Gebirges, das in Europa in Skandinavien, auf der Britischen Hauptinsel und in Irland, in Nordamerika als ein Teil der Appalachen und in Grönland am Ostrand anzutreffen (Abb. 1) ist, waren nach dem heutigen Kenntnisstand vor der Entstehung des Atlantiks ein einheitliches Gebirge. Island existierte noch nicht, es ließe sich mit seinen Umrissen auch nicht in das geologische ›Puzzle‹ einfügen. Das Auseinanderdriften des riesigen Kontinents Pangäa wird mit den gleichen Vorgängen eingeleitet worden sein, wie man sie in dem Riftsystem im Nahen Osten mit dem Jordangraben, dem Roten Meer als Ozean im Embryonalzustand (Öffnung im Miozän, SWARTZ & ARDEN 1960 nach ILLIES 1969, S. 19) und mit der Afar-Senke am Nordende des Ostafrikanischen Rift Valleys beobachten kann. Zuerst wird entlang der Plattengrenzen nach Aufreißen von Spalten und Einbrüchen von Gräben, begleitet von vulkanischer Tätigkeit, ein Grabensystem entstanden sein, von dessen Zentrum ausgehend sich die kontinentalen Platten voneinander entfernten (vgl. auch STETS & WURSTER 1980, S. 828). In der Obertrias, vor etwa 190

Mio. Jahren, begann die Auflösung des Superkontinents Pangäa. Es trennten sich Europa und Nordamerika sowie Südamerika und Afrika. Der Uratlantik entstand, an dessen Rändern sich die kontinentalen Massen Laurasia im Norden und Gondwana im Süden voneinander entfernten. An der ehemaligen Kontaktzone dieser beiden Landmassen stiegen die ersten Partien des submarinen Mittelatlantischen Rückens auf (siehe Abb. 2A, vgl. SCHÄFER 1978, S. 31 ff., SMITH 1980, S. 106 ff.). Die Hauptentwicklungszeit des Uratlantiks ist die Jurazeit vor ca. 150 Mio. Jahren. Er hatte schon bis zu 30 % seiner heutigen Breite erreicht, als sich in der Unterkreide vor 110–120 Mio. Jahren die südatlantische Spalte öffnete. Dort wurde das Riftgeschehen im südamerikanischen Raum mit gewaltigen basaltischen Lavaergüssen vom Oberjura bis zur Unterkreide eingeleitet. Heute bedecken die 120–140 Mio. Jahre alten Basaltlaven im Paraná-Becken (Abb. 1) von Südamerika mit einer Mächtigkeit von 1000 m eine Fläche von 1,2 Mio. km^2 (BEURLEN 1961, S. 12 f.; BIGARELLA 1975, S. 134).

In der Oberkreide setzte die Trennung zwischen dem nordamerikanischen Kontinent und dem noch mit Europa zusammenhängenden Grönland ein. Das mittelozeanische Riftsystem dehnte sich nordwärts bis nach Neufundland aus. Durch eine Drehbewegung des europäischen Kontinents wurde ein Block kontinentaler Kruste, das Rockall-Plateau (siehe Abb. 3) von Europa losgelöst, der aber mit Grönland verbunden blieb (MARSHALL 1979, S. 117). Die Ausbildung des Riftsystems leitete die Auflösung des laurasischen Kontinents und damit auch die Zerteilung des Kaledonischen Gebirges ein. Im frühesten Tertiär, vor etwa 60 Mio. Jahren, entstand zwischen Nordamerika und Grönland durch das Vordringen der Riftzone nach Norden die Davis-Straße. Fast zur gleichen Zeit kündigte sich durch intensive vulkanische Tätigkeit ein Riftereignis an, das Grönland von Europa trennte. Heute befinden sich ihre Laven an den Rändern einer zwischen den Färöer-Inseln und Grönland bestehenden Schwelle, ca. 1000 km voneinander getrennt, in Ostgrönland und auf den Färöer-Inseln, den Orkney-Inseln, in Irland und in Nordwest-Schottland als Basalte der Thule-Plateaubasalt-Provinz (Abb. 3). Die Meeresbodenausweitung erfaßte nun den gesamten Nordatlantik und ließ das Meeresgebiet zwischen Labrador-Becken und Norwegen-See entstehen. Damit wird die Bildung eines Riftsystems abgeschlossen, das einen in seiner Ausdehnung und Genese einzigartigen submarinen Gebirgszug schuf, der sich mit einer Höhe von durchschnittlich 1500–2500 m über dem Tiefseeboden auf einer Länge von ca. 20 000 km von der Nansen-Verwerfungszone südlich Spitzbergen bis zum Atlantisch-Indischen Südpolarbecken als Längsachse des Atlantischen Ozeans ausdehnt (Abb. 1). Erst im jüngsten Abschnitt der atlantischen Entstehungsgeschichte erstarrten vor 16 Mio. Jahren (MOORBATH et al. 1968, S. 197 ff.) auf der Grönland-Färöer-Schwelle als Förderprodukte von Spaltenergüssen Plateaubasalte als älteste Gesteine Islands. Vor 9 Mio. Jahren, im Pliozän, hatte der Atlantik ungefähr seine heutige Ausdehnung (Abb. 2C).

4.1.1.1. Islands Stellung im Mittelatlantischen Rücken

Island ist die einzige großflächige übermeerische Kulmination eines mittelozeanischen Rückensystems, in das der Mittelatlantische Rücken einbezogen ist. Die anderen Erhebungen im Atlantik, die Vulkaninseln Tristan da Cunha, Ascension, St. Helena, die Azoren und Jan Mayen, sind im Vergleich zu Island winzig. In Island ist damit eine günstige Gelegenheit gegeben, Genese und Mechanismen mittelozeanischer Rücken zu erforschen.

Aus der genauen Kenntnis über den geologischen und tektonischen Aufbau der mittelozeanischen Rücken konnte Anfang der 1960er Jahre das für den Aufbau der Erdkruste revolutionäre Konzept der Plattentektonik entwickelt werden, das die Kontinentalverschiebung einleuchtend erklärte und somit bestätigte (WILSON 1965). Danach besteht die gesamte Erdkruste aus 16 Platten, die sich in destruktiver, konservativer und konstruktiver Art zueinander bewegen können (FUCHS 1973):

1) Bei destruktiver Bewegung gleiten Platten mit kontinentaler und ozeanischer Kruste aufeinander zu. Die ozeanische Kruste taucht unter die kontinentale in den Erdmantel hinab und wird vernichtet (Subduktion), denn sie schmilzt auf.
2) Bei konservativen Bewegungen gleiten die Platten aneinander vorbei und bilden sogenannte ›konservative Plattengrenzen‹ (transform faults, z. B. St. Andreas fault).
3) Platten mit konstruktiven Rändern bewegen sich in entgegengesetzter Richtung (Rifting), wobei an den Grenzen Spaltenräume entstehen und basaltisches Magma aus dem Erdmantel nachdringt. Auf diese Weise erneuern sich die Plattenränder fortwährend.

In der Mitte der mittelozeanischen Rücken, die meisten sind als mehrere hundert Meter tiefe Grabensysteme ausgebildet, entfernen sich die angrenzenden Platten voneinander. In Island als übermeerischem Teil des Mittelatlantischen Rückens ist diese Scheitelzone der ›Zentralisländische Graben‹ (siehe SCHWARZBACH & NOLL 1971, S. 9) oder die axiale Riftzone, wo aktiver Vulkanismus und das Aufreißen von Spalten die Grenzen der sich voneinander entfernenden eurasischen und nordamerikanischen Platte markieren. Die Rift- oder Zerrungszone erstreckt sich über eine Länge von etwa 350 km und eine Breite von 40–50 km in N/S-Richtung vom Axarfjord bis in die Höhe des Vatnajökulls. Dort spaltet sie sich in NE/SW-Richtung verlaufende, fast ebenso breite Stränge. In dieser Zone konzentrieren sich in einem 5–20 km breiten, grabenartigen Zentrum die Spaltenschwärme mit einer Länge von über 100 km (SCHÄFER 1978, S. 34 ff.; SÆMUNDSSON 1979, S. 21 ff.).

Wenn man sich Island mit dem Flugzeug vom Süden her nähert, so fallen neben den Gletschern die sich durch den Gesteinsuntergrund ziehenden Spalten als die ersten beeindruckenden Formen dieser Insel auf. Die Spalten sind jünger als 10 000 Jahre; denn sie durchsetzen postglaziale Lavaströme, die nicht mehr vom Gletscherschliff überprägt wurden. Somit blieben auf deren Oberfläche noch strickförmige Fließstrukturen erhalten. Das Öffnen und Ausweiten der Spalten läuft mit etwa 2 cm/Jahr für den Laien sicherlich sehr langsam ab. Nach geologischen Zeitmaßstäben erreicht dieser Vorgang allerdings eine beträchtlich hohe Geschwindigkeit.

Seit 1938 wurden wiederholt Vermessungen von Wissenschaftlern verschiedener Nationalität durchgeführt. Derartige Untersuchungen ergaben im Þingvellir-Graben auf einer Meßstrecke von 3,2 km zwischen den Jahren 1967–1971 eine Ausweitung von 5,7 cm (1,8 cm/Jahr, GERKE 1974). Etwa für den gleichen Zeitraum stellten DECKER et al. (1974) keine Bewegungen fest, jedoch von 1971–1973 eine Erweiterung um 4 cm. Wie man an den verkippten Schollen der Almannagjá erkennen kann, dehnt sich nicht nur die Riftzone, sondern die Schollen führen auch eine Vertikalbewegung aus. In den Jahren 1966–1967 wurden Absenkungen von 0,5–1,0 mm gemessen (TRYGGVASON 1968). In der nördlichen Riftzone am Nordrand des gerade in jüngster Zeit aktiven Vulkangebietes der Krafla (Nordisland) erbrachten Feinnivellements im etwa gleichen Zeitraum eine Absenkungsrate von 0,4–0,7 cm/Jahr (SPICKERNAGEL 1968). In den folgenden Jahren ergaben bis zum Jahre 1977 Messungen auf einem Profil zwischen Grímsstaðir und Akureyri neben Absenkungen westlich des Másvatn auch deutliche Hebungen zwischen Mývatn und Námaskarð mit einem jährlichen Betrag von 340 mm (420 mm bezogen 0, SPICKERNAGEL 1980, S. 122). Die Höhenveränderungen sind auf vulkanische Vorgänge und Rifting-Aktivität zurückzuführen. Die Bewegungen setzten sich auch nach der Meßperiode fort.

Auch die Horizontalbewegungen sind hier starken Schwankungen unterworfen. Auf einem 142 km langen Profil in Nordostisland wurden in der Zeit von 1965–1971 kontraktive Bewegungen mit einem Betrag von 0,50 m ermittelt, dann ein Wechsel zur Expansion bis zu 0,30 m von 1971–1975 im zentralen Graben. Extreme Deformationen stellten sich darauf in den Jahren 1975–1977 unmittelbar nach dem Aufleben der vulkanischen Tätigkeit im Krafla-Gebiet ein, wobei sich im nördlichen Umfeld der Krafla-Caldera, im Spaltengebiet von Gjástykki, die Oberfläche mit einem maximalen Betrag von 2,8 m auf 3 km in der Störungszone dehnte, während sich die Randzone auf beiden Seiten um je 0,15 m auf 3 km verengte. Bezogen auf die Gesamtprofilstrecke von 90 km verblieb für den Zeitraum von 1971–1977 nur eine Ausdehnungsrate von weniger als 0,5 m (MÖLLER 1980, S. 21 f.). Die Krustenbewegungen, insbesondere die vertikalen, werden durch das Eindringen von Magmenmassen aus dem Erdmantel in die Kruste im beträchtlichen Maße beeinflußt. Der Bewegungsablauf ist in den vulkanisch ruhigeren Abschnitten kontinuierlicher. Doch auch hier sind nicht episodenartige oder gar ruckartige Bewegungen der Erdkruste auszuschließen. So senkte sich während eines Erdbebens in der auch seismisch aktiven südwestlichen Riftzone im Jahre 1789 die gesamte Þingvellir-Grabenzone um 0,63 m. Eine durchschnittliche jährliche Dehnungsrate muß also über einen längeren Zeitraum hinweg bestimmt werden. So können die Beträge der Dehnungen, aber auch der Absenkungen, mit dem Alter der von ihnen betroffenen Lavaströme verglichen werden (SCHÄFER

1978, S. 35f.). Im Gebiet des þingvellir-Grabens ermittelte BERNAUER (1943) auf einem 5 km breiten Querprofil durch Ausmessung der Breite der Spaltensysteme eine Gesamtdehnung von 62,5 m. Die höchsten Verwurfs- oder Absenkungsbeträge messen im Südosten 70 m. Wenn man das Radiokarbon-Alter von verkohlten Moosen, die unmittelbar unter den tektonisch beanspruchten þingvellir-Laven gefunden wurden, mit 9130 ± 260 Jahren (KJARTANSSON, ÞÓRARINSSON & EINARSSON 1964) annimmt und mit den oben genannten anderen Beträgen in ein Verhältnis setzt, so ergibt sich für die Absenkung eine durchschnittliche Rate von 0,8 cm/Jahr und für die Dehnung 0,7 cm/Jahr. Eine etwa gleiche Dehnungsrate resultiert aus Überlegungen, die man zwischen dem radiometrischen Alter der Thule-Plateaubasalt-Provinz (siehe Abb. 3) und der Ausdehnung der Kruste von der mittelatlantischen Riftzone zu den Basaltvorkommen an den Kontinentalrändern oder zwischen den gegenüberliegenden Teilen des Kaledonischen Gebirges von Grönland und Skandinavien anstellen kann, wenn man von einer Öffnung der nordatlantischen Spalte vor 63 Mio. Jahren ausgeht. Im ersten Fall hat sich der Atlantik in Ost- und Westrichtung mit je einer Geschwindigkeit von ca. 1 cm/Jahr (vgl. SCHÄFER 1972, S. 955) ausgedehnt, im zweiten beträgt die Ausdehnung nach ASCH et al. (1980, S. 288) nach beiden Richtungen zusammen 1,7 cm/Jahr. Von der Riftzone des Mittelatlantischen Rückens und damit auch Islands geht ein symmetrischer Prozeß seitlicher Ausbreitung des Meeresbodens aus, der als Bestandteil des plattentektonischen Konzepts als ›Seafloor-Spreading‹ oder Verbreiterung des Meeresbodens zu verstehen ist. Aus der Kammlinie des Mittelatlantischen Rückens, der stufenartig in den Tiefseeraum übergeht, wächst Island durch das Aufdringen und Ausbrechen von Magma von innen nach außen. An die Ränder der benachbarten Platten wächst damit fortwährend neues Material durch Auffüllung der durch Dehnung entstandenen Spalten. SCHÄFER (1979, S. 37) unterscheidet ein schnelles und ein langsames Rifting. Beim langsamen Rifting wird die gesamte Dehnung beim Auseinanderdriften von den bis zu 10 km breiten Spaltenzonen innerhalb des Riftbereichs aufgenommen. Die Absenkung erfolgt durch das seitliche Abkippen von Randschollen in den zentralen Grabenbereich. Bei Spaltenausbrüchen werden nicht nur die Spaltenräume mit basaltischer Lava verfüllt, sondern die ausfließende Lava überdeckt auch ältere Basaltdecken. Die schnellen Riftbewegungen sind nach Auffassung SCHÄFERS von einer intensiven Erdbebentätigkeit und von Spaltenausbrüchen mit der Förderung von Lava und heißen Dämpfen begleitet. Sie setzen mit leichten Hebungen über Wochen oder gar Monate mit einer Geschwindigkeit von 6–7 mm/Tag im Hebungszentrum ein. Innerhalb von wenigen Tagen kommt es dann zu Absenkungen mit dem gleichen Gesamtbetrag wie bei der Hebung. Die Anhebungen der Erdkruste an den Plattenrändern werden durch das aufdringende Magma hervorgerufen, wobei Spannungen auftreten. Beim Überschreiten eines bestimmten kritischen Spannungswertes reißen neue Spalten auf, was auf das aufdringende Magma eine Drainagewirkung hat und damit zu einem Druckabfall mit gleichzeitiger Absenkung führt.

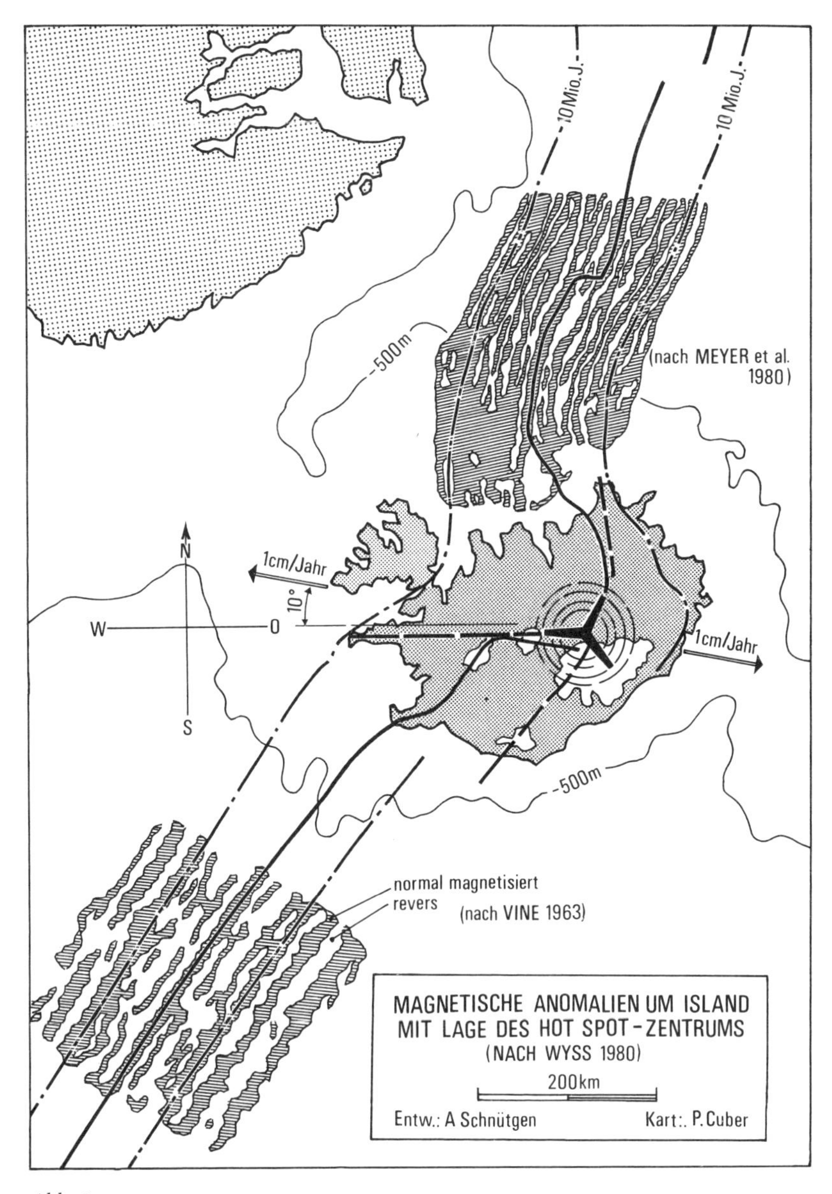
10 Mio. J.
10 Mio. J.
(nach MEYER et al. 1980)
500m
N
W
O
S
1cm/Jahr
10°
1cm/Jahr
500m
normal magnetisiert
revers
(nach VINE 1963)
MAGNETISCHE ANOMALIEN UM ISLAND
MIT LAGE DES HOT SPOT-ZENTRUMS
(NACH WYSS 1980)
200km
Entw.: A Schnütgen
Kart:. P. Cuber

Abb. 4

Bei einzelnen Riftepisoden kann das Magma an die Oberfläche dringen. Die in der basaltischen Schmelze entstehenden magnetischen Bestandteile (Magnetit, Titanomagnetit) richten sich nach der Richtung des herrschenden Erdmagnetfeldes aus. Die Magnetisierung wird durch die Abkühlung der Schmelzen unter den Curie-Punkt bei ca. 600° C (bei höheren Temperaturen keine Polarisierung) und durch die Erstarrung bewahrt und läßt im Gesteinsuntergrund auf dem Festland und auf dem wachsenden Ozeanboden im Laufe der Zeit ein Streifenmuster entstehen (siehe Abb. 4), da sich die Magnetisierungsrichtung von Zeit zu Zeit umkehrte. Der Paläomagnetismus hat also auf den basaltischen Ozeanböden (ozeanische Krusten) ein Muster hinterlassen, aus dem mit empfindlichen Geräten ermittelt werden kann, ob zur Zeit der vulkanischen Förderung der Lavamassen die Magnetisierungsrichtung den heutigen Verhältnissen (normal) entsprach oder ob sie genau entgegengesetzt verlief (revers). Die durch verschiedene Magnetisierung entstandenen Muster ordnen sich symmetrisch zu ihrem Entstehungsort, dem Mittelatlantischen Rücken, an. Der britische Geophysiker MASON entdeckte zuerst die magnetisierten Streifen auf dem Meeresboden, konnte sie aber nicht erklären. Sein Landsmann VINE erkannte die Zusammenhänge zwischen dem Streifenmuster und der Meeresbodenausbreitung und leitete durch seinen Bericht (VINE & MATTHEWS 1963, S. 947) eine neue Ära in den Erdwissenschaften ein. Mit dem Einsatz hochempfindlicher Magnetometer wurde zwischen den Jahren 1963 und 1966 der Mittelatlantische Rücken untersucht. Dabei lieferte der Reykjanes-Rücken südwestlich von Island ein besonders gutes Beispiel der symmetrischen Streifen wechselnder Polarität (siehe Abb. 4; VINE 1966, S. 1407). Mit der Aufzeichnung dieser Streifenmuster des fossilen Magnetismus konnte die Entwicklung der ozeanischen Becken erklärt und durch die radiometrische Datierung der Basalte zeitlich erfaßt werden. Auf den ozeanischen Böden der ganzen Erde ist noch kein höheres Gesteinsalter als 160 Mio. Jahre ermittelt worden. Gerade die Ergebnisse und Erkenntnisse der paläomagnetischen Forschung verhalfen der Kontinentaldrift auch von Island ausgehend zur Erneuerung und allgemeinen Anerkennung während der 1960er Jahre (Tr. EINARSSON 1957, RUTTEN & WENSINK 1960, KRISTJÀNSSON 1982).

Auf Island selbst kommt der Paläomagnetismus nicht in so regelmäßiger Form vor wie auf dem submarinen Rücken. Das Streifenmuster verschwindet fast vollständig. Nur die zentrale Anomalie läßt sich in Übereinstimmung mit dem Verlauf der neovulkanischen Zone auch auf der Insel verfolgen (TESSENSOHN 1976, S. 70). Die Ursachen dieser drastischen Veränderung des paläomagnetischen Musters werden vielfältiger Art sein:

1) Die Ausbreitung subaerisch geförderter Laven ist viel größer als unter submarinen Bedingungen. Dadurch ist eine Überlagerung unterschiedlich magnetisierter Laven möglich.
2) Die Intensität des Magnetismus wird subaerisch durch die Verwitterung der Gesteine im Laufe der Zeit vermindert. Hochthermale Wässer, Intrusionen

von Magmenkörpern und Lavaergüsse verändern durch Hitzeeinwirkung den Magnetismus (Ade-Hall et al. 1971, Becker 1980, S. 43f.).

Dennoch trugen gerade die geomagnetischen Untersuchungen in Island durch die Bestimmung der Polarität (normal oder revers magnetisiert) dazu bei, lokale stratigraphische Probleme zu lösen und eine Zeitskala zu entwickeln. Nicht allein wegen der paläomagnetischen Abweichungen nimmt Island innerhalb des Mittelatlantischen Rückens eine Sonderstellung ein, sondern auch wegen seiner Höhenlage, wegen seiner Magmenproduktion und aufgrund seines abweichenden seismischen, gravimetrischen und geothermalen Verhaltens hebt es sich von seiner submarinen Umgebung ab, was im folgenden näher erörtert werden soll.

1. Island erhebt sich mit Höhen bis ca. 2000 m NN um 3000–4000 m über den Kamm des Mittelatlantischen Rückens. Eine ähnliche Höhenlage besaß es auch schon zur Zeit der Entstehung seiner ältesten Gesteine im Obermiozän vor 16 Mio. Jahren; denn diese Laven breiteten sich über eine Landoberfläche, also subaerisch aus. In der lateralen Ausdehnung weicht es stark von dem schmaleren, kammartig ausgebildeten Reykjanes-Rücken ab. Berücksichtigt man den vom Festland flach abfallenden Schelfbereich, so erreicht es eine W/E-Ausdehnung von ca. 800 km.

2. Die Magmenproduktion ist von einer größeren Vielfalt als im Gebiet des submarinen Rückens mit der Förderung tholeiytischer Basalte. Aus diesem Raum sind bisher keine sauren bzw. intermediären (siehe Kap. 4.1.2) Magmen, die auf Island mit einem Anteil von etwa 10% vorkommen, im Nordatlantik bekannt (siehe Jakobsson 1979, S. 71f.). Die basischen Gesteine zeigen eine deutliche Differenzierung von Zentralisland mit Tholeiyten (Plagioklas-Basalte) nach SW und W über Übergangsbasalte zu Alkali-Basalten auf Snæfellsnes und im Raum Mýrdalsjökull/Heimaey. Die besondere Höhenlage Islands ist nicht nur auf eine Aufwölbung, sondern auch auf eine um das Zwei- bis Dreifache höhere Magmenproduktion als im submarinen Bereich des Mittelatlantischen Rückens zurückzuführen. Unterschiede in der Höhe der Magmenproduktion zeigen sich auch innerhalb Islands. Bezogen auf die postglaziale Förderung, also auf die Förderung in der neovulkanischen Zone, wird in Zentralisland das Vier- bis Fünffache gegenüber den Rändern erreicht (Jakobsson 1972 und 1979, S. 67).

3. Nach seismischen Untersuchungen ist die Kruste anomal aufgebaut (Tessensohn 1976, S. 71f.; Angenheister et al. 1980, S. 228ff.). Die isländische Kruste unterscheidet sich aufgrund der Ausbreitungsgeschwindigkeiten seismischer Wellen von der ozeanischen entlang eines Profils vom Reykjanes-Rücken zur Insel klar durch ihre größere Dicke. In der Unterkruste befindet sich Material aus dem oberen Mantel im Zustand partieller Auflösung, was als Aufwölbung interpretiert wird. Früher wurde wegen der größeren Mächtigkeit der Kruste die Existenz eines kieselsäurereichen kontinentalen Sockels angenommen, was mit ihrem relativ hohen Anteil saurer Vulkanite belegbar erschien. Dafür ist die Kruste jedoch zu dünn, und petrographisch konnte diese Annahme durch granitische

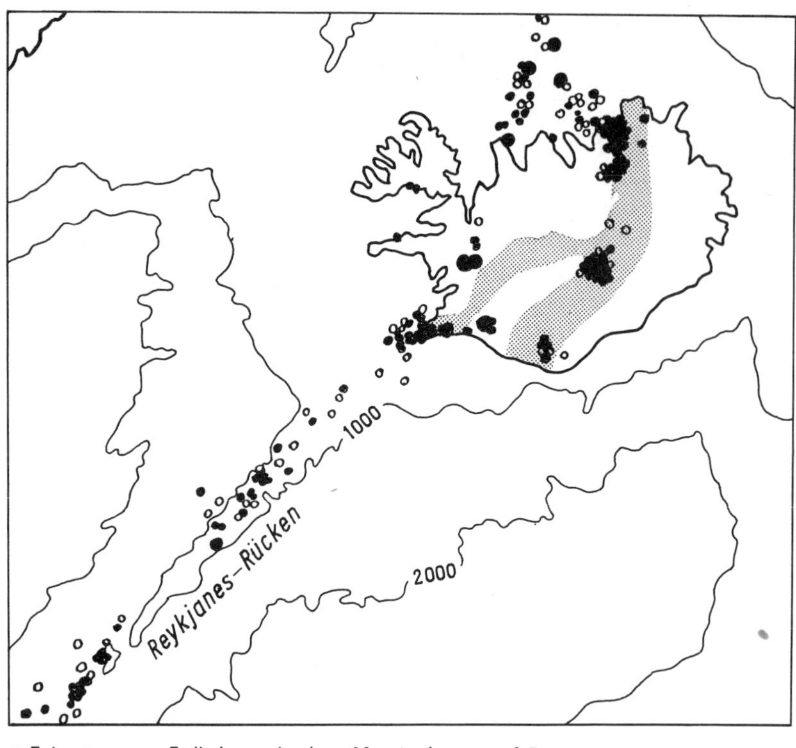

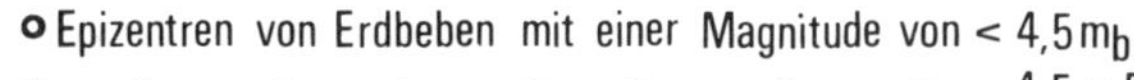

Abb. 5: Epizentren von Erdbeben in Island und auf dem nördlichen Teil des Reykjanes-Rückens (nach P. Einarsson & Björnsson 1979).

Fremdgesteins-Auswürflinge (Xenolithe) nicht bestätigt werden. Die Kruste kann aufgrund der seismischen Befunde in eine untere und obere unterteilt werden, wobei sich die Ausbreitungsgeschwindigkeit in der unteren mit 6,5 km/sek. deutlich von der oberen mit 4,5–5,2 km/sek. (2–3 km Mächtigkeit) abhebt. Die geringere Ausbreitungsgeschwindigkeit ist bedingt durch die blasen- und spaltenreiche Konsistenz der Basalte in Oberflächennähe. In der Tiefe schließen sich die Spalten und Gesteinshohlräume.

4. Die Verbreitung der Erdbebenzentren zeichnet auf dem Mittelatlantischen Rücken genau dessen Kammlage und damit die Lage der angrenzenden Platten

nach (Abb. 5). Auf Island verschiebt sich die Lage der Zentren nach Osten und zeichnet dort den Verlauf der neovulkanischen Zone nach. Weitere Räume mit größerer Erdbebenhäufigkeit befinden sich im Südwesten und im Nordosten der Insel (siehe Abb. 5). P. Einarsson & Björnsson unterscheiden (1979, S. 38ff.) in Island folgende drei Erdbebenzonen:

a) Die seismische Zone Südisland: Diese seismisch sehr aktive Zone verbindet im Süden die westliche mit der östlichen Vulkanzone. Sie zeichnet die Grenze zweier sich parallel zueinander bewegender Schollen nach (transform fault, vgl. Schäfer 1972). In Südisland fanden aus diesem Grunde häufig Schadensbeben statt, was z. B. zur Verlegung des Bischofsitzes von Skálholt nach Reykjavík führte.

b) Die Tjörnes-Bruchzone: Sie ist eine WNW/ESE verlaufende breite Störungszone mit mindestens zwei Störungen (Grímsey- und Húsavík-Störung), die den Kolbeinsey-Rücken mit der Vulkanzone in Nordisland verbinden. Auch in dieser Zone ereignen sich wie im Süden häufig stärkere Beben, die eine Stärke von 6–7 nach der Richter-Skala erreichen. Wesentlich schwächer sind die Beben in der dritten, der neovulkanischen Zone.

c) Die aktive neovulkanische Zone: Vulkanausbrüche sind hier generell von Erdbeben begleitet, aber zwischen den Ausbrüchen bleiben die größten Gebiete der vulkanischen Zone ruhig.

Allerdings gibt es hier Gebiete mit erhöhter seismischer Aktivität, von denen besonders Zentralisland im Raum nördlich des Vatnajökull und die Umgebung der Katla (Mýrdalsjökull) in Südisland betroffen sind. Die stärksten Beben dieser Zone treten offensichtlich bei Zentralvulkanen auf und stehen damit direkt mit dem Rifting-Prozeß in Verbindung (P. Einarsson 1979, S. 127). Die Erdbeben, die mit Veränderungen der Riftstrukturen wie Verwerfungen und Spalten zusammenhängen, haben gewöhnlich eine geringe Stärke. Seit 1975 hat eine stärkere Riftepisode mit Magmenförderung das Krafla-Gebiet in Nordostisland erfaßt. Ausgelöst werden dort die Beben durch den ›Streß‹ an den Plattengrenzen.

Tryggvason (1974) begründet die Konzentration der Erdbebenherde mit der Wirkung eines sogenannten ›Hot Spots‹ mit einem darunter befindlichen ›Mantle Plume‹, einem ortsgebundenen Magmenkörper mit erhöhter Lavaförderung und damit verstärkter vulkanischer Tätigkeit.

Außerhalb der genannten seismischen Zonen sind in Island Erdbeben selten; denn an die erdbebenreiche neovulkanische Zone, die Riftzone, grenzt schon der terrestrische Teil des aseismischen Rückens, der sich außerhalb Islands als ozeanische Kruste in der Färöer-Grönland-Schwelle nach Osten und nach Westen fortsetzt (siehe Abb. 3).

5. Die Sonderstellung Islands gegenüber dem submarinen Mittelatlantischen Rücken bestätigen auch die Befunde von Schwere-(Gravimetrie-)Messungen weitgehend (Tr. Einarsson 1965). Danach weist Island seiner mächtigeren Kruste entsprechend ein Schwere-Tief auf. Nach dem Verlauf und der Anordnung der

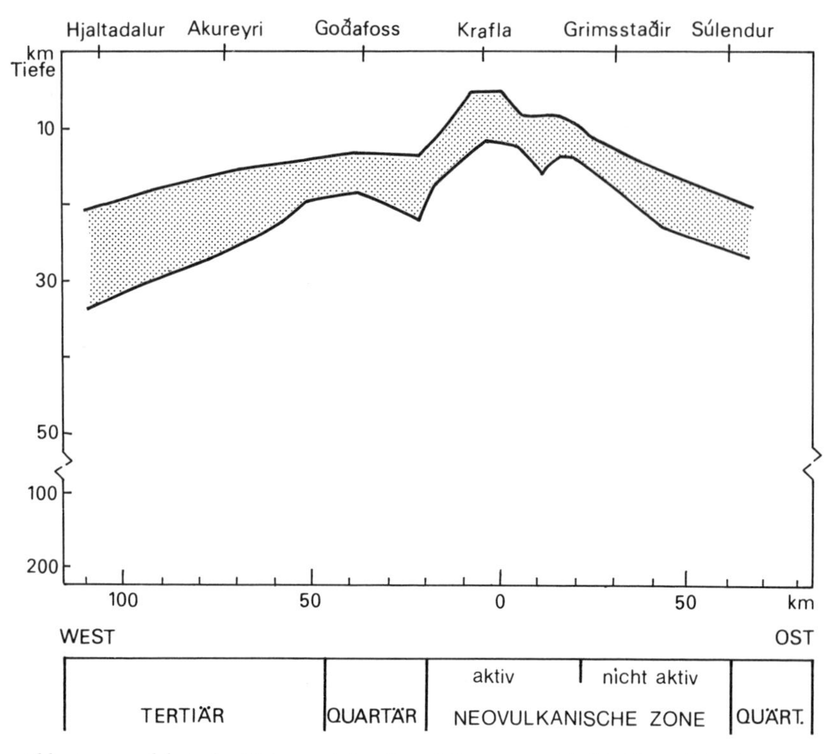

Abb. 6: Der elektrische Widerstand im Mantel-Krustenbereich (Profil; nach Björnsson 1982).

Schwere-Anomalien besitzt Island die Form einer Schüssel. Ihr tiefster Punkt stimmt mit der Lage eines der Erdbebenzentren und der maximalen Höhenlage am Nordwestrand des Vatnajökulls überein.

6. Elektrische Widerstandsmessungen, aus deren Ergebnissen auch Aussagen über den geothermalen Aufbau tieferer Schichten gemacht werden können, weisen auf eine weitere geophysikalische Anomalität Islands hin. In zwei Profilen (Beblo & Björnsson 1980, S. 184f. und Björnsson 1982, vgl. Pálmason 1980, S. 244), nämlich vom Hjaltadalur über die Krafla nach Súlendur und vom Tungnafellsjökull nach Nordosten bis Súlendur, wurden die verschiedenaltrigen geologischen Räume vom Tertiärbasalt bis zur rezenten neovulkanischen Zone erfaßt (siehe Abb. 6). In einer Tiefe von 5 km im Zentrum der neovulkanischen Zone und abfallend auf 20 km unter den Gebieten der tertiären Basalte befindet sich eine mächtige Schicht geringeren elektrischen Widerstands mit einer angenommenen äquivalenten Temperatur von 1000–1100° C. Diese Schicht wird als die Basis der Kruste oder als der oberste Teil des ›Mantle Plumes‹ angesehen und soll aus

teilweise aufgeschmolzenem Basalt bestehen. Sie wölbt sich hoch zur aktiven vulkanischen Zone auf, wo die Schmelze über das Spaltensystem als Schwächezone in der Kruste an die Oberfläche gelangen kann.

Diese z. T. erst in jüngerer Zeit gewonnenen Erkenntnisse über den strukturellen Aufbau Islands mit seinen Abweichungen von der Struktur des Mittelatlantischen Rückens stehen nicht im Einklang mit der Vorstellung vom ›Seafloor Spreading‹ und seinen extensionalen Riftbewegungen. Die Entstehung Islands kann also nicht ausreichend mit den Prozessen des Auseinanderweichens von kontinentalen Platten erklärt werden; denn damit blieben jene Fragen offen, die sich aus den Befunden der jüngeren geophysikalischen Erforschung Islands ergaben. Erklärbar werden aber die Befunde, wenn man sich den Auffassungen von WILSON (1965, S. 151 ff.), SÆMUNDSSON (1979, S. 26 f.), ANGENHEISTER et al. (1980, S. 28 f.), WYSS (1980, S. 19 ff.) u. v. a. anschließt und Island als einen ›Hot Spot‹ zu erklären versucht; denn ›Hot Spots‹ sind nach den zuerst von WILSON (1973) geäußerten Vorstellungen ›Flecken‹ in der Erdkruste mit starkem, lokal begrenztem Vulkanismus und hohem Wärmefluß, was für Island zutrifft. Aufgrund eines unter ihnen befindlichen ›Mantle Plumes‹, einer fontänenartigen Aufwölbung des oberen Erdmantels, können sie als Bestandteile des Meeresuntergrundes über den Meeresspiegel aufragen. Sie sind Erhebungen, denen Zentralvulkane mit gemischter Tätigkeit (Förderprodukte sauer bis basisch [rhyolithisch bis basaltisch]) aufsitzen. Es erstrecken sich seitlich von ihnen ein oder zwei Rücken ohne Erdbebenaktivität. Auch außerhalb der aktiven Vulkanzone erreicht der Wärmefluß außerordentlich hohe Werte. ›Hot Spots‹ sind ortskonstant und können über eine Dauer von 10 Mio. bis 100 Mio. Jahren aktiv bleiben.

4.1.1.2. Island als ›Hot Spot‹

Island ist nicht die einzige Vulkaninsel über dem Meeresspiegel im seismisch aktiven Scheitelgebiet des Atlantischen Ozeans, sondern auch die anderen übermeerischen Aufragungen des Mittelatlantischen Rückens und seiner unmittelbaren Nachbarschaft sind vulkanisch.

Über die geologischen Verhältnisse der südlichsten Insel, der subantarktischen Bouvet-Insel, weiß man nur so viel, daß der Hauptvulkan im Wechsel Lava und Aschen förderte. Etwa 150 km weiter im Norden befindet sich die etwa 80 km² große Gough-Insel mit einem etwa 900 m hohen Zentralvulkan, der in fünf Hauptphasen im Wechsel basaltische und trachytische Laven förderte. Allgemein bekannter ist da schon Tristan da Cunha mit zwei kleinen Nachbarinseln, am Ostrand des Mittelatlantischen Rückens auf gleicher Breite wie Kapstadt gelegen. Tristan da Cunha besteht aus einem über 100 km² großen und 2060 m hohen Zentralvulkan, der sich 3700 m über den Meeresboden erhebt. Wenig Bedeutung würde man sicherlich den kleinsten Inseln im Mittelatlantik, den nur wenige Hektar großen und bis 23 m hohen St. Paul und St. Peter Rocks beimessen, wenn sie nicht Bestandteile des Mittelatlantischen Rückens wären und noch obendrein mit einem Alter von 3,5–4,5 Milliarden Jahren (FAIRBRIDGE & GORINI 1975, S. 277) eines der ältesten Gesteine der Erde besäßen. Bei der Entstehung dieser Felsen wurden Gesteinspartien aus dem oberen Mantel emporgewölbt (WILSON 1973, S. 151). Außerdem zeugen Tuffe von junger vulkanischer Tätigkeit in diesem fast am Äquator gelegenen mittelatlantischen Raum.

In gleicher Beziehung zum vulkano-tektonischen Geschehen des mittelatlantischen Untergrundes stehen die Azoren, Ascension, St. Helena und Jan Mayen. Sie werden zusammen mit Island vom Begründer der ›Hot Spot‹-Hypothese, J. T. WILSON (1973, S. 150ff.), als ›Hot Spots‹ auf oder dicht an dem Mittelatlantischen Rücken angesehen. Eine abseitige Position mit einer Entfernung von 400 bis 500 km zur jetzigen Riftachse nehmen die Inseln St. Helena, Tristan da Cunha und die Gough-Insel ein. Die Lage wird von BURKE & WILSON (1972) damit erklärt, daß vor 25 Mio. Jahren eine Änderung in der Plattenbewegung den Abschnitt des südatlantischen Rückens zwang, sich von den durch die Inseln markierten ›Hot Spots‹ weg nach Westen zu verlagern. Diese Veränderungen im Riftsystem sollen nach WILSON (1973, S. 154) auch auf den Nordatlantik übergegriffen haben. Dabei bewegte sich die nordamerikanische Platte nach Westen, die eurasische drehte nach Süden gegen die in Ruhestellung verharrende afrikanische Platte. Der Mittelatlantische Rücken aber wanderte nach Westen, so daß der ›Mantle Plume‹ Islands als Lieferant großer Magmenmassen heute weiter im Osten unter dem Mývatn-Gebiet und unter der Hekla aktiv sein soll. In dieser Zeit setzte im Raum Island nach den Untersuchungen von VOGT (1974) und VOGT et al. (1980, S. 73) eine verstärkte Basaltförderung ein, wodurch der Sockel der Insel aufgebaut wurde. Diese Erkenntnisse stehen im Einklang mit den Vorstellungen SÆMUNDSSONS (1979, S. 27) über die tektonische Entwicklung des isländischen Raums und fügen sich fast genau in dieses zeitliche Schema ein; denn nach seiner Auffassung vollzog sich die letzte größere Neugestaltung des ›Plumes‹ und der Riftzone vor 27 Mio. Jahren. Damals soll sich nämlich durch eine Veränderung der Lage der Scheitelzone des Rükkens zwischen der Jan-Mayen-Bruchzone und Island die Richtung der Riftachse im Norden Islands in N/S-Richtung und im Süden in SW/NE-Richtung umgestellt haben. SÆMUNDSSON nimmt an, daß der ›Mantle Plume‹ sich unter dem östlichen Zentralisland, dem zugleich auch topographisch höchsten Teil der Insel, befindet. Außerdem zeichnet sich dieses Gebiet durch eine hohe Magmenförderung aus (JAKOBSSON 1979, S. 72). WYSS (1980, S. 21) hat von der Lage des ›Hot Spot‹-Zentrums feste Vorstellungen und siedelt es am Nordwestrand des Vatnajökulls, etwa in der Höhe des Schildvulkans Trölladyngja, an. In diesem Gebiet müßten durch das Anheben und Auseinanderbrechen der Kruste durch den ›Plume‹ drei Bruchzonen sternförmig in einem Winkelabstand von 120° aufeinander zulaufen, wie es FISKE & JACKSON (1972, S. 299) auf einem anderen ›Hot Spot‹, und zwar auf Hawaii, nachweisen konnten. Dort wird die sternförmige Anordnung der Arme durch den dreieckigen Grundriß der Insel nachgezeichnet. WYSS (1980, S. 19) hat nun versucht, diese Erscheinungsform des ›Hot Spots‹

auch in Island wiederzufinden. Mit verstärkter vulkanischer Aktivität stehen zwei Vulkanzonen als Riftarme des ›Hot spot‹ in sehr guter Übereinstimmung mit den Modellvorstellungen, nämlich mit der Riftzone nördlich des Vatnajökull und der sich E/W-erstreckenden Vulkanzone vom Zentrum am Vatnajökull über den Hofsjökull bis nach Snæfellsnes. Der dritte Arm ist die östliche Vulkanzone mit der Eldgjá, der Laki-Spalte usw. Er hält sich nicht an die vorgegebene Gesetzmäßigkeit, denn anstatt nach Südosten, nimmt er seinen Verlauf nach Südwesten auf die Vulkaninsel Surtsey zu. Vermutlich übertrifft der Einfluß des regionalen Streßfeldes vom Mittelatlantischen Rücken den des ›Hot Spot/Mantle Plumes‹ und bewirkt somit über eine Entfernung von 200 km – denn so weit ist der ›Plume‹ von der Scheitelzone des Mittelatlantischen Rückens entfernt – eine Ablenkung. Die axiale Riftzone nimmt in Zentralisland einen bogenförmigen Verlauf. In gleicher Richtung verlaufen auch die Gänge in älteren Gesteinsserien West- und Ostislands, so daß wahrscheinlich dieser bogenförmige Verlauf der axialen Riftzone auch schon in der frühen Erdgeschichte der Insel bestand (SÆMUNDSSON 1979, S. 25f.).

Die Annahme, daß Island ein ›Hot Spot‹ ist, ist aus folgenden Gründen berechtigt und durch folgende typische Erscheinungen zu erklären: Auf Island bestimmen ein ›Mantle Plume‹ die Aufwölbung des Erdmantels mit seiner magmatischen Tätigkeit und die extensionalen Bewegungen der Riftachse das geologische Geschehen und den Werdegang der Insel, denn sie wurde und wird von einem ›Hot Spot‹, oder wie es JACOBY et al. (1980, S. 4) bezeichnen, einem ›Melting Spot‹ aufgebaut, der sich an oder nahe der Ausdehnungsachse des Mittelatlantischen Rückens befindet. Die flachen, aseismischen, submarinen Rücken zwischen Grönland und Island im Westen und den Färöer-Inseln im Osten sind die Spuren, die der ›Hot Spot‹ auf den auseinanderdriftenden Platten hinterlassen hat (siehe Abb. 3). Sie können als untergetauchte Teile Islands angesehen werden. Folglich ist die Thule-Basaltprovinz im hohen Norden, die sich von Baffinland über Grönland nach Island als Zentrum bis zu den Färöer-Inseln und Schottland erstreckt, ein Ausdruck der Aktivität des isländischen ›Hot Spot‹. Die hier entstandene Kruste zeigt besonders östlich von Island im physikalischen Verhalten eine große Affinität zu der isländischen Kruste. Sie wird auf den Färöer-Inseln dikker und besitzt dort kontinentalere Merkmale.

In diesem Kapitel wurde der Versuch unternommen, Modellvorstellungen wiederzugeben, die die Eigenheiten Islands in geologisch/geophysikalischem Sinne erfassen. Da Detailfragen noch ungeklärt sind (JACOBY et al. 1980, S. 4), wird die Insel noch weiterhin im Brennpunkt geowissenschaftlicher Forschungen stehen. Aber eine Tatsache kann nicht angezweifelt werden: Island ist ein anomaler und ungewöhnlicher Bestandteil des Mittelatlantischen Rückens. Andererseits wurden Anomalitäten, die sich auch auf den Aufbau der obersten Krustenteile beziehen, nämlich bei den Gesteinen, schon recht früh erkannt und nachgewiesen.

4.1.2. Darstellung der Gesteinsverhältnisse

Bedingt durch seine besondere geologische Position als Bestandteil des Mittelatlantischen Rückens baut sich Island fast nur aus vulkanischen Gesteinen auf (siehe Abb. 19). Daher sind die basischen, d. h. die basaltischen Förderprodukte, als vorherrschende Gesteinsgruppe mit etwa 80% vertreten (SÆMUNDSSON 1979, S. 7). Für eine ozeanische Kruste überrascht der hohe Anteil saurer bis intermediärer (rhyolithischer bis andesitischer) Vulkanite[8] von 8–13%, was Fragen nach ihrer Genese und ihrer Herkunft aufwirft. Die restlichen 10% entfallen auf die Sedimente, die damit trotz starker Aufarbeitung und Abtragung während der Eiszeiten eine nur untergeordnete Rolle spielen; nach SÆMUNDSSON (1979) sind es 5–10% und nach JAKOBSSON (1979) ca. 10%. Die petrographische Zusammensetzung der Sedimente ist einförmig, da sie größtenteils aus Basaltpartikeln bestehen.

Von den Tiefengesteinen kommen in kleineren Intrusionen Granophyre (Granite) und hauptsächlich Gabbro als Äquivalentgestein zum Basalt vor. Metamorphe Gesteine gibt es nicht, doch sind in Basalten aus tieferen Stockwerken Metamorphoseerscheinungen zu beobachten. Obwohl die Gesteinspalette monoton und leicht zu erfassen ist, erschienen erst in den letzten Jahren zusammenfassende petrologische Arbeiten (WETZEL et al. 1978 nur über saure und intermediäre Gesteine; IMSLAND 1978; JACOBSSON 1979). Aktiviert wurde die petrographische Tätigkeit durch die neuen Erkenntnisse im strukturellen Aufbau der Kruste Islands im Zusammenhang mit den Hypothesen über die Riftingprozesse (›Seafloor Spreading‹) und die ›Hot Spots/Mantle Plumes‹. Recht gut bekannt ist die Geochemie und Petrologie der jungvulkanischen Gesteine, aber bezüglich der tertiären Vulkanite gibt es noch viele unbearbeitete Gebiete.

4.1.2.1. Basische Gesteine (Basalte)

SÆMUNDSSON (1979, S. 7) unterscheidet drei basaltische Lavatypen im Gelände:

1) Ströme aus Olivin-Tholeyit[9] (einem olivinführenden Plagioklas-Basalt mit feinen Kristallen der Plagioklas-Reihe und Augit in der Grundmasse).

[8] Die Gesteinsbezeichnungen ›sauer‹, ›intermediär‹ und ›basisch‹ beruhen auf dem Kieselsäuregehalt. Ein saurer Vulkanit besitzt einen höheren Kieselsäuregehalt als 65%, ein basischer weniger als 54% und ein intermediäres Gestein 54–65% (siehe Tab. 1).

[9] Die Tholeyite haben ihren Namen nach dem Städtchen Tholey im Saarland erhalten. Dort stehen in der Umgebung porphyrische Vulkanite aus dem Perm an, die zuerst diese Bezeichnung bekamen. Die Tholeyite gehören der Gruppe der Basalte an, die in erster Linie Plagioklas, Pyroxen (besonders Augite) und Eisenoxyde als Einsprenglinge in einer glasigen Grundmasse enthalten. Olivin ist nur wenig oder gar nicht anwesend.

Abb. 7: Blocklava (apalhraun) der Öldugígar (Hekla-Ausbruch 1970).

Tab. 1: Die wichtigsten vulkanischen Gesteinstypen Islands

	Tholeyitische Serie	Übergangs-Alkali-Serie	Alkali-Serie
Sauer mehr als 65 % SiO_2	Rhyolith	commenditischer Rhyolith Trachyt (?)	alkalischer Rhyolith
Intermediär 54–65 % SiO_2	Dazit Islandit Islandit (basaltisch)	Andesit (Mugearit)	Benmoreit (Trachyt) Mugearit (Trachyandesit)
Basisch weniger als 54 % SiO_2	Tholeyit Ol-Tholeyit Ozeanit	basalt. Andesit (Hawaiit) Übergangsbasalt Ankaramit	Hawaiit (Trachybasalt) Alkali-Olivin-Basalt Ankaramit

01 = Olivin.

2) Einfache Ströme aus Tholeyiten mit wenig oder gar keinem Olivin.
3) Porphyrische basaltische Laven mit Plagioklas und/oder Pyroxen.

Die Schildvulkane fördern Olivin-Tholeyite. Sie bilden Lavaströme mit glatter Oberfläche, auf der häufig aus der noch nicht erstarrten Haut bogenförmige Seilstrukturen entstehen. Die Lava ist dicht, weitgehend entgast und daher im nicht erstarrten Zustand recht dünnflüssig. Lavaströme mit diesen glasigen, glatten und wellenförmigen Oberflächenformen werden im deutschen Sprachgebrauch als Fladenlava und im isländischen als ›helluhraun‹ (Bild 1) oder mit dem hawaiianischen Ausdruck als ›Pahoehoe-Lava‹ bezeichnet.

Die Laven der olivinarmen Tholeyite sind dagegen Laven mittlerer Viskosität, auf deren Oberfläche sich ein Haufwerk schlackiger, rundlicher Brocken mit einem nahezu chaotischen Aussehen bildet. Sie werden als Brocken- oder auch Schlackenlava oder im Isländischen als ›apalhraun‹, in Italien als ›sciarre‹ oder auf Hawaii als ›aa‹ bezeichnet (siehe Abb. 7). Die olivinarmen Tholeyite sind häufig das Produkt von Spaltenergüssen.

Alkali-basaltische Laven sind höher viskos und bewegen sich als Schollenlava-Ströme sehr langsam. Ultrabasische Gesteine fehlen in Island völlig.

4.1.2.2. Hyaloklastite

Ein isländisches Gestein basaltischer bis basaltisch-andesitischer Natur muß wegen seiner besonderen Entstehungsart, seiner Ausbildung und wegen seines häufigen Auftretens im Pleistozän herausgestellt werden. Es entsteht durch den Kontakt des heißen Magmas mit Wasser im subglazialen (unter Eisbedeckung) oder subaquatischen (unter Meeres-, Fluß- oder Seewasserbedeckung) Milieu. Dabei wird durch die hohe Schmelzwärme des Eises bzw. Verdampfungswärme des Wassers der Schmelze so viel Wärme entzogen, daß sie zu Glas erstarrt. Eine Kristallisation ist dadurch nicht mehr möglich. Dieser Vorgang ist mit heftigen Explosionen verbunden, so daß die Glasmasse (Glas = griech. hýalos) zertrümmert wird (zerbrechen = griech. klásis) und sich im Umfeld der Förderstelle ablagert. Das entstandene Gestein wird daher als Hyaloklastit bezeichnet. Je nach Partikelgröße entsteht daraus nach der Verfestigung eine Breccie (größer als 2 cm, isl. ›thursaberg‹) oder ein Tuff (kleiner als 2 cm, isl. ›móberg‹). Hauptbestandteil dieses Gesteins ist neben Kristall- und Nebengesteins-Bruchstücken im frischen Zustand ein bräunliches, basaltisches Glas, der Sideromelan, der sich unter der Einwirkung der Atmosphärilien, höherer Temperaturen und ganz besonders durch hydrothermalen Einfluß zu Palagonit, einem hydratisierten Glas, umwandeln kann. Diese Tuffe und Breccien heißen Palagonittuffe bzw. -breccien. Der Vorgang der Palagonitisierung kann je nach herrschenden Bedingungen mit unterschiedlichen Geschwindigkeiten ablaufen. Nach den Ausbrüchen von Surtsey in den Jahren 1963–1967 konnte beobachtet werden, daß unter hydrothermaler Einwirkung bei Temperaturen von 35°–100° C sich in den submarin entstandenen Hyaloklastiten die Palagonitisierung in ein bis zwei Jahren vollzogen hatte. Bei Temperaturen um 20° C kann die Umwandlung allerdings auch einige tausend Jahre dauern (vgl. JAKOBSSON 1979, S. 29).

4.1.2.3. Saure und intermediäre Gesteine

Bei den magmatischen Gesteinen müssen die Vulkanite von den Intrusiva, d. h. von jenen unterschieden werden, die als Magmenkörper in die Kruste eingedrungen (intrudiert) sind, dort erstarrten und auskristallisierten. Die sauren und intermediären Vulkanite sind mit Laven und Pyroklastika (griech. pyr= Feuer, klásis= zerbrechen), also durch Erguß- und durch Auswurfsgesteine wie Tuffe, Aschen, Breccien und Ignimbrite[10] vertreten. Am weitesten verbreitet ist als saures Gestein der Rhyolith oder Liparit, ein helles Gestein mit Quarz, Plagioklas und Kalifeldspat als Hauptkomponenten. Wesentlich dunkler ist der häufigste intermediäre Vulkanit, der Andesit. Es ist schon schwierig, ihn vom Basalt zu unterscheiden, da er dem Basalt im Mineralbestand und im Chemismus sehr ähnelt.

Bei den während historischer Zeit entstandenen rhyolithischen Gesteinen beträgt der Anteil der Laven 60–70 % und der der Pyroklastika 30–40 %. Die Gesteine der Intrusivkörper sind Granite und Granophyre (Vorkommen: Setberg auf der Halbinsel Snæfellsnes). Intermediäre Intrusiva konnten bis heute noch nicht nachgewiesen werden. In Island kommen diesbezüglich alle Formen der Kristallisation vor, und zwar vom reinen Glas, dem Obsidian (hyalin, vitrophyrisch) ohne Spuren der Kristallisation, bis zum vollständig auskristallisierten Granit.

Die sauren und intermediären Gesteine sind Förderprodukte von unregelmäßig über die ganze Insel verteilten Zentralvulkanen, wie z. B. der Hekla, dem Torfajökull, der Krafla und dem Öræfajökull, und wurden in allen geologischen Epochen vom Tertiär bis heute gefördert. Ihr Anteil veränderte sich mit 10 % in der Zeit zwischen dem Tertiär und dem Ende des Pleistozäns nicht, wuchs im Postglazial auf 13 % und erreichte in der erdgeschichtlich sehr kurzen historischen Zeit von 1100 Jahren 30 % (ÞÓRARINSSON 1967, S. 194).

Das größte Vorkommen rhyolithischer Gesteine ist das Gebiet von Torfajökull im Süden Islands, das wegen seiner hellen Farben und oftmals bizarren Formen eine der reizvollsten Landschaften der Insel darstellt. Das Alter der Rhyolithe und Tuffe, die z. T. stark verwittert sein können, liegt zwischen Tertiär und Pleistozän, abgesehen von einigen Obsidianströmen, von denen nach THORODD-

[10] Ignimbrite sind aus Glutwolken abgelagerte und fest verbackene Suspensionen. Ihre Bezeichnung ist aus den lateinischen Ausdrücken ›ignis‹ = Feuer und ›nimbus‹ = Wolke abgeleitet.

SEN (1925) der größte, das Hrafntinnuhraun (die Rabensteinlava, Rabenstein = Obsidian), zwischen 1158 und 1206 entstanden sein soll. Die Ströme Laugahraun und Námshraun sind mit einem Alter von rund 300 Jahren noch jünger.

Über die Herkunft der rhyolithischen und andesitischen Gesteine wird noch viel diskutiert, denn für eine Kruste mit ozeanischem Charakter sind ihre Anteile relativ hoch. Aus diesem Grunde stellt sich die Frage, wie in einem Fördergebiet basaltischen Magmas saure bis intermediäre Schmelzen entstehen können. WETZEL (1978, S. 77ff.) sieht für ihre Entstehung folgende Möglichkeiten:

1) Aufschmelzen kieselsäurereicher granitischer Gesteinsmassen aus Resten a) einer alten kontinentalen Kruste, die nach dem Rifting-Prozeß übriggeblieben ist, oder b) einer neugebildeten kontinentalen Kruste.
2) Partielle Aufschmelzung basaltischer oder andesitischer Gesteine im Untergrund.
3) Partielle Aufschmelzung von ultrabasischem Mantelmaterial mit olivinreicher Zusammensetzung.
4) Differentiation durch Schweretrennung oder fraktionierte Kristallisation.

Für die Aufschmelzung einer alten kontinentalen Kruste gibt es keine Hinweise auf geophysikalischem oder petrographischem Gebiet. Eine Neubildung granitoider Gesteine in einer Tiefe von 13–15 km erscheint zwar möglich, muß aber erst einmal nachgewiesen werden. Einer Aufschmelzung ultrabasischer Gesteine widerspricht der Chemismus der isländischen Gesteine. Eine Kristallisationsdifferentiation eines basaltischen Magmas kann zur Bildung saurer Restschmelzen führen. Allerdings erscheint es fraglich, ob lediglich 12% saures Magma entstehen können. Um die durch die Differentiation größeren Mengen rhyolithischer Magmen zu erhalten, sind jedoch Magmenkammern erforderlich, die die zehnfache Menge basaltischer Schmelze aufnehmen können. In Gebieten mit einer hohen geothermischen Tiefenstufe ist eine partielle Aufschmelzung von Basalten bei Temperaturen von 750–800° C nicht auszuschließen.

4.1.2.4. Regionalmetamorphose

Über die Auswirkungen der Regionalmetamorphose, der Umwandlung der Gesteine durch Druck und Temperatur mit zunehmender Tiefe, sind Hinweise durch Mineralvergesellschaftungen nur aus dem obersten Metamorphose-Stockwerk, dem Übergang von der Diagenese (Verfestigung von Lockergesteinen durch langzeitige Wirkung von Druck, Temperatur, chemischer Lösung, Abscheidung) zur niedrigsten Metamorphose-Stufe unter relativ niedrigen Temperaturen und gerichtetem Druck, zur Epizone (Grünschiefer-Fazies), bekannt. Wenn man einen Temperaturgradienten von 60° C/km zugrunde legt, wie er beispielsweise im tertiären Plateaubasalt-Gebiet von Laugaland ermittelt wurde, dann ist für die Zeolithe (wasserhaltige Silikate), die in einem Temperaturbereich von 100°–300° C stabil sind, eine Tiefe von 1,5 km bis höchstens 5 km anzunehmen. Durch die Wirkungen der Regionalmetamorphose sind von oben nach unten gerade in Hohlräumen der basaltischen Gesteine nach Untersuchungen von WALKER (1960) in Ostisland Zeolithe in verschiedenen Zonen entstanden (die Zeolithe der jeweils tieferen Zone haben sich bei höheren Temperaturen gebildet):

1. Die Chabasit-Thomsonit-Zone (der Thomsonit ist bei Temperaturen zwischen 100° und 300° C stabil),
2. die Analcim-Zone (ab 160° C stabil),
3. die Mesolith-Skolezit-Zone (siehe auch JAKOBSSON 1979, S. 70; SCHÄFER 1978, S. 40).

In Nordisland reicht die Zeolithisierung in den bis zu 10 Mio. Jahre alten Basalten bis auf 1000 m NN, die Mesolith-Skolezit-Zone erreicht 300 m NN; in 2800 m Tiefe tritt nach Bohrungen im Gebiet des Eyjafjörður Epidot, also die Grünschiefer-Fazies, auf. Gesteine der Mesozone sind unbekannt. Der Aufbau der Zeolith-Fazies ermöglichte es, in den tertiären Basaltgebieten die Abtragungsrate seit Entstehung dieser Gesteine abzuschätzen; denn über der Chabasit-Thomsonit-Zone muß sich ja noch eine zeolithfreie Zone befunden haben. So werden in Südostisland nach JACOBSSON (1979, S. 70) bis zu 1800 m, im Gebiet der Ostfjorde sogar noch mehr, aber auf der Nordwest-Halbinsel nur wenige 100 m abgetragen worden sein.

4.1.3. Vulkanismus und vulkanische Bildungen

4.1.3.1. Die Vulkanbauten und ihre Klassifizierung

In allen Vulkangebieten, auch dort wo Vulkane erloschen sind, kann man Zusammenhänge zwischen chemischen und physikalischen Eigenschaften einerseits und der Form der entstehenden bzw. entstandenen vulkanischen Bildungen andererseits beobachten. In erster Linie wird die Art eines Vulkanbaus von der Viskosität des Magmas bestimmt. So war bei den jüngsten Vulkanausbrüchen auf Hawaii im April und August 1984 zu beobachten, wie hellrote Lava in hohen Fontänen aus einer Spalte in der Gipfelregion des Mauna Loa schoß und schnell randlich abfloß. In Island vereinigten sich im Jahre 1981 an der Krafla (Nordisland) bei einem gleichartigen Ausbruch aus einer Spalte die Fontänen zu einer orangeroten Wand, die von Gaseruptionen unterbrochen wurden, die das Magma zu Schlacke zerspratzen ließen. Ein völlig andersartiges vulkanisches Schauspiel lief im Mai 1980 im Nordwesten der USA ab. Dort drang in die Gipfelregion des Mt. St. Helens ein riesiger, fast fester Magmenpfropf ein und explodierte bei nachlassendem Belastungsdruck nahe der Erdoberfläche.

In den ersten beiden Fällen kamen heiße, dünnflüssige Magmenmassen mit relativ geringem Kieselsäuregehalt und hohen Magnesium-, Calcium- und Eisenanteilen zum Ausbruch, wobei das Gas leicht entweichen konnte. Im Falle des Mt. St. Helens setzte sich das Gas des äußerst zähflüssigen, kieselsäurereichen Magmas explosionsartig frei, so daß ein Drittel des Berges bei seinem Ausbruch zertrümmert, emporgeschleudert und z. T. in einer alles vernichtenden Glutwolke verdriftet wurde. Zurück blieb die hohle Ruine eines Vulkankegels. Der Gipfel war verschwunden, und nur nach und nach wächst diese Wunde durch nachdringendes Magma wieder zu. In Island hat es Eruptionen von gleicher Vehemenz gegeben. Im Jahre 1947 entstand über der Hekla eine 30 km hohe Explosionswolke, als durch den Ausbruch kieselsäurereichen Magmas die in diesem Magmentyp reichlich vorhandenen Gase explosionsartig freigesetzt wurden.

Die Hekla förderte zuerst rhyolithische Bimsasche; anschließend kam es zur Förderung von basischeren Laven. Auf Hawaii und an der Krafla in Nordisland breitete sich die Lava wegen ihrer Dünnflüssigkeit weitflächig aus und bildete einen nur flachen Böschungswinkel. Dagegen besitzt die Hekla, weil sie sich aus verschiedenen Gesteinstypen unterschiedlicher Ausbildung und Viskosität zusammensetzt, steilere Hänge und daher auch eine andere Form.

Die ersten beiden Beispiele demonstrieren, daß der Ausbruchsmechanismus, Ausfluß oder Explosion, in erster Linie von der Qualität des Magmas und damit auch von seiner Viskosität abhängt. Selbstverständlich gibt es auch Übergangsformen, wo wie bei der Hekla die explosive Phase in eine effusive übergehen kann. Der Vulkantyp wird also im wesentlichen durch die Faktoren Chemismus und Viskosität des Magmas, aber auch durch die Form des Förderkanals, die Ausbruchsart und durch die Umweltverhältnisse bestimmt. Daraus resultiert eine große Mannigfaltigkeit, die es schwierig macht, ein Klassifikationsschema zu entwickeln, in das alle Vulkane hineinpassen, ohne dem ›individuellen Gepräge eines Vulkans Gewalt anzutun‹ (RITTMANN 1960, S. 126).

Für RITTMANN (1960), einen der profiliertesten Vulkanologen, ist die Viskosität eines Magmas das bestimmende Kriterium für die Entstehungsart eines Vulkanbaus. So sind in der Regel basaltische Magmen immer dünnflüssig, intermediäre Magmen wie andesitische und phonolithische ziemlich zähflüssig, rhyolithische äußerst zähflüssig, also hochviskos. Bei Überhitzung können allerdings hochviskose Magmen so flüssig werden, daß sie sich als Ströme, wie z. B. die Obsidianströme im Torfajökullgebiet, ausbreiten. Oder ein basaltisches Magma kann sich beim Aufstieg schon so weit abkühlen, daß es in zähflüssigem Zustand an die Erdoberfläche gelangt. Für gewöhnlich bedingen die dünnflüssigen basaltischen Laven Vulkanbauten mit flachen Böschungen, die Schildvulkane, die in kaum einem anderen Vulkangebiet so zahlreich auftreten wie in Island. Zähflüssige Magmen bilden eher Staukuppen mit steilen Hängen. Sie sind schon allein wegen der geringeren Förderung saurer oder intermediärer Magmen auf Island seltener. Bei den beschriebenen Formen wurde davon ausgegangen, daß die Förderung durch eine Ausbruchsstelle mit geringer Längenausdehnung erfolgte; aber gerade in Island muß wegen der vielen Spalten in der Riftzone, die häufig als Förderwege genutzt werden, der Form des Förderkanals Rechnung getragen werden. In einer Systematik erscheint es wichtig, diesen Faktor zu berücksichtigen. Am Beispiel der Hekla wurde schon gezeigt, daß die Ausbruchsart, ob effusiv oder eruptiv, für die Form eines Vulkans ausschlaggebend ist. Dabei hängt die Explosivität nicht allein vom Gasreichtum des Magmas und der Viskosität ab, sondern auch von der Art der Umgebung, in der ein Magmenkörper an die Oberfläche gelangt. Tritt nämlich eine heiße Schmelze mit Wasser in Kontakt, so führt dieses zu heftigen Explosionen, solange der auflastende Wasserdruck nicht zu groß ist. Erfolgt der Kontakt im Grundwasserbereich, werden die Explosionen Hohlformen hinterlassen, die auch als Maare z. B. aus der Schiefergebirgslandschaft der Eifel bekannt sind. Unter Wasser- und damit auch unter Eisbedeckung entstehen die Hyaloklastite in Island vor allem aus basaltischen Schmelzen. Rittmann berücksichtigt in seiner Systematik die Häufigkeit und die Fördermenge der Ausbrüche. Dieser Gesichtspunkt ist für die isländischen Verhältnisse von geringerer Bedeutung, da beide Faktoren im Vergleich zu den Bedingungen im Umfeld des Ausbruchspunktes unwichtig erscheinen. Gerade subglaziale und subaquatische Ausbrüche haben zur Gestaltung der isländischen Landschaft beigetragen. Als jüngstes Beispiel dafür ist die Entstehung der Insel Surtsey im Jahre 1964 im subaquatischen Bereich zu nennen. Ungewöhnlich, aber typisch für die isländische Landschaft ist der Anblick der unter Eisbedeckung entstandenen Vulkane. Kastenförmig erheben sich diese, etwas an Zeugenberge der Schichtstufenlandschaft erinnernden und als Tafelberge bezeichneten Vulkane aus einer häufig ebenen Umgebung. Bei Spaltenausbrüchen können auch ganze Rücken entstanden sein, die von den Isländern als Móbergrücken bezeichnet werden. Anzeichen einer vulkanischen Tätigkeit unter den heutigen Gletschern lassen sich noch indirekt durch die Auslösung von oft verheerenden Gletscherläufen beobachten.

Eis und Wasser als den Ausbruchsmechanismus und die Form der Vulkanbauten entscheidend beeinflussende Faktoren finden in der Systematik Rittmanns (1960, S. 124ff.) keine Berücksichtigung. Für eine Beschreibung der isländischen Vulkane dürfen sie aber nicht übergangen werden. Daher sind die Umweltbedingungen am Förderpunkt Grundlage der ersten Klassifizierung isländischer Vulkane, die Þórarinsson 1959 erstellte und 13 Vulkantypen voneinander unterschied.

Nach Jahren intensiver Feldarbeiten und -beobachtungen sowie Überarbeitung der die Vulkangeomorphologie betreffenden Literatur entwickelten Williams, Þórarinsson & Morris (1983) nach geomorphologischen Gesichtspunkten ein Klassifikationsschema, das alle isländischen Vulkantypen einschließt und insgesamt 27 verschiedene Formen der Vulkane unterscheidet. Das Schema bezieht sich auf die Art der vulkanischen Aktivität (effusiv, explosiv oder gemischt) sowie auf das Milieu während ihrer Entstehung (subaerisch, subglazial oder submarin) und auf die Form des Förderschlotes (-kanals, -bereichs bzw. der Spalte). Grundlegende Unterschiede im Aufbau der vulkanischen Bildungen be-

Tab. 2: Systematik isländischer Vulkane

a) Basaltvulkane

Art der Ausbruchstätigkeit	Förderprodukte	Ausbruchsmilieu	Vulkantyp nach Form des Förderkanals	
			Kurze Förderspalte Förderschlot	Lange Förderspalte
Effusive Tätigkeit	Lava	subaerisch	*Lavaring* (eldborg) Bsp.: Eldborg von Mýrar	–
			Schildvulkan (dyngja) Bsp.: Skjaldbreiður	*Schildvulkanreihe* (dyngjaröð) Bsp.: Þjófjahraun
Gemischte Tätigkeit	Pillow-Lava Hyaloklastite	subglazial/subaerisch	*Tafelberg* (stapi) Bsp.: Herðubreið	*Subglazialer Rücken* (móbergshryggur) Bsp.: Kálfstindar
		submarin/subaerisch	*Tafelberg* (stapi) Bsp.: Surtsey	–
	Lava	submarin	*(Guyot)* Bsp.: Jólnir	*Submariner Rücken* Bsp.: Eldeyjarboði
		subglazial	+ (móbergkeila) Bsp.: Keilir	+ (móbergsryggur) Bsp.: Fógrufjöll

	Lava und Pyroklastika	subaerisch	*Schweißschlackenkegel* (klepragígar) Bsp.: Búrfell v. Heiðmörk	*Schweißschlackenkegelreihe* (klepragígaröð) Bsp.: Þrengslaborgir
			Schlackenkegel (gjallgígur) Bsp.: Búðaklettur	*Schlackenkegelreihe* (gjallgíguröð) Bsp.: Vikraborgir
			–	*Gemischte Kegelreihe* Bsp.: Lakagígar
Explosive (oder phreatomagmatische Tätigkeit)	Pyroklastika	subaerisch	*Ringwall* (gjóskugígur) Bsp.: Hverfjall	*Ringwallreihe* (gjóskugíguröð) Bsp.: Vatnaöldur
			Maar (ker) Bsp.: Grænavatn	*Maarreihe* (sprengigjá) Bsp.: Valagjá
Explosive Tätigkeit innerhalb eines Lavastromes	Pyroklastika	subaerisch	*Pseudokrater* Bsp.: Skútustaðagígar	

[Fortsetzung siehe S. 46]

Tab. 2 (Forts.)
b) Rhyolithvulkane

Art der Ausbruchstätigkeit	Förderprodukte	Ausbruchsmilieu	Vulkantyp nach Form des Förderkanals	
			Kurze Förderspalte Förderschlot	Lange Förderspalte
Effusive Tätigkeit	Lava (Obsidian)	subaerisch	*Staukuppe* Bsp.: Laugahraun	*Staukuppenreihe* Bsp.: Hrafntinnuhraun
	Pyroklastika	subglazial	+ Bsp.: Syðri-Háganga	+ Bsp.: Hlíðarfjall

c) Zentralvulkane

Art der Ausbruchstätigkeit	Förderprodukte	Ausbruchsmilieu	Vulkantyp nach Form des Förderkanals
Gemischte Tätigkeit	Lava und Pyroklastika (Hyaloklastite)	subaerisch/subglazial	*Kegelförmiger Zentralvulkan (Stratovulkan)* (eldkeila), geschichtet mit Gipfelkrater Bsp.: Snæfellsjökull
			Vulkanmassiv mit Caldera (öskju), enthält eine einfache oder vielfältige Caldera(s) Bsp.: Dyngjufjöll
			Rückenförmiger Zentralvulkan (eldhryggur), langgestreckte Stratovulkane mit bergkamm-förmiger Spalte und/oder zusammengeschlossenen Kratern Bsp.: Hekla

Quelle: Williams, Þórarinsson & Morris 1983; A. T. Guðmundsson 1982.

stehen im Chemismus der Förderprodukte. Daher wird eine Gliederung nach Basaltvulkanen, Rhyolithvulkanen und nach Zentralvulkanen (mit gemischter Zusammensetzung von basischen, intermediären und sauren Laven und Pyroklastika) vorgenommen. Eine Sonderform der Basaltvulkane ist in diese Systematik mit einbezogen, nämlich die Form der Pseudokrater, d. h. also Explosionstrichter in Lavaströmen.

4.1.3.1.1. Die isländischen Basaltvulkane

Erwartungsgemäß zeigt sich die größte Vielfalt bei den Vulkantypen aus basaltischen Förderprodukten. Williams et al. (1983) unterscheiden diesbezüglich insgesamt 19 verschiedene Vulkanformen (Tab. 2a). Am häufigsten sind die subaerischen Vulkane, bei denen das Spektrum von Effusiv-Formen mit den Schildvulkanen und den Lavaringen über die ›gemischte Reihe‹ bis zu den explosiven Hohlformen der Maare und Vollformen der Aschenringe vom Typus des Hverfjalls reicht. Wegen ihres völlig anderen Ausbruchsmechanismus im subaquatischen und subglazialen Milieu bauen sich die dort entstehenden Vulkane aus Kissenlava, Hyaloklastiten und einer abschließenden Lavafläche auf, soweit sie die Grenzen von Wasser oder Eis zur Luft hin überwunden haben.

Nach Tab. 2a existiert für die Formen der auf einem Förderschlot oder auf einer kurzen Spalte gebildeten Vulkane bis auf zwei Ausnahmen ein Gegenstück im Spaltenbereich. Es gibt keinen länglich ausgezogenen Lavaring auf einer Spalte; gleichfalls existiert kein submariner Rücken mit Topbasalten.

Sich eingehender mit jedem der 27 auf Island vorkommenden Vulkantypen zu befassen, würde den Rahmen dieser Abhandlung sprengen. So sollen nur jene Vulkanformen skizziert werden, die das isländische Landschaftsbild prägen.

4.1.3.1.1.1. Die Schildvulkane, Schildvulkanreihe und Lavaringe

Nach Größe und Bau kennt man weltweit zwei Typen von Schildvulkanen, den Hawaii-Typus (mit gewaltigen Ausmaßen von über 1000 km^2 Fläche und unter Berücksichtigung des submarinen Teils mit einer Gesamthöhe von 10 000 m die größten Vulkane) und den kleineren, aber doch noch sehr ansehnlichen Island-Typus. Die isländischen Schildvulkane (isl. dyngja = Haufen) besitzen einen runden bis ovalen Lavadurchbruch (vgl. Bild 2), aus dem sich nach allen Seiten hin in mehreren Ausbrüchen Ströme dünnflüssiger basaltischer Lava (helluhraun) ergossen. Sie bauten einen sehr flachen Kegel mit einem Neigungswinkel von durchschnittlich 4–6° auf und bedecken eine mehrere Quadratkilometer große Grundfläche. Ihre relative Höhe beträgt oft weniger als 100 m. Damit sind sie manchmal kaum im Gelände auszumachen (vgl. Abb. 8). Nur selten wird eine relative Höhe von mehr als 500 m erreicht. In der Gipfelregion befindet sich ein von

Abb. 8: Der Schildvulkan Strýtur zwischen den Tafelbergen Rjúpnafell und dem vergletscherten Hrútfell nahe Hveravellir.

Abb. 9: Der Schildvulkan Skjaldbreiður und die Spaltenzone bei Þingvellir.

steilen Wänden begrenzter Krater, den in den meisten Fällen ein Lavasee ausfüllt. Die Durchmesser dieser Krater schwanken zwischen 100 und 2000 m. Die Förderrate ist bzw. war mit 50 m^3/sek. relativ gering. In den Schildvulkanen gelangt Mantelmaterial auf direktem Wege an die Oberfläche.

Das bekannteste Beispiel eines Schildvulkans in Island ist der 1060 m hohe Skjaldbreiður (= breiter Schild; siehe Abb. 9), der als Prototyp aller Schildvulkane angesehen werden kann. Auf einer Basisfläche von ca. 50 km^2 erhebt er sich rund 500 m über der Riftzone nordöstlich von Þingvellir und besitzt an der Spitze einen steil abfallenden Gipfelkrater (sog. Pitkrater) mit einem Durchmesser von 350 m. Höchster und zugleich einer der größten Schildvulkane in Island ist mit

Abb. 10: Die Eldborg im Mýrar-Bezirk (Hnappadalssýsla).

einer Gipfelhöhe von 1460 m die Trölladyngja, deren Lavamassen sich vor etwa 8000 Jahren in einem 105 km langen Strom nach Norden durch das Bárðardalur bis weit in die Skjálfandi-Bucht ergossen und durch Talverriegelung zwei der schönsten Wasserfälle Islands, den Aldeyjar- und den Goðafoss, entstehen ließen. Die Lavamassen der Trölladyngja bedecken 465 km². Auf die zentralisländische Missetäter-Wüste (in der Umgebung des ›Hot Spot‹-Zentrums) konzentrieren sich die meisten Schildvulkane. Aus dem Spätpleistozän bis zum Postglazial sind in Island etwa 50 Schildvulkane bekannt, die sich auf die Zweige der westlichen Riftzone von der Südwestspitze der Halbinsel Reykjanes nach Nordosten bis zum Strýtur bei Hveravellir verteilen (siehe Abb. 19). Die größten sind in dieser Zone die in einem Interglazial entstandenen Vulkane Lyngdalsheiði und Ok sowie der postglaziale Skjaldbreiður. Dann verlagert sich die Reihe der Schildvulkane um ca. 200 km nach Osten, um sich dort am Nordrand des Vatnajökulls beginnend bis zum Þeistareykjabunga, dessen Laven sich fast zum Axarfjord ergossen, fortzusetzen. Einzelne Schildvulkane können auch eine reihenförmige Anordnung bilden (isl.: dyngjaröð). Das bekannteste Beispiel ist hierfür die Reihe von Þjófahraun. Nach ÞÓRARINSSON (1960, S. 36) ist die Ausbruchstätigkeit der Schildvulkane im Postglazial die direkte Fortsetzung der vulkanischen Aktivität während der Würm-Eiszeit, die die Tafelberge entstehen ließ. Ihre Fördertätigkeit hielt während der ersten Jahrtausende des Postglazials an und endete schließlich vor etwa 3500 Jahren.

Zu den flachen Schilden ist ebenfalls der Vulkantyp des Lavaringes zu rechnen. Als Musterbeispiel gilt die Eldborg (isl. eldborg = Feuerburg) in Hnappadalssýsla am Ostrand der Halbinsel Snæfellsnes. Von einem zentralen Ausbruchskanal breiteten sich Lavaströme nach allen Seiten wie bei den Schildvulkanen aus, jedoch bildete sich am Rand der Ausbruchsstelle ein Schweißschlackenwall durch Lavafontänen-Tätigkeit (siehe Abb. 10). Untersuchungen von Áskelsson (1955) haben ergeben, daß die Ausbruchstätigkeit in einer kurzen Spalte begann; davon zeugen kleinere Schlackenkegel in der Umgebung des Hauptkraters. Später verengte sich die Spalte zu einem zentralen Förderpunkt, so daß von einer Zentraleruption während der Hauptförderphase gesprochen werden kann.

4.1.3.1.1.2. Subaerischer Linear- oder Spaltenvulkanismus

Die Spaltenvulkane mit der Förderung von gewaltigen Lavamassen unterscheiden sich von den vorher skizzierten Formen dadurch, daß Spalten über eine Länge von manchmal mehreren Kilometern aufreißen und die dann austretenden Laven, oft begleitet von Schlackenwurftätigkeit, weite Gebiete überfluten (Abflußrate meistens mehr als 1000 m^3/sek.). Selten wiederholen sich die Ausbrüche an derselben Spalte. Solche Deckenergüsse, wie sie auch schon auf Seite 23 erwähnt wurden, können ein riesiges Ausmaß erlangen. Auf der Erde sind insgesamt mehr als 2,5 Mio. km^2 des Festlandes [11] mit Basaltdecken aus einer unterschiedlich mächtigen Abfolge von 5–15 m dicken Einzellagen bedeckt. Das Alter dieser Basaltdecken reicht von der oberen Trias in Patagonien bis zur rezenten Bildung in Island. Dabei ist Island gegenwärtig das einzige Gebiet der Erde, wo derartige Ausbrüche in einem stärkeren Ausmaß stattfinden, obwohl die Tätigkeit schon, wenn man die gesamte Thule-Basaltregion in die Betrachtung einbezieht, vor mindestens 60 Mio. Jahren begann. Diese Basalte werden als Decken-, Plateau- oder Trappbasalte (bezogen auf die treppenförmigen Absätze in Taleinschnitten) bezeichnet. Spaltenausbrüche oder Lineareruptionen vom rein effusiven bis zum explosiven Charakter fanden auch während der Entstehungszeit der Schildvulkane statt. In den meisten Fällen sind die Ausbrüche gemischt (explosiv und effusiv) und bauen den in Island am weitesten verbreiteten Vulkantyp auf: die Kraterreihe. Kraterreihen befinden sich hauptsächlich in der Spaltenzone südwestlich des Vatnajökulls.

Bei der Kraterreihe muß nach dem Ausbruchsmechanismus im subaerischen Bereich die ausschließlich lavafördernde Schildvulkanreihe von der gemischt tätigen Kraterreihe unterschieden werden.

[11] Die patagonischen Basalte bedecken 750 000 km^2, die Dekkan-Trapps aus der Oberkreide bis zum Alttertiär 650 000 km^2.

Schweißschlacken-Kegelreihe (klepragígaröð). – Das beste Beispiel für die Schweißschlacken-Kegelreihe ist die 8 km lange Kraterreihe von Þrengslaborgir-Ludentsborgir am Südostrand des Mývatn, deren Ausbruchstätigkeit auf eine Zeit vor 2000 Jahren datiert wird und deren Ablauf RITTMANN (1960, S. 99ff.) anhand vorhandener Formen rekonstruierte. Die Ausbruchstätigkeit lief in folgenden Phasen ab:

1. Während eines Erdbebens riß eine Spalte auf, die durch Gasexplosionen ausgeräumt wurde, was zur Ablagerung einer Breccie führte.
2. Unter Begleitung von Lavafontänentätigkeit, davon zeugen Schweißschlakken-Absätze, flossen riesige Mengen dünnflüssiger Lava zu weitflächigen Decken aus und erstarrten als Jüngere Laxáhraun, eine Brockenlava (apalhraun).
3. Die zunehmende Entgasung ließ die begleitende Schlackenwurftätigkeit zurückgehen und türmte steile, bis zu 40 m hohe Schlackenkegel auf. Vermutlich schloß diese Tätigkeit mit dem Auswurf feinerer Pyroklastika ab, der eine Ausräumung der Spalten bewirkte.
4. Frisches Magma stieg aus der Tiefe auf und bildete in den Kratern Lavaseen, deren größte ein Ausmaß von 200 m Breite und 600 m Länge erreichten. Die Innenwände der Schlackenkegel wurden von den Lavaseen angeschmolzen und z. T. unterhöhlt, da die Schmelzmassen durch verbrennende Gase aufgeheizt wurden.
5. An einzelnen Stellen wurden die Kraterwände durch Einschmelzung durchbrochen, und über die Blocklavaströme ergoß sich eine 2. Phase des Lavaergusses, dieses Mal aber wegen seiner Überhitzung durch die Gase als Fladen- oder Seillava (helluhraun).
6. Die Tätigkeit klang mit Schweißschlackentätigkeit ab, die Lavaseen erstarrten, und ihre Decken stürzten ein. An den Förderstellen kam es nur noch zu Aushauchungen heißer Gase, zur Fumarolen- und Solfatarentätigkeit.

Die Menge des geförderten Lockermaterials ist im Vergleich zu den Lavamassen gering. Die Jüngere Laxáhraun überfloß den Mývatn, verließ das Gebiet über das Laxátal und erreichte die Küstenlinie der Skjálfandi-Bucht in einer Entfernung von 63 km von Þrengslarborgir. Das von der Lava bedeckte Gebiet ist 220 km^2 groß, ihr Volumen wird auf 2,5 km^3 geschätzt (ÞÓRARINSSON 1979, S. 23). Heute verläuft der Abfluß des Mývatn, die Laxá, über diesen Lavastrom oder an ihm entlang.

In der Zeit danach ereigneten sich noch viele Spaltenausbrüche im Mývatn-Gebiet, doch verlagerte sich das vulkanische Geschehen in den nördlichen Raum. Nach einer Zeit der Ruhe von mindestens 1500 Jahren begann der Víti-Zyklus mit den sogenannten Mývatn-Feuern (isl. Mývatnseldar) während der Jahre 1724 bis 1729. Die Tätigkeit wurde mit einer Explosion am Morgen des 17. 5. 1724 eingeleitet, die zur Entstehung des Explosionstrichters (Maar) des Víti führte und von ÞÓRARINSSON (1979, S. 24) wie folgt beschrieben wird:

Dem Ausbruch des Víti gingen Erdbebenschwärme voraus, die auch im Mývatn-Gebiet stark gespürt wurden. Der Seespiegel sank um ¾ Elle. Nach einem Augenzeugenbericht des Pfarrers Jón Sæmundsson aus Reykjavík endete die Tätigkeit zwischen 8. und 25. September 1725 (Sæmundsson 1726). In einer Beschreibung der Krafla und der Mývatn-Feuer, etwa 70 Jahre nach den Ausbrüchen niedergeschrieben durch den Naturalisten Sveinn Pàlsson, wird mitgeteilt, daß der östliche Teil des Seebodens stark gehoben wurde und in dieser Lage für 9 Monate verblieb (Thoroddsen 1907–1915).

Am 11. Januar 1725 setzten wieder starke Erdbeben ein. Die Spalten öffneten sich in Leirhnjúkur etwas westlich der Krafla, und eine mächtige Solfatarentätigkeit begann dort und in Hithóll weiter im SW. Am 19. Januar desselben Jahres begann auch eine starke Solfatarentätigkeit in Bjarnarflag an der Westseite von Námafjall, begleitet von schweren Erdbeben und Aufwölbungen des Untergrundes, so daß der Seespiegel im östlichen Teil des Mývatns eine Elle absank. Die Wassertiefe wurde zu gering, als daß mit Ruderbooten zum Fischen ausgefahren werden konnte.

Am 8. September 1725 erschütterten wiederum starke Erdbeben das Mývatn-Gebiet. Der Seespiegel war wieder etwa um 2 Ellen abgesunken, und Sveinn Pàlsson teilt in seiner oben erwähnten Beschreibung mit, daß die Laxá für eine Weile verschwand.

Am 21. August 1727 setzten Lavaausbrüche aus Spalten entlang von Spalten nördlich Leirhnjúkur, die erste einer Reihe von Spalten, die im Laufe von mehr als zwei Jahren aktiv wurden. Die neue Ausbruchsphase begleiteten Erdbebenschwärme.

Am 18. April 1728 begann ein Lavaausbruch in Hrossadalur und Bjarnarflag. Der Lavastrom von den Leirhnjúkur-Kratern erreichte den Nordrand des Mývatns im Juli 1729 und die Bauerngehöfte von Reykjahlíð am 7. August. In den letzten Tagen des Septembers 1729 ging die Ausbruchstätigkeit dem Ende entgegen.

Die Erdbebenschwärme während der Tätigkeit der Mývatn-Feuer führte zur Öffnung von zahlreichen, in N/S-Richtung verlaufenden Spalten östlich des Mývatns. Die längste von ihnen hatte eine Länge von 20 km.

Der Leirhnjúkur-Lavastrom nimmt ein Areal von 35 km² ein, die beiden Ströme von Hrossadalur und Bjarnarflag je 0,25 km². Die Lava ist ein tholeiytischer Basalt.‹

Schlackenkegelreihe (gjallgíguröð). – Eine weitere Form der Spaltenausbrüche, die sich in geschichtlicher Zeit ereigneten, sind die Ausbrüche der Vikraborgir, einer Schlackenkegelreihe in der Askja (gjallgíguröd), im Jahre 1961. Die drei Krater, die Vikraborgir, förderten 3 Mio. m³ Asche und Schlacken sowie 0,1 km³ Lava. Schwarzbach (1964, S. 62f.) zitiert über den Ablauf der Eruptionen nach Þ. Einarsson folgendermaßen:

Am 10. Oktober flogen einige Bauern auf der Schafssuche über Odádahraun. Sie merkten, daß am Fuße der Austurfjöll in der Askja sich neue Solfataren gebildet hatten. Am 12. Oktober flog der Geologe Sigurdur Thórarinsson über Dyngjufjöll, und am 13. Oktober besuchte er die Solfataren, die auf einer N/S-streichenden Linie am Fuße der Austurfjöll zwischen Víti und Öskjuop lagen. Von den Solfataren floß ein größerer lauwarmer Bach mit reichlicher Tonschlammführung zu Öskjuop hin.

Am 19. Oktober besuchten dann die Geologen Dr. Tómas Tryggvason und Dr. Gudmundur E. Sigvaldason die Askja. Dort hatten in der Zwischenzeit einige Veränderungen stattgefunden. Die südlichsten Solfataren waren nicht mehr aktiv, aber auf dem mittleren Teil der Spalte hatte sich ein großer Schlammvulkan gebildet, der augenscheinlich kurz vorher eine Eruption gehabt hatte. Auf der Schneedecke beobachteten sie eine schmale, über 1 km lange Tonschlammzunge, Steinbrocken waren über 200 m weit geflogen. Während sie noch in der Askja weilten, ging dieser Schlammvulkan, Hrekkur (das heißt Schreck) genannt, nochmals los. Eine Dampfsäule stieg aus dem Kraterloch und riß Tonschlamm und größere Steinbrocken mit sich, die bis zu 100 m hoch geschleudert wurden.

Am 26. Oktober gegen 14.30 Uhr sahen Piloten und Passagiere eines Linienflugzeuges auf der Strecke Akureyri–Reykjavik eine hohe Rauchsäule, die hoch über die Wolkendecke in der Richtung Dyngjufjöll emporstieg. Am selben Abend gegen 18.00 Uhr beobachteten Piloten einer amerikanischen Düsenmaschine Lavafluten durch Öskjuop strömen, und gegen Mitternacht hatten die längsten Teilströme schon eine Länge von 6–7 km erreicht.

Der Ausbruch wird wohl gegen 11.00 Uhr vormittags am 26. Oktober begonnen haben. Die Seismographen in Reykjavik registrierten nämlich Erdbeben in der Askja um $10^h 56^m 01^s$ und $11^h 00^m 34^s$, die wohl die Anfangszeit des Ausbruchs angeben.

In der Nacht vom 27./28. Oktober traf eine Gruppe von Geologen in der Askja ein, und man kann sagen, daß der Ausbruch von da ab die nächsten 3 Wochen unter ständiger Beobachtung stand, bis die Witterungs- und Schneeverhältnisse Mitte November diese Feldbeobachtungen undurchführbar machten.

Die Tätigkeit wurde also durch Solfatarenaktivitäten in der Nähe einer 800 m langen Spalte eingeleitet. Nach Schlackenwurf und begleitenden Lavafontänen mit Gipfelhöhen von 500 m erfolgte dann ein Ausfluß von Fladenlava (helluhraun), auf der sich schöne Seilstrukturen, aber auch wurstförmige oder vorhangartige Oberflächenformen ausbildeten. Anfang Dezember 1961 endete der Ausbruch, durch den keiner zu Schaden kam, da sich die Askja in unbewohntem Gebiet befindet. Es war ein kleinerer Spaltenausbruch. Die Vikraborgir förderten 0,1 km^3 Lava und 0,003 km^3 Aschen bzw. Schlacken, eine Menge, die sich bescheiden im Vergleich zur Produktion anderer Spalten ausnimmt.

Gemischte Kegelreihe. – Auf Spalten können auch aufgrund unterschiedlicher Auswurfstätigkeit Schlacken- und Schweißschlackenkegel aufgebaut werden. Eine solche Kraterreihe mit Lavaförderung wird dann von Williams et al. (1983, S. 20) als gemischte Kegelreihe bezeichnet. Das eindrucksvollste Beispiel hierfür ist dic Laki-Spalte, die die größte Lavamenge der Welt in historischer Zeit lieferte. Auf einer Länge von 25 km riß in Südisland zwischen dem Vatnajökull und dem Mýrdalsjökull eine Spalte auf, die innerhalb von 8 Monaten 12,0 km^3 Lava und 0,3 km^3 Lockermaterial förderte. Die Ausbruchstätigkeit setzte am ersten Pfingsttag des Jahres 1783, am 8. Juni um 9.00 Uhr morgens, mit starken Erdbeben ein. Es riß die Spalte auf, aus der später die riesigen, alles unter sich begrabenden Lavamengen ausflossen. Erst am 7. 2. 1784 endete das Inferno.

Zum Ablauf des Geschehens eine Beschreibung von Schutzbach (1967, S. 74f.) nach Berichten von Þ. Thoroddsen, W. Preyer & F. Zirkel:

Der Winter, der dem Unglücksjahr voranging, zeichnete sich durch ungewöhnliche Milde aus, gerade wie der, dem die heftige Eruption der Hekla folgte. Vom 1. Juni 1783 an wurden die Bewohner im Skaftafellsbezirk durch rasch aufeinander folgende Stöße von Erdbeben in Schrecken gesetzt. Da ihre Gewalt von Tag zu Tag wuchs, war kein Zweifel mehr, daß irgendein Vulkanausbruch stattfinden werde. Die Bauern ließen ihre Gehöfte im Stich, schlugen auf freiem Felde Zelte auf und erwarteten in banger Spannung den Ausgang dieser schrecklichen Vorbereitungen. Am Morgen des 8. Juni verfinsterte eine dichte Rauchwolke den Himmel und breitete sich über die Kirchspiele Síða, Skaftártunga und Fljótshverfi aus ... Zum Glück änderte sich bald der Wind und verhinderte, daß die Aschenwolken in den folgenden Tagen die Gehöfte weiterhin erreichten ... Laute Knalle, feurige Wolken, leuchtende Blitze folgten nun rasch aufeinander. Die Skaftá, die damals an der Fährstelle bei Kirkjubæjarklaustur 140 m breit und sehr tief war, begann am 9. Juni abzunehmen. Dann verschwand sie völlig, so daß man trockenen Fußes durch das Bett gehen konnte. Am 12. Juni verstanden die Leute, warum der Gletscherfluß seinen Lauf eingestellt hatte. Bis dahin fiel er aus einer langen und bis 200 m tiefen Schlucht aus den Bergen in die bewohnten Niederungen hinab. Aber an jenem Tage quoll wie ein brausendes Meer ein Lavastrom aus der Mündung der Kluft hervor. Sie selbst wurde kurzum ausgefüllt, und die Lava floß über die Ränder. Mit reißender Geschwindigkeit wälzte sich die glühendrote Masse auf die Gehöfte zu.

Am 13. Juni hörte man zum ständigen Dröhnen und Knallen ein eigenartiges Rauschen wie von einem fernen Wasserfalle ... An diesem Tage stiegen drei Männer auf einen nahen Berg, um nach dem Ausbruch auszuspähen. Was sie sahen, war schlimm: In einer Linie ausgerichtet erhoben sich im Norden 27 Feuersäulen, von denen zwei besonders groß waren. Am 18. Juni brach ein neuer Lavastrom aus der Kluft der Skaftá, ebenfalls am 29. Juni. Wochenlang währte das Fließen mit unverminderter Kraft ...

Während die Kirchspiele Skaftártunga, Meðalland, Landbrot und Síða unmittelbar durch die schrecklichen Ereignisse heimgesucht wurden, priesen sich die Einwohner von Fljótshverfi glücklich, daß sie nur die Verwüstung der Vegetation durch Aschefall sowie die Schwängerung der Luft und des Wassers mit schädlichen Stoffen zu beklagen hatten.

Aber bald sollten sie auch am Unglück beteiligt sein. Am 29. Juli zog wiederum eine Aschewolke über Fljótshverfi. Dann kam die Lava. Als sie den Gletscherfluß Hverfisfljót erreichte, entbrannte ein heftiger Kampf zwischen den beiden Elementen. Der Sieg neigte sich auch hier auf die Seite des Feuerstromes. Der Fluß wurde ausgetrocknet. In seinem Bett brauste die Lava ins Flachland auf dem Brunasandur hinab ... Im September und Oktober flossen fortlaufend neue Lavaströme.

Den ganzen Sommer hüllte meistens ein Staubnebel den größten Teil von Island ein. Die Sonne vermochte kaum hindurchzudringen. Ließ sie sich ausnahmsweise sehen, war sie rot wie Blut. Furchtbarer noch als dieses Geschehen selbst war für die ohnehin schon bedrückten Menschen die Not, die daraus folgte. Der feine schweflige Staub legte sich über die Vegetation. Selbst ein Jahr später war der Schwefelgeruch in der Luft an vielen Orten unerträglich ... Alle Weiden wurden zerstört und damit der einzige Erwerbszweig der Bauern, die Viehzucht. Dazu war der kommende Winter übermäßig hart. Hunger und Krankheiten kamen von Hof zu Hof. Sie ereilten das Vieh und die Menschen.

Die vulkanische Katastrophe war verheerend. Die ausgeflossenen Lavamassen breiteten sich über eine Fläche von 565 km^2 aus. Man erhält erst eine Vorstellung von dieser gewaltigen Menge, wenn man einen Vergleich heranzieht. So reichen die Lavamassen aus, um Länder wie die Schweiz oder die Niederlande mit einer 30 cm dicken Basaltschicht zu überziehen. Während der ersten Wochen waren schon 10 km^3 gefördert worden, die eine Fläche von 370 km^2 bedeckten. Das bedeutet, daß sich 50 Tage lang ein Lavastrom von der Spalte nach Süden ergoß, dessen Abflußrate vom Rhein nur bei Hochwasser erreicht wird, nämlich 5000 m^3/sek. (vgl. KRAFFT 1984, S. 83). Die Aschewurftätigkeit nimmt sich dagegen mit 0,3 km^3 nur gering aus, obwohl die Lockerprodukte immerhin 8000 km^2 bedeckten. Bei den neben den Feststoffen zum Ausbruch gekommenen Gasen wird der CO_2-Anteil auf 20 Mio. Tonnen geschätzt, eine gering erscheinende Menge, wenn man sie im Verhältnis zu der heutzutage jährlichen CO_2-Emission durch die Verbrennung fossiler Brennstoffe mit 20 Milliarden Tonnen sieht, aber gewaltig im Vergleich zu den jährlich produzierten 1000 Tonnen aus dem Vulkangebiet der Osteifel.

Feine Staubpartikel erreichten auch höhere Teile der Atmosphäre und riefen in Europa, Asien und Afrika besondere Dämmerungserscheinungen hervor. Die Folgen des Ausbruchs waren für die isländische Bevölkerung vernichtend. Die Lava begrub zwar nur zwei Kirchen, vernichtete vierzehn Bauernhöfe und beschädigte 30 weitere Behausungen, aber die für die Vegetation giftigen Nebel und Aschen vernichteten den größten Teil des Weidelandes, denn Schlackenteile flogen sogar bis zu 90 km weit nach Þorsmörk, wie es am 26. Juni 1783 geschah. Über Fljótshverfi in 20–30 km Entfernung ergoß sich am 29. Juli ein wahrer Bombenhagel (THORODDSEN 1905, S. 146). Feine Asche flog bis nach Schottland, so daß man dort das Jahr 1783 als das ›Jahr der Aschen‹ bezeichnete. Selbst in Norddeutschland wurde noch Asche festgestellt (SCHWARZBACH 1964, S. 73).

Die Ascheregen verdeckten nicht nur die Weideflächen der Rinder und Schafe und machten sie unzugänglich, so daß das Vieh aus Mangel an Futter einging, sondern der vulkanische Sand, den die Tiere mit dem Futter aufnahmen, verursachte Krankheiten, an denen sie eingingen. Außerdem riefen die beim Weiden mit aufgenommenen scharfkantigen Aschepartikel besonders bei den Schafen eine Krankheit hervor, die die Isländer als ›gaddur‹ bezeichnen. Es sind Verwundungen und Entzündungen in der Mundhöhle und in den Eingeweiden. Zusätzlich führt die Aufnahme zu einer schnellen Abnutzung der Zähne, so daß den Tieren eine Ernährung mit der Zeit nicht mehr möglich ist. So gingen nach dem Ausbruch 53 % der Rinder (11 000 Stück), 82 % der Schafe (ca. 200 000 Stück) und 77 % der Pferde (28 000 Stück) zugrunde, was eine Hungersnot unter der Bevölkerung auslöste, die 9200 Menschen hinraffte (THORODDSEN 1905, S. 147). Die Bevölkerungszahl ging innerhalb von drei Jahren als Folgeerscheinung dieser vulkanischen Katastrophe von 48 884 Einwohnern auf 38 363 zurück. Unter dem Eindruck dieses Elends überlegte der dänische König, die isländische Bevölkerung zu evakuieren und in Nordjütland anzusiedeln (siehe Kap. 10).

4.1.3.1.1.3. Subglaziale Tafelberge (stapi) und subglaziale Rücken (móbergshryggur)

Wie man auf der geologischen Karte an der Verbreitung des Oberen Pleistozäns erkennen kann (siehe Abb. 19), gibt es in Island drei Hauptgebiete mit subglazial entstandenen Vulkanen. Das sind der Norden, der mittlere Süden und der Südwesten. Die Landschaft der Palagonitberge ist ein Charakteristikum für Island. Unvermittelt erheben sich kastenförmige Tafelberge und gelbbraune Rücken aus einer meist ebenen Umgebung.

Beide Formen bestehen vorwiegend aus Hyaloklastiten und basaltischen Laven. Die Rücken sind oft gezackte Bergrücken oder niedrigere Hügelketten, die sich mehr oder weniger gleichmäßig zu Reihen mit vorwiegend SW/NE-Richtung in Südisland und N/S-Richtung in Nordisland anordnen. Typische subglaziale Rücken sind z. B. in der Umgebung von Reykjavík der Sveifluháls (siehe Abb. 11) am Kleifarvatn oder die Kálfstindar östlich des Þingvallavatn.

Tafelberge (stapi). – Der bekannteste unter den Tafelbergen ist die 1682 m hohe Herðubreið, die ›Königin der Berge‹ in Zentralisland (siehe Abb. 12). Die Tafelberge sind ein wesentlicher Bestandteil der isländischen Landschaft. Außer in Kanada und möglicherweise in der Antarktis und auf Kamtschatka gibt es keine vulkanische Region mit diesem Vulkantyp, in dem man beim ersten Anblick eine durch Abtragung entstandene Form vermutet und nicht eine solche, deren Herkunft auf dem Wirken der vulkanischen Kräfte beruht. In den meisten Fällen ragen die Tafelberge isoliert aus der Landschaft (neben der Herðubreið beispielsweise Sellandafjall und Bláfjall südlich des Mývatn oder Hrút- und Kjallfell östlich des Langjökull). Ihre Basisfläche ist oft fast kreisrund. Über einem steilen Schutthang mit 30–40° Neigung führt eine fast senkrechte Steilkante zu einem Gipfelplateau aus Basalt. Darüber erhebt sich der manchmal steilwandige, aber meistens schildförmige, flache Kegel eines Gipfelkraters (siehe Bild 2). Bis zum Ende der 1930er Jahre war der Ursprung dieses Vulkantypus unsicher. Manche nahmen in den Tafelbergen tektonische Aufragungen (Horste) an, deren Topbasaltlagen als Überreste älterer Lavadecken galten (vgl. Reck 1921; Nielsen 1933; Sonder 1938). Thoroddsen (1905) und Pjeturss (1905) glaubten, in den Tafelbergen Reste größerer Vulkanbauten zu erkennen, die durch die Abtragung und durch tektonische Einflüsse zerstört worden waren. Iwan (1935) meinte sogar, in den Tafelbergen Reste einer Schichtstufe, nämlich Zeugenberge wiederzuerkennen, die sich durch Gletscherabtragung von der Hauptstufe abgesetzt hätten. Erst durch die Arbeiten von Kjartansson (1943) und van Bemmelen & Rutten (1955) steht fest, daß die Tafelberge zu einer besonderen Form der Vulkane mit zentralem Förderkanal gehören, die unter Gletscherbedeckung, also unter subglazialen Bedingungen, entstanden sind.

Die Ausbrüche unter dem Eis bewirkten zunächst, daß sich ein länglicher

Abb. 11: Der subglaziale Rücken Sveifluháls am Kleifarvatn (Südwestisland).

Abb. 12: Der Prototyp der subglazialen Tafelberge: Die Herðubreið in Zentralisland.

oder runder Schmelzwassersee bildete, in dem das aufdringende Magma zu Kissen (Pillow)-Laven (Stadium A, Abb. 13) erstarrte. Somit entwickelten sich in der Anfangsphase die gleichen Lavaformen wie bei Untermeeresausbrüchen. Mit dem Anwachsen des sich bildenden Kegels rutschten die Pillow-Laven immer mehr seitlich ab und zerbrachen. Daraus bildete sich eine Pillow-Breccie (Stadium B). Der Kegel türmte sich höher auf, und damit nahm der auflastende hydrostatische Druck ab. Im seichten Wasser steigerte sich dann die Explosivität beim Kontakt der heißen basaltischen Schmelze mit dem Wasser (Stadium C). Schließlich wird

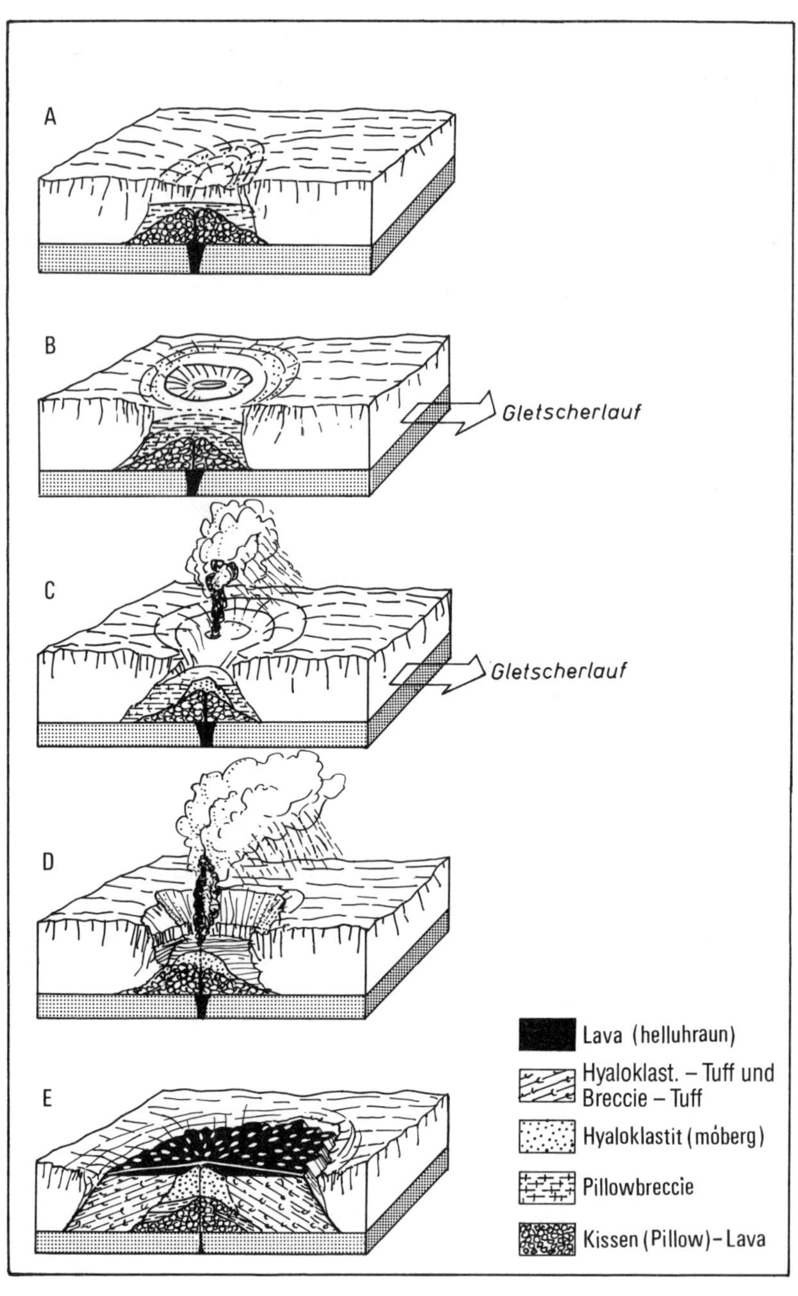

Abb. 13: Die Entstehung eines subglazialen Vulkans (Tafelberg; nach SÆMUNDSSON 1979 und GUÐMUNDSSON 1982).

in einem Inferno von Explosionen das Magma zu Hyaloklastiten zerspratzt sein (Stadium D). Im Übergang zur subaerischen Abschlußphase entstand hauptsächlich hyaloklastitischer Tuff, zwischen dem sich schon hin und wieder subaerische, brecciöse Lava ablagerte, wenn nämlich der Förderpunkt die Wasserlinie überragte, die ausfließende Lava seitlich ins Wasser gelangte und dort explosionsartig zerkleinert wurde. Schließlich wuchs die Höhe des Vulkans so weit an, daß die Höhe des Wasserspiegels bzw. der Eisdecke überwunden war. Die explosive Phase ging dann in eine effusive über (Stadium E). Damit lief nach Erreichen dieses Stadiums der Ausbruch unter subaerischen Bedingungen ab. Die basaltische Schmelze floß aus und ließ einen kleinen Schildvulkan auf den Hyaloklastiten entstehen. Nur am Rand des Vulkans gelangte die heiße Lava noch in Kontakt mit dem Wasser und fiel unter dessen Einwirkung explosiv zerkleinert den Hang hinab. Da die Lavadecke erst fast genau in der Höhe des Gletschereises ausfließen konnte, kann nun nachträglich die Mächtigkeit der Eisbedeckung zur Zeit des Ausbruchs bestimmt werden. Sie ist identisch mit der Höhendifferenz zwischen dem Fuß des Tafelberges und der ausgeflossenen Lava des Topbasaltes (WALKER 1965). Die in Island gewonnenen Erkenntnisse über die Entstehung der Tafelberge ähneln den Schlußfolgerungen von MATHEWS (1947) über die Bildung flacher Vulkane in British Columbia, der ›Tuyas‹, die er mit den isländischen Tafelbergen vergleicht.

Offensichlich ist der Größe eines Tafelberges eine Grenze durch die Tiefe des sich unter dem Eis bildenden Sees gesetzt. Berge mit einer relativen Höhe von 1000 m haben einen Basisdurchmesser von mindestens 3–4 km (MILANOVSKY et al. 1982, S. 79). Bei Vulkanen mit ausgedehnter Lavadecke erreicht die Grundfläche einen Durchmesser von 5–10 km. Im Vergleich dazu kann man zu den Ausmaßen der Herðubreið folgendes sagen: Sie besitzt eine fast kreisrunde Grundfläche mit einem Durchmesser von 5 km und erreicht eine relative Höhe bis zur Oberkante des Topbasalts von 700–800 m. Die Tafelberge weisen etwa ein gleiches Volumen wie die Schildvulkane auf, aber aufgrund der besonderen Ausbruchsbedingungen steigen sie auf kleinerer Basis zu einer größeren Höhe an. Ihre Hänge sind deutlich steiler als die der Schildvulkane und übertreffen sogar das Gefälle der gemischten Vulkane. Subglaziale Vulkane ohne Basaltlaven in der Gipfelregion haben die Eismassen nicht durchstoßen. Ihre Tätigkeit blieb quasi im Eise stecken. Daher bezeichnen sie MILANOVSKY et al. (1982, S. 79) als ›unterentwickelte‹ Vulkane. Aus diesem Grunde bauen sie sich auch nur aus subaquatisch bzw. subglazial gebildeten Gesteinsarten wie Hyaloklastiten, Pillow-Laven und -Breccien auf.

Subglaziale Rücken. – Subglaziale Rücken unterscheiden sich von den Tafelbergen durch ihre meist geringere Höhe und entsprechen in ihrem Aufbau dem frühen Entwicklungsstadium eines Tafelberges, d. h., sie setzen sich aus der Abfolge der subaquatischen (subglazialen) Ausbruchsgesteine zusammen. Sie besitzen eine kammförmige, gezackte Gipfelregion und fallen steil zu den Seiten ab. Subaerische Lava-Schildrücken fehlen in Island völlig.

Subglaziale Bildungen im sauren Gestein sind in Island im Vergleich zu basaltischen verhältnismäßig selten. Im Aufbau gleichen sie den Tafelbergen mit einer flachen Gipfelregion und steilen Hängen. Im größten Rhyolith-Gebiet, der Torfajökull-Region, gibt es entsprechend der Form des Förderkanals beide Typen, nämlich sowohl den subglazialen Rücken auf einer Spalte als auch kleinere Vulkanformen mit zentralen Ausbruchsstellen. Sie setzen sich aus körnigen, glasigen Aggregaten von Obsidian und rhyolithischer Lava zusammen.

4.1.3.1.1.4. Submarine Tafelberge

Über den Umfang der submarinen Tätigkeit um Island sind keine genauen Aussagen möglich, da Ausbrüche nur dann wahrgenommen werden, wenn Gase oder gar Feststoffe an die Oberfläche gelangen. Immerhin durchstießen seit 1200 n. Chr. an zwanzig Stellen im Meer um Island werdende Vulkane die Wasseroberfläche. Dabei ereigneten sich die meisten Ausbrüche im Bereich des Mittelatlantischen Rückens südlich der Halbinsel Reykjanes. Im Norden fanden vor Island zwar ebenfalls Ausbrüche statt, doch existieren darüber nur wenige oder unvollständige Berichte. Erste Aufzeichnungen über einen submarinen Ausbruch stammen von dem französischen Mönch und Kaplan HERBERT VON CLAIRVAUX aus dem ›Wunderbuch‹ (Liber Miraculorum) aus den Jahren 1178–1180, worin er über einen Ausbruch vor Island berichtet und feststellt, daß

> das ewige Feuer nicht nur unter dem Grund des Berges schwelt, sondern auch unter dem Meeresboden, denn häufig wird bemerkt, wie es mit erstaunlicher Kraft draußen auf dem Ozean über die Wellen bricht, Fische verbrennt und alle lebenden Dinge auf dem Meer. Es setzt auch Feuer auf Schiffe und Kapitäne, wenn diese nicht so rasch wie möglich ihr nacktes Leben durch Flucht in Sicherheit bringen können. (In: KRÜGER 1970, S. 19)

der Bericht wird sich auf die Umgebung der Eldeyjar (isl.: Feuerinseln) beziehen. In der Folgezeit muß die vulkanische Aktivität südlich von Island sehr heftig gewesen sein, denn die Annalen berichten von fünf oder sechs Ausbrüchen in den Jahren 1211, 1226, 1231, 1238 und 1240. Offensichtlich entstanden Schlackeninseln. Das Meer verwischte aber schon bald wieder ihre Spuren. Im Mai 1783 kündigte sich schon vor den gewaltigen Ausbrüchen an der Laki-Spalte das vulkanische Großereignis durch starke Eruptionen eines submarinen Vulkans an. Nach THORODDSEN (1905, S. 137) war das Meer

> in einem Umfang von 150–200 km mit Scorien (Schlacken) so dicht bedeckt, daß die Schiffe nur mit größter Mühe vorwärts kommen konnten; allmählich entstand eine Schlackeninsel, die einen Umfang von 7–8 km gehabt haben soll. Dieselbe wurde Nyö genannt und von der dänischen Regierung feierlich in Besitz genommen und eine Flaggenstange aufgerichtet. Bald darauf verschwand aber die Insel wieder mit der Flaggenstange und allem Zubehör.

1830 verschwand auch durch das Aufleben des submarinen Vulkanismus die von den mittlerweile ausgestorbenen Riesenalken als Brutstätte benutzte Insel Geirfuglasker nahe der Eldey.

Genauer studiert werden konnte der Ablauf des letzten größeren submarinen Ausbruchs, der in den Jahren zwischen 1963 und 1967 die Insel Surtsey schuf (vgl. KRAFFT 1984, S. 90ff.). Ihre Geburtsstunde kündigte sich den Einwohnern von Vík schon drei Tage vor dem Ausbruch durch intensiven Schwefelgeruch an. Dieses Vorzeichen bemerkte am 14. November 1963 um 7.00 Uhr morgens der Schiffskoch eines in der Nähe der Westmänner-Inseln kreuzenden Fischerbootes. Zugleich stiegen im Südwesten Rauchwolken auf, die der Kapitän als einen Schiffsbrand ansah. Aber schon bald wurde gewiß, daß der Feuerschein von einem Vulkanausbruch stammte, der rasch an Heftigkeit zunahm. Um 15.00 Uhr hatte sich eine 500 m lange Spalte geöffnet, und die mit Asche erfüllte Eruptionswolke erreichte bald eine Höhe von mehreren tausend Metern. Es wurde eine Insel geboren. Schon am Morgen des zweiten Tages war ihre Höhe auf 10 m gewachsen. Am folgenden Tag, dem 16. November, hatte sich die Insel, oder der Vulkan, bei einer Höhe von 45 m etwa 600 m weit ausgebreitet. Am 23. November maß die Höhe 100 m und am 30. Dezember 140 m. Zuweilen förderten drei Ausbruchsstellen basaltische Schmelze, die in den ersten Monaten der Tätigkeit durch den Kontakt mit dem Meerwasser häufig unter Explosionen zu Aschen und Schlacken zerspratzte. Gleichzeitig mit dem Erscheinen der Vulkaninsel an der Oberfläche begann das Meer seine abtragende Tätigkeit. Die Brandung schwemmte einen großen Teil der Pyroklastika fort. Dennoch obsiegten vorerst die aufbauenden Kräfte aus dem Erdinneren. Ende Januar hatte die Insel eine Länge von 1,5 km erreicht. Nach vorübergehendem Aussetzen der Tätigkeit bildete sich im Nordwesten der Insel der Krater ›Surtur‹, dessen effusive Tätigkeit am 4. April 1964 einsetzte. Es entstand im Krater ein Lavasee mit einem Durchmesser von 120 m. Von dort flossen dann Lavaströme zum Meer über die abgelagerten Lockerprodukte, was schließlich zur vorläufigen Befestigung der Insel gegenüber dem Angriff des Meeres führte. Am 17. Mai endete vorübergehend die Tätigkeit. Bis zu diesem Zeitpunkt waren etwa 270 Mio. m^3 Lava und Lockerprodukte gefördert worden, die schließlich die 1,5 km^2 große Vulkaninsel Surtsey aufbauten. In der Folgezeit verlagerte sich die vulkanische Aktivität in die Umgebung der Insel, und am 23. Mai entstand der Vulkan Syrtlingur. Am 24. Mai war 300 m nordöstlich von Surtsey unter dem Wasser ein Krater zu erkennen. Eine Insel tauchte am 5. Juni auf. Sieben Tage später verschwand sie wieder im Meer, tauchte aber am 14. Juni wieder auf und erreichte nach 14 Tagen eine Höhe von 45 m und einen Durchmesser von 300 m. Nach einem etwa halbjährigen Bestehen verlor sie den Kampf gegen das Meer und verschwand endgültig. Damit war aber noch nicht die Ausbruchstätigkeit um Surtsey beendet. Die Geburt einer weiteren Insel im Südwesten Surtseys sollte den Charakter der vulkanischen Aktivität um Surtsey verdeutlichen. Nämlich am 26. Dezember fügte sich mit Jólnir im Süden eine weitere Vulkaninsel in die Reihe der Ausbruchspunkte, die aber im gleichen Auf und Ab wie bei Syrtlingur am 20. September für immer versank. Alle Förderpunkte mit Surtsey als Hauptvulkan liegen auf einer 4,5 km langen Spalte mit einer SW/NE-Streichrichtung in Fortsetzung der östlichen aktiven Vulkanzone. Die Tätigkeit endete am 5. Juni 1967 nach 3 Jahren und fast 7 Monaten.

Die Phasen der Entstehung von Surtsey entsprechen fast dem Ablauf der Tätigkeit eines Tafelberges unter und über dem Eis. Möglicherweise ist, was aber nicht nachgewiesen werden konnte, das Magma auf dem Meeresboden unter dem auflastenden Druck des Wassers zu Kissenlava erstarrt. Darüber setzten sich Hyaloklastite ab. Aus diesen Produkten formte sich die tafelbergförmige Basis der späteren Vulkaninsel Surtsey. Nahe der Oberfläche begann dann die explosive Phase, wie sie von den Fischern am 14. November 1963 bemerkt wurde. Diese Phase äußerte sich in Dampfwolkenbildung sowie Asche- und Schlackenwurftätigkeit. Wahrscheinlich wird die explosive Phase schon eingesetzt haben, als der submarine Vulkan sich noch 90 m unter der Wasseroberfläche befand. Denn nach einer Bohrung, die im Jahre 1979 auf Surtsey niedergebracht wurde, stieß man nicht auf die erwartete Kissenlava, sondern 42 m über dem vormals 130 m tiefen Meeresboden stand noch Palagonittuff an (Bárðarson 1982, S. 372). An der Oberfläche baute sich dann ein Kegel auf, in den das Meer nicht mehr eindringen konnte. Die Tätigkeit schloß mit der Bildung eines Lavaschildes ab. Mittlerweile hat die Brandung die Insel verkleinert. Der südliche Kragen aus Lava kann leichter von der Brandung angegriffen werden als ursprünglich geglaubt, da die Lava durch die schnellere Abtragung der im Liegenden befindlichen Pyroklastika unterspült wird. Innerhalb von 10 Jahren (1969–1979) hatte das Meer schon mehr als 15 % der Inselfläche verschlungen. Ein weiterer Inselvulkan mit ähnlichem Aufbau ist Dyrhólaey.

4.1.3.1.1.5. Subaerisch, explosiv entstandene Vulkane

In dieser Gruppe sollen nur die rein explosiv entstandenen vulkanischen Bildungen Berücksichtigung finden. Es muß betont werden, daß die meisten Formen dieser Gruppe auch in vielen anderen Vulkan-Regionen der Welt vorkommen, so daß sie nicht so sehr als für Island typische Vulkanformen angesehen werden können und damit auch nicht so häufig sind. Die geringe Explosivität ist im wesentlichen in der Gasarmut des vorwiegend zum Ausbruch kommenden basaltischen Magmas begründet. Wenn dennoch basaltisches Magma explosiv gefördert wird, dann ist die Ursache im Kontakt der heißen, basischen Schmelzen mit dem Wasser zu suchen. Derartige, auf eine beschleunigte Verdampfung des Wassers zurückzuführende Explosionen werden als phreatisch (griech. Brunnen) bezeichnet. Wie bereits festgestellt wurde, kann der Magmenkontakt subaquatisch erfolgen; er kann aber auch unter der Erdoberfläche mit dem Grundwasser eintreten oder dann, wenn sich die Schmelze als glühendflüssige Lava über einen feuchten oder nassen Untergrund bewegt.

Wegen ihrer geringen Bedeutung im landschaftlichen Gefüge Islands sollen nur drei Formen herausgestellt werden.

Maare, Maarreihe, maarähnliche Sprengtrichter, Explosionsgraben. – Das Maar (isl. ker) ist ein weitgehend ›negatives Formenelement‹ der vulkanischen Landschaft. Es ist schüssel- oder trichterförmig und kann durch Explosion in jedem beliebigen Gesteinsuntergrund entstehen (siehe NOLL 1967, S. 5). Durch Explosionen ausgeworfene Lockermassen aus magmaeigenem, aber auch aus herausgesprengtem Nebengesteinsmaterial bauen einen niedrigen Wall um den Explosionstrichter auf. In der Regel befindet sich in einem Maar ein See.

Das bekannteste Maar dürfte in Island das Víti im Krafla-Gebiet (Bild 3) sein, das erst seit 260 Jahren existiert. Von seinem Ausbruch liegen noch Schilderungen vor. THORODDSEN (1915, S. 406) gibt Berichte aus den Tagebüchern von Sveinn PÀLSSON wieder:

In der Mývatn-Gegend waren in der Nacht zum 17. Mai 1724 starke Erdbeben zu verspüren, deren Stärke gegen Morgen beträchtlich zunahm. Um 9 Uhr erfolgte ein heftiger Aschenausbruch ›aus dem Schwefelberg‹ Krafla. Weithin war die mächtige Eruptionswolke sichtbar, aus der ›Sand, Asche und glühende Steine‹ niederfielen. Feuerschein soll gesehen worden sein. In den aufwärts jagenden Dampf- und Aschewolken zuckten Blitze hin und her. Infolge der sich noch steigernden Erdbeben stürzten einige Häuser in der Siedlung am Mývatn ein, und die Bevölkerung der umliegenden Gehöfte flüchtete sich nach Reykjahlið. Dort mußte man tatenlos zusehen, wie allmählich Aschenfall einsetzte, wie die Asche immer dichter fiel und die Landschaft östlich des Mývatn langsam mit einer 1½ Ellen (ca. 1 m) dicken Schicht bedeckte. (In: NOLL 1967, S. 39)

Der Explosionskrater Víti ist heute mit einem smaragdgrünen, fast 33,5 m tiefen See gefüllt und hat einen Durchmesser von 320 m. Einzelne kleinere Sprengtrichter befinden sich in seiner Nachbarschaft. Seine Explosionskraft wird in erster Linie auf juvenile, magmatische Gase zurückzuführen sein. Eine Mitwirkung phreatischer Einflüsse kann wegen der Nähe aktiver Thermalfelder nicht ausgeschlossen werden (NOLL 1967, S. 46).

Typisch sind für Island Explosionsformen, die von NOLL (1967, S. 65) als selbständige Ausräumungstrichter mit mächtigen Schlackenwällen, Schweißschlackenbildungen und Lavaströmen bezeichnet und der Gruppe maarähnlicher Sprengtrichter zugeordnet werden. Diese Gruppe konzentriert sich auf das Gebiet zwischen Hekla und Vatnajökull, einen Raum mit starker Grundwasserführung und daher höherer Explosivität basaltischer Magmen. Eines der auffälligsten Beispiele ist der 1550 m lange und 780 m breite Explosionskrater Ljótipollur (isl. häßliche Pfütze) in Landmanna-Afréttur. Die Explosionstätigkeit, die zur Entstehung von Ljótipollur führte, ist phreatischer Natur; denn die Explosionen ereigneten sich in der Niederung der Tungnaá, die dort von einer 50 km langen Spalte zwischen Torfajökull und Vatnajökull gequert wird. NOLL (1967, S. 68) beschreibt die Ausbruchstätigkeit in 5 Phasen:

1. Phase: Beginn der explosiven Ausräumung von Störungen ausgehend; Auswurf des Sprengschuttes.
2. Phase: Heftige Magmenentgasung bewirkt Wurfschlacken-Tätigkeit, dabei fortgesetzte Erweiterung der Förderwege und des Kratertrichters. Die Fördermassen werden vorwiegend vom Wind nach NE verdriftet und bauen hier einen mächtigen Wall auf.
3. Phase: Aufstieg des Magmas in der Förderspalte; Lavafontänentätigkeit führt zur Schweißschlacken-Bildung; Bänke von Schweißschlacken-Lava kleiden die Innenwände des Kraters aus.
4. Phase: In der Südhälfte des Kraters nochmals explosive Ausräumung, hierdurch Erweiterung des Schlackenkraters und Zerstörung der kraterwärts geneigten Partien des Walles. In der Nordhälfte weiterhin, wenn auch abgeschwächt, Förderung glasiger Aschen mit allothigenem (magmenfremdem) Material.
5. Phase: Beginn der effusiven Lineareruption aus der Spalte im Süden von Ljótipollur; Erguß des Lavastromes Frostastadahraun. Im Ljótipollur Bildung von drei kleinen Schlackenkegeln; Ende der Eruption.

Ähnliche Krater wie Bláhylur und das Maar Blautaver befinden sich in näherer Umgebung.

Stärker betont als bei Ljótipollur wird der Spaltencharakter durch die Maarreihe (sprengigjá) der Valagjá (ca. 15 km NE der Hekla), einer Reihe von drei trichterförmigen Kratern. Ihre Tätigkeit setzte nach dem Aufreißen der Spalte mit Schlackenwurftätigkeit ein, die die Innenwände der Krater auskleidete. Darauf folgende heftige Explosionstätigkeit sprengte die Decke z. T. wieder weg und hinterließ statt dessen auf den Wänden einen Sprengschutt. Die Valagjá wird älter als 2700 Jahre sein. Fast 1800 Jahre später riß im gleichen Raum eine der großartigsten Explosionsspalten mit einem 5 km langen Explosionsgraben auf. Parallel zur Reihe der Lakagigar verläuft in einer Entfernung von etwa zehn Kilometern die ›größte und gewaltigste Eruptionsspalte, die es auf der Erde gibt‹ (SCHWARZBACH 1964, S. 65). Es ist die vom Mýrdalsjökull im Südwesten bis zum abschließenden, 948 m hohen Gjátindur im Nordosten reichende Eldgjá, die ›Feuerschlucht‹ (siehe Abb. 14). Auf einer Länge von etwa 30 km riß um das Jahr 930, also etwa zur Landnahmezeit, die Erde ca. 150 m tief auf und zerschnitt eine ganze Landschaft mit ihren Anhöhen, Tälern und Flüssen (siehe Bild 5). An einzelnen Stellen floß insgesamt eine Menge von etwa 10 km^3 Lava aus, die sich über Südisland ausbreitete und nun eine Fläche von ca. 900 km^2 bedeckt. Über großen Teilen liegt jetzt das Skaftáreldahraun, die Lava der Laki-Ausbrüche. Die Ausbruchsform der Eldgjá wird als ein explosiver Linearausbruch bezeichnet, von dem in der Eldgjá kaum Spuren zu sehen sind. Es befinden sich nur kleinere Schlackenkegel auf der Sohle der Schlucht. Wurf- und Schweißschlacken am Oberrand künden von der eruptiven Anfangsphase mit Lavafontänen, die allerdings nicht zur Ausräumung

Abb. 14: Blick in die Eldgjá vom Nordostrand.

der Eldgjá führte. Die Schlucht entstand durch tektonischen Einbruch, worauf beiderseitig gleichartige Gesteinsabfolgen, unter ihnen auch Sedimente, hinweisen. Aus der Spalte floß ein Olivin-Basalt aus.

Ringwälle. – In verhältnismäßig kurzer Zeit wird auch die Tätigkeit der Vulkankegel abgelaufen sein, die in Island als gjoskugígur oder nach RITTMANN (1960, S. 155) schlicht als Ringwall bezeichnet werden und zu den Lockervulkanen gehören. Diese Vulkanart soll hier herausgestellt werden, nicht, weil sie in Island besonders häufig vorkäme, sondern weil hier ein besonders formvollendeter Vertreter dieser Art mit dem fast kreisrunden und 150 m hohen Hverfjall am Mývatn anzutreffen ist (Bild 4). Der gleichmäßige Krater ist mehr als 1 km weit und enthält einen kleinen Lockerkegel in seinem Inneren, der sich in der letzten Phase seines Ausbruchs bildete. Während einer nur kurzen, aber starken Explosionstätigkeit wird der Krater in der Zeit von ein oder zwei Tagen (ÞÓRARINSSON 1952, S. 170) aufgeschüttet worden sein, so daß jetzt Lockermaterial von Staubkorn- bis Blockgröße den Ringwall aufbaut. Die Auswurfsleistung für die Dauer eines Tages ist enorm, wenn man bedenkt, daß während dieser kurzen Zeit rund 0,25 km^3 gefördert wurden. Es ist sicherlich eine der höchsten Tagesleistungen, die bei der vulkanischen Tätigkeit in Island erreicht wurde. Aus etwa der Hälfte der Lockerprodukte baut sich der Vulkan auf, die anderen Massen verteilen sich auf die Umgebung. Ein weiterer großer Aschenkegel befindet sich mit dem Ludent in unmittelbarer Nachbarschaft. Er brach schon vor der Entstehung des Mývatn aus; denn er ist älter als 6600 Jahre. Mindestens 4000 Jahre später leitete der Ausbruch des Hverfjalls vor etwa 2500 Jahren eine vulkanische Ära ein, die mit dem Ausfluß der Jüngeren Laxá-Lava endete. Auf der Laxá-Lava sind gerade im

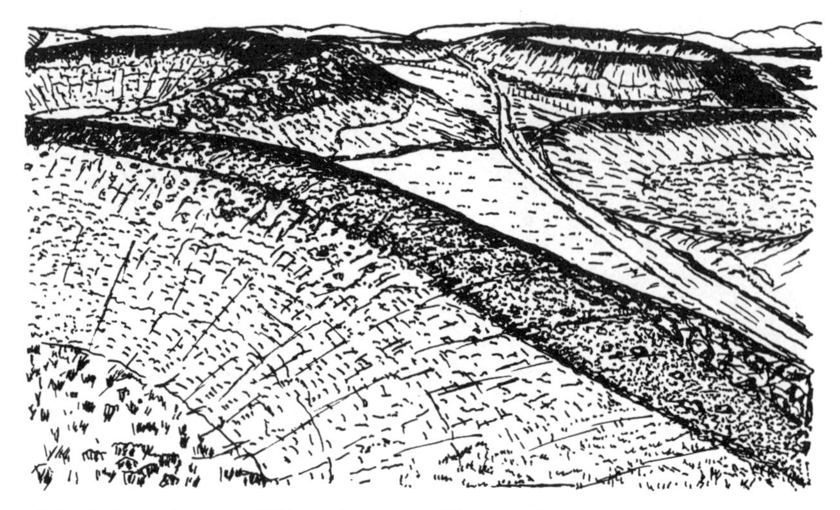

Abb. 15: Pseudokrater am Südufer des Mývatn (Skútustaðir).

Mývatn-Gebiet zahlreiche Explosionskrater zu finden, über deren Herkunft viele Hypothesen aufgestellt wurden. Heute weiß man, daß diese Krater keine Vulkane waren; es sind sogenannte Pseudokrater.

4.1.3.1.1.6. Pseudokrater

Inseln und einige Uferzonen des Mývatn gleichen einer Mondlandschaft. In unregelmäßiger Verteilung bedecken viele Krater mit Durchmessern von wenigen Metern bis einigen Zehnermetern den Untergrund. Ihr Anblick ist wegen der Anhäufung scheinbarer Eruptionspunkte selbst in der aktiven Vulkanlandschaft des Mývatn ungewöhnlich (siehe Abb. 15). Allein auf der Insel Mikley zählte der deutsche Geologe von Knebel 107 Krater; die Grímsstaðaborgir-Kraterreihe besitzt über 100 Exemplare dieser vulkanischen Sonderform. Viele Pseudokrater breiten sich aber auch im Westen, Süden und Südosten des Sees aus. Obwohl schon im Jahre 1835 der französische Geologe Robert den wahren Ursprung dieser kleinen Kegel erkannte, konnte sich seine Vorstellung nicht durchsetzen. Denn bis nach dem Zweiten Weltkrieg waren die meisten Vulkanologen, die sich mit diesen Kratergruppen im Mývatn-Gebiet beschäftigten, der Überzeugung, daß die Ausbrüche der Kegel auf einer sich knapp unter der Oberfläche befindlichen Magmenkammer beruhten. Erst nach den Arbeiten von Þórarinsson (1960) wird allgemein anerkannt, daß diese Eruptionsformen als ›wurzellose‹ Krater, als Pseudokrater, anzusehen sind; denn beim Überfließen glühendheißer Lava über wasserreiche Depressionen, wie flache Seen, Sümpfe oder Moore, wird das Wasser unter der Lava zu überhitztem Dampf. Dieser Dampf ist das Treibmittel für kleinere Lavaquellen, die an der Oberfläche des Stroms emporsprudeln und kleine Kegel (Hornitos) entstehen lassen, oder gar kleinere Explosionskrater.

Im Mývatn-Gebiet beschränken sich die Pseudokrater auf die Jüngere Laxá-Lava. Auf der Älteren Laxá-Lava sind deshalb keine zu finden, weil jene vor 3800 Jahren durch Abdämmung erst einmal die Grundvoraussetzung für ihre Entstehung schuf, nämlich den Mývatn selbst. Weitere Pseudokrater befinden sich in Südisland auf dem Eldhraun (Landbrotshólar) und im Gebiet des Mýrdalssandurs (Álftaver).

4.1.3.1.2. Zentralvulkane

Die isländischen Zentralvulkane sind im Rittmannschen Sinne als polygene bzw. als gemischte Vulkane zu bezeichnen. Sie fördern Magmen mit wechselndem Chemismus und sich daher verändernder Viskosität, was den Charakter der Ausbruchstätigkeit beeinflußt. Obwohl sie sich aus verschiedenartigen Lagen aufbauen, kann die Bezeichnung Schicht- oder Stratovulkan für sie irreführend sein, da sich ja auch ein Schildvulkan aus einer Abfolge vieler Schichten, nämlich Basaltschichten, zusammensetzt.

Die Zentralvulkane sind die größten Vulkanbauten auf Island. Sie müssen nicht nur wegen ihrer Förderung von Laven und Pyroklastika als zusammengesetzte oder gemischte Vulkane bezeichnet werden, sondern es ändert sich die chemische Zusammensetzung des Magmas im Laufe ihres Bestehens, wenn nicht sogar während eines Ausbruchszyklus. Zentralvulkane entstanden also über einen längeren Zeitraum hinweg aus Laven basaltischer, intermediärer und saurer Zusammensetzung.

Das Kennzeichen der isländischen Zentralvulkane ist der periodische Wechsel zwischen Lavaausflüssen und starken Eruptionen rhyolithischer oder saurer, dazitischer Natur, was dazu beiträgt, daß diese Vulkane steile Flanken besitzen. Ihre Anzahl ist auf Island kleiner als die der Schildvulkane. Dafür stellen sie aber wesentlich größere Konstruktionen mit einer relativen Höhe von 1–1,5 km oder gar 2 km dar. Nicht alle Zentralvulkane erheben sich in so imposanter Weise zu derartig großen Höhen. Manche treten morphologisch kaum in Erscheinung. Ihre Aufbauten sind schon so weit abgetragen, daß man ihre Umrisse nur anhand der Gesteinsunterschiede rekonstruieren kann. Das ist bei den ältesten Formen in der tertiären Plateaubasalt-Landschaft der Fall. Es verteilen sich insgesamt etwa 40 Vulkanbauten ohne erkennbare Gesetzmäßigkeit oder Bezug auf die strukturellen oder erdgeschichtlichen Verhältnisse über ganz Island (siehe Abb. 22). Sie sind in unterschiedlichen Erhaltungszuständen in allen erdgeschichtlichen Epochen vom Tertiär bis heute zu finden. Williams et al. (1983) unterscheiden drei Typen der Zentralvulkane:

1) den kegelförmigen Zentralvulkan,

Abb. 16: Der Zentralvulkan Snæfellsjökull.

2) das Vulkanmassiv mit Caldera und
3) den rückenförmigen Zentralvulkan (siehe Tab. 2b).

4.1.3.1.2.1. Kegelförmige Zentralvulkane (Stratovulkane)

Der höchste Zentralvulkan, der Öræfajökull (2119 m), ist zugleich auch einer der größten. Nach seinem Volumen wird er als tätiger Vulkan in Europa nur vom Ätna übertroffen. Sein Gipfelkrater hat einen Durchmesser von fünf Kilometern und wird wahrscheinlich eine Caldera sein. In historischer Zeit hatte er zwei Eruptionen, wobei der gewaltige Ausbruch von 1362 nur rhyolithische Lockerprodukte und der letzte Ausbruch im Jahre 1727 nur basaltisches Material förderten. Berühmtheit erlangte ein anderer Zentralvulkan durch Jules VERNES Roman ›Die Reise zum Mittelpunkt der Erde‹, nämlich der 1446 m hohe Snæfellsjökull (siehe Abb. 16). Diesen oft in Wolken eingehüllten Kegel bedeckt ein 11 km^2 großer Gletscher. Der Vulkan selbst ist schon seit rd. 1700 Jahren erloschen.

4.1.3.1.2.2. Vulkanmassiv mit Caldera

Der Größe nach werden die kegelförmigen Zentralvulkane deutlich von den Vulkanmassiven, beispielsweise von der wahrscheinlichen Ruine eines interglazialen Vulkans, den Dyngjufjöll in Zentralisland, übertroffen. Mit einer Grundfläche von über 250–300 km^2 ragt dieses kleine Gebirge mit 600–700 m über der unwirtlichen Umgebung des Ódáðahraun, der Missetäter-Wüste, auf. Durch die Entleerung von Magmenkammern senkte sich das Gelände im zentralen Teil ab und ließ eine 45 km^2 Caldera, die Askja (isl. Schachtel), entstehen. Eine längere Ruhepause fand am 29. März 1875 ein plötzliches Ende. Aus einem nur 100 m weiten Explosionskrater wurden innerhalb kurzer Zeit ca. 2 km^3 rhyolithischer Bimsasche geschleudert. Feinere Partikel gelangten durch die ungeheuere Energie des Ausbruchs in höhere Schichten der Atmosphäre und breiteten sich bis nach Schweden aus, wo sie auf ihrem Weg nach Osten Norwegen am 29. 3. um 19.00 Uhr abends und Stockholm am 30. 3. 1875 um 10.00 Uhr vormittags passierten. Einige Gehöfte im Osten Islands mußten wegen des Aschefalls verlassen werden. In der Folgezeit sank neben dem Explosionskrater, dem Víti, allmählich der Boden ein, der sich innerhalb weniger Jahre mit einem See, dem 170 m tiefen Öskjuvatn, auffüllte. Heute bedeckt der See fast die gesamte kleine Caldera (11 km^2). Die Askja ist ein anschauliches Beispiel für die Entstehung des Laacher Sees in der Eifel. Hier wurden vor ca. 11 000 Jahren aus einzelnen kleineren Ausbruchsstellen mit gleicher Vehemenz ca. 5 km^3 (SCHMINCKE et al. 1983, S. 142) Bimsaschen hinausgeschleudert. Feinste Aschepartikel findet man jetzt noch in den Mooren Mecklenburgs, Oberschlesiens und in der Umgebung des Genfer Sees. Der Laacher See entstand erst nach dem Einbruch der Caldera des Laacher Kessels.

4.1.3.1.2.3. Die rückenförmigen Zentralvulkane

Der Unterschied zwischen dem Stratovulkankegel und dem Vulkanrücken fällt sofort auf, wenn man sich die breit ausladende Hekla (= Haube) vom Laugarvatn oder von Skálholt aus betrachtet und sie mit dem bei klarer Sicht selbst von Reykjavík (120 km) sichtbaren Snæfellsjökull vergleicht. Der langgestreckte Rükken der Hekla mit seiner kammförmigen Gipfelregion gleicht – wie ÞÓRARINSSON (1960, S. 41) es formulierte – einem umgekippten Ruderboot. Dagegen kommt der breit ausladende Kegel des Snæfellsjökull den landläufigen Vorstellungen von einem Vulkan schon näher. In der gleichen Form präsentiert sich die Hekla vom Nordosten oder Südwesten (Abb. 17).

Der Zentralvulkantyp eines polygenen Rückens wie die Hekla – sie gilt als Prototyp dieser Gruppe – entstand durch Spaltenaktivität. Im Gegensatz zu den basaltischen Spaltenausbrüchen bauen sich diese Vulkane durch wiederholte Tätigkeit entlang derselben Spalte auf. Meistens queren tektonische Linien die Spalte, so daß diese als Schwächezonen eine Wiederholung des Magmenaufstiegs ermöglichen.

Vor etwa 10 000 Jahren, also gegen Ende der letzten Eiszeit, wird die Ausbruchstätigkeit der Hekla begonnen haben. In den an der Basis anstehenden Palagonit-Tuffen und -Breccien riß die 5 bis 6 km lange Spalte der Heklugjá auf und förderte in vielen Ausbruchsphasen saure und intermediäre Vulkangesteine, die innerhalb dieser 10 000 Jahre in über 1000 m mächtiger Abfolge die heute 1491 m hohe Hekla auftürmten und sie zu einem der aktivsten Vulkane Europas werden ließen. Sie ist trotz ihrer peripheren Lage im hohen Norden seit langer Zeit auf dem Kontinent bekannt. Ihre häufigen und z. T. sehr heftigen Ausbrüche in einer

Abb. 17: Blick von Südwesten auf die Hekla.

oft wolkenverhangenen, düsteren Landschaft umgaben die Hekla in früheren Zeiten mit dem Hauch des Mystischen und hatten die Phantasie der Menschen, besonders kontinentaler Besucher, angeregt. In der christlichen Welt des Mittelalters glaubte man, daß die Hekla der Sitz der Hölle sei. Der schon erwähnte HERBERT VON CLAIRVAUX schrieb, daß der als ›Schornstein zur Hölle‹ genannte Ätna wie ein kleines Öfchen wirke im Vergleich zur Hekla.

Bis in das 17. Jahrhundert hinein galt die Hekla bei Christen als ein Symbol des Bösen. Im Jahre 1616 schrieb der Astronom und Theologe DAVID FABRICIUS über den ›bösen Hekelsberg‹:

Der dritte Wunderberg im Norden von Island, der Hekelsberg genennet, ist so hoch wohl gar nicht, hat aber von langen Jahren her geschmoket und gebrannt. Was es ein Feuer und Materia sei, weiß man nicht, dieweilen aber durch die ganze Insel Schwefel aus der Erden gegraben wird, ist es zu glauben, daß es eine schwefelhaltige Materie sei. Dieser Berg ist nicht weit von dem Meer, werfet zu Zeiten schwarzen Sinter und lichte helle Steinen, und das in so großer Menge, daß die Sonne verdunkelt wird. Auf sechs Meilen nah darf niemand bei diesem Berg wohnen. Man glaubt überall, daß hier die Hölle sein, darin die verdammten Seelen gequälet werden, denn es werden in und um diesen Berg mancherlei schreckliche Gespenste gesehen. Und wo etwa sonsten an einem fremden Ort oder Land eine Schlacht geschehen ist, das können die Isländer, sonderlich diejenigen, die auf dem nächsten Meere bei diesem Berg in ihren Schiffen fischen, alsbald wissen, an welchem Tage die Schlacht, wenn sie gleich nicht wissen den Ort, wo es geschehen sei, denn sie sehen, als sie vermelden, die Teufel aus und eingehn in den Berg und die Gespenster der Menschen herbringen. (In: KRÜGER 1970, S. 15)

Auch der französische Reisende MARTINIÈRE berichtet 1653 in seinem Reisebuch über die Nordischen Länder, daß die Hekla der Sitz der Hölle sei. Denn nach seiner Vorstellung stamme das Jammern und Heulen an der isländischen Küste von den Verdammten, die der Teufel auf das Treibeis ringsum der Insel zum Abkühlen lege, damit sie sich nicht zu sehr an die Hitze in der Hekla gewöhnten.

Trotz dieser Mystifizierung der Hekla stecken in den Berichten brauchbare Beobachtungen. So berichtet FABRICIUS über die verschiedenartige Zusammensetzung der Aschen. Er beobachtete, daß neben der dunklen (basischeren) Asche die Hekla auch helle (rhyolithische) Bimsaschen förderte. Seit der Landnahmezeit hatte die Hekla 17 Ausbrüche, und zwar in den Jahren 1104, 1157, 1206, 1222, 1294, 1300, 1341, 1389, 1510, 1597, 1636, 1693, 1766, 1845, 1947, 1970, 1980. Der erste Ausbruch in historischer Zeit war zugleich auch der schwerste. Die Hekla brach 1104 mit so ungeheurer Vehemenz aus, daß 2,5 km^3 intermediärer Aschen nach Norden verweht wurden und bis 70 km nördlich des Vulkans sämtliche Anwesen im wahrsten Sinne des Wortes in Schutt und Asche legten. Blühende Siedlungen im Þjórsárdalur verschwanden für immer. Außer dem Ausbruch des Öræfajökull im Jahre 1362 war dieser der heftigste Aschenausbruch in der Geschichte Islands. Lava wurde wahrscheinlich nicht gefördert. Die Aschen breiteten sich ungefähr über die Hälfte des Landes aus.

Die Aktivität schien sich sehr erschöpft zu haben, denn es dauerte fast 200 Jahre bis zum nächsten größeren Ausbruch. Von der unbedeutenden Tätigkeit in den Jahren 1157, 1206, 1222 und 1294 zeugen Aschen in den Regionen südlich und östlich der Hekla. Die Eruptionen von 1300 dauerten ein Jahr lang an. Etwa 0,5 km^3 Aschen verursachten so große Schäden, daß rd. 500 Menschen im Winter 1300/01 verhungerten (KRAFFT 1984, S. 70). Im Jahre 1341 kamen nur geringe Aschemengen zum Ausbruch. Sie richteten dennoch größere Schäden an, da sie auf die dichter besiedelten Gebiete im Westen fielen und wegen ihres Fluorgehaltes die Weiden unbrauchbar machten.

Nach dem Ausbruch von 1389/90 mit Eruptionen und Effusionen setzte eine 120jährige Ruhepause ein, die am 25. Juli 1510 durch einen hochexplosiven Ausbruch beendet wurde. Die Wucht der Explosionen war so groß, daß von den herausgeschleuderten Lavabrocken ein Mann in dem 45 km entfernten Skálholt erschlagen wurde (THORODDSEN 1905, S. 146). Nach Südosten verwehte Aschen richteten große Schäden an. Lavaergüsse fehlten. Das Ausmaß der Ausbrüche von 1597 und 1636 war gering. Die folgende größere Ausbruchsserie begann am 13. Januar 1693 mit einer heftigen Anfangsphase und dauerte zehn Monate. Bimsaschen zerstörten im Nordosten acht Gehöfte und richteten beträchtliche Schäden an Tieren und Pflanzen durch Fluorvergiftungen an.

Nach fast 75 Jahren setzte die längste Ausbruchsphase der Hekla in historischer Zeit ein. Sie begann am 5. April 1766 und endete im Mai 1768. Obwohl mit 1,3 km^3 Lava im Verhältnis zum Laki-Ausbruch nur etwa ein Zehntel gefördert wurde, ist dieser der zweitgrößte Lavaausbruch in der Geschichte Islands. Die Ascheproduktion wurde mit 0,3 km^3 nur von der im Jahre 1104 übertroffen. Die Lava floß nach allen Richtungen ab und bedeckte eine Fläche von 65 km^2. Fünf Gehöfte wurden vernichtet, und unter den Haustieren gab es große Verluste. Danach blieb die Hekla fast 80 Jahre ruhig, leitete aber am 2. September 1845 wiederum mit einer heftigen Anfangsphase eine 7 Monate dauernde Tätigkeit ein, die zum Ausfluß intermediärer (andesitischer) Laven führte.

Mehr Details sind über den Ausbruch von 1947 bekannt. Am 29. Mai begann mit einer explosiven Phase an der Nordostflanke einer der größten Ausbrüche des 20. Jahrhunderts in Island. Schon nach einer Stunde Tätigkeit war eine Explosionswolke, gefüllt mit einer riesigen Menge zerborstenen Gesteins und zerspratzter Schmelze, in eine Höhe von 30 000 m aufgestiegen. Die Initialphase war so heftig, daß in der ersten halben Stunde 75 000 m^3/sek. gefördert wurden. In der zweiten halben Stunde nahm die Fördermenge schon auf 22 000 m^3/sek. ab (KRAFFT 1984, S. 72). Die Aschen flogen erst nach Süden, drifteten dann nach Osten ab und erreichten nach 52 Stunden Flugzeit Helsinki. Im Laufe einer verhältnismäßig kurzen Zeit änderte sich, wie man an der Farbe der Eruptionswolken erkennen konnte, die chemische Zusammensetzung der Aschen. Anfangs waren sie graubraun und enthielten rhyolithischen Bims. Nach 1½ Stunden wurde der Bimsstein braunschwarz und feiner. Der Kieselsäuregehalt hatte von 62 % auf 56 % abgenommen. Schließlich wurde die Asche ganz schwarz. Die braune Asche wurde vom 1450 m hohen Gipfelkrater, die schwarze von einem Krater am Südwesthang gefördert. Ein weiterer Krater weit unterhalb der beiden ersten förderte in 850 m NN Lava. Der Lärm der Detonationen wurde bis nach Grímsey im Norden Islands (Entfernung ca. 300 km) gehört. Die neugebildete Lava bedeckte eine Fläche von 40 km^2, die 0,21 km^3 Aschen verteilten sich auf 3130 km^2 (ÞÓRARINSSON 1967, S. 63). Das Gesamtvolumen der gefallenen Aschen wird 0,18 km^3 betragen haben. In einer Entfernung von 30 km südlich der Hekla waren die Ascheschichten noch 10 cm mächtig. Der Schaden, der durch den Ascheflug angerichtet wurde, war in den landwirtschaftlich genutzten Gebieten nicht sehr groß. Innerhalb von 4 Monaten hatten die Bauern unter Einsatz von Maschinen die Tún-Flächen von der Asche gesäubert. Nur zwei Bauernhöfe mußten für einige Monate aufgegeben werden.

Der Ausbruch von 1970 war nicht erwartet worden. Nach nur 23 Jahren Ruhe öffneten sich im Südwesten und Westen der Heklugjá am 5. Mai Spalten, die in den ersten zwei bis drei Stunden Pyroklastika förderten. Die Aschen wurden nach Nordosten geweht und erreichten noch am selben Tag gegen Mittag die Nordküste. Durch den hohen Fluorgehalt der Aschen starben mehr als 2000 Schafe. Nach 2 Monaten war die Tätigkeit beendet. Insgesamt wurden 0,2 km^3

Lava gefördert, die sich auf 18,5 km^2 verteilten. Die Laven sind Olivin-Andesite und können als Alkali-Basalte bezeichnet werden. Am 18. August 1980 begann eine erneute Tätigkeit, die die gesamte Spalte erfaßte. Nach der kürzesten bisher bekannten Pause von nur 10 Jahren floß 0,1 km^3 Lava unter der Förderung von Pyroklastika aus und schon nach 4 Tagen war die Tätigkeit wieder eingestellt. Im folgenden Jahr, am 9. April 1981, nahm der Vulkan in der Gipfelregion noch einmal die Tätigkeit mit Explosionen und Lavaergüssen auf, die aber schon am 16. April endete und die wahrscheinlich nur eine Fortsetzung der Eruptionen von 1980 war. Immerhin ergossen sich drei Lavaströme über die Flanken und bedecken insgesamt 6 km^2 Fläche.

In prähistorischer Zeit fanden mindestens vier Ausbruchszyklen statt, die durch Aschelagen in Bodenprofilen belegt sind. Älteste Hinweise auf die Tätigkeit der Hekla stammen von einer Bimsaschelage mit einem Alter von 6600 Jahren. Die Schicht wird als ›Hekla 5‹ (H_5) bezeichnet. Weitere Bimsaschelagen, die Hekla-Ausbrüchen zugeordnet werden können, sind H_4 mit einem Alter von 4000 Jahren, H_3 mit 2800 Jahren, H_2 mit 2000–1500 Jahren und schließlich H_1, die dem Ausbruch von 1104 zugeordnet wird. Es ist das Verdienst von Sigurður Þórarinsson, mit diesen fast über das ganze Land ausgebreiteten Leithorizonten eine Möglichkeit gefunden zu haben, die zeitliche Einordnung von Sedimenten, Böden oder anderen Vulkaniten vornehmen zu können. Diese Methode der Datierung wurde in seiner 1944 erschienenen Arbeit ›Tefrokronologiska studier på Island‹ (Tephrochronologische Studien auf Island) eingeführt und als ›Tephrochronologie‹ (Tephra = Asche) bezeichnet. Zum erstenmal wird die Anwesenheit von Aschen in Böden, wie auch Þórarinsson (1979, S. 33) herausgefunden hat, in dem vom Bischof Gísli Oddson aus Skálholt 1638 geschriebenen Werk ›De mirabilibus Islandiae‹ (›Über die Wunder Islands‹) erwähnt.

Gerade durch die tephrochronologischen Untersuchungen kann gesagt werden, daß in postglazialer Zeit etwa 200 Vulkane tätig waren. In der historischen Zeit mögen es 30 bis 40 gewesen sein (Þórarinsson 1979, S. 34). Beispielsweise wurden in einem einzigen Profil bis zu 150 Aschenlagen entdeckt. Wegen der vorherrschenden Westwindrichtung sind diese östlich der aktiven Vulkanzone zahlreicher als im Westen. Die sauren Bimsaschen, von denen insgesamt 12 festgestellt wurden, bilden die Leithorizonte, da sie nicht so zahlreich sind. Der Anwendungsbereich der isländischen Tephrochronologie ist sehr weit. Sie bezieht sich auf Untersuchungen der Ausbruchsgeschichte und der Ausbruchsmechanismen von Vulkanen, kann aber auch zur Ermittlung der Abtragungsintensität von Flüssen und des Windes sowie zur Datierung von Gletscherschwankungen verwandt werden. Weiterhin findet sie Verwendung bei der Untersuchung von Periglazialerscheinungen (z. B. Frostmusterböden), der pollenanalytischen Einordnung von Vegetationswechseln, bei archäologischen Untersuchungen sowie schließlich bei der Herstellung einer tephrochronologischen Verbindung zwischen Island und anderen Ländern.

4.1.3.2. Gletscherläufe als Begleiterscheinungen des Vulkanismus

Bei einer Auseinandersetzung mit dem isländischen Vulkanismus sollte man es nicht versäumen, sich auch mit einem Phänomen zu befassen, das sich weitgehend nur auf Island beschränkt. Und zwar handelt es sich um die berühmt-berüchtigten Gletscherläufe (Gletscherausbrüche), die durch zwei verschiedene Ursachen ausgelöst werden:

1) durch plötzliche Durchbrüche von aufgestautem Wasser aus eisgedämmten Seen,
2) durch die subglaziale thermale und vulkanische Aktivität.

Gerade die Gletscherläufe, die durch thermale Einflüsse entstehen, können katastrophale Ausmaße erlangen. Ihr Auftreten ist an keine Jahreszeit gebunden. So wurde besonders Südisland im Vorfeld der Zentralvulkane der Katla unter dem Mýrdalsjökull sowie den Grímsvötn unter dem Vatnajökull immer wieder von großen Überschwemmungen heimgesucht. Dabei übertrifft die Abflußmenge bei weitem die Abflußraten europäischer Ströme. Es wird von durchschnittlich 10 000 m^3/sek. berichtet. In besonderen Fällen sollen sogar Abflußraten von 100 000 m^3/sek. überschritten worden sein. Wenn man durch das Gebiet des Mýrdalssandur oder durch das Tal des Markarfljót nach Þorsmörk fährt und auf ebenen Schotterflächen mehrere Kubikmeter große Felsblöcke liegen sieht, so kann man nur erahnen, welche gewaltigen Kräfte diese Blöcke transportiert haben mögen. Eine kleine Vorstellung erhält man von dem Ablauf dieses durch nichts aufzuhaltenden Vorgangs durch die Darstellung eines Gletscherlaufs im November 1660, ausgelöst durch die Tätigkeit der Katla (in: THORODDSEN 1906, S. 171):

Nachdem die Katla am 3. November 1660 zu sprühen begonnen hatte, liefen mehrere Wasserströme, enthaltend Eis und Steine, vom Gletscher über den Mýrdalssandur zum Meere, aber am 9. November lief ein neuer Strom mit furchtbarem Brausen und Lärmen weiter nach Westen und führte die Pfarre Höfdabrekka mit Kirche und allen Wohnhäusern fort, so daß kaum ein Stein davon übrig blieb. Bei dieser Gelegenheit wurde so viel Sand und Schutt von den Gletschern herabgeführt, daß der Strand bedeutend nach außen wuchs, so daß da, wo früher Fischerboote in 20 Faden (ca. 40 m) tiefem Wasser gefischt hatten, jetzt trockner Strand war, über den nun die Landstraße führt. Die Pfarre Höfdabrekka wurde danach auf einem Bergrücken 115 m über dem Flachlande wiederaufgebaut, so daß seitdem die Gletscherläufe nicht hinauf gekonnt haben. Bei dem Ausbruch der Katla im Jahre 1721 wurden auch Massen von Eis und Schutt zum Meere hinabtransportiert, von den höchsten Bergen in der Umgebung konnte man kaum über die Eisfelder hinwegsehen; die äußersten Eisberge blieben im Anfang ungefähr 3 Seemeilen vom Lande bei 70–80 Faden (ca. 150 m) Tiefe stehen und bildeten hier eine Eisbarrikade, die jedoch bald von der Brandung zerstört wurde, und große Haufen von Eisbergen schwammen nach W bis nach Reykjanes. Da diese ganze Eismasse so plötzlich in das Meer hinausgeworfen wurde, hob sich dieses und überschwemmte die Küste, verwüstete die Wiesen und führte sogar bei den Eyjafjöll Fischerboote 40–50 km weit hinweg und die Meereswelle wurde an der ganzen Südküste von Island bemerkt. Die Eisflut führte eine 38 m hohe Felsspitze in der Nähe von Hjörleifshöfdi

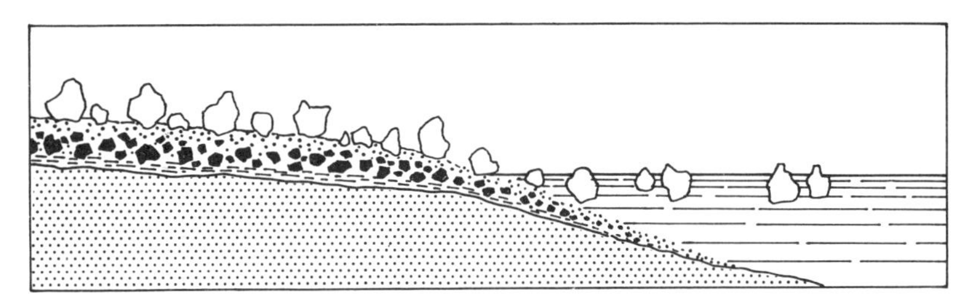

Abb. 18: Hypothetischer Querschnitt durch die vom Gletscherlauf transportierten Massen (nach JÓNSSON 1982).

und einen langen grasbewachsenen Rücken mit sich fort, der einen Flächenraum von 237 000 qm einnahm, ohne daß die kleinste Spur davon zu sehen blieb.

Der Gletscherlauf oder – wie es JÓNSSON (1982) bezeichnet – der vulkanoglaziale Schuttstrom von 1721 war einer der gewaltigsten und verheerendsten in der Geschichte Islands. Der letzte große Gletscherlauf ereignete sich an der Katla nach einer Eruption am 12. Oktober 1918. Innerhalb weniger Stunden bedeckten riesige Eisblöcke den Mýrdalssandur. Ein Augenzeuge berichtete folgendermaßen (vgl. JÓNSSON 1982, S. 62):

Zwischen Hafursey und Selfjall bewegte sich so viel Eis hinab, daß es so aussah, als ob sich schneebedeckte Hügel vorwärts bewegten.

Die Eismassen werden etwa zwei Drittel des 600 km^2 großen Mýrdalssandur bedeckt haben. Mehrere Autoren schätzen die Abflußrate auf über 100 000 m^3/sek.; die höchsten Angaben liegen bei 2,0 Mill. m^3/sek. Schutt und Eis verschoben die Küste ca. 4 Kilometer seewärts und füllten Meeresräume bis zu einer Wassertiefe von etwa 40 Metern auf. Welche Kräfte bei dem Abfluß freigesetzt werden, kann man nur ermessen, wenn man die z. T. riesigen Blöcke (manche mit einem Gewicht von etwa 1000 t) sieht, die vom Gletscherlauf mitgerissen wurden und nun auf den Sanderflächen liegen. Solche Massen können nur in einem Schutt/Wasser-Gemisch transportiert werden, in dem der Wasseranteil nur etwa 20 % beträgt. Wie den Berichten zu entnehmen war, schwimmen die Eisblöcke obenauf. Größere Felsblöcke gleiten hauptsächlich in Rinnen über die Sanderflächen auf das Meer zu. Im wesentlichen wird aber von den Gletscherläufen feineres Material, nämlich die frisch ausgebrochenen Bimsaschen, transportiert. Auf ihrer Oberfläche schwimmen die groben Bestandteile mit (siehe Abb. 18). Der Mýrdals-, Sólheima- und der Skógasandur werden in erster Linie von Gletscherläufen, ausgelöst durch Vulkanausbrüche unter dem Mýrdalsjökull und unter dem Eyjafjallajökull, aufgebaut worden sein. Hinweise auf gleichartige katastrophale Abflüsse sind auch im Norden Islands zu sehen. So liegen nahe der Jökulsá á Fjöllum bei Herðubreiðarlindir und westlich des Dettifoss metergroße Blöcke auf postglazialen Lavafeldern, die der Fluß mit seiner heutigen Wasserführung ebensowenig transportiert haben kann, wie sein canyonartiges Tal in den nördlichen Abschnitten zu dem heutigen Fluß paßt (EPPLER & MALIN 1981, S. 272). Es müssen für die Erbringung einer solchen Leistung schon temporäre Abflüsse von ca. 300 000 m^3/sek. erforderlich gewesen sein. Vor 2500 Jahren wird ein subglazialer Ausbruch im Vatnajökull einen Gletscherlauf mit einem Abfluß von etwa 500 000 m^3/sek. verursacht haben, dessen zurückgelassene Abfolge von Erosions- und Sedimentationsformen entlang der Flußstrecke nach Nordisland große Ähnlichkeiten mit dem sogenannten Mangala Vallis auf dem Mars besitzt, so daß dort gleiche katastrophenartige Prozesse abgelaufen sein könnten wie auf der Erde (MALIN 1980, S. 367f.).

4.1.4. Die Erdgeschichte aus paläoklimatologischer Sicht

Island ist das geologisch jüngste Land Europas. Zu einer Zeit, als der europäische Kontinent schon weitgehend in seinen jetzigen Umrissen existierte, durchstießen vor ca. 20 Mio. Jahren in der Scheitelzone des Nordatlantiks zwischen Grönland und den Färöer-Inseln Vulkanausbrüche die Meeresoberfläche und schufen mit dem Ausfluß von basaltischen Lavamassen die ersten Teile der Insel. Das Geburtsdatum Islands kann nur ungefähr angegeben werden, da das älteste datierte Gestein mit einem Alter von 16 ± 0,3 Mio. Jahren (MOORBATH et al. 1968) nicht unbedingt mit dem tatsächlich ältesten identisch sein muß. Island entstand also während des Mittleren Miozäns, zu einer Zeit, als beispielsweise im Siebengebirge schon sämtliche Vulkane erloschen und im Niederrheingebiet die Braunkohlensümpfe bereits unter einer Sedimentdecke verschwunden waren.

4.1.4.1. Das Tertiär

Der Aufbau der Insel wurde seit jeher von Vulkanausbrüchen bestimmt. In der Frühzeit rissen hauptsächlich Spalten auf und förderten im Laufe der Zeit gewaltige Massen an tholeyitischem Ausbruchsmaterial, das sich in 10–15 m mächtigen Einzellagen viele hundert Meter mächtig übereinanderstapelte. In Nordwestisland erreichen die tertiären Flutbasalte eine Mächtigkeit von 4,5 km, im Osten, wo 700 Lavaströme verschiedenen Alters gezählt wurden, ist das Tertiär (aus mehreren Profilen zusammengesetzt) sogar 8,5 km mächtig (SÆMUNDSSON 1979, S. 11). Diese Monotonie der basaltischen Ergüsse wird nur hin und wieder durch hydrothermale Veränderungen des Gesteins oder Ausbruchsprodukte eines sauren Vulkanismus unterbrochen, von denen in dem rund 50 000 km^2 großen Tertiärgebiet (siehe Abb. 19) als Förderpunkte bisher 14 Zentralvulkane ermittelt wurden (sechs im Nordwesten, zwei in Nordisland und sechs in Ostisland). Wichtig für die Rekonstruktion der paläogeographischen und der klimatischen Verhältnisse Islands während der Tertiärzeit sind die Einschaltungen sedimentärer Gesteine mit Bodenbildungen. Derartige Zeugnisse für die Wirkung geomorphologischer Prozesse wie Verwitterung, Abtragung und Ablagerung können aus Hyaloklastiten, Aschen, Tonen, kleinen Braunkohleflözen (surtarbrandur), aber auch aus lateritischen Böden bestehen. Lateritische Böden und Tone bildeten sich nur bei wesentlich wärmeren klimatischen Verhältnissen, als sie heute auf der Insel herrschen. Diese Annahme wird auch durch die Funde von Pflanzenfossilien in den Sedimenten gestützt. So gedieh während des Mittleren Miozäns auf Island mit der Weinrebe, der Kiefer, der Magnolie, dem Mammutbaum, der Flügelnuß u. v. a. eine wärmeliebende und wesentlich artenreichere Flora als heute, deren Reste man vor allem in den 14 Mio. Jahre alten fossilführenden Schichten von Selárdalur und Brjánslækur in Nordwestisland und in den 13 Mio. Jahre alten Ablagerungen bei Gerpir in Ostisland fand (siehe Tab. 3). Von den dortigen Fossilien weisen nur wenige auf die subtropische Zone hin *(Sassafras, Pterocarya, Magnolia, Sequoia)*; die meisten hingegen sind der gemäßigten zuzuordnen. Tropische Florenelemente, wie sie z. B. in der etwas jüngeren obermiozänen Molasseflora von Öhningen am Bodensee gefunden wurden (MÄGDEFRAU 1967, S. 425), fehlen vollständig. MÄGDEFRAU nahm für jene Flora ein subtropisches Klima an, wie es heute auf den Kanarischen Inseln oder Madeira herrscht. Das Temperaturjahresmittel beträgt dort ca. 18° C, die jährliche Niederschlagsmenge 1300–1500 mm. Für das Mittlere Miozän in Island ist nach den Funden alter Florengemeinschaften ein kühleres Klima anzunehmen. Eher im Einklang mit der miozänen Flora Islands steht die Zusammensetzung einer fossilen Pflanzengemeinschaft aus dem Unterpliozän, die 1885 im unteren Maintal bei Frankfurt entdeckt wurde (MÄGDEFRAU 1967, S. 433ff.). Sämtliche Gattungen der Laub- und Nadelhölzer, die in Tab. 3 aufgezählt sind, treten auch in der Frankfurter Florengemeinschaft auf, die zwar eine große Übereinstimmung mit der obermiozänen Öhninger Flora zeigt, bei der aber die tropischen Elemente fehlen. Aus diesem Grunde kann der Schluß gezogen werden, daß in Mitteleuropa das Klima während des Unterpliozäns nicht mehr subtropisch, sondern warm gemäßigt gewesen ist. Gleiche Klimabedingungen werden also ca. 5 Mio. Jahre vorher in dem 15 Breitengrade nördlicher gelegenen Island geherrscht haben. Nach den Erkenntnissen von SCHWARZBACH (1964, S. 33), ÁSKELSSON (1954), PFLUG (1959), FRIEDRICH et al. (1972), SÍMONARSON et al.

Tab. 3: Vegetationsspektren der wichtigsten Fossilfundpunkte Islands

Gattung	Deutsche Bezeichnung	Fundorte A	B	C	D	E	F	G	H	I	J	K	L	M
Nadelgehölze														
Ginkgo	Ginkgo	+												
Taxodium	Sumpfzypresse		+						+?					
Sequoia	Mammutbaum	+	+											
Picea	Fichte		+	+	+		+	+	+		+			
Pinus	Kiefer	+		+	+			+?	+	+	+	+	+	+
Abies	Tanne		+	+		+?			+	+	+	+		
Larix sp.	Lärche				+?			+	+		+	+?		
Laubgehölze														
Vitis	Weinrebe	+												
Ostrya	Hopfenbuche	+												
Magnolia	Magnolie	+	+			+								
Sassafras	Fenchelholzbaum		+											
Comptonia			+											
Tilia	Linde	+												
Juglans	Walnuß	+	+	+	+	+	+	+	+					
Carya	Hickorynuß	+	+		+		+							
Pterocarya	Flügelnuß	+			+		+	+						
Corylus	Haselnuß	+	+			+		+						
Ulmus	Ulme	+	+		+	+	+	+						
Fagus	Buche	+	+		+		+	+						
Carpinus	Hainbuche	+	+					+						
Acer	Ahorn	+	+	+	+	+	+	+	+					
Betula prisca	Birke	+	+											
Betula sp.	Birke	+	+		+	+	+	+	+	+	+	+	+	+
Betula nana	Zwergbirke					+?			+	+	+	+	+	+
Alnus	Erle	+	+	+	+	+	+	+	+	+	+	+	+	
Salix sp.	Weide	+	+						+	+	+	+	+	+
Salix tenera	Weide	+	+		+	+	+	+						
Ericaceae	Ericagewächse	+	+		+		+		+	+	+	+	+	+
Farne														
Dryopteris	Wurmfarn		+				+							+
Osmunda	Rispenfarn	+		+	+	+	+	+	+					
Phyllitis	Hirschzunge		+											
Gräser										+	+	+	+	+
Artemisia	Beifuß, Edelraute									+	+	+	+	

Tab. 3 (Forts.)

Fundorte:				
A	Selárdalur	NW-Island	Mittelmiozän	14 Mio. Jahre
B	Brjánslækur	NW-Island	Mittelmiozän	14–13 Mio. Jahre
C	Gerpir	E-Island	Mittelmiozän	13–10 Mio. Jahre
D	Húsavíkurkleif	NW-Island	Mittel-Obermiozän	10– 9 Mio. Jahre
E	Tröllatunga	NW-Island	Mittel-Obermiozän	10– 9 Mio. Jahre
F	Hólmatindur	E-Island	Mittel-Obermiozän	10– 9 Mio. Jahre
G	Mókollsdalur	NW-Island	Obermiozän	9– 8 Mio. Jahre
H	Hreðavatn	W-Island	Pliozän	7 Mio. Jahre
I	Sleggjulækur	W-Island	Pliozän	6– 3 Mio. Jahre
J	Tjörnes	N-Island	Plio-/Pleistozän	3–1,8 Mio. Jahre
K	Bakkabrúnir	N-Island	Pleistozän	2– 1 Mio. Jahre
L	Stöd	W-Island	Pleistozän	1 Mio. Jahre
M			Gegenwärtige Flora	

Quelle: Nach Símonarson 1979 und Akhmetiev et al. 1981.

(1975) wird während des Mittleren Miozäns in Island die Jahresmitteltemperatur etwa 10° C über der heutigen gelegen haben. Akhmetiev et al. (1981) differenzieren diese Verhältnisse mehr. Nach ihrer Ansicht stimmen die tertiären Formen der isländischen Flora mit der Vegetation der südlichen Appalachen zwischen dem 30. und 40. Breitengrad mit 15° C Jahresmitteltemperatur und etwa 1200 mm Jahresniederschlag überein. Obwohl die klimatischen Bedingungen im Tertiär für eine Pflanzenbesiedlung günstig gewesen sind, konnte nur in solchen Räumen eine dichte Vegetation heranwachsen, die über längere Zeit von der vulkanischen Aktivität verschont blieben. In manchen Regionen mit längeren Ruhepausen war sogar eine Bildung flacher Niederschlagsmoore möglich, deren Torfschichten sich später zu den kleineren Braunkohlelagern, den Surtarbrandur-Schichten (isl. Schwarzbrand), verfestigten.

Die paläoklimatischen Befunde aus den fossilen Pflanzengemeinschaften stimmen nicht ganz mit den neuesten Ergebnissen bodenkundlicher Untersuchungen überein. E. Roaldset (1983) fand zwischen den miozänen Basaltlagen in Nordwestisland lateritische Böden, deren Bildung bekanntlich wärmere Klimabedingungen voraussetzt, als sie von den Vegetationsresten angezeigt werden; denn Laterite entwickeln sich in der tropischen bis subtropischen Klimazone, d. h., es müssen für ihre Entstehung klimatische Verhältnisse zugrunde gelegt werden, wie sie bei ausreichendem Niederschlag im Bodenseegebiet während des Obermiozäns geherrscht haben mögen oder wie sie heute ca. 30 Breitengrade südlicher auf den Kanarischen Inseln herrschen. Roaldset (1983, S. 52) nimmt für die Ausbildung der lateritischen Böden Zeitspannen von 10 000 bis 100 000 Jahre an, eine Zeit, die für diesen Bodentyp sehr kurz erscheint, wenn man bedenkt, daß gerade in tropischen Räumen die Lateritisierung nicht so schnell abläuft.

Genauere Vorstellungen über die Entstehungszeit der ältesten Teile Islands bestehen erst seit etwa 20 Jahren. Durch die damalige Einführung absoluter Altersdatierungen mußte die ursprüngliche erdgeschichtliche Einordnung Islands revidiert werden. Bislang beruhte sie auf den Ergebnissen der paläobotanischen Forschung. So sah vor 25 Jahren PFLUG (1959) den Fossilfundpunkt von Gerpir als unterstes Tertiär an. Teile der Nordwest-Halbinsel wurden sogar in die Kreidezeit gestellt, obwohl HEER (1868) und auch WINKLER (1863, S. 224) schon vor rd. 120 Jahren aufgrund paläobotanischer Befunde zu einer Alterseinstufung kamen, die mit der heutigen weitestgehend übereinstimmt.

Da erst in jüngerer Zeit Altersunterschiede zwischen den tertiären Gesteinen ermittelt werden konnten, ist es auch möglich, genauere Angaben zur paläoklimatischen Entwicklung zu machen. Erste Anzeichen einer Klimaverschlechterung kündigten sich durch das Verschwinden von großlaubigen Pflanzen, wie z. B. der Weinrebe, noch während des Mittleren Miozäns an. Dieser Trend verstärkte sich noch mehr durch das Ausbleiben der meisten Laubgehölze im Obermiozän. Damit wird eine krasse Klimaverschlechterung signalisiert. Zu Beginn des Pliozäns rückten immer mehr kälteresistente Pflanzenarten, wie die Nadelgehölze Tanne und Fichte und bei den Laubgehölzen die Birke, die Weide und die Erle, in den Vordergrund. Mit zunehmender Klimaverschlechterung lichteten sich die Wälder und verschwanden schließlich vor ca. 3 Mio. Jahren (A. T. GUÐMUNDSSON & KJARTANSSON 1984, S. 87). Im Übergang zu den ersten Vereisungszeiten wird sich über Island eine fast waldlose Pflanzengesellschaft mit Gräsern, Birken und Weiden ausgebreitet haben.

Die Grenze zwischen dem Tertiär und dem Quartär kann nicht genau gezogen werden. Sicherlich ist der Klimaumschwung, der zum glazialen Zeitalter führte, das ausschlaggebende Kriterium für die Trennung der beiden erdgeschichtlichen Epochen. Nur vollzieht sich eine Klimaveränderung nicht plötzlich, sondern ist mit Perioden vorübergehender Verbesserung verbunden.

Wie es aufgrund der nördlichen Lage zu erwarten ist, stellten sich auf Island die ersten Vergletscherungen schon früher als in Mitteleuropa ein. Erste Vergletscherungen sind etwa 3 Mio. Jahre alt und gehören also nach der mitteleuropäischen Zeiteinteilung in das Pliozän. Im marinen Bereich verschwanden fast zur gleichen Zeit nach den Befunden in den Tjörnes-Schichten Nordislands die wärmeliebenden (Meerestemperatur ca. 10° C) Muschelarten und machten der Einwanderung von Arten aus der kühleren arktischen Umgebung Platz. Nach ZAGWIJN (1975, S. 94) erfaßte diese erste Abkühlung vor etwa 2,5 Mio. Jahren nicht nur den Nordatlantik und die angrenzende Nordsee, sondern auch den südlichen Teil der Erde (Neuseeland). Da diese Abkühlung und die ersten Vergletscherungen zeitlich recht gut mit Veränderungen in der magnetischen Polarität übereinstimmen, wird von einigen Autoren in der Stratigraphie Islands keine scharfe Trennung zwischen Tertiär und Quartär (sprich: Plio- und Pleistozän) vorgenommen (SÆMUNDSSON 1979, S. 13), sondern das Tertiär mündet in eine plio-/pleistozäne Übergangszeit ein. Diese Epoche begann vor 3,1 Mio. Jahren (Übergang von der paläomagnetisch reversen Gilbert- zur normalen Gauß-Epoche) und

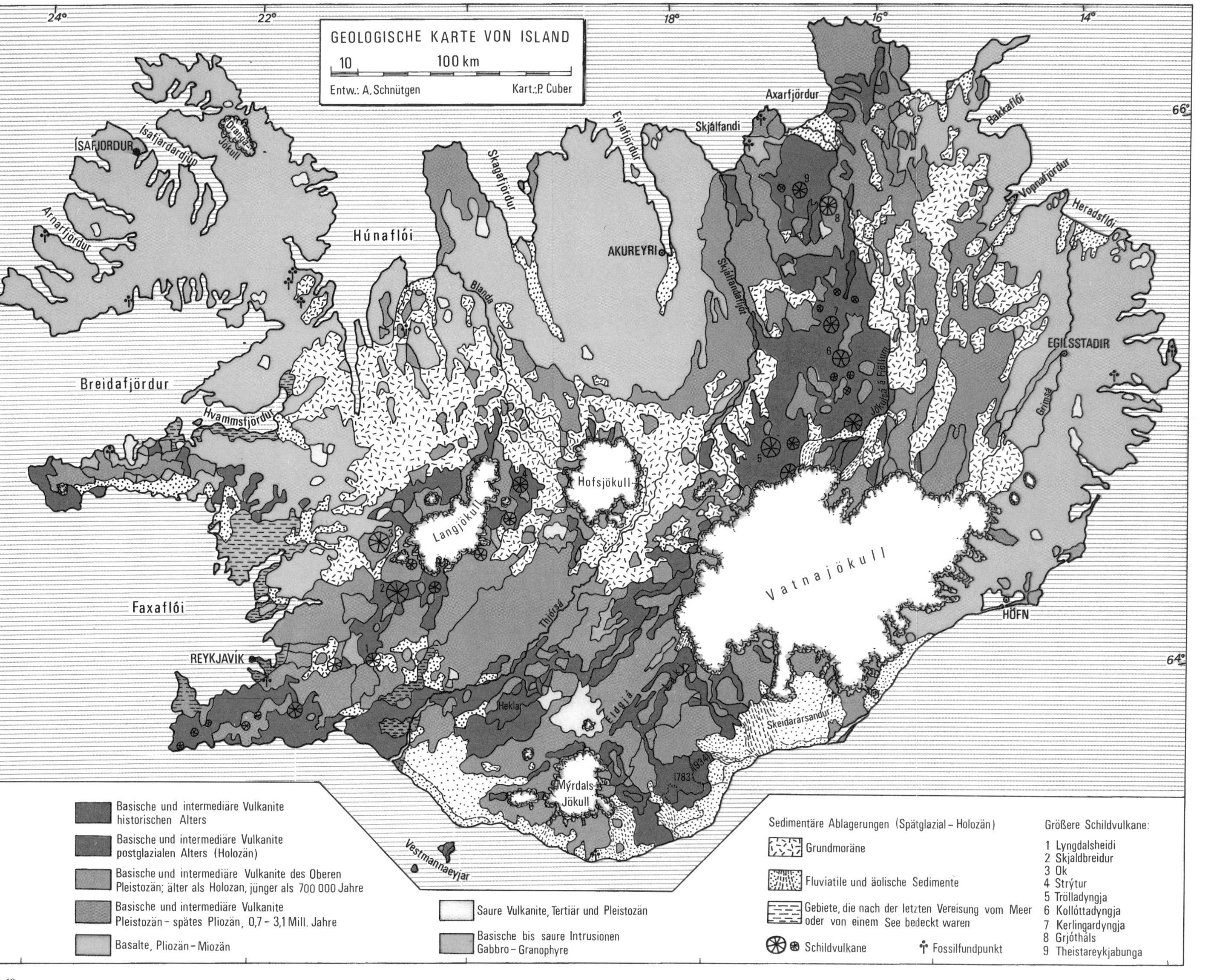

GEOLOGISCHE KARTE VON ISLAND
10
100 km
Entw.: A. Schnütgen
Kart.: P. Cuber
24°
22°
18°
16°
14°
66°
64°
ÍSAFJORDUR
Ísafjardardjúp
Dranga-Jökull
Arnarfjördur
Húnaflói
Breidafjördur
Hvammsfjördur
Faxaflói
REYKJAVÍK
Skagafjördur
Blanda
Eyjafjördur
AKUREYRI
Skjálfandi
Skjálfandafljót
Axarfjördur
Bakkaflói
Vopnafjördur
Heradsflói
EGILSSTADIR
Grímsá
Jökulsá á Fjöllum
HÖFN
Hofsjökull
Langjökull
Vatnajökull
Thjórsá
Hekla
Eldgjá
Skeidarársandur
1783
1934
Mýrdals-Jökull
Vestmannaeyjar
Basische und intermediäre Vulkanite historischen Alters
Basische und intermediäre Vulkanite postglazialen Alters (Holozän)
Basische und intermediäre Vulkanite des Oberen Pleistozän; älter als Holozan, jünger als 700 000 Jahre
Basische und intermediäre Vulkanite Pleistozän - spätes Pliozän, 0,7 - 3,1 Mill. Jahre
Basalte, Pliozän - Miozän
Saure Vulkanite, Tertiär und Pleistozän
Basische bis saure Intrusionen Gabbro - Granophyre
Sedimentäre Ablagerungen (Spätglazial - Holozän)
Grundmoräne
Fluviatile und äolische Sedimente
Gebiete, die nach der letzten Vereisung vom Meer oder von einem See bedeckt waren
Schildvulkane
Fossilfundpunkt
Größere Schildvulkane:
1 Lyngdalsheidi
2 Skjaldbreidur
3 Ok
4 Strýtur
5 Trölladyngja
6 Kollóttadyngja
7 Kerlingardyngja
8 Grjóthals
9 Theistareykjabunga

Abb. 19

endete vor 0,7 Mio. Jahren (Übergang von der reversen Matuyama- zur normalen Brunhes-Epoche).

4.1.4.2. Das Plio-/Pleistozän

Auf der geologischen Karte gliedert sich das Plio-/Pleistozän in einem breiten Streifen an das Tertiär an und nimmt etwa ein Viertel der Landesfläche ein. Es gleicht in seinen unteren Partien sehr dem Tertiär und setzt sich damit hauptsächlich aus tholeyitischen Basalten zusammen. Reste von insgesamt sechs Zentralvulkanen gibt es nur in Südwestisland, möglicherweise kommen vier im Südosten vor. In Nordisland fehlen sie völlig (Sæmundsson 1979, S. 13). Die Gesteinsabfolgen sind durch die verstärkte Abtragung der Gletscher vielfältiger geworden. Der Anteil an Sedimenten wurde zwangsläufig wesentlich größer, da immer mehr glaziale Sedimente durch die intensivere Aufarbeitung der vulkanischen Gesteine durch Gletscher und Flüsse zur Ablagerung kamen. Ihr Anteil liegt in den wichtigsten Profilen bei etwas über 20%. Die morphologischen Verhältnisse veränderten sich im Plio-/Pleistozän grundlegend. Durch die Veränderung und Intensivierung der abtragenden Prozesse, aber auch durch die während der glazialen Phasen veränderten Ausbruchsbedingungen wurde ein völlig konträres Landschaftsbild zur flachwelligen, ebenen Tertiär-Landschaft geschaffen. Die Beschleunigung der Abtragung schuf die grandiosen Fjorde im Nordwesten, Norden und Osten. Unter der Eisbedeckung türmten sich die steileren Formen der subglazialen Vulkane auf. Flora und Fauna glichen sich den glazialen Verhältnissen an, d. h., die Fichte wurde vor 1–2 Mio. Jahren verdrängt (A. T. Guðmundsson & Kjartansson 1984, S. 89), und wie die Pflanzengesellschaften von Bakkabrúnir und Stöð aufzeigen, breiteten sich die Weide, Birke und die Erle über Island aus. Im kälteren Oberpleistozän verschwand auch die Erle.

Der Vulkanismus beschränkte sich während des Plio-/Pleistozäns nicht nur auf die axiale Riftzone, sondern es wurden zwei Randzonen aktiv, die zur Entstehung der Halbinsel Snæfellsnes und Skagi führten (siehe Everts 1975). Auf der Halbinsel Snæfellsnes blieb der Vulkanismus bis ins Holozän aktiv. Die Vulkane auf Skagi erloschen früher, und zwar im Oberpleistozän. Außerdem öffnete sich in dieser Zeit parallel zur westlichen Riftzone ein zweiter Zweig südwestlich des Vatnajökull, der auch noch heute sehr aktiv ist. Als die vollständigste Gesteinsabfolge aus dieser Zeit gelten die Tjörnes-Schichten (Sæmundsson 1979, S. 14) mit einer Mächtigkeit von ca. 700 m.

Die älteren Vereisungen können nur durch die Anwesenheit von Gletscherablagerungen (Tilliten), Hyaloklastiten und Gletscherschrammen innerhalb datierbarer Gesteinsserien nachgewiesen werden. Erste Tillite und damit erste Hinweise auf einen Klimaumschwung wurden in sedimentären Einschaltungen etwa 3,1 Mio. Jahre alter vulkanischer Gesteine des Plio-/Pleistozäns von Südwestisland (Esja-Húsafell) und in Nordostisland (Jökuldalur-Vopnafjörður) entdeckt

(SÆMUNDSSON & NOLL 1974, S. 41f. und SÆMUNDSSON 1979, S. 13). Im Südwesten gehört der älteste Tillit zu einer 1650 m mächtigen und 3,1–1,8 Mio. Jahre alten Gesteinsabfolge mit 12 weiteren Gletschersedimenten als Zeugnisse altpleistozäner Vereisungen. Die Tjörnes-Abfolge in Nordisland gibt Aufschluß über sechs Vereisungen während der Zeit vor 1,8–0,7 Mio. Jahren, und in den Gesteinen des Oberen Pleistozäns wurden Relikte von vier Eiszeiten festgestellt (SÆMUNDSSON 1979, S. 19), die aber nicht mit den vier Eiszeiten des nördlichen Mitteleuropas parallelisiert werden können.

Seit dem Klimaumschwung vor 3,1 Mio. Jahren wird also Island von etwa zwei Dutzend Kalt- oder Eiszeiten heimgesucht worden sein, d. h. alle 100 000 bis 120 000 Jahre verschlechterte sich das Klima so drastisch, daß die Gletscher vorrückten und sich über die Insel ausbreiteten. Im westlichen Mitteleuropa konnten dagegen seit Beginn des Pleistozäns vor 2,5–2,0 Mio. Jahren bisher nur halb so viele, nämlich bestenfalls 13 Kaltzeiten, von denen fünf als Eiszeiten gelten, nachgewiesen werden (BRUNNACKER 1975).

4.1.4.3. Das Obere Pleistozän

Das Obere Pleistozän begann vor 700 000 Jahren. Seine Altersgrenze erscheint, da sie wie die Untergrenze des Plio-/Pleistozäns nach paläomagnetischen Kriterien (Übergang der reversen Matuyama- zur normalen Brunhes-Epoche) festgelegt ist, willkürlich gewählt zu sein. Die Grenze ist aber auch petrographisch belegbar, denn in vielen Teilen Islands ist sie durch eine Schichtlücke markiert. Das vulkanische Geschehen dieser Epoche konzentrierte sich in Abhängigkeit von den herrschenden klimatischen Verhältnissen auf zwei Formengruppen. Während der Interglaziale ausgebrochene tholeyitische Magmen flossen flach zu weitflächigen Strömen aus oder bauten Schildvulkane (z. B. Ok, Lyngdalsheiði) auf, die dann in der nachfolgenden Eiszeit glazial überformt wurden. In den glazialen Epochen wirkte der subglaziale Vulkanismus und hinterließ Tafelberge und Móbergrücken (siehe Kap. 4.1.3). Die Abfolge der oberpleistozänen Serie ist noch lückenhaft. Bis jetzt gilt noch das zusammengesetzte Profil von Hengill in Südwestisland mit vier Glazialen als das vollständigste.

Während der letzten Eiszeiten dürfte das isländische Klima dem Grönlands im Bereich des Inlandeises sehr ähnlich gewesen sein. Bei 5–10° C niedrigeren Temperaturen wird die Schneegrenze um 1000 m tiefer gelegen und damit fast Meeresniveau erreicht haben. Über die Ausdehnung der Gletscher, die mögliche Mächtigkeit der Eisdecke und die Frage, ob es während der Glazialzeiten eisfreie Gebiete gegeben hat, existieren unterschiedliche Auffassungen. Nach Ansicht einiger Autoren (siehe THORODDSEN 1906, S. 335f.; JÓHANNESSON 1960, S. 21; BJÖRNSSON 1979, S. 77; HOPPÉ 1982, S. 3) soll Island zumindest während der letzten Eiszeiten vollständig vergletschert gewesen sein. Dieser Auffassung widersprechen vor allem auf dem Gebiet der Geobotanik tätige Autoren (LÖVE & LÖVE 1962; Þ. EINARSSON 1961, S. 45; SIGBJARNASON 1983), die die Existenz eisfreier Gebiete als Refugien für die Vegetation fordern (vgl. auch Kap. 7).

Die Aussagen über das Ausmaß der Eisbedeckung beziehen sich fast ausschließlich auf die letzte Eiszeit, d. h. also die Weichsel- oder Würmeiszeit. Nach HOPPÉ (1982, S. 5) werden die Eismassen der letzten Eiszeit ihr Maximum vor etwa 18 000 Jahren erreicht haben. Über ihre Verbreitung legen viele Erscheinungsformen in der isländischen Landschaft Zeugnis ab. An den tertiären Rändern im Norden, Westen und Osten sind es besonders die Fjorde, Trogtäler, Hängetäler, Kare und scharfkantigen Grate, die einer Landschaft mit einer alpinen Vergletscherungsform angehörten. Das Abtragungsgebiet der alpinen Gletscher wird nach SIGBJARNASON (1983, S. 90) eine Fläche von etwa 26 000 km^2 eingenommen haben. In diesen Teilen Islands vertieften die Gletscher das Talnetz der präglazialen Landschaft und formten sie zur Fjordlandschaft um. Sie werden während des Oberpleistozäns nicht über die Talränder hinweggegriffen und sich zu einer einheitlichen Eismasse vereinigt haben, sondern zwischen benachbarten Tälern oder Fjorden werden die Sporne eisfrei geblieben sein und somit der bedrängten Vegetation als Rückzugsräume gedient haben. Die Haupttäler (z. B. Eyjafjörður, Skagafjörður oder Ísafjarðardjúp) füllten große Gletscherströme aus, die die Gletscher aus den Seitentälern (soweit sich in ihnen solche befanden) aufnahmen. Viele von ihnen breiteten sich weit im flachen Vorland als Vorland- oder Piedmontgletscher ohne große Erosionsleistung aus. SIGBJARNASON (1983, S. 91) nimmt an, daß die Piedmontgletscher sich nicht weiter als 5–10 km außerhalb der Fjorde seewärts ausdehnten, was sicherlich nur für kleinere Gletscher zutrifft.

Obwohl die Eismassen während des Hochglazials ein Gebiet von über 200 000 km^2 bedeckten, werden die größten Eismächtigkeiten im Hochland nicht dicker gewesen sein als heute im Areal des Vatnajökull. Wie WALKER (1965) in überzeugender Weise durch seine Untersuchungen an den Tafelbergen belegen konnte (siehe Kap. 4.1.3.1.1.3), überschritten selbst im Hochland die Mächtigkeiten kaum 1000 m (siehe BJÖRNSSON 1979, S. 77; SIGBJARNASSON 1983, S. 96). Durch neuere geophysikalische Untersuchungen werden auch genauere Vorstellungen zu der Ausbreitung der Eismassen auf dem Schelfbereich geäußert (siehe ÓLAFSDÓTTIR 1975; VOGT et al. 1980, S. 75 ff. und JOHNSON & PALMASON 1980, S. 23 ff.). Demnach ist das Schelfgebiet Islands von einem Kranz trogtalähnlicher Hohlformen zerschnitten, die sich größtenteils bis zur 400-m-Isobathe erstrecken. ÓLAFSDÓTTIR (1975) entdeckte in der Fortsetzung des Breiðafjörðurs ca. 100 km westlich von Látrabjarg (Islands westlichstem Punkt) eine ca. 100 km lange und 20–30 m mächtige Endmoräne des Gletschers, der den Breiðafjörður ausfüllte (siehe Abb. 20), was den Schluß zuläßt, daß große Teile des Schelfs durch die eustatische Meeresspiegelabsenkung während der Eiszeiten trockengelegen haben müssen. Auch nach Norden breiteten sich die Eismassen bis weit auf das Schelfgebiet aus; denn die etwa 50 km von der Küstenlinie entfernte Insel

Grímsey ist von einer Vielzahl von Vereisungsspuren überzogen und damit von Gletschern überfahren worden. Nach der Auffassung von HOPPÉ (1982, S. 5) wird sich ihr Nordrand einige Zehner Kilometer weiter nördlich von Grímsey, also quasi am äußersten Schelfrand befunden haben. In der Höhe der Halbinsel Tjörnes besaßen die Gletscher nach Vereisungsspuren auf dem Tafelberg Búrfell noch eine Dicke von ca. 700 m (Þ. EINARSSON 1967, S. 167 ff.). Der Verlauf der Schrammen weist auf eine Bewegungsrichtung von Südost nach Nordwest, was auf eine Eisscheide auf der Halbinsel Melrakkaslétta hindeutet. Diese Feststellung EINARSSONS wird von HOPPÉ (1982, S. 8) durch die Erkenntnis gestützt, daß der Nordostteil von Island vom Axarfjörður bis zur Bucht von Héraðsflói vollständig vom Eis überfahren worden sein soll. Das heißt mit anderen Worten, daß hier die Eismassen in breiter Fornt das Schelfgebiet erfaßt haben werden. Berücksichtigt man weiterhin, daß große Teile des Flachmeerbereichs noch bis zu einer Tiefe von 400 m von den Gletschern erfaßt wurden, dann wird die Eiskalotte, die während der Weichseleiszeit auf Island lastete, eine Gesamtfläche von über 200 000 km^2 eingenommen haben. Angesichts dieser riesigen Ausdehnung stellt sich die Frage, wie und wo in Island Gebiete eisfrei bleiben konnten, die den Pflanzen als Refugien dienten. Þ. EINARSSON (1967) geht davon aus, daß die Niederschlagsverteilung während des Pleistozäns in Island mit hohem Niederschlag im Süden und niedrigem im Norden ähnlich der heutigen war, was die südliche Lage der Haupteisscheide zeigt. Damit wird, so kann angenommen werden, gerade die alpine Landschaft des Nordens mit ihren ausgedehnten Talzügen durch das Fehlen einer Eisbedeckung begünstigt gewesen sein. Gleiche Gunstlagen ergeben sich dann für die Plateaubasalt-Landschaft im Nordwesten und im Osten sowie im Gebiet Esja-Húsafell im Westen (vgl. STEINÞÓRSSON 1962).

4.1.4.4. Das Postglazial

In der auslaufenden Weichseleiszeit rückten die Gletscher während des Álftanes-Stadiums (12 500–12 000 Jahre B. P.) und im Búði-Stadium vor 11 000 bis 10 000 Jahren noch einmal vor, um dann während des Holozäns bis auf einige kleinere Eiskappen auf den höchsten Gipfeln abzuschmelzen (siehe Tab. 4). Von dem letzten Vorstoß blieben bis zu 100 m hohe Endmoränenzüge zurück. Die allmähliche Erwärmung im ausgehenden Glazial ließ die Gletscher weltweit zurückweichen und verursachte einen (eustatischen) Meeresspiegelanstieg. Vor 12 000 bis 11 000 Jahren drang das Meer am weitesten in die Tiefländer ein, und so deuten Terrassen und Ablagerungen wie Meeresfossilien, Strandgerölle, Schluffe und Tone in durchschnittlichen Höhen von 40–60 m NN auf dieses sintflutartige Ereignis hin. Im Südwesten befinden sich die Spuren dieser Transgression in einer Höhe von 110 m NN, was auf ungleiche isostatische Ausgleichsbewegungen der isländischen Kruste, die sich nach schwindender Eisbelastung anhob, zurückzu-

Tab. 4: Gliederung des Spät- und Postglazials von Island

Zeitgrenzen (Jahre B. P.)	Zeitabschnitte Gliederung*	Bemerkungen
Spätglazial		
12 500–12 000	Álftanes-Stadium (Ältere Dryas)	Erneuter Gletschervorstoß, Endmoränen im Westen
12 000–11 000	(Alleröd)	Gegen Ende des Alleröds Meereshöchststand (Südwesten +110 m, Norden + 40–50 m)
11 000–10 000	Búði-Stadium (Jüngere Dryas)	Gletschervorstoß, Endmoränen im Südwesten und Norden. Meeresspiegel im Südwesten + 90–100 m
Postglazial	Holozän	
10 000–9 000	(Präboreal)	Gletscher weiter verbreitet als heute, kälter als heute, möglicherweise trocken. Meeresspiegel im Südwesten +15 m. Die Birkenverbreitung erreicht ein kleines Maximum, im Süden scheint die Birke zu fehlen.
9 000–8 000	(Ende Präboreal – Boreal)	Gletscherrückgang, Teile nordöstlich des Torfajökull eisfrei. Das Klima wird bis 2500 Jahre B. P. beträchtlich wärmer und trockener als heute. Meeresspiegel ähnlich wie heute, z. T. 4–5 m tiefer.
8 000–6 500	(Boreal)	Einwanderung der Birke in den Süden. Ihre Verbreitung erreicht ein Maximum.
6 500–5 000	(Atlantikum)	Rückzug der Birke mit wachsendem Niederschlag.
5 000–2 500	(Subboreal)	Zweites großes Birkenmaximum. Die Birke bedeckt mindestens 50 % des Landes. Meeresspiegelanstieg um mindestens 3 m.
ab 2 500	(Subatlantikum)	Erneute Vergletscherung, Birke verschwindet aus den Mooren.
ab 1 100 (870 n. Chr.)		Die Zeit der Besiedlung beginnt, die Birke verschwindet schnell, Zunahme der Grasbedeckung. Beginn starker Bodenerosion (anthropogener Einfluß), Meeresspiegel wie heute.

* Äquivalente Zeitabschnitte des mitteleuropäischen Raums in Klammern.

Quelle: Símonarson 1979, Björnsson 1979 und Sæmundsson 1979.

führen ist. Vor etwa 9000 Jahren hatte das Meeresniveau den gleichen Stand wie heute erreicht. Danach waren nur Meeresspiegelschwankungen von wenigen Metern zu verzeichnen, wie z. B. vor ca. 3000 Jahren mit 3 m. Mit der klimatischen Verbesserung vor etwa 9000–10 000 Jahren breiteten sich die Pflanzen von den Refugien ausgehend wieder über die ganze Insel aus. Im Norden trat nach Pollenanalysen vor 9000 Jahren das erste Birkenmaximum auf (Símonarson 1979). Den Süden wird die Birke noch nicht erreicht haben, denn dort fehlt sie noch in den

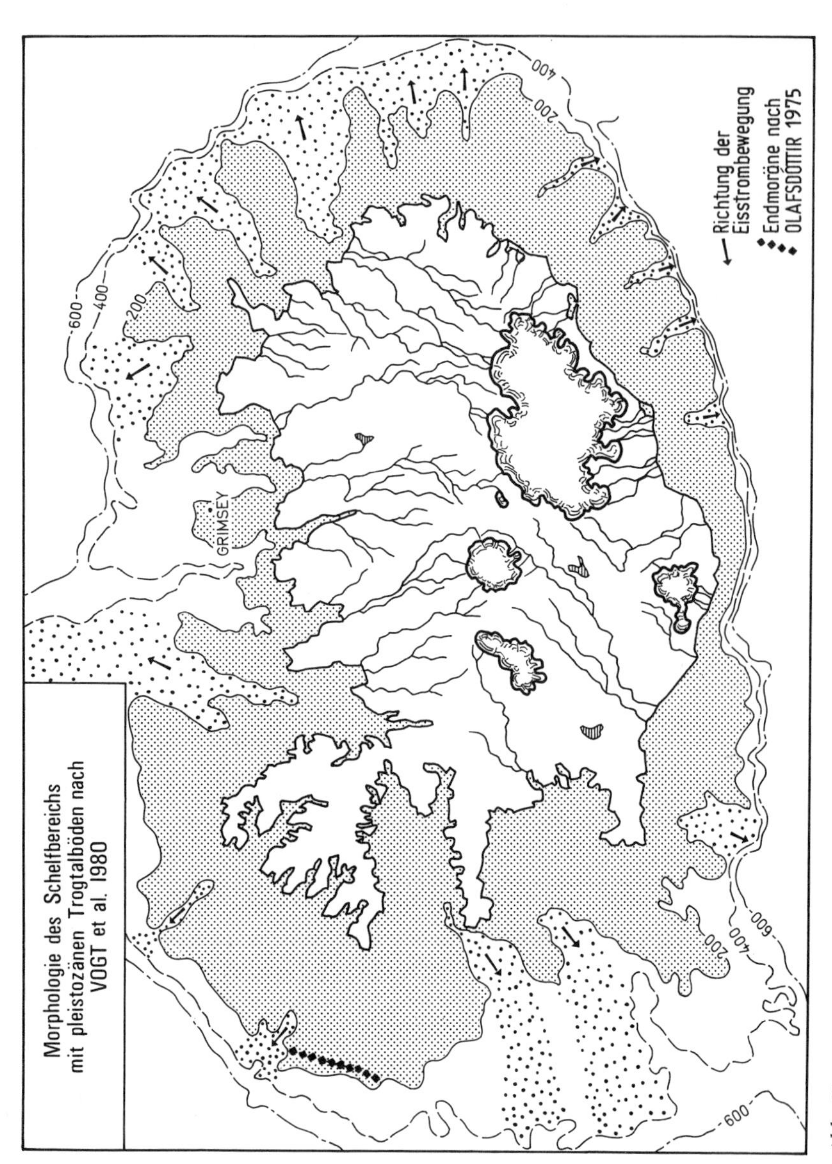
Morphologie des Schelfbereichs
mit pleistozänen Trogtalböden nach
VOGT et al. 1980
Richtung der
Eisstrombewegung
Endmoräne nach
OLAFSDÓTTIR 1975
GRIMSEY
200
400
600

Abb. 20

Pollenspektren. Über 200 Arten der höheren Pflanzen scheinen die letzte Eiszeit in den Refugien überdauert zu haben (STEINÞÓRSSON 1962), 90 Arten wurden seit der Landnahme von den Menschen eingeführt. Woher die restlichen 126 der heute auf der Insel vorhandenen 430 Arten (ohne *Hieracium* und *Taraxacum*) stammen, ist noch ungeklärt (SCHWAAR 1978, S. 10).

Im Postglazial setzte sich die vulkanische Aktivität mit gleicher Intensität fort. Die in den letzten 10 000 Jahren geförderten Lavamassen bedecken eine Fläche von 11 000 km².

4.2. Glaziale Gestaltungsprozesse

4.2.1. Die Vergletscherung Islands

Etwa 11 % oder 11 800 km² der Insel sind mit Eis bedeckt. Damit ist Island das am stärksten vergletscherte Land Europas, was durch seine Lage im hohen Norden, durch das ozeanische Klima, aber auch durch die Topographie mit einem weiträumigen Hochland bedingt ist. Man trifft in Island fast alle Gletschertypen an. Ausgedehnte Plateaugletscher wie der Vatnajökull, Langjökull oder Hofsjökull überdecken ganze Landschaften, aus denen nur einzelne Berggipfel als Nunataks die Eisflächen überragen. Eiskappen wölben sich über die großen Zentralvulkane (z. B. Snæfellsjökull); von Spalten zerfurchte Talgletscher, die an die Gletscher in den Alpen erinnern, fließen von den größeren Eismassen oder kleineren Firnmulden der Hochländer ins Vorland. Kleine Kargletscher lehnen sich in schüsselförmigen Mulden an die Talhänge.

Gletscher und Vulkane sind die wichtigsten Gestalter der isländischen Landschaft. Auf über der Hälfte der Insel befinden sich Landformen, die entweder durch die glaziale Abtragung geschaffen wurden oder ihr unterworfen waren. Frei von den Spuren der Gletscher sind außer den tiefer gelegenen Teilen von Islands jüngster Landschaft, des aktiven Vulkangebietes, nur rezente Sedimentationsräume und Küstensäume. Ansonsten trifft man in jeder anderen Region auf Spuren der abtragenden und ablagernden Tätigkeit der Gletscher. So prägen Kare, Fjorde und eine alpine Landschaft mit Trogtälern den Habitus der tertiären Plateaubasalt-Landschaft im Nordwesten sowie im Norden und Osten der Insel. Während des Pleistozäns beeinflußten die Eismassen den Ausbruchsmechanismus der Vulkane und sorgten für die Bildung der einzigartigen Palagonitberge in der Zone des Plio-/Pleistozäns. Die gewaltigen Eismassen des Pleistozäns ließen mit den weiten Grundmoränen-Flächen im zentralen Hochland eine in vielem faszinierende Einöde zurück. Als rezente Formen beeindrucken am stärksten die immer weiter ins Meer wachsenden, fast vegetationsfreien Schotterflächen als Aufschüttungslandschaft im südlichen Vorfeld der großen Gletscher. Heute verteilen sich die Gletscher auf drei Regionen (BJÖRNSSON 1979, S. 74):

Die nördliche Region mit der Nordwest-Halbinsel und dem Tröllaskagi-Ge-

biet. – Hier breitet sich auf einem Plateau zwischen 700 und 900 m NN der Nordwest-Halbinsel der 160 km^2 große Plateaugletscher Drangajökull mit einer Maximalhöhe von 925 m NN aus. Einzelne Talgletscher fließen vom Plateau hinab bis zu einer Höhe von 200 m NN. In dem Gebiet von Tröllaskagi, einer reizvollen Berglandschaft alpinen Charakters zwischen dem Eyja- und dem Skagafjörður, gibt es keine größere zusammenhängende Eismasse, sondern etwa 115 kleinere Kar- und Talgletscher, die zusammengenommen eine Fläche von ca. 40 km^2 bedecken.

Die zentrale Gletscherregion. – Zu dieser Region gehören die Gletscher entlang der Hauptwasserscheide. Sie schließt den Nordteil des Vatnajökull (8300 km^2), den Hofsjökull (925 km^2), Hrútfell, Tungnafellsjökull (48 km^2), Langjökull (953 km^2), Þórisjökull (32 km^2), Eiríksjökull (22 km^2) sowie den Snæfellsjökull (11 km^2) auf der Halbinsel Snæfellsnes ein. Die nördlichen Talgletscher der größeren Eisschilde reichen hinunter bis auf 800–900 m NN, die südlichen fließen bis auf 600–700 m NN.

Die südliche Gletscherregion. – Dieses Gletschergebiet erstreckt sich entlang der Süd- und Südostküste und besitzt mit dem südlichen Vatnajökull und dem Mýrdalsjökull (596 km^2) seine größten Vereisungsflächen. Wesentlich kleiner sind die Eiskappen der Zentralvulkan-Gebiete Tindfjallajökull (19 km^2), Torfajökull (15 km^2) und Eyjafjallajökull (78 km^2). In völlig anderer Weise stellt sich dagegen die Vergletscherung der südöstlichen Fjordlandschaft in den tertiären Basalten nur mit einzelnen Kargletschern dar. Von den beiden großen Vereisungszentren dieser Region fließen einzelne Tal- oder Vorlandgletscher weit ins Vorland hinein, so daß sich mancherorts eine für Island üppige Vegetation mit Birkenbeständen in unmittelbarer Nachbarschaft zu den Eisströmen befindet (wie z. B. in Skaftafell).

Eine besondere Bedeutung als landschaftübergreifende Form ist dem Vatnajökull beizumessen, denn dieser allein nimmt etwa 70 % des vergletscherten Areals Islands ein. Mit einer Fläche von 8300 km^2 ist er nicht nur der größte Gletscher Europas, sondern nach der Antarktis und dem grönländischen Inlandeis die drittgrößte Eismasse auf der Welt. Sein Ausmaß wird man sich erst vorstellen können, wenn man bedenkt, daß er eine Landfläche von der Größe der Insel Korsika überdeckt und in seiner Ausdehnung die Gesamtfläche der Alpengletscher (3800 km^2, siehe WILHELMY 1972, S. 73) um mehr als das Doppelte übertrifft. Maximale Mächtigkeiten erreicht das Eis des Vatnajökulls über tieferen Tälern mit 800 bis 900 m, manchmal sogar etwa 1000 m. Im Durchschnitt beträgt die Eisdicke jedoch 420 m (BJÖRNSSON 1979, S. 75). Nur etwa ein Zehntel des Gletscheruntergrundes reicht über eine Höhe von 1100 m NN hinaus. Diese Höhe kennzeichnet die heutige Lage der Schneegrenze auf der Südseite, was bedeutet, daß unter den jetzigen Klimabedingungen der Vatnajökull nicht entstehen könnte. Vielmehr wären nur die höchsten Teile seines Gebietes vergletschert, wie z. B. der in den Vatnajökull einbezogene höchste Berg Islands, der Zentralvulkan Öræfajökull mit einer Höhe von 2119 m NN, aber auch andere Vulkansysteme unter der Eisdecke, wie Bárðarbunga (2000 m), Kverkfjöll (1920 m), Grímsvötn (1719 m), Háabunga (1700 m), Breiðabunga (1520 m) und Esjufjöll (1300 m). Wahrscheinlich werden nur die höchsten dieser Vulkanmassive während des Postglazials über 5500 Jahre lang die einzigen vergletscherten Teile des Vatnajökull-Gebietes gewesen sein; denn nach vorübergehendem Vorrücken der Gletscher während des Alftanes-Stadiums (Ältere Dryas, 12 500–12 000 Jahre B. P.) und des Búdi-Stadiums (Jüngere Dryas, 11 000–10 000 Jahre B. P.) zog sich das Eis schnell zurück (vgl. Kap. 4.1.4.4).

Hinsichtlich der klimatischen Verhältnisse in Island besitzen der Vatnajökull, aber auch der Mýrdalsjökull und das zentrale Hochland eine besondere Bedeutung: Sie bilden eine Wetterscheide und trennen die kalten, polaren Luftmassen im Norden von den warmen, ozeanischen im Süden, was zu extrem hohen Niederschlägen an der Südabdachung der Gletscher führt. So fallen im südlichen Raum des Vatnajökull und des Mýrdalsjökull jährlich mehr als 4000 mm Niederschlag. Im Regenschatten des Nordens sind es dagegen nur 400 mm. Die hohen Niederschläge bewirken bei einer Durchschnittstemperatur von 11° C (bezogen auf Meereshöhe) in den wärmsten Sommermonaten eine starke Ausbreitung der Talgletscher bis auf 100 m NN. Damit sind die Talgletscher aktive Gletscher, denn sie transportieren 75 % des Eises in das Abschmelzgebiet. Dort verursacht eine rasche Abschmelzung (Ablation) einen schnellen Massenumsatz und daher eine starke Abtragung durch das Gletschereis und das Schmelzwasser.

In Höhe der Gletscherstirnen kann innerhalb eines Jahres das Eis in einer Mächtigkeit von 10 m nahe der Meeresspiegelhöhe abschmelzen (Björnsson 1979, S. 76). Der Massenumsatz äußert sich auch in der relativ hohen Geschwindigkeit der südlichen Abflußgletscher. So wurde für den Skeiðarárjökull, einen Vorlandgletscher des Vatnajökull, eine Geschwindigkeit von 1,2 m/Tag gemessen. Im Vergleich dazu sind Alpengletscher mit maximalen Geschwindigkeiten von 0,55 m/Tag wesentlich langsamer. Auf der Nordseite des Vatnajökull hingegen verhalten sich die Talgletscher wegen der trockeneren Witterungsverhältnisse eindeutig passiver und haben einen geringeren Massenumsatz zu verzeichnen. Ihre randlichen Eismassen graben sich nicht so tief ein, fließen breiter aus und bilden eine flache Stirn. Hinsichtlich der Formungsprozesse sind diese Abflußgletscher mit den Loben des kaltzeitlichen Inlandeises in Norddeutschland vergleichbar. Unterschiede in der Aktivität zwischen den nördlichen und südlichen Ausläufern kann man auch bei den anderen großen Gletschern, dem Langjökull, dem Hofsjökull und dem Mýrdalsjökull, beobachten.

Trotz der Lage unmittelbar südlich des Polarkreises sind die isländischen Gletscher bezüglich der Temperaturverhältnisse als ›temperiert‹ einzustufen, d. h., daß die Schmelzwasserführung im Ablationsgebiet relativ hoch ist; der Abfluß erfolgt über dem Untergrund und durch Spalten. Temperierte Gletscher reagieren empfindlich auf Veränderungen der Lufttemperatur. Schon ein kurzfristiger Temperaturrückgang zieht einen verstärkten Schneefall in tieferen Lagen und damit

Tab. 5: Veränderungen der Gletscherstände in Island von 1964 bis 1979

Name des Gletschers	Bewegung 1964–74 vor	zurück (m)	Bewegung 1974–79 vor	zurück (m)	Bewegung 1964–79 vor	zurück (m)
Vatnajökull						
Tungnaárjökull (Gletscherl.)	–	1092	–	489	–	1591
Síðujökull W	–	361	–	204	–	565
Skeiðarárjökull (Sæluhús)	145	–	–	58	87	–
Skeiðarárjökull (E_2)	40	–	4	–	44	–
Morsárjökull S	–	90	62	–	–	28
Skaftárfellsjökull W	–	104	–	28	–	132
Svínafellsjökull M	–	7	–	27	–	34
Virkisjökull	–	144	30	–	–	114
Falljökull	20	–	39	–	59	–
Kviárjökull	–	11	21	–	10	–
Hrútarjökull	–	35	–	21	–	56
Fjallsjökull (Fitjar)	–	46	–	25	–	71
Breiðarmerkurjökull W	–	323	–	137	–	460
Hoffelsjökull W	–	259	–	116	–	375
Hoffelsjökull E	108	–	–	13	95	–
Langjökull						
Hagafellsjökull W	162	–	–	149	–	13
Jökulkrókur	–	190	–	30	–	220
Hofsjökull						
Nauthagajökull	–	55	6	–	–	49
Múlajökull W	–	3	2	–	–	1
Múlajökull S	244	–	–	110	134	–
Eyjafjallajökull u. Mýrdalsjökull						
Gígjökull	–	64	200	–	136	–
Sólheimajökull W	61	–	74	–	135	–
Sólheimajökull E	79	–	107	–	186	–
Öldufellsjökull	–	113	–	13	–	100
Drangajökull						
Kaldalónsjökull	–	129	–	356	–	485
Reykjarfjarðarjökull	–	172	–	203	–	375
Leirufjarðarjökull	–	63	–	190	–	253
Snæfellsjökull						
Jökulháls	365	–	–	320	45	–
Hyrningsjökull	–	3	–	11	–	14
Kerlingarfjöll						
Loðmunðarjökull	–	–	–	–	–	–

Tab. 5 (Forts.)

Name des Gletschers	Bewegung 1964–74 vor	zurück (m)	Bewegung 1974–79 vor	zurück (m)	Bewegung 1964–79 vor	zurück (m)
Nordlandgletscher						
Gljúfurárjökull	–	68	11	–	–	57
Hálsjökull	–	–	–	17	–	17
Bægisárjökull	–	–	–	100	–	100

Quelle: Rist 1981.

ein Absinken der Schneegrenze sowie eine Vergrößerung des Nährgebietes eines Gletschers nach sich. Damit rücken die Abflußgletscher vor. Über das Vorrücken und Zurückweichen der Gletscher innerhalb der letzten Jahre lassen sich nach den Erhebungen von Rist (1981, S. 42) von 1964 bis 1979 (siehe Tab. 5) keine generellen Angaben machen. Im Zeitraum 1964 bis 1974 rückten am Vatnajökull nur zwei von 13 vermessenen Abflußgletschern vor, nämlich der Skeiðarárjökull und der Falljökull. Dagegen verdoppelte sich in den Jahren 1974 bis 1979 die Zahl der vorrückenden Gletscher. Ähnlich unbeständig verhalten sich auch die anderen großen Gletscher. Nur der Drangajökull auf der Nordwest-Halbinsel zeigte in dem relativ kurzen Zeitraum der 15 Jahre dauernden Meßperiode Beständigkeit und wich kontinuierlich zurück. Längere Zeitabschnitte ermöglichen schon bessere Aussagen über Gletscherschwankungen. So gab es zwischen etwa 1600 bis 1920 in Island eine ›Kleine Eiszeit‹, wobei insbesondere in den Jahren um 1750 und von 1850 bis etwa 1895 außerordentlich weite Gletschervorstöße zu verzeichnen waren. Im Jahre 1894 rückte der über 10 km breite Breiðamerkurjökull am Südwestrand des Vatnajökulls bis auf 256 m an die Küstenlinie vor. Heute ist der Gletscher wieder ca. 5 km vom Meer entfernt (siehe Björnsson 1979, S. 77). Während der ›Kleinen Eiszeit‹ überfuhren die Gletscher in Südisland Bauernhöfe und kultiviertes Land, das bei günstigeren Klimaverhältnissen des 10. bis 13. Jahrhunderts urbar gemacht wurde und seitdem besiedelt war. In der Frühzeit des isländischen Besiedlung wird das Klima ähnlich warm gewesen sein wie in der Zeit zwischen 1920 und 1960, als die Gletscher um über 10% zusammenschrumpften.

4.2.2. Rezente Formungsprozesse, Abtragung und Sedimentation der Gletscher

Ein spontan ablaufender Formungsprozeß, der vulkanoglaziale Gletscherlauf, wurde bereits in Kapitel 4.1.3. beschrieben. Es können aber auch subaerische, katastrophenartige Ausflüsse von eisgestauten Gletscherseen die Ursache für dieses Naturereignis sein. Wegen seiner unverhofften Entleerungen ist der Gletscherstausee Grænalón am Westrand des Vatnajökull bekannt. In regelmäßigen

Abständen ergießen sich alljährlich 0,2–0,3 km^3 Wasser und Schuttmassen aus dem Grænalón in zwei Flüsse und nehmen ihren Weg über den westlichen Skeiðarársandur zum Meer. Im Vergleich zu den gewaltigen vulkanoglazialen Gletscherläufen erscheint die Abflußrate gering, selbst wenn sie bei ihrem Maximum kurzzeitig auf etwa 5000 m^3/sek. ansteigt und die Abflußmenge des Niederrheins bei Hochwasser erreicht (vgl. Björnsson 1979, S. 79 und A. T. Guðmundsson & Kjartansson 1984, S. 80). In den letzten Jahren häuften sich zwar die Gletscherläufe, aber das Volumen der jeweils transportierten Massen ging zurück[12].

Nicht alle plötzlichen Eisbewegungen im isländischen Gletschergebiet beruhen auf dem Abfluß aufgestauter Wassermassen, sondern es können sich auch Gletscherzungen plötzlich mit einer Geschwindigkeit von weit mehr als 20 m/Tag vorwärtsbewegen und in der Spaltenzone zerreißen. Diese als ›surges‹ bezeichneten Vorgänge ereignen sich in Island fast alljährlich. Ihre Ursache ist noch nicht geklärt. Wahrscheinlich werden sie durch ein entstehendes Ungleichgewicht zwischen dem Nähr- und dem Abschmelzgebiet eines Gletschers ausgelöst. Die vorstoßenden Gletscherzungen erzeugen keine Endmoräne. Dagegen sind ihre Schmelzwässer mit einem höheren Anteil an Sedimentfracht beladen als unter normalen Abflußbedingungen. Während eines Vorstoßes der Zunge des Brúarjökull in der Zeit 1963/64 war die ablaufende Suspension mit 6,47 g Feststoffen/l Wasser beladen. Daraus resultiert für das Gletschergebiet über einige Monate hinweg eine ungewöhnlich hohe Abtragungsrate von 13,7 mm/Jahr (Björnsson 1979, S. 79). Man bedenke in diesem Zusammenhang, daß z. B. der Rhein alljährlich sein Einzugsgebiet um durchschnittlich 0,04 mm erniedrigt. Tómasson (1976) hat die Abtragungsrate der Gletscher nach der Sedimentfracht der Gletscherflüsse abgeschätzt und erhielt für die beiden großen Gletscher Südislands, den Vatna- und den Mýrdalsjökull, Abtragungsraten von 3,2 bzw. 4,5 mm/Jahr. Die Werte für die anderen Gletscher sind mit 0,3–0,9 mm/Jahr wesentlich geringer, übertreffen aber trotzdem die Abtragungsraten in den nichtvergletscherten Gebieten, die Tómasson auf 0,1 mm/Jahr ansetzt, um ein Mehrfaches. Die intensive Abtragung der Gletscher manifestiert sich in den weiträumigen Aufschüttungsebenen, den Sanderflächen, vor allem im südlichen Vorfeld des Vatna- und des Mýrdalsjökulls. Seit der letzten Eiszeit schütteten die Gletscherflüsse unter der starken Mitwirkung von Gletscherläufen an der Südküste von Skógar bis Skaftafell mit einigen Unterbrechungen einen bis zu 25 km breiten Streifen kiesig-sandiger Sedimente auf. Größtes Aufschüttungsgebiet ist der Skeiðarársandur mit

[12] Ähnliche Abflüsse sind auch aus den Alpen, z. B. aus dem Ötztal als Ferner-(Gletscher-)Ausbrüche bekannt, wo der Vernagtferner durch starkes Vordringen von Zeit zu Zeit das Rofental verriegelte, so daß hinter dem Eisdamm des Gletschers ein natürlicher Staudamm entstand, der sich später katastrophenartig entleerte. Das letzte Mal richtete ein solcher Abfluß im Ötztal am 1. Juni 1845 einen großen Schaden an (Pienz 1963, S. 5).

einer Fläche von 1000 km^2. Weite Teile der Sander sind vegetationsfrei, da die ständig ihren Verlauf ändernden Flüsse an vielen Stellen keinen Pflanzenbewuchs aufkommen lassen und weil wegen der hohen Porosität der Sedimente die edaphischen Bedingungen sehr ungünstig sind. Die Gletscherläufe haben über die Sanderflächen ihre Fracht weit in das Meer hinausgetragen und wahrscheinlich die Ausbildung von Canyons im submarinen Bereich vor der Küste bewirkt (JOHNSON & PALMASON 1980, S. 25). Zwei Canyons, der Mýrdalsjökull-Canyon und der Reynisdjúp-Canyon, münden genau südlich des Mýrdalsjökull in den Tiefseebereich ein. Ihre Entstehung wird auf die Gletscherläufe nach den Ausbrüchen der unter dem Mýrdalsjökull befindlichen Katla zurückzuführen sein.

Abschließend sei noch auf Formen hingewiesen, die Gletscher durch ihre abtragende Wirkung geschaffen haben, welche aber morphologisch kaum in Erscheinung treten: die Gletscherschrammen. Diese besitzen eine große Bedeutung in der Rekonstruktion und der Erforschung der ehemaligen Vergletscherungen Islands. Man trifft sie fast überall auf der Insel an, so daß das Ausmaß und die Strömungsrichtungen der Eismassen gut rekonstruiert werden können.

5. DIE KLIMATISCHEN UND EDAPHISCHEN VERHÄLTNISSE

Der Name ›Island‹ wird in Mitteleuropa meist mit den berüchtigten Island-Tiefs in Verbindung gebracht, die mit schlechtem Wetter vom Atlantik über West- und Mitteleuropa hereinbrechen. Diese Vorstellung ist insofern ein Trugschluß, als die Tiefs ihren Ursprung viel weiter im Westen haben und ihren Namen deshalb erhielten, weil sie über Island hinwegziehen oder es streifen. Wenn Island auch nicht die Wetterküche für unsere Breiten ist, so befindet es sich dennoch in einem Grenzgebiet klimabestimmender Faktoren. So stoßen über der Insel unterschiedlich warme Luftmassen aufeinander. Gleichermaßen betrifft dieses die verschieden warmen Meeresströmungen, und schließlich befindet sich Island außerdem am Rande der Ökumene, also in einem Raum, in dem sich schon kleinere klimatische Veränderungen existenzbedrohend auswirken können, da Klima und Witterung einen entscheidenden Einfluß auf die Bodennutzung ausüben.

5.1. Klimafaktoren und -elemente

5.1.1. Meeresströmungen

Zwei verschieden warme Meeresströmungen beeinflussen in starkem Maße die klimatischen Verhältnisse der küstennahen Bereiche Islands. Von der nördlichen Fortsetzung des Golfstroms, dem Nordatlantischen Strom, zweigt der bis zu 12° C warme Irmingerstrom ab und trifft von Südosten kommend auf die Südküste. Ein Teil des Stroms umrundet den Westen der Insel im Uhrzeigersinn und beeinflußt noch einen Teil der Nordküste (vgl. auch Abb. 39). Der Nordosten Islands steht hingegen unter dem Einfluß des kalten Ostislandstroms (0–3° C), der entlang der Nordostküste nach Süden fließt. Die relativ warmen Wassermassen des Irmingerstroms wirken ausgleichend auf die Lufttemperaturen und führen somit zu starken thermischen Anomalien, denn im Vergleich mit Räumen gleicher Breitenlage ist Island nach der Jahresmitteltemperatur von Stykkishólmur um etwa 9° C zu warm oder nach dem Januarmittel sogar um 21,5° C (Liebricht 1983, S. 2). Das Klima Islands wird also durch die warmen Meeresströmungen in einem so günstigen Maße beeinflußt, daß es im Januar in den südlichen Tiefländern im Durchschnitt nicht kälter wird als etwa in Schleswig-Holstein. Daher friert auch der Hafen von Reykjavík während der Wintermonate nicht zu. Den Segnungen der relativ warmen Meeresströmungen steht aber ein Unheil gegenüber, das über das Meer von Norden her kommend über Island hereinbrechen kann, nämlich dann, wenn Treibeis bis zur Insel vordringt, sie umklammert und erst spät im Sommer wieder freigibt. Das Treibeis behindert die jahreszeitliche Erwärmung im Frühjahr und im Sommer, so daß das relativ milde ozeanische Klima um Island in ein arktisches umschlägt und damit eine Verkürzung der Vegetationsperiode nach sich zieht. Beispielsweise verursachte während der Monate März bis Juni 1968 die abkühlende Wirkung des Eises eine Absenkung der Mitteltemperaturen um etwa 3,5° C im äußersten Norden der Halbinsel Melrakkaslétta (SCHUNKE 1979, S. 287). Selbst an der eisfreien Südwestküste (das Eis erreichte etwa vom Nordosten kommend Höfn) blieben die Temperaturen bis zu 1° C niedriger. In früheren Zeiten führte eine verkürzte Vegetationsperiode zu einer Futtermittelknappheit, die oft ein Viehsterben nach sich zog und den Menschen Not und Elend brachte. FRIÐRIKSSON (1969, S. 156) berichtet, daß im Jahre 1754 infolge der Futterknappheit 50 000 Schafe und 4500 Pferde eingingen. Die Folgen eines Treibeisjahres zwangen häufig die Bauern in Ost- und Nordisland, ihre Höfe aufzugeben. In Jahren mit großem Treibeisaufkommen kann sich das Eis entlang der Südküste bis in die Faxaflói ausdehnen (LIEBRICHT 1983, S. 6), so daß – was sich in der sogenannten ›Kleinen Eiszeit‹ häufig ereignete – fast die gesamte Insel vom Eis umschlossen wurde. Seit Beginn der 1960er Jahre taucht das Treibeis wieder häufiger vor der Nord- und Ostküste auf. Offensichtlich sind diese erneuten stärkeren Eisbewegungen die Folgeerscheinung eines allgemein beobachteten Temperaturrückgangs.

5.1.2. Temperaturen

Der ozeanische Einfluß äußert sich vor allem in den Küstengebieten durch die geringen Jahrestemperatur-Amplituden mit Werten um 10° C bei generell humiden Verhältnissen (siehe Tab. 6). Die ausgleichende Wirkung der Ozeanität nimmt zum Landesinneren verständlicherweise ab, so daß einzelne Teile des zentralen Hochlands einem kontinentaleren Klima mit größeren Jahresamplituden ausgesetzt sind. SCHUNKE (1975, S. 19ff.) unterscheidet bezüglich der klimatischen Verhältnisse in Island Großräume mit drei dazwischenliegenden Übergangsgebieten:

1. Das feucht-kalte Zentralisland, aus dem nur die Daten der erst seit 1965 arbeitenden Klimastation Hveravellir (642 m NN) vorliegen. Die Jahresmitteltemperatur beträgt dort – 1,6° C, die Mitteltemperatur des wärmsten Monats (August) 6,4° C und die des kältesten (Februar) – 8° C, so daß das dort herrschende Klima nach der Klassifikation von KÖPPEN (1931) als Tundrenklima (ET) eingestuft werden kann. Oberhalb der klimatischen Schneegrenze bei etwa 1300–1500 m setzt die Region des Frostklimas (EF) ein. Bei Hveravellir fallen im Jahr durchschnittlich etwa 700 mm Niederschläge.
2. Das trocken-kaltgemäßigte Nordostisland ist durch Jahresmitteltemperaturen

*Tab. 6: Klimadaten**

Lage ü. NN [m]	Grímsstaðir 386	Akureyri 23	Raufarhöfn 5	Stykkishólmur 16	Reykjavík 50	Teigarhorn 18	Vestmannaeyjar 118	Vík í Mýrdal 20
Temperaturen								
Januar	*–4,8*	–1,5	–1,4	–0,8	*–0,4*	0,1	*1,4*	*1,2*
Februar	*–4,8*	*–1,6*	*1,9*	*–0,9*	–0,1	*–0,2*	1,6	*1,2*
März	–3,1	–0,3	–0,9	–0,2	1,5	1,0	2,7	2,6
April	–1,1	1,7	0,3	1,8	3,1	2,3	3,7	3,9
Mai	3,7	6,3	4,0	5,7	6,9	5,5	6,2	6,9
Juni	7,2	9,3	6,9	8,7	9,5	8,2	8,5	9,3
Juli	*8,9*	*10,9*	*8,9*	*10,4*	*11,2*	*9,8*	*10,3*	*11,3*
August	8,0	10,3	8,8	10,0	10,8	9,7	10,2	11,0
September	5,4	7,8	6,8	7,9	8,6	8,0	8,4	9,0
Oktober	0,9	3,6	3,3	4,5	4,9	4,8	5,6	5,6
November	–1,8	1,3	1,1	2,2	2,6	2,6	3,8	2,7
Dezember	–3,6	0,5	–0,5	0,4	0,9	1,0	2,5	2,3
Jahresmittel								
1931–1960	1,2	3,9	2,9	4,2	5,0	4,4	5,4	5,7
Jahresschwankung	13,7	12,5	10,7	11,2	11,6	10,0	8,9	10,1
Maximum	25,9	28,6		24,5	23,4	30,5		
Minimum	–29,5	–22,1		–15,5	–17,1	–16,8		
Niederschlag								
Januar	26	45	48	83	90	138	138	182
Februar	26	42	32	72	65	97	104	159
März	19	42	28	66	65	96	114	164

April	21	32	26	47	53	82	97	171
Mai	*15*	*15*	*22*	37	42	74	*81*	*143*
Juni	26	22	34	38	*41*	*70*	*81*	167
Juli	49	35	47	*36*	48	87	84	169
August	*50*	39	61	50	66	100	108	188
September	40	46	65	76	72	136	132	237
Oktober	30	*57*	*71*	87	*97*	*143*	*166*	*238*
November	25	45	49	*89*	85	127	156	212
Dezember	26	54	47	*77*	81	143	156	226
Jahresmittel	353	474	530	758	805	1293	1417	2256
Zahl der Niederschlagstage	124	139	163	169	212	178	235	245

* Lage der Meßstationen siehe Abb. 21.

von etwa 2–3° C und Jahresamplituden um 10° C gekennzeichnet. Seine klimatischen Verhältnisse ähneln sehr denen des feucht-kalten zentralen Hochlandes, seine niedrigeren Jahresniederschläge mit Werten von etwa 550 mm an der Küste und etwa 350 mm zum zentralen Hochland hin lassen den trockeneren Charakter erkennen.

3. Das feucht-kaltgemäßigte Nordwestisland. Im Gebiet der Nordwest-Halbinsel sind die Jahresmitteltemperaturen in Meereshöhe mit etwa 3–4° C höher als im Nordosten. Mit einer geringeren Anzahl an Frosttagen (130–140/Jahr) und höheren Jahresniederschlägen (550–1300 mm) kommt die höhere Ozeanität zum Ausdruck.
4. Das feucht-kühlgemäßigte Südwest- und Südisland besitzt das mildeste Klima der Insel. Mit Werten von 3,7–5,7° C werden die höchsten Jahresmitteltemperaturen erreicht. Der starke ozeanische Einfluß macht sich in den niedrigen Jahresamplituden mit 8,9° C (Vestmannaeyjar) bis 11,6° C (Reykjavík) und Niederschlägen von 800–2250 mm bemerkbar. In vielen Bereichen entsprechen die klimatischen Verhältnisse einem Cfc-Klima nach Köppen (1931).

West, Nord- und Ostisland werden von Schunke (1975, S. 94f.) als Übergangsgebiete zwischen den beschriebenen Klimaten eingestuft. So zeigt sich Westisland in klimatischer Hinsicht als Übergangsbereich zwischen dem kaltgemäßigten Nordwesten und dem kühlgemäßigten Süden. Ostisland stellt dagegen den Übergang zwischen dem trocken-kaltgemäßigten Nordosten zum feucht-kühlgemäßigten Süden dar, und schließlich zeichnet sich der Norden durch ein weniger feuchtes Klima als der Nordwesten aus.

5.1.3. Niederschläge

Bezüglich der Niederschläge gibt es in Island krasse Gegensätze, die auf das Zusammentreffen unterschiedlich warmer Luftmassen und auf die topographischen Verhältnisse der isländischen Landschaft zurückzuführen sind. Island befindet sich genau in dem Grenzgebiet feuchtwarmer, z. T. tropischer Luftmassen aus dem Süden und trockener, kalter Luftmassen aus der Polarregion. Somit hängen das Wetter und damit auch das Fallen der Niederschläge von der Lage der Front zwischen beiden Luftmassen ab. Befindet sich die Front (die Arktikfront) im Süden des Landes, dann bringt sie der ganzen Insel verhältnismäßig kaltes und trockenes Wetter. Bei einer zentralen Lage der Front über der Insel stehen Süd- und Westisland unter dem Einfluß feuchtwarmer Luftmassen aus dem Süden. In diesem Falle wirkt das Hochland als Wetterscheide. Es fällt Steigungsregen im Süden, im Norden dagegen ist es kühl und trocken. Eine nördliche Lage der Arktikfront hingegen führt zu extrem hohen Niederschlägen im Süden und zu relativ hohen Temperaturen auf der gesamten Insel. Dabei können durch föhnartige Winde auf den Leeseiten der Gebirge die Temperaturen bis auf 30° C steigen. Somit erhalten im Süden und Südosten die Vorländer des Vatna- und des Mýrdalsjökull mit z. T. mehr als 4000 mm/Jahr die meisten Niederschläge (siehe Abb. 21). Sehr hohe Niederschläge fallen auch am Snæfellsjökull mit mehr als 2000 mm/Jahr. Die trockeneren Verhältnisse im Norden (insbesondere das Gebiet zwischen den Flüssen Jökulsá á Fjöllum und Blanda) sind dadurch bedingt, daß Nordisland häufiger unter dem Einfluß der trockenen Polarluftmassen steht und daß zusätzlich die feuchten Luftmassen aus dem Süden schon auf der Luvseite des vergletscherten Gebirgslandes abregnen.

5.1.4. Klimaschwankungen

Wie bereits zum Ausdruck gebracht, konnten zeitweilige Klimaverschlechterungen in historischer Zeit ein für die Menschen existenzbedrohendes Ausmaß annehmen. Den Isländer bedrohten nicht nur die von den Vulkanen ausgehenden Gefahren, sondern er befand sich auch in einem ständigen Kampf gegen die Unbilden der Witterung. Wahrscheinlich wird es trotz des verheerenden Hekla-Ausbruchs im Jahre 1104 der Klimagunst zu verdanken sein, daß sich die Epoche von der Landnahme bis zum Ende des isländischen Freistaates im Jahre 1264 zu einem ›Goldenen Zeitalter‹ für Island entwickelte (vgl. Kap. 3 und Þórarinsson 1956, S. 12f.). Obwohl keine modernen Klimaaufzeichnungen mit Temperatur- und Niederschlagsmessungen aus jener Zeit vorliegen, können die klassische Sagaliteratur und andere Aufzeichnungen Hinweise über Gletschervorstöße und Drifteisbewegungen und damit auch Anhaltspunkte über die damaligen Klimabedingungen liefern. Eine erste zeichnerische Darstellung der Treibeisausbreitung befindet sich schon auf der Islandkarte des Bischofs Guðbrandur Þorlàksson, die in Ortelius' ›Additamentum IV Theatri orbis terrarum‹ im Jahre 1590 veröffentlicht wurde (siehe Þórarinsson 1956, S. 26). Danach wurde Island von der Landnahmezeit bis etwa 1200 kaum von Vereisungen heimgesucht. Bis zu dieser Zeit waren auch die Temperaturen so günstig, daß selbst in der östlichen Fjordlandschaft Getreide (hauptsächlich Sommergerste, aber auch Hafer) angebaut werden konnte. Im 13. und 14. Jahrhundert ging gleichzeitig mit den häufigeren Eisvorstößen der Getreideanbau zurück und wurde mit dem Eintreten der ›Kleinen Eiszeit‹ (vgl. Kap. 4.2.2) schließlich ganz eingestellt. Erst in den 1920er Jahren konnten wieder Getreideanbauversuche (vgl. Kap. 11.2.3) aufgenommen werden. So kann den Berichten über den Getreideanbau und über Gletscher- und Drifteisbewegungen übereinstimmend entnommen werden, daß es im Laufe der historischen Zeit in Island Klimaschwankungen gegeben hat, die die Lebensbedingungen auffällig beeinträchtigten. Kritisch wurde es für die Inselbevölkerung, als im 18. Jahrhundert widrige klimatische Ereignisse und vulkanische Katastrophen einander ablösten oder gar zusammenfielen, wie z. B. im Jahre 1783, als der fürchterliche Ausbruch der Laki-Spalte einem strengen Winter folgte (vgl.

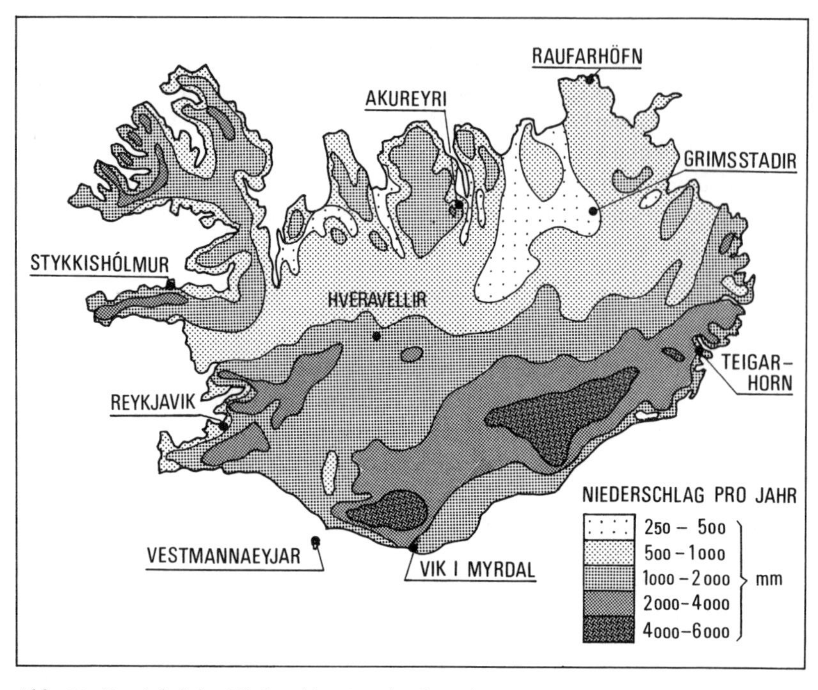

Abb. 21: Der jährliche Niederschlag in Island (nach P. Bergþórsson, in: Jóhannesson 1960).

Kap. 4.1.3). Die Klimaverbesserung, die dann gegen Ende des vorigen Jahrhunderts einsetzte, läßt sich auch durch Daten belegen. So war die durchschnittliche Julitemperatur für den Zeitraum von 1928 bis 1937 in Stykkishólmur um 1,2° C höher als während des gleichlangen Zeitraums von 1878 bis 1887 (Þórarinsson 1956, S. 18).

Seit dem Jahre 1960 ist in den nördlichen Breiten wiederum eine negative Temperaturentwicklung festzustellen. In dem Jahrzehnt von 1966 bis 1975 wurden deutliche Temperaturrückgänge gemessen (siehe Schunke 1979, S. 282). Demzufolge beträgt die Temperaturerniedrigung bei 20 Meßstationen in Island für die Jahresmitteltemperatur ca. 0,8° C. Eine fortlaufende Verschlechterung des Klimas würde bedeuten, daß durch eine größere Treibeishäufigkeit und -verbreitung der Fischfang und der Seeverkehr behindert werden, wie es schon im Winter 1967/68 geschah. Auch die Landwirtschaft wäre von einer Temperaturerniedrigung sehr betroffen. Ein Temperaturrückgang hätte zudem schwerwiegende Veränderungen in der Oberflächengestaltung zur Folge, nämlich ein verstärktes Auftreten von Frostbodenerscheinungen im agraren Kulturland (tún). Man sollte weiterhin bedenken, daß auch die Energiewirtschaft von Folgeerscheinungen der

Klimaschwankungen betroffen sein wird, indem sich eine derartige Verschlechterung nachteilig auf den Wasserhaushalt auswirken muß. Nach SCHUNKE (1979, S. 290) hat sich gegenüber der relativ warmen Periode von 1951–1960 in der kälteren Periode von 1966–1975 die mittlere jährliche Abflußmenge der Blanda unter dem Einfluß der aktuellen Temperaturerniedrigung so sehr verringert, daß die jährliche Abnahme etwa dem Fassungsvermögen der sechs großen Harztalsperren entspricht.

5.2. Der Einfluss des Klimas auf Verwitterung und Bodenbildung

Island befindet sich in dem Gebiet der subpolaren Frostwechselzone. Das bedeutet für die Wirksamkeit der Verwitterung, daß die Gesteine fast nur durch den Angriff der Frostsprengung eine mechanische Aufbereitung erfahren, aber in ihrer mineralischen Substanz weitgehend erhalten bleiben. Im Mikrobereich wirkt jedoch selbst unter frostklimatischen Bedingungen der vorwiegend von niederen Pflanzen ausgehende Gesteinszersatz in erkennbarem Maße auf die Gesteine. Die von Pflanzenorganen (Hyphen bei Flechten) ausgehende biochemische Aufbereitung kann selbst in der verhältnismäßig kurzen Zeit von etwa 100 Jahren auch im Hochland über 1000 m NN deutliche Spuren im Zersatz von Silikaten (Feldspäten) hinterlassen. Dennoch zeigen die isländischen Böden, daß sie in den 10 000 Jahren seit dem Beginn ihrer Entstehung noch nicht das Reife- oder Klimaxstadium erreicht haben oder erreichen können. Bekanntlich führt die chemische Verwitterung unter einem wärmeren Klima zur Ausbildung von Ton (Partikelgröße kleiner als 0,002 mm). Tonminerale oder tonig-feine Partikel, die einzelne Bodenpartikeln verkitten könnten, sind wegen der ungünstigen klimatischen Verhältnisse in den isländischen Böden (nur unter der Einwirkung hydrothermaler Lösungen bilden sich in größerem Umfange Tonminerale) selten. Die sandig-schluffige Textur der Böden resultiert damit aus einer vornehmlich physikalisch wirkenden Gesteinsaufbereitung. Im Gegensatz zu den Böden wärmerer Klimate befinden sich die isländischen Böden generell in einem Jugendstadium (JÓHANNESSON 1960, S. 40). Auch die organische Substanz wird bei den kühlen Temperaturen kaum zersetzt, sondern sie reichert sich im Oberboden an, soweit Pflanzenwuchs überhaupt möglich ist.

Es ist schwierig, sämtliche Böden Islands einem Klassifikationsschema zuzuordnen. Da aber etwa drei Viertel der Landesfläche (Gletscher ausgenommen) nach der Bodenkarte von JÓHANNESSON keine oder nur eine geringe Pflanzendecke besitzen, ist der am weitesten verbreitete Bodentyp der Rohboden, der je nach lockerem oder festem Ausgangsgestein in Regosol bzw. Lithosol unterteilt werden kann (vgl. VENZKE 1982, S. 35). Die Böden mit einer Vegetationsdecke müssen differenziert gesehen werden, da die Entwicklung des Bodentyps in starkem Maß von den Grundwasser- und Niederschlagsbedingungen abhängt. So muß hier zwischen Moorböden, schluffigen Lehmböden und kiesigen Böden unterschieden werden. Am weitesten verbreitet sind die Moorböden mit unterschiedlicher Korngrößen-Zusammensetzung des Gesteinsuntergrundes. Sie nehmen etwa ein Sechstel der Landesfläche ein. Unsicher ist die Zuordnung einiger schluffiger Lößlehme, da in ihren Profilen bereits eine farbliche Differenzierung eingetreten ist, so daß sie in gewisser Hinsicht braunen Waldböden in Alaska ähneln. JÓHANNESSON (1960, S. 60) bezeichnet sie daher auch nur noch als regosolische Böden. Andere Böden im schluffigen Lößlehm stimmen in manchem mit alpinen Wiesenböden überein, die wegen gestauten Wassers als anmoorgleyartig bezeichnet werden könnten. Am besten sind die Moorböden für eine landwirtschaftliche Nutzung bzw. Kultivierung geeignet. Sie erfordern aber eine aufwendige Entwässerung. Obwohl die Ausgangsgesteine aufgrund ihrer vorwiegend basaltischen Zusammensetzung ein großes Nährstoffpotential besitzen, benötigen die agraren Kulturböden hohe Düngerbeigaben.

Unter dem in Island herrschenden Frostregime wird durch den tages- oder jahreszeitlichen Wechsel von Auftauen und Gefrieren bei guter Durchfeuchtung sowie fehlender Vegetationsbedeckung bei hohem Schluffanteil die Bodenstruktur, d. h. die räumliche Anordnung der festen Bodenbestandteile, so verändert, daß eine Sortierung der groben und feinen Partikel erfolgt und somit Strukturböden entstehen. Demgegenüber tritt besonders unter einer Pflanzenbedeckung keine Veränderung der Struktur, also keine Sortierung ein; die Textur bleibt erhalten. Es verändert sich aber die Lage der einzelnen Schichten.

5.2.1. Strukturböden

Unter diesen Formen sind auf Island am häufigsten die Steinpolygone, Steinstreifen und die Pflasterböden vertreten. Steinpolygone und Steinstreifen findet man vom Meeresniveau an bis zur Schneegrenze. Sie bilden sich besonders im basaltischen, schluff- oder gar tonreichen Gesteinsdetritus der flachen Basaltplateaus, wobei bis zu einer Neigung von weniger als 2° Steinpolygone (siehe Bild 6) und bei einer größeren Neigung als 2° Steinstreifen (siehe Bild 7) entstehen. Im wasserdurchlässigen Untergrund der Grundmoränenlandschaft des zentralen Hochlandes fehlen die Steinringe und -streifen wegen der guten Drainage und damit der edaphischen Trockenheit des Untergrundes. Statt dessen trifft man dort Steinpflasterböden an (vgl. SCHWARZBACH 1963, siehe Bild 8), unter denen sich ein steinfreies Substrat befindet. Nach VENZKE (1982, S. 105 ff.) bildet sich das Steinpflaster durch das Auffrieren gröberer Gesteinspartikel. Ein Auffrieren kann aber nur dort stattfinden, wo Bodenfrost die Festgesteinsoberfläche erreicht. Bei einer mächtigeren Substratauflage wird es sich mithin um eine Reliktform, entstanden durch eine frühere, größere Eindringtiefe des Frostes, handeln, oder die Mächtigkeit des Substrats war geringer. Feinkörnige

Bestandteile sind ausgeblasen, so daß nur noch zentimetergroße Steinbrocken übrig blieben.

5.2.2. Texturböden

Ebenfalls auf das Hochland, jedoch im feuchteren Vorfeld der Gletscher, konzentrieren sich bis zu 3 m hohe und bis zu 30 m breite Bodenaufwällungen mit plateau-, ring- oder wallartiger Form, die sogenannten Palsas. Diese bauen sich aus einem gefrorenen Kern und einer Hülle aus verschiedenen Torflagen auf. SCHUNKE (1975, S. 138) sieht die Palsas als ›Destruktionsformen‹ des Permafrostbodens an, die sich in der ›Kleinen Eiszeit‹ vom 11. bis 19. Jahrhundert im Gebiet des zentralen Hochlandes ausgebreitet haben wird. Nach jüngeren Beobachtungen SCHUNKES (1979, S. 289f.) wird die Verschärfung des Frostregimes zu Neubildungen von Palsas geführt haben.

Empfindlich reagieren auf Klimaschwankungen auch die auffälligsten Periglazialerscheinungen in der isländischen Landschaft, die Erdbülten oder Þúfur (siehe Bild 9). Sie treten als bewachsene, huckelige Kleinreliefform mit einem Durchmesser von 0,5–2,0 m und einer Höhe von 10–80 cm in der ebenen Landschaft auf (siehe Bild 10), aber auch in leicht ansteigendem Gelände mit einer Neigung bis zu 15° (SCHUNKE 1975, S. 132). Die Zusammensetzung ihrer Vegetationsbedeckung ist standortbedingt. Im Tiefland sind sie fast nur mit einer grasartigen Vegetation bedeckt, in höherer, trockener Position können sich aufgrund unterschiedlicher Feuchtigkeitsverhältnisse auf den Þúfur xerophile (die Trokkenheit liebende) und in den feuchteren Zwischenräumen hygrophile (die Feuchtigkeit liebende) Pflanzengesellschaften entwickeln. Wichtig für die Entstehung der Þúfur ist die Bodenart. So fehlt dem Sand die Fähigkeit, das für den Frosthub erforderliche Wasser zu halten, aber auch bei Böden mit hohem Grundwasserspiegel kommt es zu keiner Þúfurbildung. Die Aufwölbungen auf den Wiesen beeinträchtigen in starkem Maße die Nutzung der Hauswiese (tún), da schon etwa 10–20 Jahre nach der Anlage und Einebnung einer Hauswiese sich neue Þúfur einstellen können. Um das zu verhindern, wurden früher die Wiesen im Winter unter Wasser gesetzt. Die Entstehung der Þúfurebenen wird möglicherweise durch anthropogenen Einfluß gefördert (vgl. auch Kap. 7).

5.3. DIE WIRKUNGEN DER BODENABTRAGUNG (DEFLATION)

Eines der größten Probleme, mit dem sich Island seit vielen Jahren auseinanderzusetzen hat, ist die Abtragung und Ansammlung (Akkumulation) feinkörnigen Bodenmaterials durch den Wind. Abgesehen von der Ausblasung der Grundmoränenflächen im zentralen Hochland wurde die vegetationsbedeckte Fläche, die zur Zeit der Besiedlung rd. 50 000 km^2 und damit etwa die Hälfte der Insel eingenommen haben soll (PREUSSER 1974, S. 32), durch die Windabtragung auf 20 000 km^2 reduziert. Es stellt sich die Frage, ob der wirtschaftende Mensch diesen Vorgang mitverursacht oder beschleunigt hat oder ob andere Ursachen für die verstärkte Windabtragung zu suchen sind.

Die Intensität der Abtragung hängt in erster Linie vom transportierten Substrat und von der Windgeschwindigkeit ab. Es wird feinkörniger Gesteinsdetritus, der aus der Verwitterung der anstehenden Gesteine hervorging, oder feine, subaerisch abgelagerte vulkanische Asche ausgeblasen. Nach Korngrößenbestimmungen von SIGBJARNASON (1969, S. 92f.) können Grobschluffpartikel (Korngröße 0,02–0,06 mm) vom Wind aufgenommen und über weite Strecken verweht werden (siehe Bild 11). Besonders heftige, über das zentrale Hochland hinwegziehende Stürme sind durchaus auch in der Lage, Sandkörner oder auch Aschepartikel von Lapilligröße (2–20 mm) zu transportieren. Wie SCHUNKE (1975, S. 207) durch einen Vergleich der durchschnittlichen Windgeschwindigkeiten (Angaben meteorologischer Stationen im küstennahen Tiefland und der Hochlandstation Hveravellir) feststellte, nimmt die Intensität der äolischen Abtragung mit der topographischen Höhe zu. Nachweislich beruht die höhere Abtragungsgeschwindigkeit auf der größeren Häufigkeit starker Stürme, denn im Hochland wird an doppelt so vielen Tagen wie im Tiefland die Windstärke 9 erreicht. Die orkanartigen Winde, die manchmal über die kahlen Flächen der wüstenhaften Grundmoränenlandschaft peitschen, haben durch das Mitführen von aufgewirbeltem Sand die Wirkung eines Sandstrahlgebläses. Selbst bei gleichzeitig niedergehendem Regenfall werden die nassen Gesteinspartikel vom Sturm bewegt, bleiben vor größeren Hindernissen, wie z. B. Gesteinsbrocken oder -blöcken, liegen und bilden auf der Luvseite fächerförmige Ansammlungen. Über den Sanderflächen können sich dagegen kilometerhohe Staubwolken auftürmen, wenn die Stürme die feinen, von den Flüssen abgesetzten Sedimente aufwirbeln und davontragen, wie man es beispielsweise auf dem Mýrdals- und dem Skeiðarársandur beobachten kann. Im Gegensatz zum Hochland wird hier von den Flüssen viel mehr Feinmaterial nachgeliefert. Wegen der ausblasenden Winde bleiben daher im Vorfeld der Gletscher unter der Mitwirkung der sich fortwährend verlagernden Flüsse fast vegetationsfreie, kiesig-sandige Ebenen zurück.

In einigen Gebieten des Hochlandes, die wahrscheinlich ein frühpostglaziales Alter besitzen, sind die feinkörnigen Bestandteile längst ausgeweht. Hier bedeckten die wüstenhaften, serirartigen Flächen Steinpflaster oder Steinpanzer (VENZKE 1982, 102f.; siehe Bild 8), wie sie sich beispielsweise zwischen den beiden großen Gletschern Hofs- und Vatnajökull ausbreiten (Bild 16). Eine Aufgrabung derartiger Flächen zeigt, daß die kiesigen, blockigen Bestandteile sich als Steinpflaster nur an der Oberfläche angereichert haben und daß sich darunter als feineres Bodenmaterial nur Sand befindet. Dieser wüstenhafte Charakter ist nach SCHWARZBACH (1963) edaphisch bedingt, denn Regenwasser versickert wegen der hohen Porosität schnell in den Untergrund. Eine Abschwemmung des Pflasters kann nur während der Schneeschmelze über noch gefrorenem Boden erfolgen. Aber auch an großen Blöcken macht sich die abschleifende Wirkung des vom Wind transportierten Sandes bemerkbar. Sie äußert sich in einem Facettenschliff an den dem Wind zugewandten Seiten. Die Luvseite solcher als sogenannte Windkanter (siehe Bild 12) bekannten Blöcke ist auf den Grundmoränenflächen nördlich von Grímsstaðir meistens nach Süden exponiert. Der Schliff wird vor allem das Werk der vom Vatnajökull wehenden, föhnartigen Südwinde sein.

Die Ränder der fast vegetationsfreien Grundmoränenlandschaft (siehe Bild 11) des zentralen Hochlandes sind der Wirkungsbereich der Deflation. Kleine Lücken in der Vegetation, entstanden durch Kammeisbildung oder Viehtritt, werden ausgeblasen und führen schließlich zur Entblößung des felsigen Untergrundes. Hier breitet sich die Wüste auf Kosten der Sandlößflächen aus (VENZKE 1982, S. 102), wobei sowohl die Auswehung als auch die Akkumulation ihre Spuren hinterlassen. Kleine Vegetationslücken – gleichgültig, ob durch Kammeisbildung oder Viehtritt entstanden – weiten sich schnell aus. Denn ist erst einmal die Vegetationsdecke angegriffen, hat der Wind infolge der Trockenheit und der geringen Zusammenhangskraft des Bodensubstrates (es fehlt der bindende Ton) ein leichtes Spiel, nach und nach den gesamten Feinboden abzutragen. Schließlich bleiben auf einer kahlgewehten Fläche nur noch kleine Vegetations- und Bodeninseln, die von den Isländern als ›Rofbards‹ bezeichnet werden, zurück (siehe Bild 13). Diese sind im Durchschnitt 1–2 m hoch; ihr Bodenmaterial kann aus einer Wechselfolge von Sandlöß und vulkanischen Aschen aufgebaut sein, so daß man anhand der Ascheschichten das Alter und die Geschwindigkeit der Lößakkumulation bestimmen kann. Beispielsweise befindet sich auf der Vaðlaheiði zwischen dem Eyjafjörður und dem Fnjóská-Tal auf den tertiären Basalten eine Lößauflage, die nach den vorhandenen Aschen vorgeschichtlicher Hekla-Ausbrüche auf ein Alter (H_3 und H_4; siehe Bild 14) von mindestens 4000 Jahren schließen läßt (vgl. SCHWARZBACH & NOLL 1971, S. 69). Aufgrund seiner tephrochronologischen Untersuchungen konnte ÞÓRARINSSON (1962 und 1979, S. 35f.) nachweisen, daß nach einer langen Phase gleichmäßiger Ablagerung im Postglazial die Lößakkumulation nach der Landnahmezeit sprunghaft zunahm. Vor dem Ausbruch der Hekla im Jahre 1104, der sich in den Bodenprofilen durch eine dicke Bimsaschenschicht dokumentiert, stieg die Sedimentationsrate des Lößes in einem Profil etwa 15 km westlich der Hekla (Vatnagarður, ÞÓRARINSSON 1962), während der warmen Zeit des frühen Postglazials nur geringfügig von 0,1 mm/Jahr bis zur Landnahmezeit auf 0,3–0,5 mm/Jahr an. Nach dem Hekla-Ausbruch von 1104 erhöhten sich die Raten auf 2,2–2,4 mm/Jahr und erreichten schließlich in der ›Kleinen Eiszeit‹ und heute Werte von 3–5 mm/Jahr. Die gleichmäßige, langsame Zunahme der Bodenmächtigkeit während eines langen Zeitraums erklärt PREUSSER (1974, S. 39) mit der Anwesenheit einer geschlossenen oder fast geschlossenen Vegetationsdecke, so daß der Winderosion nur eine geringe Angriffsmöglichkeit gegeben war. Nach dem drastischen Anstieg der Sedimentationsrate um das Vier- bis Fünffache muß der Mensch als der Hauptverursacher für die Beschleunigung der Deflation gelten, und zwar infolge der Weidewirtschaft (vgl. Kap. 7). Trotz der klaren zeitlichen Übereinstimmung des verstärkten Beginns der Bodenauswehung mit der Landnahme kann dem Menschen jedoch nicht allein die Schuld für dieses ökologische Unglück zugewiesen werden, denn sicherlich werden die allgemeine Klimaverschlechterung zwischen 1600 und 1900 und die verstärkte vulkanische Tätigkeit die Pflanzendecke zumindest regional in Mitleidenschaft gezogen haben.

6. LANDSCHAFTSFORMEN[13]

Vulkanische Aktivität, tektonische Prozesse und die pleistozäne Tätigkeit der Gletscher gestalteten vor allem die abwechslungsreiche isländische Landschaft. Die Oberflächengestalt der meisten Landesteile ist aus geologischer Sicht noch sehr jung, da die Insel bis vor ca. 10 000 Jahren (z. T. über die heutige Küstenlinie hinaus) riesige Eismassen bedeckten, weiterhin etwa ein Zehntel der Landschaft mit den ausgedehnten Lavaflächen erst im Holozän entstand, und schließlich die Sedimentation der Flüsse erst nach dem Rückzug der Gletscher voll einsetzte und große Aufschüttungsebenen sowie Sanderflächen schuf. Wegen ihres jugendlichen Alters zeigen die isländischen Landschaftsformen selbst in den geologisch ältesten Räumen ein schroffes, kantiges und noch nicht so geglättetes Bild, wie es beispielsweise in der älteren deutschen Mittelgebirgslandschaft der Fall ist. Es gibt in Island einige Landschaftsformen, die als einzigartig in Europa hingestellt werden können. Das ist einmal die junge vulkanische Region mit ihrem Formenreichtum, in der noch keine Spuren einer verändernden Wirkung der Abtragung zu erkennen sind. Aber auch die weiten Sandergebiete als Namensgeber für alle fluvioglazialen Aufschüttungsebenen verdienen es, genauso hervorgehoben zu werden wie die Hochlandwüsten mit ihren Steinpflasterböden und ausgedehnten Gletschergebieten. So soll in diesem Kapitel in Anlehnung an Preusser (1976) das Landschaftsgefüge nach den Haupteinheiten, den Küsten und Inseln (6.1) sowie dem Landesinneren und der jungen Vulkanregion (6.2), beschrieben werden (vgl. Abb. 22).

6.1. Küsten und Inseln

Nach den Umrissen läßt sich die ca. 6000 km lange Küste Islands in vier verschiedene Abschnitte unterteilen. So zeigt die Südküste, eine Ausgleichsküste mit einzelnen Nehrungen, als Vorland der großen Gletscher und als Mündungsgebiet der größten Flüsse einen gleichmäßigen Verlauf. Völlig anders gestaltet ist der westliche Küstenraum mit den beiden großen, von der Halbinsel Snæfellsnes getrennten Buchten des Faxaflói und des Breiðafjörður. Hier erinnert der Schärenreichtum im Gebiet von Mýrar und im Breiðafjörður an die westnorwegische Küstenplattform bzw. Strandflate. Außerdem greifen die schmalen Fjorde Hvalfjörður und Borgarfjörður von dem Faxaflói aus ca. 30 km weit ins Land hinein. Von Fjorden und Trogtälern geradezu zerschnitten ist die Nordwest-Halbinsel

[13] Gletscher siehe Kapitel 4.2.1.

(Vestfirðir). Demgegenüber kennzeichnen breite Buchten und der rd. 65 km lange Eyjafjörður die abwechslungsreichen Küstensäume im Norden und Nordosten. Ostisland entspricht morphogenetisch und im Gesteinsaufbau der Fjordlandschaft der Nordwest-Halbinsel. Schließlich wird im Südosten der Übergang zur Ausgleichsküste des Südens deutlich, denn Nehrungen verschließen fast die Buchten des Hornafjörður und des Lónsfjörður. Eine besondere Bedeutung besitzt in tektonischer Hinsicht die Halbinsel Reykjanes, und zwar insofern, als sich hier der Mittelatlantische Rücken über die Meeresoberfläche erhebt.

In den Tiefländern und an den Ufern der Buchten und Fjorde befinden sich häufig Strandlinien und Meeresterrassen als Zeugnisse höherer Meeresspiegelstände. Während des Spätglazials (vgl. Kap. 4.1.4) drang das Meer aufgrund des eustatischen Meeresspiegelanstiegs nach Abschmelzen der pleistozänen Gletscher am weitesten landeinwärts vor und überflutete in Südwest- und Westisland die Tiefländer bis zu einem heutigen Höhenbereich von 110 m. In den meisten anderen Teilen Islands erreichen die höchsten Strandlinien durchschnittlich 50 m (Þ. Einarsson 1964, S. 128).

6.1.1. Die Fjordlandschaften

6.1.1.1. Die Nordwest-Halbinsel (Vestfirðir)

Die reiche Gliederung der Nordwest-Halbinsel zeigt sich schon in der Gesamtlänge der dortigen Küstenlinie von ca. 2100 km; das ist etwa ein Drittel der Küstenlänge Islands, obgleich Vestfirðir nur ein Zwölftel der Inselfläche einnimmt. Vestfirðir besitzt viele übereinandergeschichtete Basaltdecken und eine über die Fjorde hinweggreifende plateauartige Hochfläche. Die Monotonie der 600–800 m hohen Plateaulandschaft unterbrechen nur einzelne, kastenförmige Anhöhen, wie z. B. der Ármannsfell, oder die Höhen in der Umgebung des ehemaligen Zentralvulkans von Tjaldanesfjell am Nordrand der Arnarfjörðurs, wo aufgrund der veränderten Gesteinsverhältnisse die Abtragung weniger Widerstand fand und Höhen mit scharfen Graten herauspräparierte. Die Hochfläche bricht unvermittelt und fast senkrecht zu den im Durchschnitt 500 bis 600 m tiefen und 4–7 km breiten Fjorden hin (Schutzbach 1967, S. 120) ab, die im Pleistozän von mächtigen Eisströmen ausgefüllt waren. Wie Sigurvinsson (1983, S. 99) anhand der Verbreitung von Eisstausee-Sedimenten nachweisen konnte, werden die Talgletscher an der Mündung des Dýrafjörðurs und des Önundarfjörðurs vor ca. 20 000 Jahren eine Mächtigkeit von mindestens 750 m bzw. 600 m besessen haben. Dies bedeutet, daß sich die Gletscher noch weiter auf dem Schelfbereich als Piedmontgletscher ausgedehnt haben müssen. Es fällt auf, daß die größeren Fjorde in SE/NW-Richtung und die kleineren in N/S-Richtung verlaufen. Offensichtlich vertieften und versteilten die Gletscher Täler, die schon während des Tertiärs größtenteils auf Störungslinien (vgl. SCHWARZBACH 1964, S. 36) in einer flachwelligen Landschaft angelegt worden waren. Im Küstenbereich fällt die Plateaulandschaft steil zum Meer ab. Die Kliffs, z. B. auch Europas westlichster Punkt, der etwa 400 m hohe Felsen von Bjargtangar (Látrabjarg), fallen senkrecht zum Meer ab.

Geteilt wird die Nordwest-Halbinsel durch das etwa 80 km lange Isafjarðardjúp in die heute fast unbewohnte nördliche Dranga-Halbinsel mit dem 160 km² großen Drangajökull und in das südliche Gláma-Plateau. Die meisten größeren Ortschaften, die ihre Existenz hauptsächlich der Fischereiwirtschaft verdanken, wurden auf Sand- oder Kiesbänken entlang der Fjorde angelegt. Dazu gehören alle Siedlungen, die auf ›eyri‹ enden, wie z. B. Vatneyri im Patreksfjörður, Þingeyri im Dýrafjörður, Flateyri im Önundarfjörður, aber auch Ísafjörður, das früher den Namen Eyri am Skutulsfjörður trug (vgl. Kap. 10.2.2).

6.1.1.2. Die östliche Fjordlandschaft (Austfirðir)

Austfirðir kann wegen seiner gleichartigen und fast gleichaltrigen Gesteinsverhältnisse als das östliche Gegenstück zur Nordwest-Halbinsel hingestellt werden. Zwischen dem Heraðsflói und dem Vesturhorn bei Höfn reihen sich strahlenförmig die Täler und Fjorde aneinander und ziehen bis zu etwa 30 km (Reyðarfjörður) tief landeinwärts. Im Gegensatz zu der Nordwest-Halbinsel ist oberhalb der Fjorde der Plateaucharakter kaum noch erhalten. Die stärkere Reliefierung mag darin begründet sein, daß durch den Einfluß des sauren Vulkanismus mit häufig auftretenden Intrusionen und Förderkanälen die Basaltdecken zerrüttet wurden.

Die höchsten Erhebungen des Berglandes von Austfirðir reichen bis zu 1300 m hinauf. Wegen ihrer scharfen Grate spricht WALKER (1982, S. 13) sie als Nunatakker an, die über die pleistozäne Eisbedeckung herausragten.

Hier in Ostisland muß die Abtragung besonders stark gewesen sein, denn nach Untersuchungen über die Metamorphisierung der Basalte (vgl. JAKOBSSON 1979, S. 70, WALKER 1960 und 1982, S. 20 sowie Kap. 4.1.2) wurden seit der Förderung der älteren Basalte vor etwa 13 Mio. Jahren etwa 1000 m abgetragen, während es auf der Nordwest-Halbinsel nur einige hundert Meter sind.

6.1.1.3. Die nördliche Fjordlandschaft (Eyjafjörður)

Im Vergleich zu den beiden beschriebenen Küstengebieten kennzeichnen die nördliche Fjordlandschaft eher schmale Buchten als enge Fjorde, die wie im Osten und auf der Nordwest-Halbinsel die Küstenlinie durch viele, tiefgreifende Einschnitte aufgliedern. Strenggenommen genügt nur der etwa 65 km lange Eyjafjord mit den drei kleinen Taleinschnitten Siglufjörður, Héðinsfjörður und

Ólafsfjörður am Nordwestrand seiner Mündung als einziger den Vorstellungen von überfluteten, glazial überformten Trogtälern. Damit sind Fjorde in der nördlichen Küstenlandschaft mit ihren verschiedenaltrigen Gesteinsserien nur in dem tertiären Plateaubasalt-Gebiet zwischen dem Steilabfall zur Skjálfandi-Bucht und der Westseite des Skagafjörður entwickelt. Der Eyjafjörður setzt sich nach Süden im breitsohligen Eyjafjarðardalur, einem Trogtal, fort, das wegen seiner Klimagunst zu den am dichtesten besiedelten Gebieten des Nordens zählt. Am Übergang des Eyjafjarðardalur zum Fjord liegt auf dem in den Fjord einmündenden Schwemmfächer der Glerá die größte Stadt Nordislands, Akureyri (vgl. Kap. 10.3.3). Ihre Umgebung, und damit das westliche Hinterland des Fjordes, besitzt den Charakter eines stark gegliederten alpinen Berglandes (Tröllaskagi) mit teilweise vergletscherten Höhen bis zu 1538 m. Von den in den Eyjafjörður einmündenden Seitentälern besitzt das Öxnadalur in verkehrstechnischer Hinsicht große Bedeutung, denn es stellt über das Bergland von Tröllaskagi die Verbindung mit Reykjavík her. Das östliche Seitental der Fnjóská ist wegen seiner erfolgreichen Aufforstungsmaßnahmen (siehe Bild 19) und wegen seiner besonderen Landschaftsgeschichte bekannt, denn während des Spätglazials verriegelte der Gletscher des Eyjafjörðurs mehrmals den Talausgang, so daß das Fnjóská-Tal wiederholt, wie man an den Terrassen erkennen kann, mit einem Stausee ausgefüllt war (siehe Þ. Einarsson 1967, S. 172 und Schwarzbach & Noll 1971, S. 69). Nach Norddahl (1981) besitzt die älteste Terrasse ein Alter von etwa 20 000 Jahren, der jüngste See floß vor etwa 10 000 Jahren aus.

Der ebenfalls in N/S-Richtung verlaufende Skagafjörður ist mit etwa 30 Kilometern schon wesentlich breiter und mit einer Länge von 40 km (Thoroddsen 1905, S. 86) deutlich kürzer als der Eyjafjörður. Die Anlage des Fjordes dürfte durch Verwerfungslinien bedingt sein, denn die Hauptflüsse, die Svartá und die Eystri Jökulsá, durchströmen über mehr als 30 km nebeneinander das Hinterland des Fjordes, um dann getrennt von dem flachen Rücken von Hegranes in den etwa 10 km breiten Skagafjörður zu münden. Auf der Ostseite ergießen sich vereinzelt Nebenbäche als Wasserfälle aus Hängetälern über den Talboden.

Zur Fjordlandschaft gehört auch der im Westen in die Faxaflói-Bucht einmündende, etwa 30 km lange Hvalfjörður, der sich tief in die plio-/pleistozänen Gesteinskomplexe der 909 m hohen Esja und der 1053 m hohen Skarðsheiði eingeschnitten hat.

6.1.2. Niederungslandschaften

Die Niederungslandschaften sind fast ausschließlich Aufschüttungsebenen der Flüsse aus dem Landesinneren und werden von den großräumigen Sand- und Schotterflächen, den Sandern, unterschieden, die von den Schmelzwässern im Vorfeld der Gletscher abgelagert wurden. In einzelnen Fällen überdecken sie postglaziale Basaltergüsse.

Im westisländischen Küstenland entlang der Buchten Faxaflói und Breiðafjörður kommen neben den marinen und fluviatilen Akkumulationsformen auch Abrasionsflächen vor, die sich zudem noch im Schelfbereich mit zahlreichen kleinen Inseln fortsetzen. Das flache, südliche Vorland auf der Halbinsel Snæfellsnes reicht mit vielen Strandseen (verlandete Haffs) vom Snæfellsjökull bis zu dem von Gletschern glattgeschliffenen und zeitweise im Postglazial überfluteten Mýrar-Gebiet (mýri, pl. mýrar = Moor). Das Vorland ist in seinem Westteil ein 2–10 km breiter Sedimentsaum mit einer durch Standversetzung geschaffenen Ausgleichsküste, die eine Reihe von Strandseen besitzt. Völlig anders stellt es sich aber zwischen dem Nordufer des Borgarfjörðurs und dem Bergland von Snæfellsnes dar. Das vormals vom Meer bedeckte, flache und moorige Gebiet ist von vielen unregelmäßig verteilten Seen übersät. Glazial überformte, etwa 10 m hohe und manchmal einige 100 m lange Basaltrücken ragen aus einer ebenen Umgebung heraus. Im Norden geht diese Ebene unvermittelt zum Bergland der Halbinsel Snæfellsnes über. Eine solche Abrasionslandschaft wird in Norwegen als ›Strandflate‹ (Küstenplattform) bezeichnet, die entlang der gesamten westnorwegischen Küste seit jeher gute Siedlungsmöglichkeiten bot. Das Mýrar-Gebiet konnte jedoch in früherer Zeit wegen des hohen Grundwasserstandes nur an den Rändern besiedelt werden. Etwa in der Höhe des Flusses Norðurá ändert sich der Landschaftscharakter. Hier vereinigen sich die das westliche Vorland des Langjökull entwässernden Flußsysteme, was zugleich mit einer Akkumulation ihrer Sedimentfracht verbunden ist. Somit sind Fluß- und Meeresterrassen die charakteristischen Formen des Borgarfjörður-Hinterlandes. Einige von ihnen ziehen weit in die breiten Täler der Grímsá, der Reykjadalsá und der Hvítá hinein, die untereinander von flachen, moränenbedeckten Rücken begrenzt werden. Wegen seiner heißen Quellen ist das Hinterland des Borgarfjörður schon recht früh besiedelt worden.

Auch die Tieflandgebiete Südwestislands zwischen Ölfusá und Markarfljót wurden wie das Hinterland des Borgarfjörður von der spätglazialen Meerestransgression überschwemmt. Eine weitere Überflutung, aber völlig anderer Art, schloß sich vor ca. 8000 Jahren an, und zwar durch den größten Ausbruch basaltischer Lava in postglazialer Zeit, nämlich der Þjórsá-Laven. Diese bildeten im Mündungsgebiet zwischen Þjórsá und Hvítá, also ca. 100 km vom Förderort entfernt, ein riesiges Lavagebiet, das die Flußläufe zur Seite drängte.

An der Nordküste hat die Jökulsá á Fjöllum zwischen den Halbinseln Tjörnes und Melrakkaslétta ein fächerförmiges Mündungsgebiet, den ca. 220 km^2 großen Axarfjörður-Sandur, aufgeschüttet, den man als einziges großräumiges, fluviatiles Ablagerungsgebiet an der nordisländischen Küste bezeichnen kann. Bei ihrem Eintritt in das dreiecksförmige Sedimentationsgebiet spaltet sich die Jökulsá in die beiden Mündungsarme des Bakkahlaup und der Brunná (Sandá) auf. Den südlichen, vegetationslosen Teil bedecken grobe Sedimente, während im mittleren Teil Sand- und Lößanwehungen günstigere Standortbedingungen für die Vegetation und damit auch für die agrar-bäuerliche Kulturlandschaft schufen. Die

Begrenzung zum Meer bildet schließlich ein Strandwall mit einzelnen Strandseen. Am Küstensaum wird wegen der günstigen Strömungsverhältnisse viel Treibholz vor allem aus Sibirien angeschwemmt (vgl. auch Bild 20). Trotz einer Entfernung von fast 200 km vom Vatnajökull wurde der Axarfjörður in der Vergangenheit relativ häufig von verheerenden Gletscherläufen heimgesucht.

Vielfältiger gegliedert ist die Niederungslandschaft im Süden des Húnafjörðurs. Begrenzt von den Halbinseln Vatnsnes und Skagi, laufen die drei Hauptflüsse Blanda, Vatnsdalsá und Viðidalsá auf den Fjord zu und bilden mit ihren breiten Talböden den Rückraum dieses Tieflandgebietes. Weiter seewärts schließt sich ein mariner Terrassensaum mit einer Breite von wenigen hundert Metern bis einigen Kilometern an. Vier Terrassen ordnen sich dort in einer Höhe von etwa 20, 40, 60 und 75 m an (siehe KOERFER 1974, S. 99f.). Als jüngster Teil der Bucht trennt eine Nehrung die Haffs, das Hóp mit einer Fläche 44 km^2 und den Húnavatn, vom Meer ab. Der weiter im Hinterland gelegene Vesturhópsvatn kann schon als Strandsee bezeichnet werden.

Auch das Gebiet des Héraðsflói in Nordostisland war im Spätglazial von der Transgression erfaßt worden; hier konnte das Meer wegen der flachen Geländeverhältnisse sogar 90 km weit in das breite Trogtal der Jökulsá i Fljótsdalur mit dem Lögurinn vordringen. Die Bucht Héraðsflói ist mit einer Ausgleichsküste der nördliche Abschluß des Fljótsdalur, das die ostisländische Fjordlandschaft nach Westen abgrenzt. Als größere stadtähnliche Siedlung befindet sich Egilsstaðir als Verkehrsknotenpunkt schon im tieferen Hinterland.

Die weitflächigen Sanderebenen mit netzartig verbreiteten Gletscherflüssen prägen das Landschaftsbild des südisländischen Küstensaums zwischen Vík und den Westabhängen des Öræfajökull. Hier reihen sich entlang eines 20 bis 25 km breiten Saumes die Sandergebiete des Mýrdalssandur, Meðallandssandur, Brunasandur und Skeiðarársandur auf. Wegen ihres geringen Alters von maximal 12 000 Jahren und wegen ihrer weiten Ausdehnung sind die Sander ein deutlicher Hinweis auf die intensive Gletscherabtragung. Trotz der relativ günstigen klimatischen Bedingungen bietet sich den aktiven Sandergebieten im Vorfeld des Vatnajökulls aufgrund der ständig wechselnden Abflußverhältnisse keine Möglichkeit zur Entwicklung einer Vegetationsdecke und damit auch einer landwirtschaftlichen Erschließung. Bessere Bedingungen für eine Pflanzendecke bestehen dagegen vor den Fronten des Eldhraun und des Skaftáreldahraun, da dort viele Quellen für eine günstige Bodenfeuchte in dem wasserdurchlässigen Kiesmaterial sorgen. Heute ist der rd. 120 km lange Küstensaum Südislands sozusagen unbewohnt. Zur Landnahmezeit muß diese Küste allerdings noch zugänglicher gewesen sein, denn bei Ingólfshöfði im östlichen Sandergebiet landeten die ersten Siedler. In den folgenden Jahrhunderten nahm das Ausmaß der Sandergebiete infolge zahlreicher Gletscherläufe jedoch beträchtlich zu. So hat z. B. der Skeiðarársandur seine heutige Form weitgehend nach dem gewaltigen Ausbruch des Öræfajökull im Jahre 1362 und den dadurch ausgelösten Gletscherlauf erhalten.

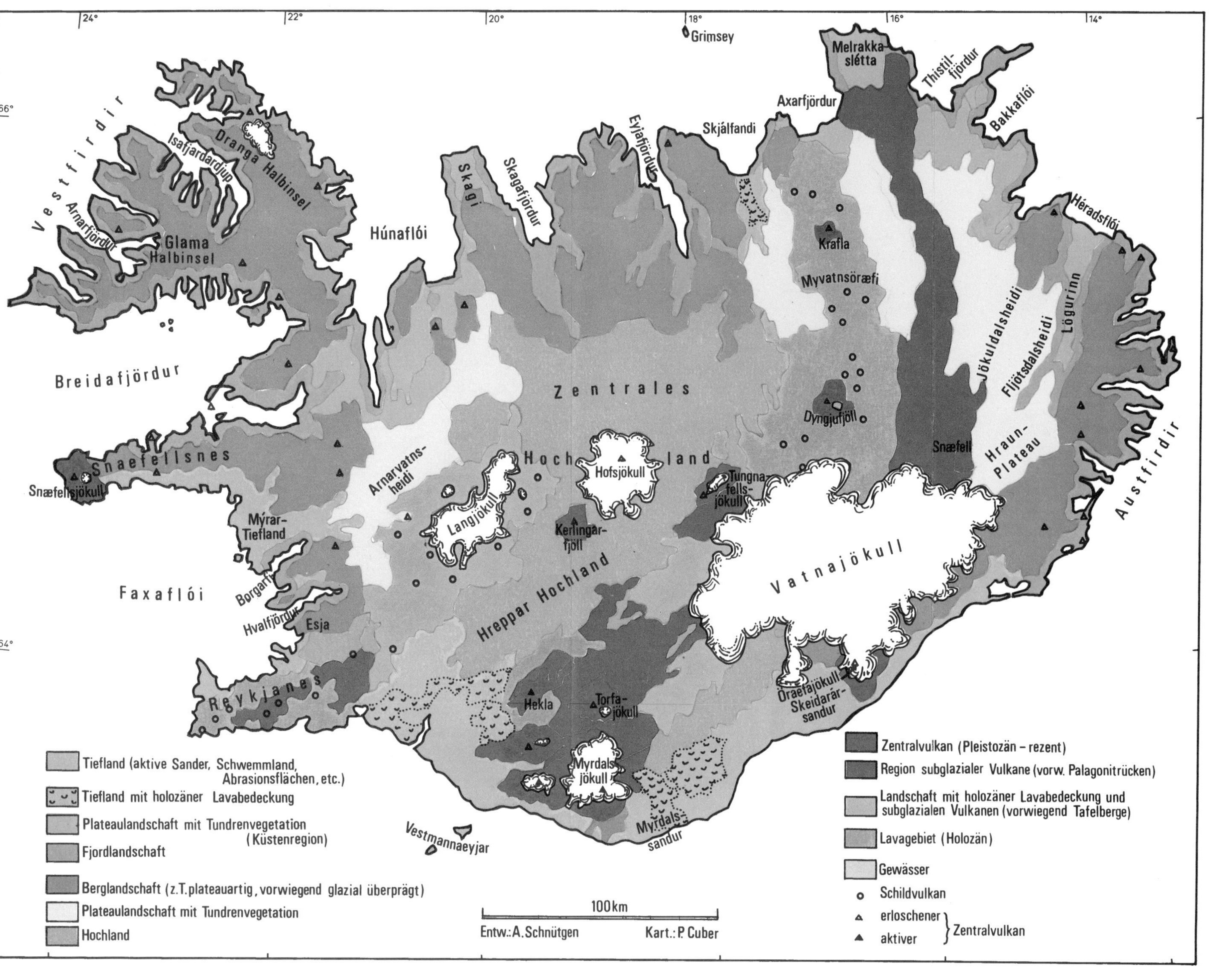

Abb. 22: Übersicht über die Landschaftsformen Islands (z. T. nach PREUSSER 1976 und A. T. GUDMUNDSSON 1982).

Die Sedimentzusammensetzung hängt verständlicherweise vom petrographischen Aufbau der Liefergebiete ab. Während die Flüsse auf dem ca. 50 km breiten Skeiðarársandur vorwiegend Schotter und Moränenmaterial aus dem Untergrundgebiet des Skeiðarárjökull anliefern, besitzen die Sedimente des Mýrdalssandur wegen der intensiven Fördertätigkeit der unter dem Mýrdalsjökull befindlichen Katla (aktivster Vulkan in der historischen Zeit) vorwiegend pyroklastisches Material. Weiterhin findet man in der Umgebung von Rinnen häufiger grobes Material und metergroße Blöcke als Relikte der Gletscherläufe.

Mindestens vier verschiedenaltrige Lavaströme drangen aus der aktiven Spaltenzone im Norden bis zu den Sandergebieten vor und breiteten sich besonders weit über den Meðallandssandur und den Mýrdalssandur aus (siehe Abb. 19). Ein prähistorischer Lavastrom erreichte sogar westlich der Kúðafljót-Mündung mit einer etwa fünf Kilometer breiten Front das Meer. Mittlerweile hat sich vor der Stirn dieses Lavastroms ein Sandwall gebildet. Auf ihrem Weg zum Meer durchflossen die glühendheißen Schmelzflüsse Flußbetten, wobei es dort immer wieder durch den Kontakt mit dem Wasser oder dem feuchten Untergrund zu heftigen (phreatischen) Explosionen und zur Bildung von Pseudokratern kam (siehe Schwarzbach & Noll 1971, S. 41; vgl. Kap. 4.1.3). So entstand auf dem Eldhraun südlich Kirkjubæjarklaustur ein besonders großes Kraterfeld mit einer Fläche von etwa 50 km² (Landbrotshólar; siehe Geol. Karte, Bl. 6, 1982, Þórarinsson 1951, Preusser 1976, S. 165). Weit verbreitet sind die Pseudokrater auch auf der prähistorischen Lavabedeckung des Mýrdalssandur bei Álftaver. Zum letzten Male waren vor rd. 200 Jahren Teile des Sandergebietes von einer Lavaüberflutung betroffen, als die Skaftáreldahraun durch das Skaftá- und das Hverfiskfljót-Tal bis auf den Bruna- und den Meðallandssandur vordrang (siehe auch Kap. 4.1.3). Weitere kleinere Sanderflächen sind der Breiðamerkur-Sandur und die Sander-Ebenen vor dem Eyjafjallajökull mit dem Skógasandur und dem im Osten anschließenden Sólheimasandur unterhalb des Mýrdalsjökulls.

6.1.3. Plateaulandschaft in der Küstenregion

Als ›Tundra-Gebiete Islands‹ bezeichnet Preusser (1976, S. 111 f.) jene vor allem mit Moosen und Flechten bestandene, leicht wellige und seenreiche Landschaft auf einem Untergrund tertiärer Basalte. Dieser Landschaftstypus kann von einer Höhe um 600 m NN bis zur Küste hin abfallen, ohne seinen spezifischen Charakter zu verlieren. Viele der bewachsenen Regionen werden von den Isländern als Heide (= heiði) bezeichnet und dienen der Weidewirtschaft vor allem mit Schafen und Pferden. Zu der weiträumigen Landschaftseinheit gehören aber auch die bewachsenen Grundmoränenflächen der Laxárdalsheiði zwischen dem Hvammsfjörður und dem tief ins Land hineinreichenden Hrútafjörður.

Weiter im Osten stellt in einem schmalen Streifen, die geologischen Verhältnisse nachzeichnend, die Landschaft der Mývatnsheiði und der Fljótsheiði die Verbindung zwischen dem vegetationsarmen Hochland und dem Küstengebiet von Tjörnes her. Diese leicht gewellte Region durchziehen flache Trogtäler in S/N-Richtung.

Einen anderen Charakter besitzt das Gebiet von Melrakkaslétta nahe dem Polarkreis. Es ist flach und fällt leicht nach Norden ab. Im Nordosten sind die Bedingungen für die Entwicklung einer tundraähnlichen Vegetation günstig, indem der dortige Seenreichtum die erforderliche Bodenfeuchte gewährleistet. Dagegen ändert sich der Landschaftscharakter infolge der edaphischen Voraussetzungen in dem im Postglazial entstandenen Kerlingarhraun.

6.1.4. Inseln

Es müssen um Island im wesentlichen zwei Inseltypen voneinander unterschieden werden: die Vulkaninseln und die Schären. Die Vulkaninseln ordnen sich vor der isländischen Südküste als Fortsetzung der aktiven Vulkanzone an. Zu ihnen gehören als größte Inselgruppe die Vestmannaeyjar mit der einzigen bewohnten und 11,3 km^2 großen Hauptinsel Heimaey. Im Januar 1973 kam es zu einem unerwarteten Ausbruch, der die Inselbevölkerung auf das Ärgste bedrohte. Lava und Aschen des entstandenen Eldfell vernichteten etwa ein Drittel der Gebäude des 5000 Einwohner zählenden Ortes. Außerdem drohte ein Lavastrom den Hafen zu verschließen (siehe Bild 28), was aber abgewendet werden konnte. Die Schäden sind heute wieder beseitigt. Zu den Vestmannaeyjar gehört auch die 1963–1967 entstandene Insel Surtsey (siehe Kap. 4.1.3).

Die Schären befinden sich hauptsächlich als Reste einer Abrasionslandschaft in den großen Buchten im Westen der Insel. Nur wenige von ihnen sind besiedelt.

6.2. Das Landesinnere und die junge Vulkanregion

Zwischen den Küstenlandschaften und dem Landesinneren liegen die sogenannten Übergangsgebiete, die sich wie die tundrenartigen Gebiete der Küstenregion auf die jungtertiären Basalte in Ost- und Nordwestisland konzentrieren. Ihr Übergangscharakter offenbart sich in dreifacher Hinsicht. Sie vermitteln zwischen der Erosionslandschaft und der noch im Aufbau begriffenen oder gerade entstandenen jungen Vulkanlandschaft; sie stellen zum zweiten den Übergang zwischen dem Formenschatz der ältesten und jüngsten Gesteinsserien her. Darüber hinaus liegt in diesen Gebieten der von der Deflation beeinflußte Grenzsaum von der bewachsenen zur vegetationsfreien Zone.

Auf dem nordostisländischen Plateau sind derartige Übergangsgebiete die Fljótsdalsheiði, die Jökuldalsheiði, die Tunguheiði sowie die Hágangur- und die

Hraun-Plateaus. Im Nordwesten stellt das sogenannte Zentralplateau die Verbindung zwischen der Küstenregion und dem Hochland um den Langjökull her. Der Charakter dieser Landschaften wird geprägt von weiträumigen und zum Teil von Grundmoränen bedeckten Flächen. Dabei wechseln bewachsene und vegetationsfreie Areale in einer durchschnittlich 400 bis 500 m hohen Umgebung miteinander ab. Agrarwirtschaftlich besitzt dieser Raum eine Bedeutung für die sommerliche Hochweidewirtschaft mit Schafen (vgl. Kap. 11.2.2).

6.2.1. Hochländer

Charakteristisch für das Landesinnere Islands ist jedoch das zentrale Hochland, das sich hauptsächlich als Grundmoränenlandschaft präsentiert und sich von der Hauptwasserscheide zwischen den Gletschern Vatna-, Hofs- und Langjökull in ca. 100 km Breite 30 bis 50 km weit nach Norden ausdehnt sowie nach Südwesten getrennt von dem Hreppar-Hochland in einem ca. 20 km breiten Streifen bis in die Höhe des Þórisvatn reicht. Es handelt sich hierbei um eine wüstenhafte Landschaft mit Höhen zwischen 400 und 1000 m, die von sandig-kiesigen Sedimenten bedeckt werden. Im Bereich der Wasserscheide zeigt sich die wüstenhafte Landschaft nur leicht gewellt und kahl, während sie weiter unterhalb auch flachmuldige Täler aufweist, auf deren Talböden dann auch eine schüttere Vegetation gedeiht. An den kurzen Hängen befinden sich Quellhorizonte, die von leuchtendgrünen Moosen (Quellflurgesellschaften) nachgezeichnet werden. Im Grenzbereich des Hochlandes hat sich dann eine stärker reliefierte Landschaft entwickelt; hier sorgen tiefere Taleinschnitte für Höhenunterschiede bis zu etwa 100 m. Das zentrale Hochland kann mit Kraftfahrzeugen über zwei Pisten, den Kjalvegur zwischen Lang- und Hofsjökull sowie den Sprengisandurvegur zwischen Vatna- und Hofsjökull, überquert werden. Obwohl eine Fahrt durch diese wilde und eintönige Landschaft in fast jeder Island-Safari eingeplant ist und schon Busse regelmäßig zwischen Reykjavík und Akureyri über das Hochland hinweg verkehren, sieht die Straßenbauplanung einen Ausbau der Pisten zu Straßen nicht vor.

Zwischen den beiden Ausläufern des zentralen Hochlands ist das Hreppar-Hochland lokalisiert, ein Gebiet der jungtertiären ›Grauen Basalte‹ zwischen den Flüssen Hvítá im Westen und der Þjórsá im Osten. Seine Ausdehnung mit 80 km Länge und etwa 25 km Breite ist an die in SW/NE-Richtung verlaufenden geologischen Strukturen gebunden. Obwohl es sich nur in ähnlicher Höhenlage wie die beschriebenen Tundra-Plateaus befindet, kann man eine Pflanzenbedeckung nur in breiteren Talböden oder in Depressionen antreffen (Preusser 1976, S. 221).

Morphologisch andersartig zeigt sich das Hochland unmittelbar über den Sandergebieten des Südens zwischen dem Mýrdalsjökull und Vatnajökull; es steigt von 200 m im Südwesten auf über 1000 m im Nordosten an und ist ebenfalls in jungen Basalten angelegt. Bis zu einer Höhe von 400 m ist eine fast vollständige Vegetationsdecke erhalten. Trotz hoher Aschenfälle spielt die Deflation hier infolge der hohen Niederschläge fast keine Rolle. Bodenprofile mit mehr als 20 Aschenlagen sind nicht selten.

6.2.2. Bergländer

Als Mittler zwischen den tertiären Basaltgebieten im äußersten Osten und Nordwesten erreicht die alpine Gebirgslandschaft zwischen dem Skagafjörður und dem Eyjafjörður ihre größte Höhe mit dem 1538 m hohen Kerling (= ›altes Weib‹). Eine Vielzahl steilwandiger Täler zerschneidet dieses ursprüngliche Basaltplateau zu schmalen Höhenrücken mit scharfen Graten. Manche Berge haben durch die abtragende Wirkung der Kargletscher an den Flanken eine Pyramidenform erhalten, wie z. B. der 1447 m hohe Kista zwischen Öxna- und Glerádalur. Trotz seiner Höhenlage besitzt dieses Gebirgsland keinen großen, zusammenhängenden Gletscher, sondern viele kleine Kargletscher, die sich auf das Wasserscheidengebiet in 900 bis 1300 m Höhe konzentrieren (vgl. Kap. 4.2.1). Für eine stärkere Vergletscherung scheinen im Winter die Schneefälle zu gering und die Sommer zu warm zu sein (Preusser 1976, S. 188). Das Bergland setzt sich noch weiter östlich des Eyjafjörðurs und westlich des Skagafjörðurs fort.

Mit einer für Island außerordentlich großen Vielfalt von Landformen und Gesteinen ist das etwa 75 km lange Bergland der Halbinsel Snæfellsnes ausgestattet. Vulkanische Bildungen aus dem Tertiär wechseln einander mit jüngsten Vulkanen der postglazialen Zeit ab. Es kommen hier auf relativ engem Raum vom basischen Basalt bis zum kieselsäurereichen Granophyr und Liparit die wichtigsten Gesteinsarten Islands vor. In gleicher Weise sind bei den Vulkanformen verschiedene Ausbildungen von dem einfachen Schlackenkegel bis zum komplizierten Zentralvulkan mit dem Snæfellsjökull vertreten. Snæfellsnes erscheint in geologischer Sicht ein wenig als ›Island en miniature‹. Das Rückgrat der Halbinsel bilden die plio-/pleistozänen Basalte bis zu fast 900 m Höhe. Drei Linien mit glazialen und rezenten Vulkanen queren in etwa WNW/ESE-Richtung Snæfellsnes. Die nördliche ist die längste; sie erreicht mit den Grábrókar das Norðurá-Tal im Osten. In die mittlere Linie ist die bekannte Eldborg einbezogen (siehe Kap. 4.1.1). Auf der westlichen befindet sich als krönender Abschluß der Snæfellsjökull mit einigen Schlackenkegeln. Die verstärkte vulkanische Tätigkeit in diesem Raum wird mit Riftbewegungen des ›Hot Spots‹ in Verbindung stehen. Von den älteren Gesteinsvorkommen ist die Caldera des etwa 6–8 Mio. Jahre alten Vulkanmassivs von Setberg von Interesse, denn um den Kolgrafafjörður stehen in Island seltene granitartige Gesteine an. Tertiäre Basaltberge erreichen am Ostrand Gipfelhöhen um 800–950 m. Zwischen ihnen erheben sich einzelne Liparithöhen mit der bekannten pyramidenförmigen Baula (934 m) im Osten.

6.2.3. Vulkane, Vulkanlandschaften

Wegen ihres landschaftsprägenden Charakters und ihrer Größe sollen hier die Zentralvulkane herausgestellt werden. So sind die jüngeren Zentralvulkane (rezent bis Pleistozän) als herausragende morphologische Einheiten mit einer festen Begrenzung auch die höchsten Berge bzw. Bergmassive Islands. Dagegen sind die Formen der älteren Zentralvulkane weitgehend der Abtragung zum Opfer gefallen und damit ihrer Umgebung angepaßt worden. Was die Topographie betrifft, so sind die Zentralvulkane ungleichmäßig über das ganze Land verteilt. Sie nehmen eine Basisfläche von etwa 20–600 km^2 ein. In manchen Fällen ist ihre Gipfelregion zu einer Caldera eingebrochen.

Die morphologisch bedeutsamsten Zentralvulkane bzw. Zentralvulkan-Massive sind:

1. Der Snæfellsjökull (1446 m, letzter Ausbruch vor etwa 2000 Jahren),
2. Der Öræfajökull (2119 m, letzter Ausbruch 1727),
3. Dyngjufjöll (1510 m, letzter Ausbruch 1961),
4. Torfajökull (1278 m, letzter Ausbruch etwa vor 300 Jahren),
5. Kerlingarfjöll (1482 m, letzter Ausbruch unbekannt),
6. Hekla (1491 m, letzter Ausbruch 1981).

Die Vulkane der Palagonitformation (siehe auch Oberes Pleistozän, Abb. 19) entstanden während des Pleistozäns unter Eisbedeckung. Da in jener Zeit das Magma unter dem Eis sowohl in Spalten als auch in engbegrenzten Förderkanälen aufdrang, bauten die Vulkane eine Landschaft mit Palagonitrücken und Tafelbergen auf. Subglaziale Vulkane konnten auch noch in der ausgehenden Weichseleiszeit entstehen, so daß sie heute ebenfalls in der aktiven Zone ein Bestandteil der Vulkanlandschaft sind. Das größte Areal der Palagonitformation liegt in Ostisland, wo es sich auf einer Länge von ca. 200 km und einer Breite von etwa 75 km parallel zur axialen Riftzone vom Vatnajökull zur Halbinsel Melrakkaslétta erstreckt. Hier bestimmen das Landschaftsbild angerundete Palagonitrücken, in deren Begleitung auch einzelne Tafelberge auftreten können. Die Durchschnittshöhe der Berge fällt von 1100 m im Süden auf etwa 300 m im Norden ab (Preusser 1976, S. 286). Entsprechend der großen Ausdehnung dieses Gebietes muß die subglaziale Tätigkeit des Vulkanismus sehr intensiv gewesen sein.

Ungewöhnlich aktiv war jene Tätigkeit auch in dem Gebiet zwischen Vatnajökull und Torfajökull sowie Þórisvatn und Skaftá, wo Flußtäler und schmale Palagonitrücken parallel in SW/NE-Richtung verlaufen. Aus diesem Grunde bezeichnet Preusser (1976, S. 248) dieses subglaziale Ausbruchsgebiet auch als Tungnaá-Streifenland. Einen schönen Überblick über diesen Landschaftstypus kann man von dem 946 m hohen Gjátindur (ebenfalls ein Palagonitberg) am östlichen Ende der Eldgjá gewinnen. Der tektonischen Linie der östlichen Riftzone folgend, erstrecken sich über eine Länge bis zu 30 km relativ schmale Palagonitrücken vom Mýrdalsjökull zum Vatnajökull in einem von etwa 600 m auf 800 m im Nordosten ansteigenden Gelände. Die Aktivität war mit dem Ende des Pleistozäns nicht beendet, sondern die Eldgjá (siehe Kap. 4.1.3) im Süden und auch die Kraterreihen der Vatnaöldur und der Veiðivötn lieferten mit dem Þjorsáhraun und dem Eldhraun noch gewaltige Lavamengen in postglazialer und geschichtlicher Zeit.

Auf die pleistozäne Vulkantätigkeit in Südwestisland weisen vor allem die Palagonitberge um den Þingvallavatn und auf der Halbinsel Reykjanes hin. In gleicher Ausrichtung, teilweise in Gesellschaft von Schildvulkanen, überragen die fünf Palagonitrücken Hengill, Bláfjöll, Sveifluháls (siehe Abb. 11), Núphlíðarháls und Fragadalsfjall vom Þingvallavatn bis zum Südwesten von Reykjanes mit abnehmender Höhe ihre Umgebung. Energiewirtschaftlich interessant sind in diesem Gebiet die Hochtemperatur-Gebiete von Hengill und Sveifluháls.

Sehr abwechslungsreich und reizvoll stellt sich die Landschaft um den Langjökull dar. Der Spaltenvulkanismus fehlt hier weitgehend. Obwohl das Magma über relativ schmale Förderschlote und nicht in Spalten aufstieg und zum Ausbruch kam, wurden in der Umgebung des Langjökull z. T. von den einzelnen Vulkanen gewaltige Massen sowohl unter subglazialen als auch unter subaerischen Bedingungen gefördert. Größter Tafelberg ist der im Westen gelegene, 1675 m hohe Eiríksjökull mit einem Volumen von ca. 100 km^3 (das ist etwa die zehnfache Fördermenge der Laki-Spalte). Auch der Þórisjökull im Süden ist nicht viel kleiner. Ein beträchtliches Ausmaß besitzen ebenfalls die beiden Tafelberge Bláfell und Hrútfell im Osten (siehe Abb. 8).

Eine starke subaerische Förderung basaltischen Magmas muß in der weitflächigen Umrahmung des Langjökull mit Schildvulkanen und Lavaströmen stattgefunden haben. Jüngster Strom ist das durch ihre Lavahöhlen bekannte Hallmundarhraun mit einem Alter von 1190 Jahren. Der Aufbau dieser Landschaft mit Vulkanen aus dem Jungpleistozän sowie aus dem Postglazial setzt sich noch weiter bis zum Þingvallavatn fort. Von den interglazial entstandenen Schildvulkanen befindet sich als großartigster Vertreter der Ok westlich des Kaldidalur. Bekanntester Schildvulkan ist in diesem Gebiet jedoch der Skjaldbreiður.

Innerhalb der aktiven Vulkanzone werden weitere Gebiete Islands von holozänen Laven bedeckt. Infolge ihres jungen Alters sind sie von Verwitterung und Abtragung noch weitgehend verschont, so daß sie im Gegensatz zu den pleistozänen Basaltergüssen ihre primären Reliefformen, z. B. Lavadome und Stricklava-Strukturen, größtenteils erhalten haben. Erste Wirkungen der Abtragung zeigen sich vor allem dort, wo die Lavaströme den Abfluß behindern. Hier können zudem tiefe Taleinschnitte oder gar Wasserfälle, wie z. B. der Goðafoss oder der Aldeyjarfoss, entstanden sein.

Island war – wie bereits an früherer Stelle betont – während des Postglazials die produktivste Vulkanregion der Welt. Nach Þórarinsson (1967, S. 196) betrug die Magmenförderung während der letzten rd. 11 000 Jahre ca. 400 km^3. Davon waren allein 80 % basaltische Laven, die sich nun über ca. 11 000 km^2 ausbreiten und damit etwa ein Zehntel des Landes bedecken. Lavaergüsse größeren

Ausmaßes, und zwar sowohl als Spaltenergüsse wie auch als Fördermaterial der großen Schildvulkane, fanden vor allem in der aktiven Vulkanzone zwischen dem Vatnajökull und dem Mýrdalsjökull statt. So förderte im Umfeld des angenommenen ›Hot Spot‹-Zentrums der Schildvulkan Trölladyngja vor ca. 8000 Jahren etwa 15 km^3 Lava, die sich über insgesamt 465 km^2 ausbreitete (A. T. GUÐMUNDSSON 1982, S. 33; Tab. 8) und durch das Tal des Skjálfandafljót 105 km weit fast bis an die Nordküste vordrang. Etwa zur gleichen Zeit war auch der 50 km entfernte Schildvulkan Kollóttadyngja aktiv. Seine Laven überdecken große Teile des Ódaðáhraun. Vor etwa 6500 Jahren begannen Spaltenausbrüche im Gebiet der Tungnaá und der Vatnaöldur. Ca. 15 km^3 basaltischer Schmelze ergossen sich im größten postglazialen Lavastrom über 150 km weit (SCHWARZBACH & NOLL 1971, S. 29) durch das Þjórsá-Tal bis an die südisländische Küste. Sie überlagert nun eine Fläche von etwa 800 km^2. Vor ca. 3500 Jahren begannen die Aktivitäten der Ketildyngja ca. 25 km südöstlich des Mývatn. Ihre Lavamassen, die Ältere Laxálava, breiteten sich über ca. 320 km^2 aus und ließen den Mývatn durch Abdämmung des ursprünglichen Laxátales entstehen. Um etwa 930 n. Chr. flossen aus der Eldgjá rd. 10 km^3 basaltische Lava als Eldhraun aus. Der letzte große Lavaausbruch ereignete sich vor 200 Jahren, als von den Lakagígar aus ca. 12 km^3 Lava über 565 km^2 in Südisland strömten (vgl. Kap. 4.1.3).

Wegen der großen Verbreitung hauptsächlich basaltischen Materials stellen die Lavafelder einen eigenständigen Landschaftstyp dar. Beispielsweise besitzt das Ódáðahraun eine nahezu geschlossene Basaltdecke. Nur einzelne Vulkane oder Vulkanmassive postglazialen und pleistozänen Alters ragen aus dieser Einöde. Ein gleiches Erscheinungsbild besitzen auch die anderen größeren isländischen Lavalandschaften, wie z. B. Mývatnsöræfi und die Umgebung der Krafla. Letztere gilt z. B. als das aktivste basaltische Eruptionsgebiet, wobei allerdings im südlichen Raum eher die Palagonitrücken und nördlich des Vatnajökull die Tafelberge überwiegen. Die Lavagebiete sind edaphisch trocken, da durch die vielen Klüfte in der Basaltlava das Regenwasser in den Untergrund versickert. So konnten sich in den klimatisch trockeneren Gebieten Zentralislands auf der Gesteinsoberfläche nur Flechten und Moose sowie in günstigeren Lagen mit angewehtem Gesteinsdetritus einzelne krautartige Pflanzen ansiedeln, so z. B. die Grasnelke, die Lichtnelke oder die Zwergweide. In den niederschlagsreichen Gebieten des Südens ist der Pflanzenbewuchs schon dichter. So ist auf dem erst 200 Jahre alten Skaftáreldarhraun wegen der hohen Niederschläge (mehr als 2000 mm) bereits eine geschlossene Decke der Rhacomitrium-Heide entwickelt.

Tab. 7: Daten zu den Ausbrüchen der bekanntesten Zentralvulkane in postglazialer und historischer Zeit

Name des Vulkans	Förderprodukte	Fördermenge (km³)	Lavabedeckung (km²)	Alter/Jahr
Hekla	Pyroklastika			6650 Jahre B. P.
	Pyroklastika			4030–120 J. B. P.
	Pyroklastika	12		2820–70 J. B. P.
	Pyroklastika			1500–2000 J. B. P.
	Pyroklastika	ca. 2,5		1104
	Lava u. Pyr.			1158
	Pyroklastika			1206
	Pyroklastika			1222
	Lava u. Pyr.	0,5		1300
	Pyroklastika			1341
	Lava u. Pyr.			1389
	Pyroklastika			1510
	Pyroklastika			1597
	Pyroklastika			1636
	Lava u. Pyr.			1693
	Lava u. Pyr.	ca. 1,7	65	1766
	Lava u. Pyr.		25	1845
	Lava u. Pyr.	1,1	40	1947
	Lava u. Pyr.	0,27	18	1970
	Lava u. Pyr.	0,16	15	1980/81
	16 Ausbrüche fanden in historischer Zeit statt			
Katla	Pyroklastika			ca. 5000 Jahre B. P.
	Pyroklastika			1000
	Pyroklastika			1357
	Pyroklastika			1485
	Pyroklastika	1,5		1755
	Pyroklastika	0,7		1918
	17 Ausbrüche fanden in historischer Zeit statt			
Grímsvötn	Pyroklastika			1332
	Pyroklastika			1875
	Pyroklastika	0,02		1934
	9 Ausbrüche fanden in historischer Zeit statt			
Öræfajökull	Pyroklastika	10		1362
	Pyroklastika			1727

Tab. 7 (Forts.)

Name des Vulkans	Förderprodukte	Fördermenge (km³)	Lava-bedeckung (km³)	Alter/Jahr
Askja	Pyroklastika	2,5		1875
	vorw. Lava		2	1921/22
	vorw. Lava		16	1924–29
	Lava u. Pyr.	0,1	11	1961
Eyjafjallajökull	Pyroklastika			1821
Snæfellsjökull	Lava? u. Pyr.			1750 Jahre B. P.
Krafla	vorw. Lava	0,45	33,5	1724–29
	vorw. Lava	0,2	30	1975–82

Quelle: A. T. GUÐMUNDSSON 1982.

Tab. 8: Daten zu den Ausbrüchen von Basaltvulkanen in postglazialer und historischer Zeit

Name des Vulkans	Förderprodukte	Fördermenge (km³)	Lava-bedeckung (km³)	Alter/Jahr
Schildvulkane				
Skjaldbreiður	Lava	ca. 15		9000 Jahre B. P.
Trölladyngja	Lava	ca. 15	465	7000 Jahre B. P.
Ketildyngja	Lava		300	ca. 3000 Jahre B. P.
Spaltenergüsse				
Þjórsárdalshraun	Lava	13,5	615	7000 Jahre B. P.
Þrengslaborgir	Lava	2,5	220	2000 Jahre B. P.
Leitin	Lava	3,0	100	4600 Jahre B. P.
Eldgjá	vorw. Lava	9,3	690	930
Ögmundarhraun	vorw. Lava	0,32	16,0	ca. 1000
Kapelluhraun	Lava	0,23	11,6	ca. 1100
Lakagígar	Lava u. Pyr.	12,3	565	1783
Surtsey	Lava u. Pyr.	1,0	2,3	1963–67
Eldfell	Lava u. Pyr.	0,25	2,7	1973

Pyr. = Pyroklastika

Quelle: A. T. GUÐMUNDSSON 1982.

7. NATÜRLICHE UND ANTHROPOGENE VEGETATION

An dem heutigen Vegetationsbild fallen auch dem nicht botanisch versierten Island-Besucher wohl als erstes folgende Erscheinungen auf: a) die Vegetationsarmut des Landes, das über große Strecken hinweg wüsten- oder halbwüstenhaft erscheint; b) das fast vollständige Fehlen von Waldbeständen und c) die relativ geringe Artenanzahl an höheren Pflanzen im Vergleich zu den Landesteilen gleicher Breitenlage in anderen nordischen Ländern.

Diese vegetationsgeographische Sonderstellung Islands ist keineswegs nur eine Folge der abseitigen Insellage sowie der zum Teil extremen Naturraumvoraussetzungen und -wandlungen, sondern sie ist in beträchtlichem Maße auch auf menschlichen Einfluß, d. h. auf die Siedlungs- und Wirtschaftsaktivitäten seit dem letzten Drittel des 9. Jahrhunderts n. Chr., zurückzuführen. Mit anderen Worten gesagt, spiegeln sich gerade in dem isländischen Vegetationsbild wie in kaum einem anderen Ökokomplex der nördlichen Breiten die vergangenen und gegenwärtigen Auseinandersetzungen zwischen den physischen und menschlich-geistigen Kräftegruppen wider. Die wüstenhaften Gebiete Zentralislands sowie die heutigen Pflanzenformationen auf den älteren vulkanischen Gesteinen, so das Naturgrasland, die Moore, Felstriften oder Zwergstrauchheiden und Reste von Fjellbirkengehölzen, zeigen dabei deutlich die für den gesamten Naturhaushalt oft negativen Folgen jener Auseinandersetzungen. Die gegenwärtige Vegetation, vornehmlich in den küstennahen Räumen Islands, sowie die großen Anstrengungen einer Wiederbewaldung auf entsprechend geeigneten Standorten, sind also auch vor dem Hintergrund einer etwa tausendjährigen Siedlungs- und Wirtschaftsgeschichte zu sehen und nicht nur rein physiogeographisch zu deklarieren. Aus diesem Grunde seien im folgenden vor einer Analyse der heutigen, realen Vegetation und den Aufforstungsmaßnahmen zunächst einige Aspekte der Vegetationsentwicklung in historisch-genetischer Sicht skizziert.

Fossilien in den schon früher genannten ›Surtarbrandschichten‹ weisen darauf hin, daß Teile Islands im Tertiär bewaldet waren, und zwar auch mit Nadelhölzern. Es handelt sich hierbei um dünne Braunkohlenbänder zwischen den Basaltdecken, die besonders bei Brjánslækur auf der Halbinsel Tjörnes auftreten und dem Miozän bzw. Pliozän zugerechnet werden. Für das Jüngere Tertiär sind zudem zwei Birkenarten nachgewiesen, die der heute fast in ganz Nordeuropa charakteristischen Fjellbirke *(Betula tortuosa)* taxonomisch nahestehen.

Nach Untersuchungen von L. E. Koerfer (1974, S. 58ff.) im Gebiet Hvammstangi–Bakkabrúnir–Blönduós (Nordisland) kommen in den dortigen fossilführenden Sedimenten Blattabdrücke der Pflanzengattungen *Alnus* (Erle; heute nicht mehr in Island vertreten), *Betula* (Birke), *Salix* (Weide) und eventuell auch *Dryas* (Silberwurz) vor. Durch Pollenanalysen wurden außerdem die Pollen von *Ericaceen* und *Gramineen* sowie die Sporen von *Dryopteris* (Wurmfarn) und *Lycopodium* (Bärlapp) nachgewiesen. Auch in anderen Regionen, so auf der Halbinsel Snæfellsnes, konnten *Alnus, Betula* und *Salix* als wesentliche Florenelemente der damaligen Zeit festgestellt werden. Altersmäßig werden jene fossilführenden Sedimente als altquartär eingestuft. Insgesamt sollen in Island Fossilien von ca. 50 verschiedenen Pflanzenarten gefunden worden sein, darunter Erle, Birke, Weide, Pappel, Buche, Platane, Eiche, Ulme, Hickorynußbaum, Kastanie, Walnußbaum, Lorbeer, Kiefer, Sequoia, Tanne und Lärche (nach H. Bárðarson 1982, S. 35).

Eine interessante Frage ist nun die, ob sich eventuell Relikte jener tertiären und altquartären Flora während der Glazialzeiten in bestimmten eisfreien Refugien auf Island halten konnten. Der bekannte isländische Geowissenschaftler Þorvaldur Thoroddsen hat eine solche Annahme strikt verneint, indem er 1914 in einem Abriß über die isländische Vegetation (S. 293) schrieb: ›When the Glacial period buried Iceland beneath an icy covering the tertiary flora died out entirely, and the present flora must consequently have immigrated after the Glacial period and perhaps even partially during it, in intervening milder periods when the glaciers retreated slightly. As yet are no real proofs to hand of an interglacial period in Iceland when the country was entirely free from ice and partially plantcovered.‹ Andererseits hatten vor Thoroddsen schon mehrere nordische Botaniker um 1900 darauf hingewiesen, daß während der Kaltzeiten wohl bestimmte Gebiete, z. B. entlang der norwegischen und grönländischen Küste, eisfrei und damit Vegetationsrefugien gewesen sein könnten. Derartige eisfreie Distrikte wurden dann im Jahre 1937 von S. Þórarinsson und besonders von St. Steinþórsson (1937 und 1962) auch für Island herausgestellt, und zwar soll es sich hauptsächlich um folgende vier, fast ausschließlich küstennahe Räume handeln: 1. der südwestliche Distrikt zwischen Hvalfjörður und Borgarfjörður, 2. der Vestfirðir-Küstenstreifen in Nordwestisland, 3. die Region am Eyjafjörður in Nordisland sowie 4. der Austfirðir-Distrikt an der ostisländischen Küste.

Unter anderem ist auch von zoologischer Seite, so von C. H. Lindroth im Jahre 1931 (Zool. Bidrag Uppsala, 13), darauf verwiesen worden, daß die Insektenfauna Islands während der Kaltzeiten wenigstens teilweise auf eisfreien Küstenstreifen der Insel überlebt haben müsse. Mehrere Botaniker bzw. Vegetationsgeographen, so Gelting, Löve und vor allem Steinþórsson, haben dann seit den 1930er Jahren die überzeugende Auffassung vertreten, daß ein beträchtlicher Teil der isländischen Pflanzenarten in Island selbst die Eis- bzw. Kaltzeiten überlebt habe. Für die Annahme, daß auch Blütenpflanzen das Pleistozän in Island überdauert haben, spricht z. B. das Vorkommen einiger Endemiten innerhalb der isländischen Flora, so aus den Gattungen *Euphrasia* (Augentrost), *Alchemilla*

(Frauenmantel), *Hieracium* (Habichtskraut) und *Papaver* (Mohn), die allerdings teilweise auch auf den Färöer-Inseln Standorte haben. Ein anderes Indiz für die ›Überlebenstheorie‹ ist die ›westarktische Florengruppe‹, die von Nordamerika nach Europa, d. h. in den nordatlantischen Raum um Grönland, Island, die Färöer, Schottland und Teile Skandinaviens, vor der letzten Vereisung eingewandert ist. Pollenanalytische Untersuchungen in nord- und ostisländischen Mooren haben ebenfalls die Auffassung bekräftigt, daß hier Birken, nicht nur die Zwergbirke *(Betula nana)*, die letzte Eiszeit überdauert haben, was für den südwestisländischen Raum allem Anschein nach nicht zutrifft. Darüber hinaus sind zumindest für ein Interglazial sowohl Birken- wie Erlenpollen nachgewiesen worden, wobei natürliche Erlenbestände im heutigen Island nicht mehr vorkommen. Auch findet man in den isländischen Torfmooren zahlreiche fossile Baumstümpfe, ähnlich wie z. B. in den westnorwegischen Hochmooren, die bereits die ersten isländischen Einwanderer wirtschaftlich verwertet haben.

In historisch-genetischer Sicht könnte man die isländische Pflanzenwelt, so wie S. STEINÞÓRSSON (1962, S. 13) es tut, nach ihrem Alter und Ursprung in drei Gruppen unterteilen, nämlich: 1. ›Eiszeitalterpflanzen‹, die mit aller Wahrscheinlichkeit vor oder seit den Kaltzeiten in Island ihren Standort haben; 2. anthropogene Arten, d. h. also jene Florenvertreter, die durch die menschliche Tätigkeit bewußt oder unbewußt eingeführt worden sind; 3. Arten, von denen man bislang nicht weiß, ob sie eingeführt worden sind oder nicht. Diese letzte Gruppe umfaßt zahlreiche Spezies, die ebenfalls sehr wahrscheinlich während des Pleistozäns in Island überdauert haben. Dies konnte man bisher jedoch nicht mit Sicherheit nachweisen.

An höher entwickelten Pflanzen, worunter hier die Farn- und Blütenpflanzen verstanden werden, weist Island weniger als 600 Arten auf und ist somit diesbezüglich arm ausgestattet. Dies ist auf die klimatischen und edaphischen Standortvoraussetzungen, besonders aber auch auf die jüngere geologische Geschichte und die Abseitslage der Insel zurückzuführen. STEINÞÓRSSON (1962, S. 5f.) spricht sogar nur von insgesamt 434 eigenständigen Arten [14] bzw. Spezies, von denen 414 auch in anderen nordeuropäischen Ländern und 340 auf den Britischen Inseln vorkommen. Weiterhin sind 236 isländische Arten auf den Färöer-Inseln und 251 auf Grönland beheimatet; 106 Spezies wachsen sowohl in Nordamerika als auch im kontinentalen Europa, jedoch nur sechs amerikanische Arten in Island, die keine Standorte im übrigen Europa aufweisen. Neben diesen höher entwickelten Pflanzenarten werden für Island noch über 500 Moos- und ca. 450 Flechtenarten angegeben. Letztere treten oft als Pionierpflanzen auf; häufig sind

[14] Bei anderen Autoren finden sich z. T. zahlenmäßig höhere Artenangaben; z. B. sind es bei E. WARNING (1888) 417, bei St. STEFFÁNSSON (1890) 423, bei H. JÓNSSON im Jahre 1896 435 und im Jahre 1904 nur noch 360 Arten sowie bei Þ. THORODDSEN (1914) zwischen 400 bis 450 Spezies.

sie auch in Gesellschaft höherer Pflanzenbestände anzutreffen. Besonders ins Auge fallen die oft sehr bunt gefärbten Krusten-, Blatt- und Strauchflechten.

Wie bereits zum Ausdruck gebracht, ist die Vegetation Islands in entscheidendem Maße durch die direkten und indirekten Eingriffe der wirtschaftenden Menschen, also etwa ab 900 n. Chr., geprägt worden. Einerseits sind zahlreiche Florenelemente erst durch die Siedlergruppen nach Island gelangt, andererseits hat seit den ersten kontinuierlichen Siedlungsprozessen nach und nach eine bedrohliche Vegetationszerstörung (verbunden mit einer Desertifikation auch in Zentralisland) stattgefunden, die vor allem auf die Viehwirtschaft zurückzuführen ist. Pflanzenfressende Säugetiere gab es vor der Ankunft des Menschen und seiner Haustiere in Island nicht. Mehrere Autoren nehmen an, daß um 900 n. Chr. noch ca. 40 000 km^2 (= 38,8 % der Landesfläche) Islands mit einer Bodendecke und Vegetation ausgestattet waren, während es heute noch rd. 20 000 km^2 bzw. ein Fünftel der Inselfläche sind (nach H. Þorláksson in ›Urbaniseringsprosessen i Norden‹, Bd. 1, 1977, S. 9). Selbstverständlich sind für diese Negativentwicklung auch klimatische und geologische Ursachen, wie die Klimaverschlechterungen in spätmittelalterlicher Zeit oder der Vulkanismus, heranzuziehen. Entscheidend wird jedoch der anthropogene Einfluß, besonders der indirekte Eingriff der zunehmenden Schafhaltung, gewesen sein. Zugleich hat diese Wirtschaftsweise zu einer enormen Bodenzerstörung geführt, vor allem was den gegen Windeinfluß sehr empfindlichen Löß betrifft. So hat die Deflation, also die flächenhafte Abtragung der Bodendecke durch den Wind, seit der Besiedlung Islands im 10. Jahrhundert immer stärker in enger Verbindung mit der Abnahme der vegetationsbedeckten Flächen zugenommen. Eine entscheidende Verantwortung für das mittlerweile bedrohliche Ungleichgewicht zwischen Bodenbildung und Bodenzerstörung hat – wie auch H. Preusser (1974, S. 39) betont – der wirtschaftende Mensch.

Eine vieldiskutierte Frage ist in diesem Zusammenhang die nach der ursprünglichen Wald- bzw. Gehölzverbreitung, d. h. der Ausdehnung des Birkenwaldes vor der agrar-bäuerlichen Landnahme. Der isländische Geschichtsschreiber Ári der Weise (geboren 1067) schreibt in der Einleitung des ›Íslendingabók‹ (›Isländerbuch‹), daß zu Besiedlungsbeginn der gesamte Raum zwischen der Küste und dem inneren Hochland bewaldet gewesen sei. Doch diese Aussage ist schon von Þ. Thoroddsen als übertrieben angesehen worden[15].

Erinnert sei hier auch an den bereits an früherer Stelle genannten Bericht des

[15] Thoroddsen (1914, S. 298) vertritt diesbezüglich folgende Auffassung: ›At the first colonization of Iceland many mountainsides were probably coppice-clad right to the verge, likewise many ridges, gravelly stretches and old lavas on the plains, which are now bare. The coppices spread over a great part of the coastal districts and the valleys, but nowhere extended up on the plateau above a height of 600 metres, and probably even at last time the northern peninsulas and the extrem points of land were woodless.‹

Abtes Arngrímr von Þingeyrar (um 1350), in dem es heißt, daß es in Island keinen Wald gebe, ›außer Birken, und auch diese nur geringen Wuchses‹. Andererseits sprechen vor allem die Sagas an zahlreichen Stellen von einer größeren Waldbedeckung. Beispielsweise wird in der Njálssaga häufiger von Waldnutzungen im westlichen Suðurland, das heute waldlos ist, berichtet. Auch von dem östlichen Norðurland heißt es in den Überlieferungen, daß es bewaldet gewesen sei. Erwähnt werden sollte zudem die interessante Tatsache aus der isländischen Geschichte, daß die Klage auf Ächtung, d. h. die Ausstoßung aus der Rechtsgemeinschaft, ›Waldgangsklage‹ hieß. Vom Thing Geächtete wurden ›Waldmänner‹ oder ›Waldgänger‹ genannt, die sich meist in den Walddistrikten verborgen hielten, da sie bußlos von jedermann getötet werden durften. Weiterhin deutet das Orts- und Flurnamengut auf die einst weitaus größere Wald- bzw. Gehölzverbreitung hin. So sind zahlreiche Namen auf -skog (= Wald) und -holt erhalten, die zumeist einen bäuerlichen Wirtschaftswald bezeichnen. Allerdings sollte man auch mit großer Vorsicht an die Deutung dieser und anderer Orts- und Flurnamen herangehen. Wenn beispielsweise Ortsnamen wie ›Grenivík‹ am nordisländischen Eyjafjörður und anderorts auftreten, dann sind derartige Bezeichnungen sicherlich – wie schon K. Maurer 1874, S. 13, betont – von ›gran‹ oder ›grani‹ (= Nadelholz bzw. Fichte) abzuleiten. Daraus ist aber noch lange nicht zu schließen, daß hier früher Fichten gestanden haben, sondern weit eher ist an Treibholz entlang der Küsten zu denken, das nach alten Überlieferungen in Island wie auch an der südwestgrönländischen Küste eine große wirtschaftliche Rolle spielte und stellenweise auch heute noch spielt (siehe Bild 20).

Über die direkten Waldnutzungen bzw. -zerstörungen, d. h. vor allem den Holzeinschlag, geben die Rechtsbücher des 12. und 13. Jahrhunderts zahlreiche Auskünfte (vgl. u. a. K. Maurer 1874). Dort ist beispielsweise die Rede von Landpächtern und deren Bezugsrechten an Holz aus gepachteten Waldstücken, wobei sich jene Bestimmungen besonders auf die Herstellung von Hausgeräten aus Holz, auf die Holzkohlegewinnung zur Erzverhüttung, auf den Bezug von Hausbrandmaterial sowie hin und wieder auch auf Holz zum Hausbau aus einheimischem Wald konzentrieren. Was die Bauholzverwendung betrifft, so wird aber auch hervorgehoben, daß zum Hausbau meist Treibholz oder eben vom Ausland eingeführtes Zimmerholz verarbeitet worden sei. Man mag aus derartigen Angaben folgern, ›daß das im Inlande gewachsene Holz nur sehr untergeordneten Zwecken, und immer nur nebenbei verwendet werden konnte, während die große Masse des Nutz- und Zimmerholzes, soweit das Treibholz nicht ausreichen wollte, aus Norwegen bezogen werden mußte, und man sieht auch aus der Sorgfalt, mit welcher selbst diese geringeren Waldnutzungen rechtlich geregelt waren, welchen hohen Werth man sogar ihnen beilegen zu müssen glaubte; mit der Annahme, daß in jenen Zeiten ein guter Theil der Insel mit Hochwald bestanden gewesen sei, sind derartige Notizen schlechterdings unvereinbar‹. Diese Aussage von Konrad Maurer in seiner klassischen Island-Monographie (1874, S. 15) kann nicht darüber hinwegtäuschen, daß wenigstens zur Landnahmezeit ein beträchtlicher Teil der küsten- und fjordnahen Inselfläche, wahrscheinlich auch einige Distrikte des Hochlandes, mit Fjellbirkenwald bestanden waren. Ob der Birkenwald in Island so artenreich wie auf der Skandinavischen Halbinsel vertreten war, ist natürlich eine andere Frage. Sicher ist jedoch, daß neben der Fjellbirke *(Betula tortuosa)* auch Weidenarten *(Salix spec.)* in Island zur Landnahmezeit wuchsen; wahrscheinlich auch in stärkerem Maße die Eberesche *(Sorbus aucuparia)*, von deren Relikten u. a. P. Herrmann (1907, S. 249ff.) berichtet[16]. Der Fjellbirkengürtel ist ja im heutigen Nordeuropa, d. h. in den höheren und nördlicheren Teilen von Norwegen, Schweden und Finnland, nicht als Hochwald im üblichen Sinne zu bezeichnen; er spielte jedoch aufgrund seiner vielfachen Nutzungsmöglichkeiten und seiner Regenerationskraft gerade im agrar-bäuerlichen Leben der vergangenen Jahrhunderte eine große Rolle.

H. Brockmann-Jerosch hat in seiner Arbeit ›Baumgrenze und Klimacharakter‹ (Zürich 1919) bezüglich der Waldproblematik in Island die Auffassung vertreten, daß zum einen die isländischen Wald- bzw. Gehölzflächen auf das thermisch kontinentalere Innere der Insel beschränkt seien, und daß zum anderen jene Gehölze isolierte Exklaven des Baumwuchses in einem Land seien, das als Ganzes schon jenseits der polaren Waldgrenze läge und somit zur baumlosen Arktis gerechnet werden müsse. Beide Aussagen sind in dieser Form heute nicht mehr haltbar. Auch die Aufforstungsmaßnahmen und -erfolge in verschiedenen Teilen Islands während der letzten Jahrzehnte sprechen dagegen. Vielmehr spiegelt die natürliche, also nicht anthropogen beeinflußte Vegetation Islands nicht korrekt die klimatischen Möglichkeiten wider, denn viele Pflanzenarten, auch Bäume, vermochten in postglazialer Zeit wegen der isolierten Lage des Landes nicht von selbst einzuwandern, so z. B. die Erle.

Die Hauptursachen im Zerstörungsprozeß der isländischen Birkenwälder – ob Wald oder Gebüsch sei dahingestellt – sind weniger die vielfachen direkten Eingriffe in das Waldkleid, als vielmehr die indirekten in Form der Weidewirtschaft. Zuallererst ist hier die extensive Schafhaltung zu nennen, die der isländischen Vegetation und damit auch der Bodendecke ungeheuren Schaden zugefügt hat und noch zufügt. Der ständigen Überweidung konnte selbst die ansonsten widerstandsfähige und regenerationsfreudige Fjellbirke nicht standhalten. Mit der weitgehenden Zerstörung der Gehölz- sowie Strauch- und Krautschichten wenigstens in den besiedelten und bewirtschafteten Regionen war und ist natürlich auch eine Bodenverheerung (Erosion und Deflation) verknüpft. Die mittelalterlichen Wüstungsprozesse (vgl. Kap. 10.1), die zahlreiche Siedlungen erfaßt haben,

[16] Þ. Thoroddsen (1898, S. 67) nennt ein von Jón Jónsson im 17. Jahrhundert verfaßtes Verzeichnis isländischer Pflanzen, in dem neben der Birke, der Eberesche, drei Arten Weiden und dem Wacholder verschiedene Ericaceen sowie etwa 50 verschiedene ›Grasarten‹ auftreten.

dürften neben allen anderen Ursachen wie den klimatischen, den vulkanischen (Aschenregen) usw. auch auf die starke weidewirtschaftlich bedingte Deflation zurückzuführen sein. Nach S. ÞÓRARINSSON (1961, S. 528) gab es im Jahre 1703 neben den 4059 bewohnten Höfen etwa 3000 wüstgefallene, bei denen ein großer Teil auf die Deflation zurückgeführt werden müsse.

Die Degradationsstufen der Vegetationsdecke lassen sich in Form regressiver Sukzessionen wie folgt skizzieren: In dem durch Verbiß geschädigten Birkenwald breiten sich auf offenen Stellen mit ihrem größeren Lichteinfall anstelle der sogenannten Hochstaudenflur recht schnell Ericaceenarten und die Zwergbirke *(Betula nana)* aus. Diese Heidevegetation wird bei anhaltendem Weidegang immer artenärmer, so daß nur noch kümmerliche Reste übrigbleiben, die schließlich einer Steinwüste Platz machen müssen. W. LÖTSCHERT (1974, S. 24) nennt für diese ›zoogenen regressiven Sukzessionen‹ die Reihenfolge: Birkenwald → Mischvegetation aus Birkenwald- und Wiesenpflanzen → Zwergstrauchheide → offene Pionier- oder Restvegetation → Steinwüste. Dieser Übergang von mehr oder minder geschlossenen Birkengehölzen zu reinem Ödland kann sich in einem Zeitraum von rd. 100 Jahren vollziehen.

Daß ein Großteil der isländischen Birkenwaldungen bereits in den ersten Jahrhunderten der Besiedlung vernichtet worden ist, zeigen pollenanalytische Untersuchungen. Als Folge dieser rd. tausendjährigen rücksichtslosen Bodennutzung ergab sich, wie H. HESMER (1970, S. 22) es formuliert, folgende Bilanz: ›Der mit Vegetation bedeckte Anteil Islands, der bei der Landnahme auf 34 000 qkm = 33 % geschätzt wird, sank infolge der Lößerosion auf die Hälfte. Die ursprüngliche Bewaldung von wenigstens 17 % sank auf 1 %; von diesen rd. 100 000 ha Gehölzen waren kaum einige Prozente Wald, alles andere verbissenes Gebüsch‹. Schon Þ. THORODDSEN (1914, S. 299) hat zum Ausdruck gebracht, daß bereits in der Mitte des 13. Jahrhunderts der größere Teil an Wald in den bewohnten Distrikten Islands vernichtet worden sei. Allerdings habe im 18. und z. T. auch im 19. Jahrhundert in mehreren Regionen, wie z. B. in Eyjafjarðarsýsla, Wald- bzw. Fjellbirkengebüsch gestanden, wo nun keinerlei Gehölz mehr wüchse.

Natürlich sind diese negativen Folgen in Island längst erkannt und genauer analysiert worden. Schon seit Jahrzehnten werden demzufolge Schutzmaßnahmen und Aufforstungsprogramme durchgeführt, auf die noch an späterer Stelle dieses Kapitels zurückzukommen sein wird. Neuerdings möchte man von agrarpolitischer Seite auch die Schafzahlen (im Jahre 1982 waren es ca. 750 000 Tiere; vgl. Kap. 11.2) reduzieren, zumal die isländische Landwirtschaft beim Lammfleischexport vor einigen Schwierigkeiten steht und somit wahrscheinlich die Lammfleischproduktion dem Bedarf des einheimischen Marktes anzupassen versucht.

Im Laufe der Kulturlandschaftsgeschichte, d. h. mit den zunehmenden Siedlungs- und Wirtschaftsaktivitäten, sind aber auch – wie bereits betont – Pflanzenarten bewußt oder unbewußt durch den Menschen nach Island gelangt. Ganz sicher wurden schon vor den ersten Siedlergruppen Blütenpflanzen vom festländischen Nordeuropa und vielleicht auch von Schottland und seinen vorgelagerten Inseln nach Island gebracht. So sind unter anderem mit den Haustieren (Rinder, Pferde, Schafe, Schweine) auch Futterpflanzen, z. B. Heu und damit auch Gras- und Kräutersämereien, eingeführt worden; darüber hinaus natürlich auch Getreidesaatgut. Damit konnten im Laufe der Zeit vor allem sogenannte Acker- und Weide-›Unkräuter‹ in Island Fuß fassen. Genannt seien hier etwa die Vogelmiere *(Stellaria media)*, die Acker-Kratzdistel *(Cirsium arvense)*, die Gemeine Quecke *(Agropyron repens)*, der Feldspark *(Spergula arvensis)*, der Echte Kümmel *(Carum carvi)*, die Weiße Taubnessel *(Lamium album)*, das Gemeine Kreuzkraut *(Senecio vulgaris)*, der Haus-Ampfer *(Rumex domesticus)* sowie vor allem die Große und Kleine Brennessel *(Urtica dioica bzw. Urtica urens)*. Mehrere dieser ›Unkräuter‹ sind sicher bewußt nach Island gebracht worden, da sie als Gemüse- und Futterpflanzen oder auch als Färb- und Faserpflanzen durchaus eine wirtschaftliche Bedeutung hatten.

In dem langen Zeitraum seit Abschluß der Besiedlungsphase (um ca. 930 n. Chr.) bis etwa 1900 gelangten allem Anschein nach nur wenige neue Pflanzenarten nach Island, da auch nur geringe Handels- und Verkehrsbeziehungen mit anderen Ländern bestanden. Seit der Jahrhundertwende hat sich dann diese Situation grundlegend geändert. Von 1900 bis Anfang der 1960er Jahre sollen nach einer Untersuchung von J. Davidsson (1965) allein 183 Arten bislang in Island fremder Pflanzen auf der Insel Fuß gefaßt haben, von denen sich mindestens 26 voll etabliert hätten. Es handelt sich hierbei um zahlreiche bewußt eingeführte Nutzpflanzen (z. B. mehrere Getreidearten sowie andere Gramineen und Leguminosen), aber auch um eine Reihe von ›Unkräutern‹, die in Verbindung mit Saatgut- oder Viehfutterimporten nach Island kamen und somit Standorte vor allem in Nähe der Häfen und Landwirtschaftsbetriebe gefunden haben.

In Tab. 9 sind einige Vegetationskartierungen wiedergegeben, die im Rahmen einer Island-Exkursion vom 6. bis 20. 8. 1983 an 10 unterschiedlichen Standorten in Island aufgenommen wurden, allerdings nur hinsichtlich der Arten (in der Regel nur der höher entwickelten Spezies), ihrer Häufung und Gesamtbedeckung. Bei der nur recht grob vorgenommenen Abschätzung wurde die Bewertungsskala von Braun-Blanquet (1964) angewandt: Es zeigt sich, daß wenige Arten in nahezu allen Lebensräumen auftreten, z. B. das Stengellose Leimkraut *(Silene acaulis)*, die Grasnelke *(Armeria maritima)* oder der Thymian *(Thymus praecox)*; dagegen sind andere Arten wohl als besondere Raritäten der isländischen Flora anzusehen.

Die heutige reale Vegetation Islands läßt sich in verschiedene Pflanzenassoziationen und -formationen gliedern, von denen die verbreitetsten die Zwergstrauchheiden, die Moorgesellschaften und die *Rhacomitrium*-Heiden (Name nach den Laubmoosarten *Rhacomitrium canescens* und *R. lanuginosum* = Zackenmützenmoos) auf den jüngeren Lavafeldern sind. Daneben sind u. a. noch die kleinräumiger ausgeprägten, aber sehr auffälligen Quell-Flurgesellschaften (Name nach ihren Standorten um Quellen) zu nennen[17]; weiterhin die Birken-Weiden-Gebüsche, die Salzwiesen entlang der Küsten sowie die stark anthropogen geprägten Wiesen- bzw. Kulturweide-Assoziationen und die Ruderal-Gesellschaften (lat. rudera = Schutt), wobei letztere als Zeigerpflanzen für Stickstoff-, Phosphat- oder Kalkanreicherungen auch Hinweise für vergangene menschliche Aktivitäten (z. B. Wüstungen) geben.

Eine detailliertere Klassifikation der isländischen Pflanzengesellschaften ist in den letzten Jahren von St. STEINÐÓRSSON (1974) aufgestellt worden. Auf deutschsprachiger Seite liegen pflanzensoziologische Studien über Teilgebiete von R. TÜXEN und H. BÖTTCHER (1969), W. LÖTSCHERT (1974) sowie J. F. VENZKE (1982) vor. Das von STEINÐÓRSSON entwickelte System wurde auch zur Grundlage für die Vegetationskartierung Islands im Maßstab 1 : 40 000 (Gróðurkort af Íslandi), die seit 1966 veröffentlicht wird. Kennzeichnend für das relativ großmaßstäbige Kartenwerk ist, daß hier der Aspekt der Weidewirtschaftlichkeit besondere Berücksichtigung findet, indem die Vegetation vornehmlich des kultivierten Landes, der mehr oder minder drainierten Weideflächen sowie der Sümpfe und Moore kartiert wird. Wenn somit ein großer Teil der Inselfläche als ›vegetationslose Zonen‹, etwa als Sand-, Lava- bzw. Aschefiächen, ausgewiesen wird, dann ist das streng pflanzensoziologisch gesehen natürlich problematisch, da jene Flächen nicht ganz vegetationslos sind. In jüngster Zeit hat sich J. F. VENZKE (1982) mit den wüstenhaften Gebieten Islands im Sinne einer geoökologischen Charakteristik ausführlicher beschäftigt. Ein besonderes Interesse wird dabei der Melur-Vegetation (isl. melur = Sand- oder Kieshügel) mit ihren unterschiedlichen Pflanzengesellschaften entgegengebracht. Die charakteristischen Polsterpflanzen mit ihren ausgedehnten Wurzelsystemen sind den extremen Standortbedingungen vor allem auf den Steinpflasterflächen gut angepaßt. Genannt seien hier nur die Gattungen *Cardaminopsis* (Sandkresse), *Armeria* (Grasnelke) und *Silene* (Leimkraut), aber auch mehrere Gras-, Seggen-, Binsen- und Simsenarten, wie vor allem *Festuca rubra* und *Festuca vivipara, Agrostis tenuis, Luzula spicata* und *Carex capitata*. Die Vegetation auf reinen ungeschützten Kiessandflächen ist noch dürftiger bzw. artenärmer, indem nur sehr lückenhaft einzelne Horstpflanzen, wie die Gräser *Festuca spec.* (Schwingel), *Elymus* (Haargerste) und *Calamagrostis* (Reitgras), auftreten, die einer Übersandung standhalten können. VENZKE (1982 b,

[17] Die auch dem vegetationskundlich nicht versierten Reisenden sofort ins Auge fallenden Quell-Flurgesellschaften der Klasse Montio-Cardaminetea stellen besondere Anforderungen an die Umweltbedingungen, vor allem an die Reinheit des Wassers. Aus diesem Grunde sind sie bei uns in Mitteleuropa bis auf kleine Reste verschwunden. Erwähnt werden sollten hier zudem die gerade für Island charakteristischen Pflanzengesellschaften in den warmen Quellen und Wasserläufen, die sich aus zahlreichen Algen- und höheren Pflanzenverbänden zusammensetzen und die dem Betrachter nahezu das Bild eines Warmwasseraquariums vermitteln.

Tab. 9: Vegetationsaufnahmen in Island

Vegetationsaufnahme / GEBIET / Artname lateinisch (deutsch)	1. Hallmundarhraun (Rhacomitrium-heide)	2. Hraunfosser (Weide mit Quellfluren, ext. Nutzung)	3. Snæfellsnes (Krähenbeeren-heide auf Ranker)	4. Laxardalsheiði (Naturweide, utmark)	5.a Hverfjall (Ringwall, schwarze Basalt-asche), Hang	5.b Hverfjall, vorgelagertes Fjellbirkengehölz	5.c Hverfjall, vorgelagerte Lavafläche	6. Nationalpark Hljóðaklettar	7. Sprengisandur (Grundmoräne, edaphische Wüste)	8. Ásbyrgi (Fjell-birkenbestand am foss. Wasserfall)
Ranunculus repens L. (Kriechender Hahnenfuß)	+	1								2
Parnassia obtusiflora Rupr. (Sumpf-Herzblatt)		r						+		
Muscaria cespitosa (L.) Haw. (Büschel-Steinbrech)			+				×			
Muscaria hypnoides (L.) Jord. & Fourr. (Moos-Steinbrech)			r							
Chondrosea paniculata (Mill) A. Löve (Trauben-Steinbrech)	+									
Dryas octopetala L. (Achtblättrige Silberwurz)		1		2		1		1		

[Fortsetzung siehe S. 132]

Tab. 9 (Forts.)

Vegetationsaufnahme / GEBIET / Artname lateinisch (deutsch)	1. Hallmundarhraun (Rhacomitrium-heide)	2. Hraunfossar (Weide mit Quellfluren, ext. Nutzung)	3. Snæfellsnes (Krähenbeeren-heide auf Ranker)	4. Laxardalsheiði (Naturweide, utmark)	5.a Hverfjall (Ringwall, schwarze Basalt-asche), Hang	5.b Hverfjall, vorgelagertes Fjellbirkengehölz	5.c Hverfjall, vorgelagerte Lavafläche	6. Nationalpark Hljóðakletar	7. Sprengisandur (Grundmöräne, edaphische Wüste)	8. Ásbyrgi (Fjell-birkenbestand am foss. Wasserfall)
Potentilla Crantzii (Cr.) G. Beck. (Alpen-Fingerkraut)				1						
Alchemilla alpina L. (Alpen-Frauenmantel)		1		1						+
Sorbus aucuparia L. ssp. glabrata (Hedl.) (Eberesche)										1
Viola canina L. (Hundsveilchen)				+						
Chamerion angustifolium (L.) Holub. (Schmalblättriges Weidenröschen)	+								1	
Angelica archangelica L. ssp. litoralis (Fr.) (Engelwurz)		1								1

Arctostaphylos uva-ursi (L.) *Spreng.* *ssp. coactilis* (Fern. & Macbr.) (Echte Bärentraube)					1			1		
Calluna vulgaris (L.) Hull. (Heidekraut)						1		2		
Vaccinium uliginosum L. (Rauschbeere)			2	2		1		1		
Vaccinium myrtillus L. (Heidelbeere)						1		1		1
Armeria maritima (Mill.) Willd. *ssp. planifolia* (Syme) Löve & Löve. (Gemeine Grasnelke)	1	1	1	1	1			1	1	
Empetrum Eamesii Fern. & Wieg. *ssp. Hermaphroditum* (Hogerup.) (Nördliche Krähenbeere)			4	1		1				
Calathiana nivalis (L.) Delarbre. (Schnee-Enzian)								r		
Gentianella campestris (L.) Börner *ssp. islandica* (Murb.) Löve & Löve. (Feld-Enzian)				+				+		
Thymus praecox Oplz. *ssp. britannicus* (Ronn.) (Arktischer Thymian)	1	1	2	1	+	1	1	1	+	1

[Fortsetzung siehe S. 134]

Tab. 9 (Forts.)

Vegetationsaufnahme / GEBIET / Artname lateinisch (deutsch)	1. Hallmundarhraun (Rhacomitrium-heide)	2. Hraunfossar (Weide mit Quellfluren, ext. Nutzung)	3. Snæfellsnes (Krähenbeeren-heide auf Ranker)	4. Laxardalsheiði (Naturweide, utmark)	5.a Hverfjall (Ringwall, schwarze Basalt-asche), Hang	5.b Hverfjall, vorgelagertes Fjellbirkengehölz	5.c Hverfjall, vorgelagerte Lavafläche	6. Nationalpark Hljóðaklettar	7. Sprengisandur (Grundmöräne, edaphische Wüste)	8. Ásbyrgi (Fjell-birkenbestand am foss. Wasserfall)
Pinguicula vulgaris L. (Gemeines Fettkraut)			+	+				+		
Plantago maritima L. ssp. maritima (Alpen-Wegerich)		+						1		
Galium boreale L. (Nördliches Labkraut)	1	1		1	+	1	+			
Galium verum L. (Echtes Labkraut)		1		1		1				1
Leontodon autumnalis (L.) Moench. (Herbst-Löwenzahn)						1				1
Taraxacum officinale Weber. (Wiesenlöwenzahn)		2				1				
Erigeron borealis (Vierh.) Simmons. (Nördliches Berufkraut)		+				1		+		

Rhacomitrium spec. (Zackenmützenmoos)	4						4			
Montio-Cardaminetea (Quellflur-Gesellschaften)		2							+	
Gesamtbedeckung	70 %	95 %	80 %	95 %	<1 %	80 %	60 %	80 %	<1 %	95 %

Aufnahmeskala nach Braun-Blanquet (1964):
r: 1 Individuum in der Aufnahmefläche, auch außerhalb im Bestand sehr sporadisch
*: 2–5 Individuen in der Aufnahmefläche, Deckungsgrad 5 %
1: 6–50 Individuen in der Aufnahmefläche, Deckungsgrad 5 %
2: Individuenzahl beliebig, Deckungsgrad 5–25 %
3: Individuenzahl beliebig, Deckungsgrad 25–50 %
4: Individuenzahl beliebig, Deckungsgrad 51–75 %
5: Individuenzahl beliebig, Deckungsgrad 76–100 %

Nomenklatur nach Löve 1983.

Standorte der Vegetationsaufnahmen:
1. Hallmundarhraun nordöstlich Húsafell; 2. Hraunfossar (bei Húsafell); 3. Snæfellsnes westlich Ólafsvík; 4. Laxardalsheiði (zwischen Búðardalur und Borðeyri; 5. Hverfjall (östlich Mývatn); 6. Hljóðaklettar nordöstlich Mývatn; 7. Sprengisandur (bei Tómasarhagi); 8. Ásbyrgi (östlich Húsavík)

Es handelt sich um relativ grobe Schätzungen, die lediglich das Ziel haben, die höher entwickelte Vegetation in unterschiedlichen Regionen Islands dem interessierten Reisenden vorzustellen.

Quelle: Aufnahme, durchgeführt von E. Glässer und R. Klewen, August 1983.

S. 135) betont, daß auf jenen wüstenhaften Standorten die Ansätze zu einer Weiterentwicklung der Vegetation hinsichtlich höherer Deckungsgrade oder einer größeren Artenvielfalt und einer Schichtenstrukturierung äußerst spärlich sind. Als Hauptursachen hierfür werden die Nährstoffarmut des Substrates, die sehr ungünstigen Bodenwasserbedingungen und vor allem die kontinuierliche morphodynamische Instabilität der Oberfläche genannt.

Die Weiterentwicklung der isländischen Vegetation im Sinne von Pflanzensukzessionen ist auf deutschsprachiger Seite von W. LÖTSCHERT (1974) und von J. F. VENZKE (1982 a) beschrieben worden. Während die Untersuchungen von LÖTSCHERT progressive und regressive Sukzessionen auf unterschiedlichen Standorten umfassen, analysiert VENZKE speziell die Vegetationsentwicklung auf den holozänen Lavafeldern, wie sie schon vorher von mehreren anderen Autoren auf der jungen Vulkaninsel Surtsey verfolgt worden ist. Danach werden für die binnenländischen, holozänen Lavafelder entsprechend ihrer physiogeographischen Beschaffenheit zwei verschiedene Entwicklungsreihen unterschieden. Im Bereich ohne allochthone Lockersedimentauflage bildet sich eine Sukzessionsreihe aus, die über eine Moos- oder Flechtenheide (*Rhacomitrium*-Heide in mehr ozeanischen Räumen und Stereocaulon-Heide auf mehr kontinentaleren Standorten) zu den Zwergstrauchheiden und letztlich zu Birken-Gebüschwald führt. Charakteristische Vertreter dieser isländischen Zwergstrauchheide sind wenigstens in geschützteren Muldenlagen neben verschiedenen Ericaceenarten *(Vaccinium spec., Empetrum spec., Arctostaphylos spec.)* auch *Juniperus communis* (Wacholder), *Salix herbacea* (Kraut-Weide) sowie mehrere Gramineen-, Moos- und Flechtenarten. Die Gebüschassoziationen als vierte und letzte Phase der Vegetationsentwicklung setzen sich aus *Betula tortuosa* (Fjellbirke), *Sorbus aucuparia* (Eberesche) und *Salix* (Weiden-Arten) zusammen. Dieses letzte Stadium entsteht jedoch neben den notwendigen Standortvoraussetzungen nur dann, wenn die Entwicklung nicht durch Überweidung gestört wird. Häufig ist unter der Zwergstrauchheide und den Buschgehölzen auch eine bis mehrere Dezimeter mächtige Torfschicht ausgebildet[18]. Dort, wo Sandablagerungen durch Wasser oder Wind andersartige Standortverhältnisse auf den Lavaflächen geschaffen haben, verläuft eine etwas abweichende Sukzessionsreihe, indem vor allem die

[18] Gerade in Island hat aufgrund des Holzmangels das Torfstechen zur Gewinnung von Brenn- und Baumaterial verständlicherweise eine große Bedeutung gehabt. Noch zu Beginn dieses Jahrhunderts wurden jährlich über 20 000 Tonnen Torf gestochen, die dann bis 1925 auf 37 000 Tonnen anstiegen. Danach ging der Torfabbau rasch zurück, um nach 1950 praktisch vollends aufzuhören (Zahlen nach ›Tölfræðihandbók 1974‹, 1976, S. 66). Insgesamt werden ca. 8 bis 10 % der isländischen Landfläche von Mooren und anmoorigen Böden eingenommen. Echte Hochmoore, deren Wachstum allein vom Regenwasser abhängt, gibt es allerdings in Island nicht, da Mineralzufuhren etwa aus Moränen und Sandern oder aus vulkanischen Substraten das Aufkommen einer zusammenhängenden Sphagnumdecke verhindern (vgl. auch J. SCHWAAR 1978, S. 2).

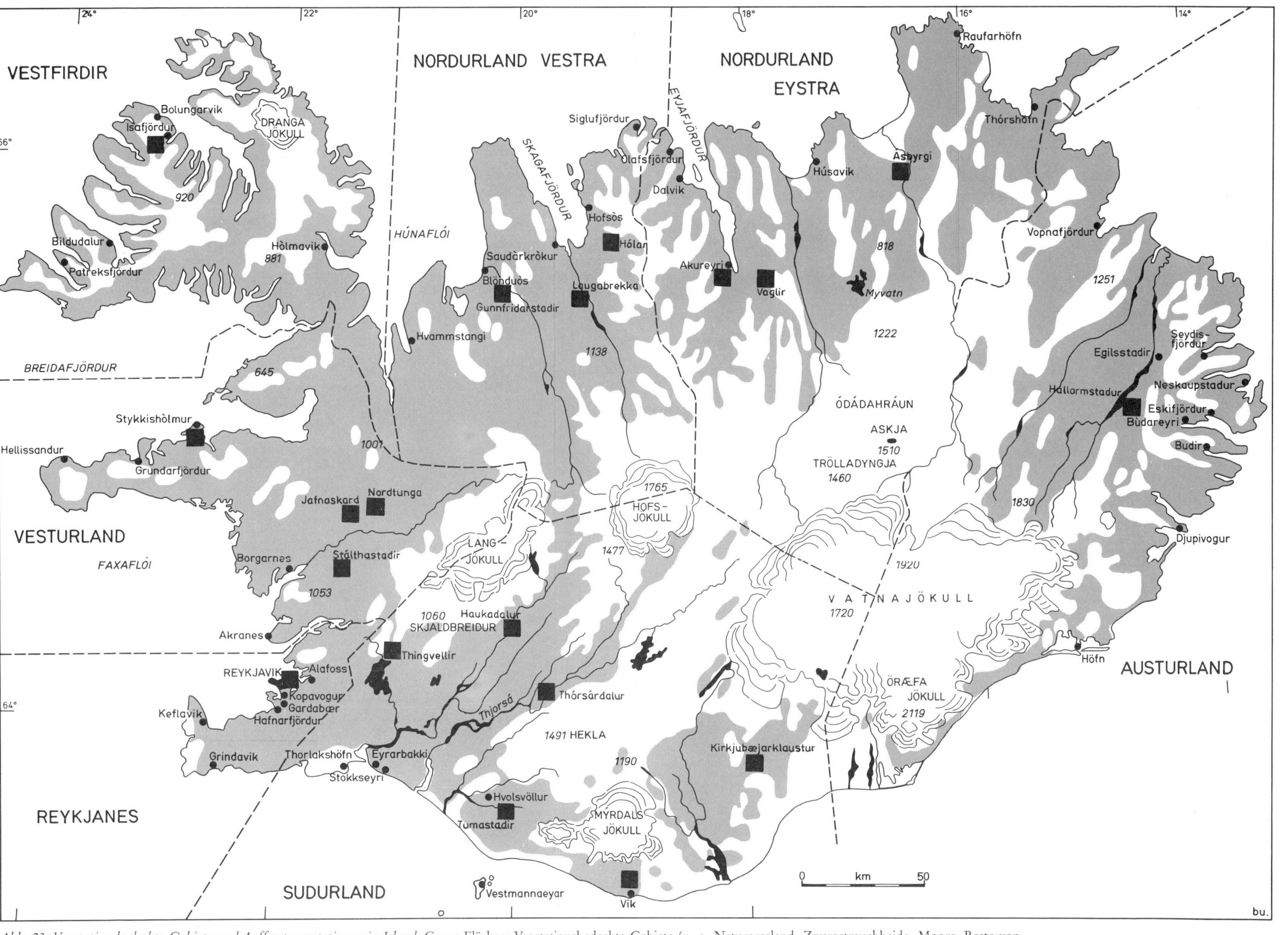

Abb. 23: Vegetationsbedeckte Gebiete und Aufforstungsstationen in Island. Graue Flächen: Vegetationsbedeckte Gebiete (u. a. Naturgrasland, Zwergstrauchheide, Moore, Reste von Fjellbirkengehölz; ohne Berücksichtigung der ›Melur-Vegetation‹). Schwarze Quadrate: Bedeutende Aufforstungsstationen bzw. Baumschulen (nach H. Bjarnason 1967, S. 100).

Moose und Flechten gegenüber den höheren Pflanzen ihre Überlegenheit verlieren, da sie eben der ständigen Substratbewegung nicht zu widerstehen vermögen.

W. LÖTSCHERT (1974, S. 16ff.) beschreibt progressive Sukzessionen für die offenen Aschefelder, z. B. für die der Hekla, weiterhin für die Sanderflächen insbesondere der südisländischen Küste und schließlich für die Lavafelder.

In einem starken Gegensatz zu diesen mehr oder minder natürlichen Pflanzenassoziationen stehen die anthropogen bestimmten Weide- und Wiesen-Gesellschaften, die sich um die einzelnen Agrarbetriebe in Küsten- bzw. Fjordnähe ausbreiten und die vor allem von R. TÜXEN und H. BÖTTCHER (1969) in Südwestisland untersucht worden sind. Es handelt sich hierbei um kurzgrasige, grüne Weideteppiche oder um etwas höherwüchsige Graswiesen, die sich auf Terrassenflächen bzw. marine Sedimente oder kultivierte Moorböden im unmittelbaren Bereich der Hofstellen konzentrieren. Diese meist vollkultivierten und gedüngten Parzellen (isl. tún) sind natürlich sehr gute Weideflächen für Rinder, Pferde und Schafe, vor allem jedoch die wichtigsten Lieferanten für Winterfutter. Somit ist eine pflanzensoziologische Analyse und Bewertung dieser Biotope auch unter pragmatischen Gesichtspunkten zu sehen, indem es eben auch darum geht, diese Grasländereien zu erhalten, d. h. vor der gerade in Island bedrohlichen Bodenerosion zu bewahren, sowie durch eine sinnvolle Weidetechnik und Düngung die Erträge quantitativ und qualitativ zu erhöhen. Für den südwestisländischen Raum werden von TÜXEN und BÖTTCHER sechs Wiesen- und Weide-Gesellschaften herausgestellt, deren Charakteristika vor allem durch den Beweidungsgrad und Düngereinsatz bestimmt werden. Stark beweidete, kurzgrasige Teppiche (*Leontodon-Trifolium*-Weide) auf tiefgründigeren Lehmböden in nächster Hofumgebung werden meist von den Charakterarten *Leontodon autumnalis* (Herbst-Löwenzahn) und *Trifolium repens* (Weiß-Klee) geprägt, denen sich u. a. die Grasarten *Festuca rubra, Agrostis tenuis* und *Poa pratensis* sowie die Kräuter *Cerastium holosteoides* (Gemeines Hornkraut), *Rumex acetosa* (Großer Ampfer), *Ranunculus acris* (Scharfer Hahnenfuß) anschließen. Die durch regelmäßige Beweidung bedingte Assoziation ist also nah verwandt mit den Hausweiden des nordwesteuropäischen Festlandes; sie ist in Island nur bedeutend artenärmer und dürfte hier eine Ersatzgesellschaft des ursprünglichen Fjellbirkenwaldes sein. Bei stärkeren Tritteinwirkungen muß diese Assoziation sogenannten Tritt-Gesellschaften Platz machen, so vor allem in Siedlungen, an Weideeingängen und ähnlichen Standorten, wobei nun vor allem die Grasart *Poa annua* (Einjähriges Rispengras) und *Matricaria matricarioides* (Strahlenlose Kamille) vordringen. In Tritt-Gesellschaften um heiße Quellen finden sich auch sehr häufig *Plantago major* (Großer Wegerich) und *Agrostis stolonifera* (Weißes Straußgras). Insgesamt gesehen haben diese mehr punktuellen Tritt-Rasen keine wirtschaftliche Bedeutung. Eine dritte Wiesen- und Weide-Gesellschaft konzentriert sich auf weniger intensiv genutztes Land in größerer Entfernung von den Hofstellen, das nicht gedüngt, nur gelegentlich gemäht und nicht intensiv beweidet wird. Kennzeichnend für diese Assoziation sind Galium-Arten (Labkraut spec.) sowie starkes Vorkommen von *Anthoxanthum odoratum* (Wohlriechendes Ruchgras). Auch diese Pflanzengesellschaft, deren Weideproduktivität durch entsprechende Maßnahmen noch bedeutend erhöht werden kann, ist nicht natürlichen Ursprungs, sondern ebenfalls eine Ersatzgesellschaft des Fjellbirkenwaldes. Gleiches gilt wohl für den größten Teil der sogenannten Deschampsia-Wiesen, der vierten Assoziation (Charakterart *Deschampsia caespitosa* = Rasen-Schmiele), die noch extensiver genutzt werden und bis in Höhenlagen über 300 m NN vorkommen. Schließlich seien als fünfte und sechste Gesellschaft innerhalb des bewirtschafteten Graslandes noch zwei relativ nährstoffreiche Feuchtwiesen genannt, wobei die eine durch *Caltha palustris* (Sumpf-Dotterblume) und die andere durch *Filipendula ulmaria* (Echtes Mädesüß) bestimmt wird. Letztere tritt zusammen mit mehreren anderen Krautarten oft als fast meterhohe Hochstaudenflur etwa an Fluß- und Bachufern auf; sie wird in der Regel nicht beweidet, hin und wieder jedoch gemäht.

Die hier vorgestellten Pflanzengesellschaften geben – wie bereits angedeutet – natürlich auch Hinweise für potentielle Intensivierungsmaßnahmen der isländischen Grünlandwirtschaft. Auch für die weiter oben skizzierten wüstenhaften Gebiete gilt diese Feststellung. So werden schon seit einer Reihe von Jahren insbesondere vom Isländischen Landwirtschaftsuntersuchungsinstitut (Rannsóknastofnun Landbúnaðarins), z. T. auch seitens der FAO, Studien zur Wiederbegrünung heute wüstenähnlicher Gebiete durchgeführt. Es werden dabei Aussaaten in- und ausländischen Saatgutes sowie Düngungsmaßnahmen vorgenommen als auch Schutzregelungen gegen Beweidung durchgeführt. Allerdings sind derartige Intensivierungen gerade der hofnahen Wirtschaftsflächen, wie sie vor allem in Form von Drainagemaßnahmen, vermehrter Mineraldüngung und Verwendung ausländischen Saatgutes vonstatten gehen, keinesfalls problemlos. Deutlich zeigt sich diese Problematik in der Verkahlung der Kulturwiesen. Unter ›Kal‹ versteht man in Island das im Frühjahr sichtbar werdende Absterben von Gräsern auf künstlichen und gut gedüngten Wiesen. Zwar begrünen sich die kahl gewordenen Kulturflächen im Laufe der Sommermonate zu einem großen Teil wieder, aber nur mit kurzlebigen ›Unkräutern‹, z. B. mit *Stellaria media* (Vogelmiere) oder mit *Poa annua* (Einjähriges Rispengras). Zwar war dieses für Island charakteristische Phänomen schon im Mittelalter bekannt, es scheint aber seit dem 19. Jahrhundert immer häufiger geworden zu sein und für große Teile der isländischen Landwirtschaft sehr bedrohlich zu werden. Im deutschsprachigen Schrifttum haben sich mit dieser Problematik in den letzten Jahren Ch. und H. Ellenberg (1969, 1971) sowie B. Ruthsatz und E. Geyger (1971) auseinandergesetzt. H. Ellenberg (1971, S. 3) betont, daß besonders verheerende Kahlschäden in den Jahren 1949, 1951, 1952 sowie 1968 und 1969 aufgetreten sind. Auch wenn über die Ursachen dieser gravierenden Schäden bisher keine einheitliche Meinung besteht, so steht doch fest, daß gerade die mit viel Stickstoff gedüngten Wiesen und die Grasarten landesfremder Herkunft besonders anfällig sind. Sicherlich sind auch klimatische Ursachen für die Kahlschäden verantwortlich. So konnten B. RUTHSATZ und E. GEYGER (1971) feststellen, daß Gebiete mit Kahlgefährdung meist tiefe Märztemperaturen, stark schwankende Apriltemperaturen und häufig einen niederschlagsarmen Mai hatten. Eine vergleichende Betrachtung in dem Dezennium 1960–1969 führte H. ELLENBERG (1971) zu der Aussage, daß in jenem Zeitraum die Zahl der Jahre mit Kahlschäden von Südwestisland nach Norden und Osten hin zunahm und im Nordosten mehr als fünf betrug. Gerade in Nordostisland sollen die Frühjahrsvernässung über gefrorenem Unterboden und übermäßige Stickstoffdüngung verhängnisvoll zusammengewirkt haben. Natürlich spielt auch die Wahl des Saatgutes auf den Kulturwiesen und -weiden eine beachtliche Rolle, so daß folgende Schlußfolgerung durchaus berechtigt erscheint: ›Bei der Intensivierung der Grünlandkultur muß also berücksichtigt werden, daß gerade die Maßnahmen, die in günstigen Jahren zu Rekordernten führen, die Anfälligkeit gegen ungünstige Witterungsbedingungen steigern. Als Anpassung der Wirtschaftsmaßnahmen an die unveränderbaren Standorteigenschaften und schwankenden Witterungsverhältnisse ist eine weniger intensive Mineralstickstoffdüngung und die bevorzugte Verwendung einheimischer Grassorten zu empfehlen‹ (B. RUTHSATZ u. E. GEYGER 1971, S. 54).

Wenn bei der Skizzierung der Wiesen- und Weidegesellschaften bereits die Rede davon war, daß ein großer Teil dieser Standorte auch als potentielles Birkenwaldareal angesehen werden kann, so ergibt sich nun beinahe von selbst die Frage nach dem heutigen Gehölzbestand und vor allem nach der Wiederaufforstung. In der Tat stellen die schon seit mehreren Jahrzehnten durchgeführten Waldneuschaffungen ein einmaliges forstwirtschaftliches Experiment dar, das weit über Island hinaus Beachtung finden sollte. Wälder in unserem Sinne, d. h. mehr oder weniger geschlossene Bestände mit Bäumen von mehreren Metern Höhe, kommen wenigstens heute nur an ganz wenigen Stellen Islands vor. Außer den Nadelholzaufforstungen handelt es sich um kleine Restbestände der für die nordeuropäischen Fjellbereiche charakteristischen *Betula tortuosa*, die teils als eigene Birkenart, teils als Varietät von *Betula pubescens* (Moor-Birke) aufgefaßt wird. Bekannt sind vor allem die geschützten Standorte Vaglir im nördlichen und Hallormstaður im östlichen Landesteil (siehe Bild 19 und Abb. 23). Neben diesen und anderen Birkenwaldrelikten gab es gegen Ende der 1960er Jahre nach HESMER (1970, S. 16) rd. 100 000 ha Birkengebüsch mit z. T. kaum 1 Meter Höhe, und zwar besonders in entlegenen Landstrichen oder auf Flußinseln, wo die Bestände vor dem Schafverbiß geschützt waren.

Der Gedanke einer Wiederbewaldung in Island ist schon über 300 Jahre alt. So wurden bereits im 18. Jahrhundert an die Regierung in Kopenhagen zahlreiche Eingaben von isländischer Seite gerichtet, um sich der Sache anzunehmen. Um die Mitte des 17. Jahrhunderts soll der bedeutende isländische Gelehrte Gísli MAGNÚSSON Versuche mit Anpflanzungen von Birken und Weiden gemacht haben (vgl. Þ. THORODDSEN, 2. Bd., 1898, S. 128).

Die Anfänge einer planmäßigen Wiederbewaldung sind bis in das ausgehende 19. Jahrhundert zurückzudatieren. So wurden im Jahre 1899 im südwestisländischen Þingvellir die ersten gelungenen und heute noch vorhandenen Nadelholzpflanzungen durchgeführt. Ähnlich frühe Forstwirtschaftsversuche fanden in Háls und Akureyri statt. P. HERRMANN schildert in seinem zweiten Reisebericht über Island im Jahre 1904 (1907, S. 251) eine seinerzeit vier Jahre alte Baumschule in Akureyri folgendermaßen:

> Diesjährige Saat war *Pinus montana*; die vom vorigen Jahre, *Abies pectinata* und *sibirica*, Birken aus Island und Norwegen, Akazien, Pappeln, Erlen, Ulmen und Ebereschen waren etwa eine Hand hoch. Die Bäumchen des ersten Versuches, Ebereschen von 1900, hatten fast Manneshöhe erreicht. Ich glaubte, eine wohlgepflegte Baumschule in Deutschland vor mir zu haben, und freute mich, zu hören, daß man von dieser ›Versuchsstation‹ in diesem Jahre ca. 6000 Schösslinge an andere Stätten, auch an einzelne Bauern verschickt habe.

Im Jahre 1930, dem tausendjährigen Jubiläum des Althings, wurde in Þingvellir die ›Isländische Waldgesellschaft‹ (›Skógræktarfélag Íslands‹) gegründet, die von nun an sehr tatkräftig die Wiederaufforstung in Angriff nahm. Beispielsweise konnte im Zeitraum 1935 bis 1965 das für die Aufforstung geschützte, d. h. eingezäunte Land in der Hand des Staates bzw. der Waldgesellschaft von 5800 auf 31 400 ha vergrößert werden (nach H. BJARNASON 1967, S. 84).

Neben Versuchen mit den ausländischen Nadelholzarten (z. B. wurde die ja auch bei uns heute allerorts bekannte Sitka-Fichte aus Alaska in isländischen Gärten angepflanzt) richtete sich das Interesse auch auf die Erhaltung bzw. Erneuerung des einheimischen Birkenwaldes, so u. a. mit Hilfe von Birkensaaten auf Ödland. Einen großen Aufschwung nahm dann die Aufforstung nach dem Zweiten Weltkrieg, und zwar nun neben dem Isländischen Forstverein auch auf Initiative der Staatsforstverwaltung (Skógrækt Ríkisins). So wurden allein im Zeitraum 1955 bis 1959 in Island im Jahresdurchschnitt rd. 900 000 Forstpflanzen (zu diesen und den folgenden Angaben vgl. H. BJARNASON 1967, H. HESMER 1970 und S. BLÖNDAL 1982) bereitgestellt. Anfang der 1960er Jahre soll die Fläche der gesicherten Nadelholzjungwüchse für ganz Island rd. 3000 ha und die der nachbesserungsbedürftigen ca. 5000 ha betragen haben. Daß die einheimische Fjellbirke in diesen Aufforstungsjahren zugunsten der Nadelhölzer nach und nach zu einer Nebenholzart wurde, ist schon aus landschaftsökologischen Gründen zu bedauern. Auch andere mehr oder weniger geeignete Laubhölzer, so etwa *Populus tremula* (Espe oder Zitter-Pappel), *Ulmus montana* (Berg-Ulme), *Alnus incana* (Grau-Erle) oder Weiden-Arten, treten hinter den Nadelhölzern zurück, obwohl letztere als immergrüne Baumarten (mit Ausnahme der Lärchen) unter den extremen klimatischen Verhältnissen größeren Gefahren ausgesetzt sind als nur sommergrüne Arten. Von den angebauten Fichtenarten hat sich bislang am besten die *Picea sitchensis* (Sitka-Fichte) bewährt, und zwar vor allem im niederschlagsreicheren Süden und Südwesten Islands. Bezüglich der Kiefernarten sollen nach

HESMER (1970) relativ gut die europäische *Pinus mugo* (Latsche) sowie *Pinus aristata* und *Pinus contorta* gedeihen, wobei allerdings die beiden ersteren kein Nutzholz erzeugen. Nach neueren Erkenntnissen soll jedoch *Pinus mugo* in Island weniger gut gedeihen. Im trockenkalten Osten und Norden Islands hat sich unter den Nadelhölzern am besten *Larix sibirica* (Sibirische Lärche) bewährt; bekannt sind vor allem die Standorte in Hallormstaður in Ostisland südlich Egilsstaðir. Schließlich werden auch Aufforstungsversuche mit weiteren Nadelholzarten betrieben, so mit *Abies lasiocarpa* (Alpen-Tanne), *Tsuga mertensiana* (Hemlocktanne) und *Pseudotsuga spec.* (Douglasie).

Ein interessantes und zugleich sehr eindrucksvolles Beispiel der Wiederaufforstungsbemühungen ist das Waldgebiet in Hallormstaður, über das S. BLÖNDAL (1982) einen ausführlicheren Bericht gegeben hat. Hallormstaður ist eines der 19 größeren Aufforstungsprojekte in Island (vgl. auch Abb. 23). Das heute ca. 2000 ha große Areal entlang des Lögurinn, des drittgrößten Binnensees Islands, ist gekennzeichnet durch recht günstige Bodenverhältnisse (lößartiges Material mit Aschen basaltischen und liparitischen Ursprungs), eine Jahresmitteltemperatur von 3,5° C und einen durchschnittlichen Jahresniederschlag von 687 mm. Damit sind für isländische Verhältnisse relativ gute Vegetationsvoraussetzungen gegeben. Das Gebiet wurde bereits in den Jahren 1905 bis 1908 durch Einzäunungen gegen die Schafe geschützt, so daß sich der natürliche Fjellbirkenbewuchs bereits um die Mitte dieses Jahrhunderts recht gut regeneriert hatte. In dem Schutzgebiet war bereits kurz nach 1900 auf dänische Initiative hin eine kleine Baumschule errichtet worden, die in den nächsten Jahrzehnten räumlich erweitert wurde und bis 1980 immerhin rd. 5,5 Mio. Baumpflanzen zur Aufforstung der Umgebung liefern konnte. Darüber hinaus hat jene Baumschule für Island wertvolle Versuchsergebnisse mit ausländischen Forstpflanzen liefern können. Im Jahre 1980 wurden in Hallormstaður 50 verschiedene Gehölzarten gezogen, davon 38 Nadelholz- und 12 Laubholzarten, welche immerhin 246 Provenienzen entstammten. Insgesamt 200 ha waren aufgeforstet. Innerhalb der Nadelhölzer waren vor allem die Gattungen *Larix* (Lärche), *Picea* (Fichte), *Pinus* (Kiefer), *Abies* (Tanne), *Pseudotsuga* (Douglasie), *Tsuga* (Hemlocktanne) und *Thuja* (Lebensbaum) vertreten, in der Laubholzgruppe *Betula* (Birke), *Fraxinus* (Esche), *Alnus* (Erle), *Ulmus* (Ulme), *Populus* (Pappel), *Sorbus* (Eberesche) und *Salix* (Weide).

Insgesamt gesehen stellen also die Aufforstungsversuche in Island trotz mancher Rückschläge ein ökologisch wie ökonomisch sehr wichtiges Phänomen dar. Dabei geht es natürlich nicht nur um die Holzerzeugung, sondern vor allem auch um den Kampf gegen die Bodenverheerung und um das Bemühen, wenigstens Teile der kahlen Inselfläche landschaftlich reizvoller zu gestalten. In diesem Sinne bietet sich für eine zweckmäßige Bodennutzung – wie HESMER (1970, S. 34) es formuliert – folgende Gliederung an: ›Nutzung der in den letzten Jahren bereits zum erheblichen Teil drainierten moorigen Talgründe als Wiesen für die Rinderhaltung, der Höhen oberhalb der geschlossenen Lößdecke, also über 300–400 m, als Schafweide und Aufforstung der besonders erosionsgefährdeten Hänge nach Abzäunung gegen Schafe.‹

8. DIE ISLÄNDISCHE FAUNA UND IHRE BEDEUTUNG FÜR DEN WIRTSCHAFTENDEN MENSCHEN

Islands Fauna zeichnet sich genauso wie die Flora durch eine relativ große Artenarmut aus (vgl. Kap. 7.). Als die ersten Menschen vor rd. 1100 Jahren die Insel betraten, wird ihnen als einzige Landsäugerart nur der Polarfuchs begegnet sein. Sogar die Artenzahl der Vögel als der vielfältigsten Tiergruppe erreicht nicht einmal das ohnehin kleine Artenspektrum anderer nordischer Länder in gleicher Breitenlage, obwohl die Vögel in sämtlichen Lebensräumen der Insel (von der Küste bis zur kargen, tundrenartigen Landschaft des Hochlandes) vorkommen. Immerhin sind in Island etwa 240 Vogelarten mit z. T. sehr hoher Individuenzahl bekannt. Es nisten aber nur rund 80 Arten auf der Insel.

Die Artenverarmung der Fauna resultiert aus der pleistozänen Vereisung Islands bis vor etwa 10 000 Jahren. Lange Zeit bedeckten die Eismassen die Insel nahezu vollständig, so daß bestenfalls nur jene Tierarten in eisfreien Refugien (vgl. Kap. 4.1.4) überdauern konnten, die den harten Bedingungen eines Lebens in der Tundra gewachsen waren. Möglicherweise lebten in den Refugien während des Pleistozäns u. a. das Alpenschneehuhn, der Birkenzeisig, die Schneeammer, der Gerfalke (vgl. ENGLÄNDER 1974, S. 74). Während der Sommermonate werden die eisfreien Küstensäume von Alken, Möwen, Enten, Watvögeln und Gänsen besiedelt gewesen sein. Im Postglazial begann mit den ansteigenden Temperaturen der Rückzug der hocharktischen Population nach Norden. Heute leben von ihr nur noch einige wenige Arten auf Island. Dazu zählen u. a. die Dickschnabellumme, die Eismöwe und der streng geschützte Krabbentaucher, der nur noch auf der am Polarkreis befindlichen Insel Grímsey vorkommt. Mit dem Rückzug der arktischen Vogelarten tauchen gleichzeitig Vertreter der an mildere klimatische Bedingungen gebundenen borealen Fauna auf (ENGLÄNDER 1974, S. 75). Allerdings ist es außer den Vögeln wegen der isolierten Lage Islands nach der Eiszeit nur wenigen Tierarten gelungen, die großen Entfernungen über das Meer hinweg zu überwinden und auf der Insel heimisch zu werden. Deshalb besiedelten den isländischen Raum keine Süßwasserfische, sondern nur an Süß- und Salzwasser angepaßte Fischarten, wie z. B. der Lachs und die Lachsforelle. Für Amphibien, Reptilien und fast alle Säugetierarten stellte das Meer eine nahezu unüberwindbare Barriere dar. Aus diesem Grunde leben von den Säugetieren außer dem wahrscheinlich aus Grönland eingewanderten Polarfuchs nur zwei Robbenarten an den Küsten, nämlich der Gemeine Seehund und die Kegelrobbe. Seit der Besiedlung bejagen die Isländer die Robben, anfangs aus Gründen der Pelz- und Fleischbeschaffung (BÁRÐARSON 1982, S. 218), später wegen der unerwünschten Konkurrenz im Fischfang. Hin und wieder gelangt in kalten Wintern über das Treibeis auch der Eisbär nach Island. Er wird sofort abgeschossen und hat folglich keine Chance, hier heimisch zu werden. Die meisten der heute auf der Insel lebenden Säugetierarten erreichten Island erst durch den Menschen. Neben den Nutztieren kamen unbeabsichtigt auch die Haus- und die Wanderratte sowie die Feld- und wahrscheinlich die Waldmaus ins Land und breiteten sich fast unbehindert in den besiedelten Gebieten aus. Lange Zeit verwehrten im Süden die Schmelzwasserflüsse auf dem Skeiðarársandur den Nagetieren den Zugang zum Naturschutzgebiet von Skaftafell. Nach der Fertigstellung der großen Straßenbrücke im Jahre 1976 konnten sie schließlich auch in diese Region vordringen. Eine unerwünschte Möglichkeit, sich im gesamten Land auszubreiten, fand in den letzten Jahrzehnten der zur Farmhaltung in den 1930er Jahren eingeführte amerikanische Nerz. Als sehr aktive Räuber richten die Nachkommen einiger ausgebrochener Tiere besonders unter den Vögeln großen Schaden an.

Erste Versuche, nordische Großtiere in der Wildnis anzusiedeln, wurden schon recht früh unternommen. Zwischen 1771 und 1787 setzte man die ersten Rentiere norwegischer Herkunft in verschiedenen Teilen Islands aus (vgl. Engländer 1974, S. 80 und Preusser 1976, S. 49). Die Bauern sahen jedoch in der Rentierhaltung eine bedrohliche Konkurrenz für ihre Schafhaltung und rotteten deshalb die meisten Bestände aus. Erhalten blieb nur eine etwa 3000 Tiere starke Herde im Umfeld des Snæfells in Südostisland, die dort allerdings so gut gedeiht, daß alljährlich etwa 600 Tiere zum Abschuß freigegeben werden können.

Engländer (1974, S. 77) unterscheidet in Island für die Vögel folgende Lebensräume: die menschlichen Siedlungsräume, den Mývatn und seine Uferzonen, das unbewohnte Zentralisland und die Küste. Im menschlichen Siedlungsraum sind jene Vogelarten heimisch geworden, die auch in Mitteleuropa in unmittelbarer Nachbarschaft mit dem Menschen leben, z. B. der Sperling, die Drossel und schließlich die Möwe als Allesverwerter. Das interessanteste Vogelgebiet Islands ist sicherlich der unter den Ornithologen weltweit bekannte Mývatn mit seinen Uferzonen im Übergangsbereich zwischen Küste und Hochland. Auf einem verhältnismäßig kleinen Areal von etwa 40 km^2 leben außer den Seevögeln fast alle Vogelarten Islands, darunter allein 15 Entenarten. Zu ihnen zählen als amerikanische Einwanderer die Kragen- und die Spatelente. Die günstigen Bedingungen für die Vogelwelt, aber auch für die im See lebenden Fische (es werden 20 000 kg/Jahr gefangen; Jónasson 1979, S. 300), beruhen auf einer hohen Phyto- und Zooplanktonproduktion. Außerdem bietet eine reich gegliederte, flache Ufer- und Insellandschaft den Vögeln günstige Nistmöglichkeiten. Alljährlich brüten hier allein etwa 15 000 Enten. Im Durchschnitt sollen sich auf und um den See ca. 150 000 Vögel aufhalten. Für den wirtschaftenden Menschen war die Ente die wichtigste Vogelart. Sie wurde nie bejagt, sondern brachte durch ihre Eiablage den Besitzern der am Mývatn angrenzenden Bauernhöfe seit mindestens 300 Jahren einen kleinen, aber regelmäßigen Nebenerwerb. Zur Erhaltung des Entenbestandes dürfen den Nestern nur dann Eier entnommen werden, wenn sich mehr als vier Stück darin befinden (F. GUÐMUNDSSON 1979, S. 234). Erste Angaben über die Ausbeute stammen aus dem Jahr 1712. Trotz nahrungsbedingter Schwankungen wurden in jüngerer Vergangenheit durchschnittlich etwa 9000 Eier gesammelt und im Jahre 1941 erzielte man sogar eine Rekordausbeute von rd. 41 000 Stück, was einer angenommenen Entenpopulation von ca. 19 000 Brutpaaren entspricht. Inzwischen haben Straßenbaumaßnahmen, die industrielle Förderung kieselgurhaltigen Schlamms vom Seeboden (siehe Kap. 11.3), das Befahren des Sees mit Motorbooten und das Eindringen des Nerzes in das Seegebiet die Lebensbedingungen der Wasservögel so nachteilig verändert, daß die Eierproduktion drastisch absank. Offensichtlich verursachte der Nerz die größten Schäden in der Entenpopulation (F. GUÐMUNDSSON 1979, S. 248), denn heute liegen die einst hauptsächlich von den Enten benutzten Bruträume auf kleinen, mit Birken und Weiden bestandenen Inseln verlassen da. Die meisten Enten haben sich in die mit Riedgras bestandenen Uferzonen zurückgezogen und brüten dort nun gemeinschaftlich mit Möwen und Seeschwalben. Jedoch ist zu erwarten, daß sich die Bestände nach einiger Zeit erholen werden, da wegen des wachsenden Wohlstandes und des damit verbundenen Wandels von Ernährungsgewohnheiten die Nachfrage nach Enteneiern abgenommen hat (vgl. GARÐARSSON 1979, S. 262). Eine regelmäßige Bejagung der Räuber (Fuchs, Nerz, Kolkrabe, Raubmöwe) soll die Bestandserhaltung sicherstellen.

Im Gegensatz zu den Enteneiern sind die Daunen der Eiderente auch heute noch stark gefragt. Man trifft die Eiderente vorwiegend an der Westküste an, wo ihr flache, mit Gras bewachsene Inseln (z. B. Ædey), Halbinseln oder entlegene Uferstrecken als Brutraum dienen. Die 300 über Island verteilten Brutkolonien mit je ca. 12 000 Vögeln befinden sich im Privatbesitz von Bauern, die dafür Sorge zu tragen haben, daß die Tiere nicht gestört werden. So ist z. B. in der Zeit vom 15. April bis zum 14. Juli im Umkreis von 2 km von den Eiderentenkolonien jeglicher Gebrauch von Feuerwaffen verboten. Nach dem Schlüpfen der Jungen werden die Daunen, die die bebrüteten Eier vor Temperaturstürzen schützten, eingesammelt und gereinigt. Die Daunenproduktion betrug im Jahre 1979 ca. 2000 kg (BÚNAÐARFÉLAG 1980, S. 5), wobei 1 Kilogramm umgerechnet ca. 1000 DM einbrachte.

In den Blickpunkt der Öffentlichkeit rückte in den letzten Jahren aufgrund eines Staubeckenprojektes das Quellgebiet der Þjórsá, die Þjórsarver, nahe dem Hofsjökull. Hier brüten auf einer ca. 150 km^2 großen, mit Zwergbirken und Weiden bestandenen Oase alljährlich etwa 10 000 Paare der Kurzschnabelgans. Außer in Island brütet diese seltene Gänseart nur noch auf Spitzbergen und Grönland. Der Plan der Nationalen Energiebehörde (Orkústofnun), in jenem Gebiet einen Stausee für die Elektrizitätsgewinnung entstehen zu lassen, der das Brutgebiet zum großen Teil zerstört hätte, mußte schließlich aufgegeben werden.

Unter besonderem Schutz steht in Island der Gerfalke, dessen vorzügliche

Jagdeigenschaften schon seit langer Zeit geschätzt werden. Nach Baasch (1889, in: Hansen 1965, S. 66) lobte ›Kaiser Friedrich II. die isländischen Falken als die besten, und solange die Falkenjagd ein beliebter Sport gewesen ist, so lange hat auch der isländische Falke eine hervorragende Rolle gespielt. Die dänischen Könige benutzten diese Vögel mit Vorliebe zu Geschenken an befreundete Fürsten oder solche, mit denen sie sich befreunden wollten.‹ Der isländische Falke war also ein begehrter Exportartikel. Im 18. Jahrhundert sollen 150 bis 200 Vögel ausgeführt worden sein. Auch heute erfreut sich der Gerfalke noch großer Wertschätzung im Orient, so daß durch Verkauf hohe Gewinne erzielt werden können. Leider wird aus diesem Grunde immer wieder den ganzjährig geschützten Falken von Ausländern nachgestellt, und ihr Bestand wäre ohne den strengen Schutz stark gefährdet, denn nur noch etwa 100 Paare halten sich im Hochland und im Übergangsgebiet zur Küste auf. Die Falken ernähren sich hauptsächlich von Schneehühnern, aber auch von Papageitauchern und Enten.

Einige Kliffs und Inseln vor Island sind von Seevögeln dicht besiedelt. Möwen, Alken, Baßtölpel und Kormorane finden rund um Island ideale Lebensbedingungen vor, da gerade das Küstengebiet sich durch einen großen Fischreichtum auszeichnet. Auf einigen der Vogelfelsen, wie z. B. Látrabjarg (die Westspitze Islands), Eldey, Grímsey, Papey, die Vestmannaeyjar, Drangey und Hornbjarg, halten sich daher während der Sommermonate Zehntausende von Seevögeln auf, so z. B. Kormorane, Gryllteisten, Dreizehenmöwen, Lummen, Eissturmvögel, Tordalken und Papageitaucher.

Der Seevogelfang war für die Isländer einst eine Lebensnotwendigkeit. Das Fleisch von allen Seevögeln wurde verzehrt. Als Delikatesse galt und gilt heute noch das Fleisch der Papageitaucher. Zentrum des Vogelfangs waren die Vestmannaeyjar, wo noch im vergangenen Jahrhundert ungewöhnlich hohe Fangquoten erzielt wurden. Nach Schutzbach (1967, S. 119) wurden z. B. im Jahre 1856 hier allein 331 000 Papageitaucher gefangen. Um die Jahrhundertwende war die Fangmenge schon auf ein Zehntel geschrumpft. Etwa gleich groß war die Fangquote der ebenfalls als Delikatesse geschätzten Eissturmvögel mit etwa 28 000 Stück. Im Jahre 1939 erließ man jedoch ein Fangverbot wegen einer möglichen Übertragung der Ornithosis. Heute noch dürfen die Vögel von Juli bis Anfang August gejagt bzw. gefangen werden, was aber mittlerweile mehr aus einer Art sportlicher Betätigung geschieht, und nicht um den Lebensunterhalt zu bestreiten. Trotz der intensiven Verfolgung ist der Bestand der Papageitaucher nicht gefährdet, denn alljährlich nisten in und um Island etwa 1 Mio. Brutpaare. Damit ist er aber noch nicht die häufigste Seevogelart Islands. In noch größerer Zahl treten beispielsweise die Lummen auf, von denen sich in den Sommermonaten allein auf dem Felsen von Látrabjarg etwa 5 Mio. Tiere aufhalten sollen. Einzigartig ist auch die kleine, etwa 70 m hohe Felseninsel Eldey mit der wahrscheinlich größten Baßtölpelkolonie der Welt; zeitweise sollen dort bis zu 70 000 Tiere leben. Eldey ist auch noch aus anderen, weniger erfreulichen Gründen bekannt geworden. Im

Jahre 1844 fand hier die Ausrottung eines Seevogels ihren traurigen Abschluß, als der letzte der pinguinähnlichen Großen Alken geschossen wurde. Heute steht die Insel Eldey unter strengem Naturschutz. Man darf sich ihr nur mit besonderer Genehmigung nähern.

Diese und zahlreiche andere strenge Schutzbestimmungen resultieren aus der innigen Naturverbundenheit der Isländer und zum anderen auch aus einem in der stetigen Auseinandersetzung mit den Naturkräften erwachsenen Bewußtsein, daß hier am Rande der Ökumene mit der natürlichen Umwelt besonders vorsichtig und umsichtig umgegangen werden muß. Dem wirtschaftenden Menschen brachte die heimische Tierwelt des Festlandes nur einen kleinen, aber sicherlich zeitweise sehr notwendigen Nutzen.

9. DIE BEVÖLKERUNGSSTRUKTUR IN IHRER RAUM-ZEITLICHEN UND SOZIALEN DIFFERENZIERUNG

Die 1982 etwa 235 000 zählenden Bewohner Islands bewohnen nur rd. 15% der Landesfläche. Damit ist Island das am dünnsten besiedelte Land Europas, das eine durchschnittliche Bevölkerungsdichte von 2,1 Einwohner pro km² aufweist. Doch was sagt schon dieser Mittelwert aus, wenn man sich vor Augen hält, daß knapp 60% der heutigen Bevölkerung im Raum Reykjavík auf einer Fläche von etwa 50 km² leben? Zugleich sei daran erinnert, daß ungefähr vier Fünftel der Fläche Islands heute unbewohnt und zu einem großen Teil auch unbewohnbar sind. Zu den besiedelten Räumen zählt in erster Linie Südwestisland mit seinem Hauptstadtbereich und den südöstlich bzw. nördlich benachbarten Ebenen entlang der Unterläufe von Hvítá, Þjórsá, Þverá bzw. beiderseits des Borgarfjörðurs. Weitere Siedlungsstandorte konzentrieren sich auf die schmalen Küstensäume, vor allem auf die inneren Fjordarme in Nord- und Ostisland, sowie auf einige sich landeinwärts erstreckende Talzüge. Nur wenige Siedlungen haben eine etwas küstenfernere Lage, so das in ca. 300 m Höhe liegende Mývatn-Gebiet und das südöstlich benachbarte Möðrudalur, wo sich zudem bei 460 m NN der am höchsten gelegene Hof Islands befindet (vgl. zu diesen und den folgenden Angaben auch H. Preusser 1976 und V. Kristinsson 1973).

Ein charakteristisches Merkmal in der demographischen Entwicklung Islands sind die starken Schwankungen der Bevölkerungszahlen seit der Landnahmezeit ab 870 n. Chr. Durch den häufigen Wechsel von Besiedlungs- und Wüstungsphasen ist auch das Größenverhältnis zwischen bewohnten und unbewohnten Flächen im Laufe der Geschichte keineswegs konstant geblieben. Verantwortlich für die Abnahme der Bevölkerungszahlen und die damit zugleich erfolgende Rückverlagerung der binnenwärtigen Siedlungsgrenzen seit der hoch- und spätmittelalterlichen Zeit sind zum einen Naturereignisse und -katastrophen (Vulkanausbrüche mit ihren verheerenden Tephrafällen und Gaseinwirkungen, Klimaverschlechterungen, Gletschervorstöße und Gletscherläufe, mehrere aufeinander folgende Treibeisjahre an der Nord- und Ostküste usw.), weiterhin die hochgradige Vegetations- und Bodenzerstörung durch den wirtschaftenden Menschen, aber auch Epidemien (Pest, Pocken u. a. m.) sowie Folgen der wirtschaftlichen Ausbeutung nach dem Ende des isländischen Freistaates (vgl. Kap. 3).

Gegen Ende der Landnahmezeit, d. h. also um 930 n. Chr., dürfte Island ca. 30 000 Einwohner gehabt haben, deren Zahl dann bis gegen Ende des 11. Jahrhunderts weiter anstieg. In dem bereits erwähnten ›Íslendingabók‹ des Ári Þorgilsson aus der Zeit um 1100 n. Chr. werden 4560 steuerpflichtige Bauern genannt, die bestimmte Abgaben zu leisten hatten und nach denen die damalige Gesamtbevölkerung geschätzt worden ist[19].

Diese Schätzungen variieren allerdings zwischen 30 000 und 70 000 Menschen (vgl. u. a. H. Þorláksson 1982, S. 11). Andere Schätzungen älterer Autoren, die sogar von 100 000 Menschen in Island für die Zeit um 1100 sprechen, dürften sicherlich zu hoch gegriffen sein. Unumstritten ist jedoch, daß seit spätmittelalterlicher Zeit aufgrund der oben genannten Ursachen die Bevölkerungszahlen zurückgingen und zahlreiche Siedlungen, insbesondere die weiter im Binnenland gelegenen, aufgegeben wurden. Noch für das beginnende 13. Jahrhundert wird die isländische Bevölkerung auf etwa 80 000 Menschen geschätzt (vgl. u. a. S. Þórarinsson 1961, S. 519). Für die folgenden Jahrhunderte, und zwar bis 1703, dem Jahr der ersten amtlichen Volkszählung in Island, liegen keine genaueren Angaben über die Bevölkerungsentwicklung vor. In der Forschung wird jedoch vielfach die Auffassung vertreten, daß um 1400 nur noch ca. 40 000 Menschen in Island lebten, wobei dieser markante Rückgang in erster Linie den Naturkatastrophen und den darauf folgenden Hungersnöten, den Seuchen und der zunehmenden Degradierung der Weidewirtschaftsflächen angelastet werden muß. Man kann davon ausgehen, daß allein in den Jahren 1402 bis 1404 nahezu die Hälfte der Bevölkerung an der Pest, sowie von 1707 bis 1709 beinahe ein Drittel an den Pocken gestorben ist.

Von besonderem Interesse ist die bereits oben erwähnte und in vieler Hinsicht einzigartige Volkszählung von 1703. Sie gilt als die erste ›moderne‹ Volkszählung Europas, da es erst im 19. Jahrhundert allgemein üblich wurde, jeden Gezählten mit vollem Namen, Alter und Berufsstand in den Akten zu führen[20]. Danach leb-

[19] Ári Þorgilsson nennt diesbezüglich für Ostisland 700 Bauern, für den Süden 1000, den Westen 900 und den Norden 1200. In diesem Zusammenhang gibt H. Kuhn (1971, S. 35) allerdings zu bedenken, daß man nicht genau wisse, ob Ári dem damaligen Brauch entsprechend das Hundert als ›Großhundert‹ (d. h. hier 120) oder nur als ›kleines Hundert‹ (d. h. 100) gerechnet habe. Weiterhin seien nur die wohlhabenderen Bauern gezählt worden, und schließlich wisse man nicht, wie viele Menschen im Durchschnitt auf einem Hofe gelebt haben.

[20] Die Zählungen wurden von Árni Magnússon (zugleich als Sammler isländischer Handschriften und Bücher bekannt) und Páll Vídolín durchgeführt, die als Sonderbeauftragte bzw. Kommissare der dänischen Regierung eine Bestandsaufnahme des isländischen Wirtschaftspotentials durchzuführen hatten. Um eine genaue Erhebung zu gewährleisten, schrieben die Kommissare im Jahre 1702 an die einzelnen Bezirksvorsteher (sýslurmenn) in Island mit dem Auftrag, ›ein vollständiges Register aller Einwohner des Bezirks zu erstellen, von Hof zu Hof, Bauer und Hausfrau, Kinder und alle Hausgenossen, mit Namen und Alter, und ist bei jeder Manns- und Frauensperson genau zu spezifizieren, welcher Beschäftigung sie nachgeht, auf dem Hofe oder im Hause, oder auf welche andere ehrliche Weise sie den Lebensunterhalt erwirbt‹ (Zitat aus I. Jónasson in: ›Deutsch-Isländisches Jahrbuch‹, 7, 1974, S. 17; auch die folgenden Zahlenangaben sind diesem Beitrag entnommen; vgl. auch Þ. Thoroddsen, 2. Bd., 1898, S. 262 ff.).

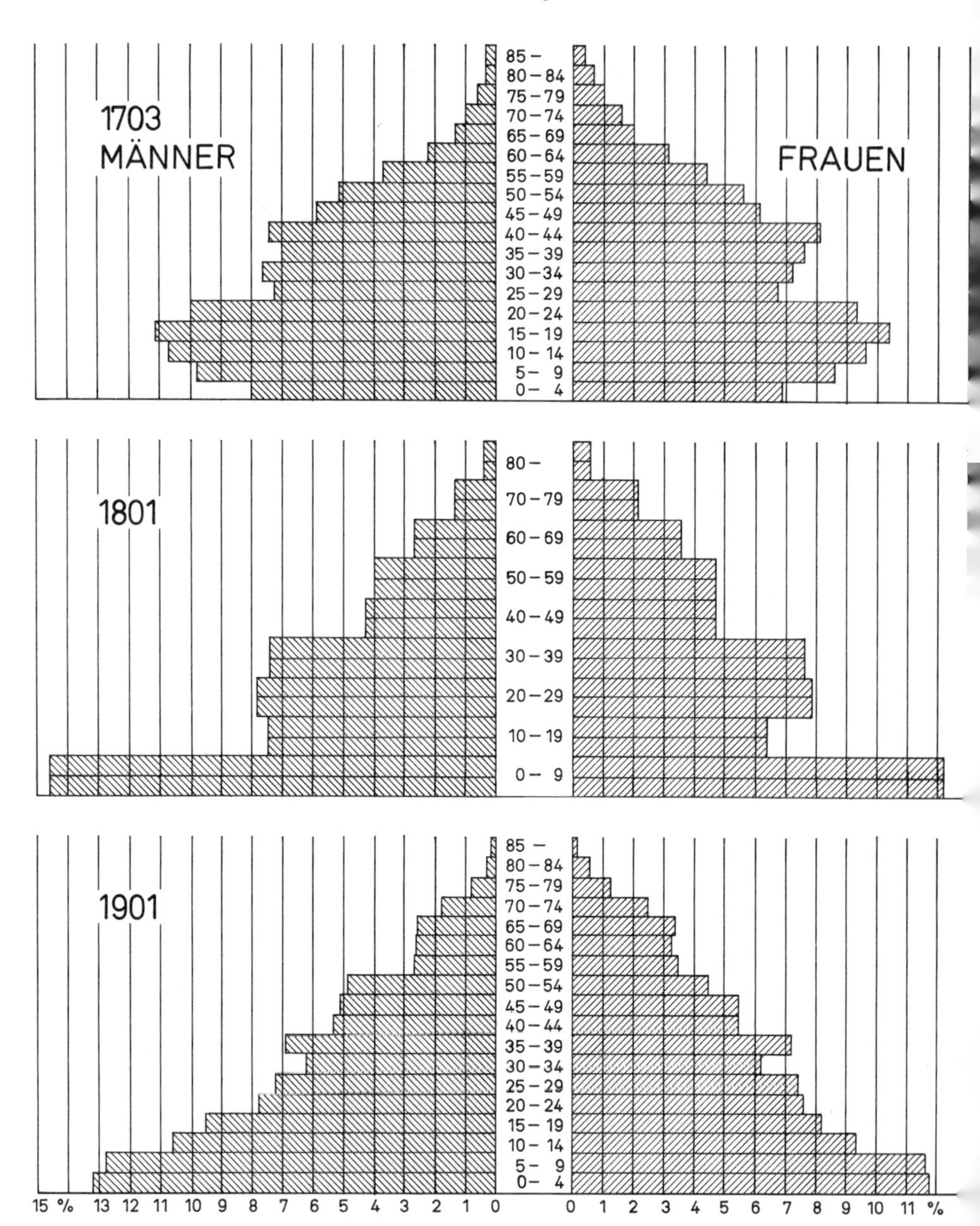

Abb. 24: Die isländische Bevölkerung nach Geschlecht und Alter 1703 bis 1979 (Zahlen nach ›Tölfræðihandbók 1974‹, 1976, S. 24f. und Hagtíðindi, August 1980, S. 152f.).

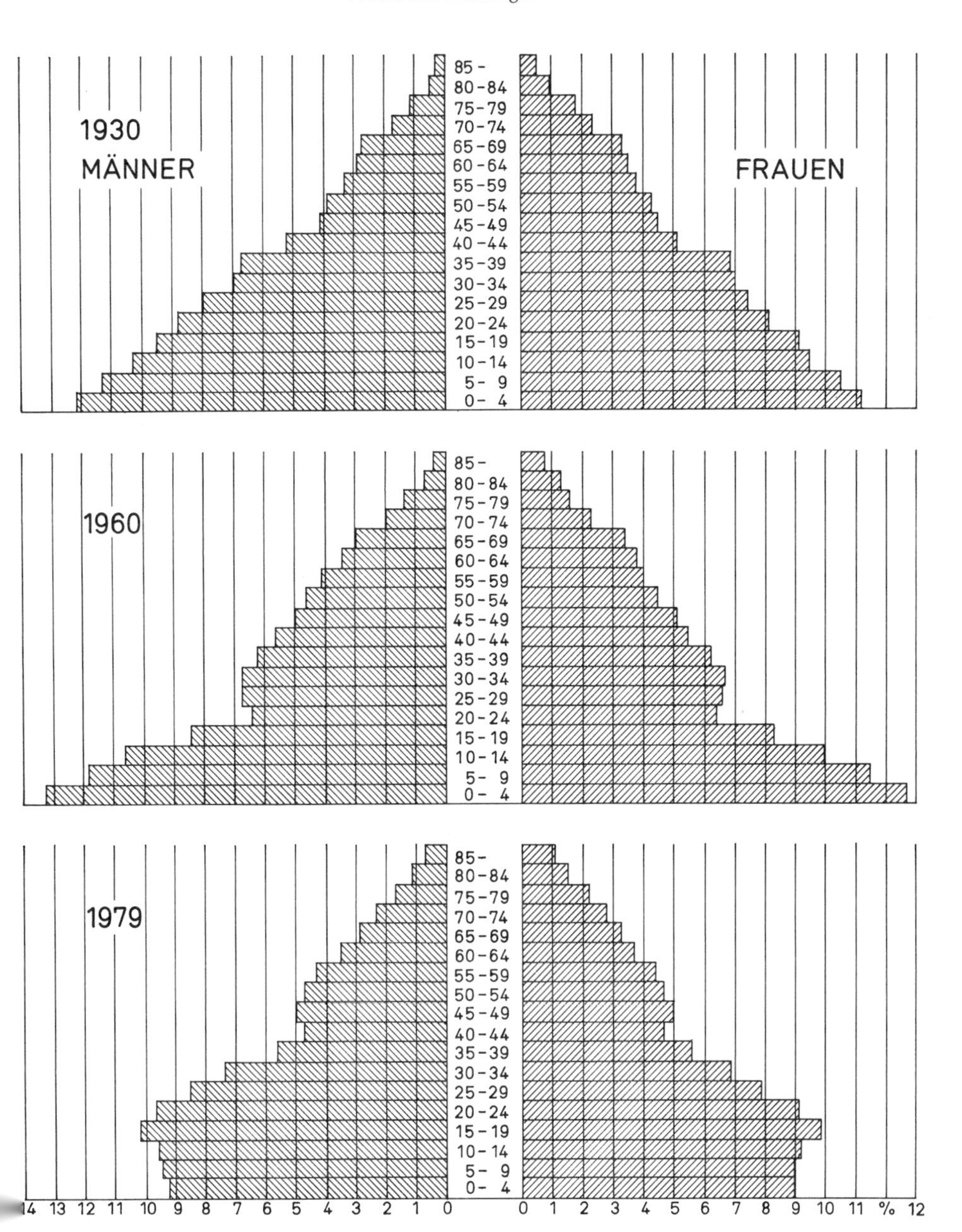
1930
MÄNNER
FRAUEN
1960
1979
85-
80-84
75-79
70-74
65-69
60-64
55-59
50-54
45-49
40-44
35-39
30-34
25-29
20-24
15-19
10-14
5- 9
0- 4
14 13 12 11 10 9 8 7 6 5 4 3 2 1 0
0 1 2 3 4 5 6 7 8 9 10 11 % 12

Tab. 10: Die Altersstruktur der isländischen Bevölkerung in den Jahren 1703 und 1970 (in %)

	Männer 1703	Frauen 1703	Männer 1970	Frauen 1970
0–14 Jahre	28,5	25,1	32,5	32,4
15–19 Jahre	11,1	10,3	10,0	9,9
20–64 Jahre	56,1	58,2	49,5	49,1
65 Jahre und mehr	3,6	5,7	8,0	8,6
nicht spezifiziert	0,7	0,7	0,0	0,0
	100,0	100,0	100,0	100,0

Quelle: I. Jónasson 1974, S. 19.

ten im Jahre 1703 in Island genau 50 358 Menschen, und zwar 22 867 männliche und 27 491 weibliche Personen. Es wurden 8191 Wohnstätten gezählt, so daß gut sechs Personen auf einen Haushalt kommen. Ein Vergleich der Altersstatistiken von 1703 und der heutigen Zeit (Abb. 24 und Tab. 10) zeigt deutlich, daß es damals verhältnismäßig weniger Kinder und alte Menschen in Island gab als heute, was natürlich in erster Linie auf den erheblichen Anstieg des Durchschnittsalters und den Rückgang der Kindersterblichkeit gerade in unserem Jahrhundert zurückzuführen ist.

Das Erwerbsleben war zu Beginn des 18. Jahrhunderts insofern sehr einseitig ausgerichtet, als nahezu alle Isländer mehr oder minder von der Landwirtschaft abhängig waren. Bauern und andere von der Agrarwirtschaft Abhängige werden für das Jahr 1703 mit 34 987 angegeben sowie Bauern mit Fischfang im Nebenerwerb mit 7496. Die Volkszählung macht zugleich konkrete Aussagen über einige spezielle Berufsgruppen, die sich zumeist auf höhere und niedere Dienstleistungen beziehen. Danach wurden 245 Pfarrer und 2 Bischöfe gezählt, 24 Verwaltungsbeamte, 7 Büttel bzw. Gerichtsdiener, 7 Schulmeister und Lehrer sowie 76 Schüler; weiterhin 6 Prokuristen (bei den dänischen Handelshäusern), 4 Furiere und 2 Buchbinder sowie schließlich 108 Schmiede, 112 Viehhirten, 14 Pferdepfleger und 6 Falkenfänger. Interessante Einsichten vermittelt die Volkszählung von 1703 aber auch über andere Sozialaspekte, z. B. bezüglich der Wohnverhältnisse, der Zahl der Haushaltsvorstände und des Armenwesens. So fallen allein 9669 Personen unter die Rubrik ›Gesinde‹, und 7183 Menschen obliegen der Fürsorge seitens der Gemeinden. Letztere Zahl, so formuliert es I. Jónasson (1974, S. 20), ›setzt sich aus 6789 »Gemeindearmen« zusammen – das sind solche, die innerhalb der Gemeinde von Hof zu Hof »rotieren« – und 394 Landstreichern. Dazu kommen noch 617 Personen, die von den Gemeinden unterstützt werden‹. Insgesamt gesehen konnten sich also 7800 Personen bzw. 15,5 % der damaligen Bevölkerung nicht selbst ernähren.

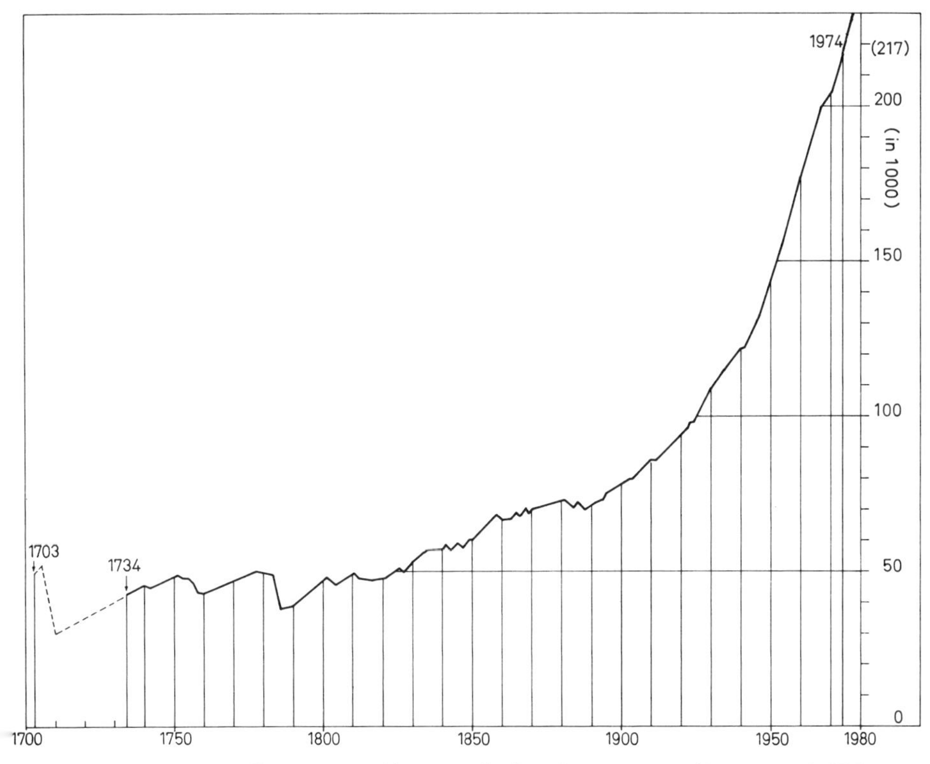

Abb. 25: Die Bevölkerungsentwicklung in Island im Zeitraum 1703 bis 1980 (nach ›Tölfræðihandbók 1974‹, 1976, S. 8ff.; ›Iceland 874–1974‹, S. 24; H. Preusser 1976, S. 120; Thannheiser, Protokoll, S. 79).

Infolge der bereits genannten Katastrophen, also der Pockenepidemie von 1707 bis 1709 und der ebenfalls verheerenden Eruption der Laki-Spalte von 1783, erlitt die Bevölkerungsentwicklung im 18. Jahrhundert weitere große Rückschläge, so daß im Jahre 1786 nur noch 38 400 Menschen Island bewohnt haben sollen. Seit dem ausgehenden 18. Jahrhundert bis zum Ende des 19. Jahrhunderts ist dann aber wieder ein langsamer und relativ kontinuierlicher Anstieg der Bevölkerungszahlen zu konstatieren, zumal sich die sozioökonomischen Rahmenbedingungen (u. a. Lockerung und schließliche Aufhebung des dänischen Handelsmonopols) verbesserten. Ein nochmaliger, aber nur relativ leichter Bevölkerungsrückgang in den 1880er Jahren von 72 500 (1880) auf knapp 71 000 (1890) Menschen resultierte aus der Emigration vor allem nach Nordamerika, von der allein im Zeitraum 1881–1890 rd. 6000 Isländer erfaßt wurden. Die relativ starke Auswanderung in jenen Jahren wurde insbesondere durch folgende Fakten bedingt (vgl. H. Preusser 1976, S. 119f.):

1. Der von der Askja stammende Aschefall im Jahre 1875 machte die Nutzung großer Weideflächen im Nordosten des Landes für mehrere Jahre unmöglich.
2. Zwei ausgeprägte Treibeisjahre an der nordisländischen Küste, nämlich 1881 und 1882, ermöglichten dort nur minimale Heuernten, was ebenfalls zu einer Dezimierung der Viehzahlen und damit zu Hungersnöten führte.
3. Die hohen Geburtenquoten bis Mitte der 1860er Jahre sowie die sinkenden Sterbequoten seit den 1870er Jahren schufen ab etwa 1880 ein Überangebot an Arbeitskräften.

Mit dem ausgehenden 19. Jahrhundert setzten dann grundlegende Wandlungsprozesse im demographischen Gefüge Islands ein, die sich bis in die unmittelbare Gegenwart fortsetzen. Im Zuge des wirtschaftlichen Aufschwungs (bedingt vor allem durch die Fischereiwirtschaft) und der technisch-industriellen Entwicklung vollzog sich nun auch eine starke und kontinuierlich verlaufende Bevölkerungszunahme (vgl. u. a. Abb. 25). Der heute noch nicht abgeschlossene Wandel von einer Land- zur Stadtbevölkerung, d. h. die Migration in die Städte bzw. stadtähnlichen Siedlungen entlang der Küste, veränderte auch die Sozialstruktur der isländischen Bevölkerung nachhaltig. Während im Jahre 1890 noch 89 % der Isländer auf Einzelhöfen und in geschlossenen Siedlungen bis 300 Einwohner lebten, waren es 1973 noch 14 % und 1982 nur noch rd. 10 %. Neben dieser Wanderungsbewegung und der damit verbundenen Urbanisierung ist die Bevölkerungsdynamik des Inselstaates aber vor allem durch starkes Bevölkerungswachstum gekennzeichnet. Zu Recht wird häufig darauf hingewiesen, daß die Geburtenquote in Island im Vergleich zu der in anderen europäischen Staaten sehr hoch ist, während die Sterbequote zu den niedrigsten der Erde und die Lebenserwartung zu den höchsten zählt. So wird z. B. für den Zeitraum 1979/80 die durchschnittliche Lebenserwartung bei Frauen mit 79,7 und bei Männern mit 73,7 Jahren angegeben. Das genannte rasche Bevölkerungswachstum in Island läßt sich vielleicht durch folgende Zahlenvergleiche veranschaulichen: Im Zeitraum 1823 bis 1925, also in gut 100 Jahren, verdoppelte sich die Einwohnerzahl von etwa 50 000 auf 100 000. Danach dauerte es nur 42 Jahre bis zu einer erneuten Verdoppelung, indem schon 1967 die Zahl von 200 000 Menschen überschritten wurde. Für 1970 gibt die Statistik rd. 205 000, für 1980 knapp 230 000 und für 1982 etwa 235 000 Einwohner an.

Die hohe Mobilität und die Umstrukturierung von einer ländlich-agraren zu einer städtischen Bevölkerung haben natürlich auch zu einem sich ständig wandelnden räumlichen Verteilungsmuster geführt. Während zum Beispiel der Hauptstadtbereich Reykjavík[21] – 1786, als Reykjavík selbst Stadtrechte erhielt,

[21] Unter ›Hauptstadtbereich‹ Reykjavík (›Hofuðborgarsvæði‹) sind hier neben Reykjavík selbst die städtischen Siedlungen Kópavogur (Stadtrechte 1974), Hafnarfjörður (1908), Seltjarnarnes (1974), Garðabær sowie die ländlichen Gemeinden Mosfellshreppur, Bessastaðahreppur, Kjarlaneshreppur und Kjósarhreppur zu verstehen (vgl. auch Kap. 10.2).

zählte der Ort 302 Einwohner – noch vor rd. 200 Jahren nur 1 % der isländischen Bevölkerung aufwies, vereinigt er heute rd. 55 % aller Inselbewohner auf sich. Dabei ist zu beachten, daß in den letzten zwei Jahrzehnten die im Einzugsbereich der Hauptstadt liegenden städtischen Siedlungen durch wesentlich höhere Zuwanderungsquoten eine stärkere Bevölkerungszunahme erfahren haben als Reykjavík selbst. Eine entsprechende Entwicklung ist ja durchaus auch für andere europäische Großstadtzentren charakteristisch. Neben dem rapiden Wachstum im Raum Reykjavík und in einigen Nachbarzentren von Reykjanes hat auch Akureyri als Stadt mit der zweithöchsten Zentralität eine beachtliche Zuwanderung zu verzeichnen. Dieser Entwicklungstrend trifft gerade in den letzten Jahren zudem für weitere städtische Zentren, z. B. Husavík in Nordostisland, zu.

Schon Mitte der 1970er Jahre konnte man davon ausgehen, daß über zwei Drittel der Bevölkerung in geschlossenen Siedlungen mit über 2000 Einwohnern lebten, wobei sich jene städtischen bzw. stadtähnlichen Siedlungen sehr ungleichmäßig über die bewohnten, d. h. küstennahen Zonen erstrecken.

Die in den einzelnen Landesteilen sehr unterschiedlich verlaufende Bevölkerungsentwicklung zeigt sich deutlich in Tab. 11 (vgl. auch Abb. 26), in der die räumlichen Differenzierungen sowie die jeweiligen Anteile von ländlich-agrarer und städtischer Bevölkerung für den Zeitraum 1703 bis 1974 festgehalten sind. Auffallend ist dabei die Tatsache, daß mit Ausnahme des Südwestens die einzelnen Landesteile seit mehreren Jahrzehnten einen relativen Bevölkerungsrückgang verzeichnen, der in wenigen Jahren sogar zu einer absoluten Abnahme wurde. Sieht man von Reykjavík und Reykjanes ab, dann hat Nordostisland (Norðurland eystra) im Vergleich zu den anderen Landesteilen die stärkste Bevölkerungszunahme im oben genannten Zeitraum erfahren; auch sein Anteil von etwa 11 % an der Gesamtbevölkerung Islands ist in den letzten drei Jahrhunderten recht konstant geblieben (Tab. 11). Man muß diesbezüglich aber auch berücksichtigen, daß spätestens seit Mitte der 1970er Jahre fast 50 % der knapp 24 000 Menschen Nordostislands in Akureyri wohnten. Für die anderen Landesteile sieht die Bevölkerungsentwicklung innerhalb der letzten Jahrzehnte folgendermaßen aus: Das Suðurland und das Vesturland verzeichnen seit den 1950er Jahren relativ starke Zunahmen, obwohl auch ihre Anteile an der Gesamtbevölkerung leicht zurückgingen. Die absolute Zunahme ist einmal auf das Wachstum der städtischen bzw. stadtähnlichen Küstensiedlungen sowie zum andern im Suðurland auf die rasche Entwicklung geschlossener Siedlungen (vor allem Selfoss und Hveragerði) in Binnenlage zurückzuführen. Eine nur geringe Zunahme der Bevölkerung von knapp 10 000 Einwohnern (1950) auf rd. 12 000 (1974) vollzog sich in Austurland, dessen Anteil an der Gesamtbevölkerung heute bei etwa 5 % liegen dürfte. Im Gegensatz dazu ist nun die nordwestliche Halbinsel Vestfirðir schon seit den 1920er Jahren von einer Bevölkerungsabnahme betroffen, die besonders nach 1940 immer stärkere Ausmaße annahm und Mitte der 1970er Jahre bei einer Einwohnerzahl von gut 9900 (1974) zu einem vorläufigen Stillstand kam. Als Hauptgründe

Tab. 11: Entwicklung und räumliche Differenzierung der isländischen Bevölkerung im Zeitraum 1703 bis 1974

	1703	1801	1840	1870	1901	1930	1960	1970	1974
Island insgesamt	50358	47240	57094	69763	78470	108861	177292	204578	216628
Raum Reykjavík[a] (%)	1,2	1,8	2,2	3,6	9,1	27,0	45,0	46,4	45,9
Reykjanes (%)	6,5	6,6	7,2	6,9	6,2	7,2	10,4	12,1	13,6
Vesturland (%)	20,5	18,0	16,2	14,9	12,5	8,8	6,8	6,5	6,4
Vestfirðir (%)	14,9	15,6	13,3	13,3	15,9	12,0	5,9	4,9	4,6
Norðurland vestra (%)	11,7	13,0	13,7	14,0	11,2	9,1	5,8	4,8	4,7
Norðurland eystra (%)	11,7	13,4	14,0	15,1	14,6	13,8	11,1	10,9	10,9
Austurland (%)	10,3	9,5	12,0	12,4	13,6	9,6	5,8	5,5	5,5
Suðurland (%)	23,2	22,0	21,5	19,9	17,0	12,5	9,0	8,8	8,6
Urbane Zonen[b] (%)	0	0,6	–	–	21,4	57,3	80,6	85,1	86,2[c]
Ländl.-agrare Zonen (%)	100	99,4	–	–	78,6	42,7	19,4	14,9	13,8[c]

[a] Hierunter sind Reykjavík, Seltjarnarnes und Kópavogur zu verstehen.
[b] Städtische und andere geschlossene Siedlungen ab 200 Einwohner.
[c] Zahlen für 1973.

Quelle: Umgerechnet nach ›Tölfræðihandbók 1974‹ (1976, S. 14f.) und nach ›Iceland 874–1974‹ (1975, S. 25).

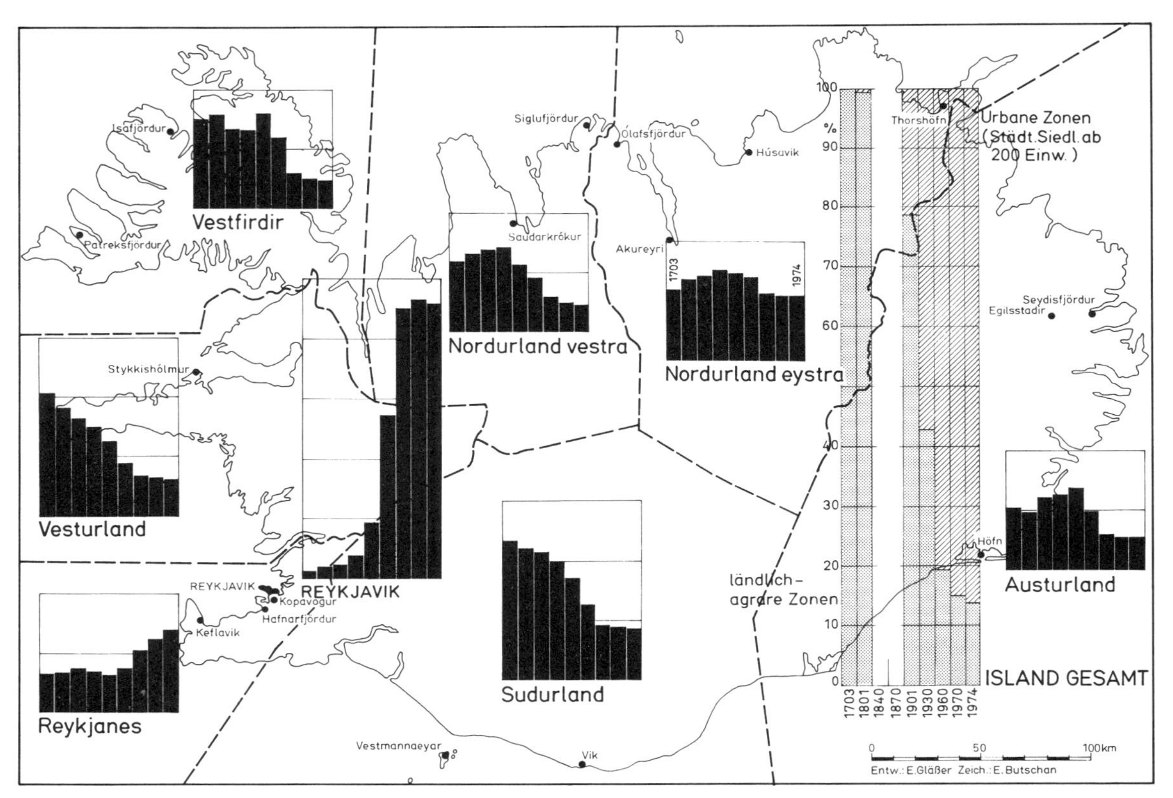

Abb. 26: Entwicklung und räumliche Differenzierung der isländischen Bevölkerung im Zeitraum 1703 bis 1974 (umgerechnet nach ›Tölfræðihandbók 1974‹ und nach ›Iceland 874–1974‹, 1975, S. 25).

Tab. 12: Die erwerbstätige Bevölkerung nach ihrer Erwerbstätigkeit im Zeitraum 1940 bis 1980

	1940	1950	1960[a]	1970[b]	1980
Erwerbstätige insgesamt	52521	59429	68140	82270	rd. 89000
Landwirtschaft (%)	32,3	22,2	15,2	13,3	7,8
Fischerei (%)	14,1	10,4	7,8	6,3	5,3
Fischverarbeitung (%)	6,8	6,5	14,6	8,0	9,5
Industrie (ohne Fischverarbeitung (%)	8,8	16,3	9,7	17,2	17,2
Bauwirtschaft, Strom- und Wasserwirtschaft (%)	6,1	11,2	10,5	11,6	10,1
Handel, Banken, Versicherungen u. a. (%)	7,6	9,8	12,7	14,7	15,2
Verkehr und Nachrichtenwesen (%)	7,8	8,4	7,7	8,4	7,3
Andere Dienstleistungen (%)	16,5	15,2	16,7	20,6	27,6

[a] In diesem Erhebungsjahr gaben 3510 Personen bzw. 5,1 % aller Erwerbstätigen keine Berufsangabe an.

[b] Ab 1965 Erhebungen nach ›Man-years worked‹.

Quelle: Umgerechnet nach ›Tölfræðihandbók 1974‹ (1976, S. 32f.); Hagtölur Mánaðarins, 7, 1983 in: bfai-Marktinformation, Island, Januar 1984, S. 5; News from Iceland, No. 78, July 1982.

hierfür sind – wie auch H. Preusser (1976, S. 137f.) hervorhebt – einmal die selbst für isländische Verhältnisse extrem umfangreiche Aufgabe bzw. das Wüstfallen von Hofstellen und zum andern das äußerst geringe oder gar fehlende Wachstum der Fischereisiedlungen. So zählten die wichtigsten Fischereiorte in Vestfirðir, nämlich Ísafjörður (Stadtrechte seit 1866) und das nordwestlich benachbarte Bolungarvík (Stadtrechte seit 1974) Ende 1974 knapp 3100 bzw. gut 1000 Einwohner. Die Zahlen haben sich seit 1960 kaum verändert bzw. sind im Falle Bolungarvíks nur ganz gering gestiegen. Somit verzeichnen keineswegs alle isländischen Küstensiedlungen eine konstante Zunahme ihrer Einwohnerzahl. Wo im Zuge der Motorisierung und Technisierung der Fischereiwirtschaft keine modernen Hafenanlagen usw. errichtet werden konnten (wie vor allem entlang der sandigen Südküste), oder wo die Fischerei und Fischverarbeitung nur auf ein sehr kleines oder gar kein Hinterland zurückgreifen konnten (wie z. B. an Stellen in Vestfirðir und auch Austurland), ist eine sehr unregelmäßige, vielfach stagnierende oder gar rückläufige Entwicklung der Einwohnerzahlen zu konstatieren.

In der jüngsten Zeit mehren sich nun die Anzeichen, daß die hier skizzierte

Tab. 13: Die erwerbstätige Bevölkerung 1974 nach Landesteilen

	Raum Reykjavík	Reyk-janes	Vestur-land	Vest-firðir	Norður-land vestra	Norður-land eystra	Austur-land	Suður-land	Island insges.
Erwerbstätige insgesamt	45 446	10 731	5 743	4 894	4 137	9 994	5 154	7 995	94 094
Landwirtschaft (%)	0,2	3,3	26,0	21,6	38,3	19,9	27,6	32,5	11,3
Fischerei (%)	1,8	8,4	10,7	15,5	5,7	7,2	10,9	6,8	5,5
Fischverarbeitung (%)	1,4	14,0	12,7	21,0	11,5	9,5	16,4	10,5	7,4
Industrie (%) Ohne Fischverarbeitung	19,5	21,0	13,8	7,0	8,5	20,2	8,9	10,1	16,9
Bauwirtschaft, Strom- und Wasserwirtschaft (%)	13,0	14,6	9,8	8,9	10,1	10,6	10,1	16,1	12,6
Handel, Banken, Versicherungen u. a. (%)	22,4	8,8	8,5	8,6	9,0	10,3	8,7	7,5	15,3
Verkehr und Nachrichtenwesen (%)	11,9	4,1	5,3	5,2	3,0	5,0	6,1	4,6	8,2
Andere Dienstleistungen (%)	29,8	25,6	13,3	12,0	13,9	17,2	11,3	11,9	22,8

Quelle: Umgerechnet nach ›Tölfræðihandbók 1974‹ (1976, S. 33).

Bevölkerungsentwicklung der letzten Jahrzehnte, vor allem die relativ hohen Abwanderungsquoten aus mehreren peripheren Landesteilen mit Ausnahme von Vestfirðir zurückgehen bzw. stagnieren. Durch gezielte Maßnahmen der Landes- und Raumordnungspolitik (z. B. Förderungsprogramme bezüglich der kleineren städtischen Zentren) versucht man verstärkt, der Entleerung des Landes entgegenzuwirken. Mit anderen Worten gesagt, man ist in Island bestrebt, eine mehr kleinräumige Mobilität, d. h. Wanderungsströme von abgelegenen ländlich-agraren Zonen in nahe gelegene größere Siedlungen zu fördern und die Abwanderung zum Großraum Reykjavík bzw. nach Reykjanes zu verhindern. Damit ist zugleich auch die Zielsetzung verbunden, ein Phänomen zu verhindern, welches gerade für andere Teile Nordeuropas, besonders die sogenannte Nordkalotte der Skandinavischen Halbinsel, als ›Last des leeren Raumes‹ umschrieben wird.

Parallel zu der Wanderung der Bevölkerung vom ländlich-agraren Raum in die geschlossene bzw. städtische Siedlung vollzogen sich verständlicherweise auch starke Wandlungen in den einzelnen Erwerbssektoren. Wie in industrialisierten Staaten ist der Anteil der Erwerbstätigen im primären Sektor, hier der Landwirtschaft und der Fischerei, gesunken, während im sekundären bzw. industriellen Bereich eine insgesamt gesehen stagnierende Tendenz und im tertiären Sektor (Handel, Verkehr, Verwaltung und andere Dienstleistungsberufe) ein beträchtlicher Anstieg zu verzeichnen ist. In den Tabellen 12 und 13 ist diese Entwicklung zum einen für Island insgesamt und zum anderen für die einzelnen Landesteile innerhalb der letzten Jahrzehnte veranschaulicht.

Die oben dargestellten Veränderungsprozesse in der Erwerbsstruktur verlaufen in den einzelnen Landesteilen sehr unterschiedlich, vor allem was den primären Sektor betrifft. In den meisten Landesteilen liegt der Anteil der in der Landwirtschaft Tätigen weit über dem Landesdurchschnitt von gut 11 %. Wenn in Nordostisland dieser Wert mit knapp 20 % weniger hoch liegt als in benachbarten Landesteilen (hier z. T. weit über 30 %), dann liegt das in der Hauptsache an dem städtischen Verdichtungsraum Akureyri, der ein größeres Angebot an Arbeitsplätzen im sekundären und tertiären Sektor bietet. Auch in der Fischereiwirtschaft (Fang und Verarbeitung) treten beachtliche räumliche Differenzierungen auf; eine dominierende Rolle spielt hier Vestfirðir, wo 1974 noch fast 37 % aller Erwerbstätigen dieses Erwerbsbereiches tätig waren. Die entsprechenden Zahlen für das Suðurland sind nur erklärbar durch die tragende Rolle der Vestmannaeyjar, ohne die das Suðurland die sicherlich niedrigsten Werte in der Fischereiwirtschaft aufweisen würde.

Der größte Gegensatz zeigt sich jedoch zwischen dem südwestlichen Landesteil (Groß-Reykjavík und Reykjanes) und den übrigen Wirtschaftsräumen Islands. Aufgrund der Urbanisierungsprozesse, des Ausbaus der traditionellen und modernen gewerblich-industriellen Branchen und der hohen Konzentration von Dienstleistungsberufen verfügen Reykjavík und Reykjanes über eine Sonderstellung; hier konzentrierten sich schon 1974 rd. 60 % aller isländischen Erwerbstätigen. Von diesen waren seinerzeit über 40 % im sekundären und mehr als 50 % im tertiären Bereich tätig. Man kann davon ausgehen, daß sich die Entwicklung in den letzten Jahren weiter zugunsten des Dienstleistungssektors fortgesetzt hat.

10. DIE LÄNDLICHEN UND STÄDTISCHEN SIEDLUNGEN

Die isländische Administration unterscheidet gewöhnlich folgende Siedlungseinheiten bzw. -typen:

1. Reykjavík als die Landeshauptstadt,
2. die Kaupstaðir, d. h. andere städtische Siedlungen mit Stadtrecht (Kaupstaðurrecht) und damit verbundener Selbstverwaltung,
3. die Kauptún, d. h. mehr oder minder geschlossene Siedlungen mit einer Zahl von 300 Einwohnern und mehr, wobei diese Siedlungen kein Stadtrecht besitzen,
4. die Sveitir (sing. sveit), d. h. ländlich-agrare Siedlungen im engeren Sinne. Hierunter sind die Einzel- und Doppelhofsiedlungen sowie die weilerartigen Orte zu verstehen.

V. Wille (1971, S. 75) betont wohl zu Recht, daß das rasche Wachstum der Nicht-Kaupstaðir, von denen heute eine Reihe – zumindest gemessen an ihrer Einwohnerzahl – die traditionellen Kaupstaðir übertroffen hat, dazu führen müsse, das Kaupstaðurrecht als Kennzeichen der ›isländischen Stadt‹ in Frage zu stellen. Somit zeigen sich auch im heutigen Island fließende Übergänge zwischen ländlich-agraren und städtischen Siedlungen. Ohne hier näher auf entsprechende Definitionskriterien einzugehen, sollte doch zum Ausdruck gebracht werden, daß man mit einer Übertragung des norwegischen Tettsted- bzw. des schwedischen Tättortbegriffes auf isländische Verhältnisse einer Begriffsklärung und wissenschaftlichen Systematik näherkäme. Unter einem ›tettsted‹ (›Dichtort‹) versteht man in Norwegen Siedlungen, die über 200 Einwohner, weniger als 50 m Häuserabstand und weniger als 25 % primärwirtschaftlich Tätige aufweisen, die weiterhin gewisse zentralörtliche Funktionen besitzen und als Ansatzpunkte der Urbanisierung anzusehen sind (nach H. Myklebost 1960). Demgegenüber wird bei dem schwedischen ›tättort‹ auf eine Erfassung der Erwerbsbevölkerung verzichtet; auch wird ein viel größerer Häuserabstand, nämlich 200 m anstatt 50 m, zugelassen. In der isländischen Statistik wird zwar hin und wieder der Terminus ›Þéttbýli‹ als Bezeichnung für geschlossene Siedlungen mit städtischem bzw. stadtähnlichem Charakter verwandt (im Gegensatz zu den ›Strjábýli‹, d. h. den ländlichen Siedlungen), allerdings recht uneinheitlich, und zwar vor allem bezüglich der unteren Grenze der Einwohnerzahlen. Bei der folgenden Analyse der ländlichen und städtischen Siedlungen in formal-physiognomischer, funktionaler und historisch-genetischer Sicht erscheint es daher am zweckmäßigsten, nach den oben genannten vier Siedlungseinheiten bzw. -typen vorzugehen. Es liegt dabei auf der Hand, das sogenannte Sveitirland zuerst zu behandeln, weil eben der ländlich-agrare Raum die ältesten und auch heute noch häufigsten Siedlungsformen in Island aufweist.

10.1. Das Sveitirland. Ländlich-agrare Siedlungsentwicklung und Wüstungsprozesse

Abgesehen von einigen bewohnten ›Hochlandinseln‹ und einzelnen hochgelegenen Hofstellen kann man generell wenigstens heute die 200 m Isohypse als innere Siedlungsgrenze ansehen. Andererseits ist das unter 200 m liegende Land nicht überall bewohnbar, weil Lavafelder, Sanderflächen oder Steilhänge der Inwertsetzung Grenzen auferlegen. Man kann mit Sicherheit davon ausgehen, daß zumindest zur Landnahmezeit die Siedlungsgrenzen in Island höher lagen. Wie schon an früherer Stelle bemerkt, sind die Hauptgründe für den Rückzug der agrar-bäuerlichen Bevölkerung und damit für gravierende Wüstungsprozesse a) die naturräumlichen Negativwirkungen auf die Agrarlandschaft (Klimaverschlechterungen, Vulkanausbrüche und deren Folgeerscheinungen z. B. in Form der Gletscherläufe u. a. m.), b) die Vernichtung von Gehölz- und Weideflächen durch die wirtschaftenden Menschen (Desertifikationsprozesse) und schließlich c) die sozialökonomisch bedingte Bevölkerungsumverteilung in der jüngsten Zeit vom Lande in die städtischen bzw. stadtähnlichen Siedlungen an der Küste. Allerdings entstanden in den letzten Jahren auch mehrere neue, mehr oder minder geschlossene Wohnsiedlungen im Zuge der gewerblich-industriellen Ausbaumaßnahmen weiter landeinwärts, so z. B. am Þjórsá-Kraftwerk.

Grob gesehen lassen sich drei Hauptphasen der Siedlungsentwicklung in Island unterscheiden, nämlich 1. die Landnahme und der Landesausbau im frühen und hohen Mittelalter (vom Siedlungsbeginn bis ca. 1300 n. Chr.), 2. die spätmittelalterlich-frühneuzeitlichen Wüstungsvorgänge (vom 14. bis 18. Jahrhundert) sowie 3. der moderne Landesausbau seit dem 19. Jahrhundert, wobei letzterer besonders durch eine Siedlungskonzentration mit parallel verlaufenden partiellen Wüstungsvorgängen bestimmt wird. Die erste Hauptphase, die die Landnahmezeit seit 874 n. Chr. sowie die Ausbauperiode von etwa 930 bis 1300 n. Chr. umfaßt und häufig als das ›Goldene Zeitalter‹ Islands umschrieben wird, läßt sich kennzeichnen durch einen relativ hohen Wohlstand, der eine auf längere Zeit positiv verlaufende Bevölkerungsentwicklung und damit zugleich eine ausgeprägte Siedlungstätigkeit ermöglichte. So wurden die Siedlungsgrenzen von den Küsten- und Fjordsäumen zunächst in die anschließenden Tieflandstreifen und anschließend auch in das Hochland vorgeschoben. Beispielsweise waren die heute völlig menschenleeren Hochebenen der Jökuldalsheiði und Tunguheiði im nordöstlichen Island in hochmittelalterlicher Zeit besiedelt; gleichermaßen trifft dieses für die Buchten von Hornstrandir und andere Halbinseln Vestfirðirs zu. Man kann davon ausgehen, daß Island gegen Ende des Hochmittelalters – gemessen an seiner gut tausendjährigen Siedlungsgeschichte – das bisherige Maximum an Siedlungen und landwirtschaftlich genutzter Fläche erreicht hatte, was in diesem Sinne etwa 40% der Inselfläche entspricht (vgl. u. a. G. HENKEL 1981, S. 47).

Im Spätmittelalter begannen dann jene Rückschläge mit ihren katastrophalen Folgen in demographischer und damit auch siedlungsgeographischer Sicht, wie sie bereits an früherer Stelle (vgl. u. a. Kap. 9) beschrieben wurden. Mit dem rapiden Rückgang der Bevölkerungszahlen, d. h. von vielleicht 70000 bis 80000 auf 40000 bis 50000 Menschen, verlief parallel ein Wüstungsprozeß, wie er nur annähernd rekonstruierbar ist. So mußten Hunderte von bäuerlichen Siedlungen mit ihren Gemarkungen, und zwar vornehmlich auf den Hochflächen und in den oberen Talzügen, aufgegeben werden. Die Wüstungsvorgänge vor allem im 15. Jahrhundert zeigen zwar deutliche Parallelen zu entsprechenden Prozessen in den mitteleuropäischen Kulturlandschaften, sie nahmen in Island jedoch aufgrund der dortigen spezifischen, vor allem der naturräumlichen Gegebenheiten einen besonders heftigen Verlauf. Fernerhin konnte Island nach dem rapiden Niedergang für mehr als drei Jahrhunderte keine progressiven Entwicklungszüge mehr verzeichnen. Wichtige Wüstungsursachen in Island sind die Naturkatastrophen, insbesondere die Vulkanausbrüche mit allen ihren Folgeerscheinungen, weiterhin verheerende Seuchen (Pest, Pocken u. a.), Klimaverschlechterungen, sowie die politische und wirtschaftliche Unselbständigkeit seit der zweiten Hälfte des 13. Jahrhunderts, welche zu Resignation und Verarmung führten. Aber auch die Negativwirkungen des wirtschaftenden Menschen, so die bereits geschilderten Vegetations- bzw. Weidezerstörungen und der daraus resultierende Verlust von Agrarland, haben besonders am Rande der vertikalen Ökumenegrenze zu Wüstungen geführt. Hinzu kommt, daß in der Landnahmezeit – allerdings auch unter anderen klimatischen Voraussetzungen – die Binnengrenze der Besiedlung wohl zu weit landeinwärts vorgeschoben worden war. Erste exakte Angaben über bewohnte und wüstgefallene Siedlungen gibt die bereits an früherer Stelle zitierte Volkszählung von 1703. Seinerzeit standen 4059 bewohnten Hofstellen etwa 3000 bekannte wüstgefallene Höfe gegenüber. Die bäuerlichen Siedlungen, in der Regel Einzel-, hier und da auch Doppelhofsiedlungen, lagen weit verstreut und umgeben von ihren kleinen, vollkultivierten Parzellen (isl. tún, vgl. Kap. 11.2) entlang der Küstensäume.

Im Zuge der wirtschaftlichen und sozialen Aufwärtsentwicklung sowie der damit parallel verlaufenden Bevölkerungszunahme seit dem 19. Jahrhundert vollzogen sich zwar erneute binnenwärtige Siedlungsverlagerungen, die heute allerdings auch schon wieder großenteils von Wüstungen betroffen sind. Die grundlegenden Wandlungen im Erwerbsleben, der Urbanisierungsprozeß u. a. m. haben aus den Abseits- bzw. Marginalräumen wiederum Rückzugsgebiete werden lassen. Wie eine von W. TAUBMANN (1969) erstellte Verbreitungskarte der Hofwüstungen zeigt, liegt eine breite Rückzugsfront im Nordosten der Insel, weiterhin im Osten und vor allem in den peripheren Küstenpartien der Nordwest-Halbinsel. Insgesamt gesehen nimmt der Anteil der Hofwüstungen an allen Siedlungsstellen zu, je näher man der heute bei rd. 200 m liegenden Höhengrenze der Besiedlung kommt. Trotz dieser Rückverlagerung der Siedlungsgrenze in der jüngsten Zeit sind die Gesamtzahlen der isländischen Hofstellen kaum zurückgegangen, da gerade in den letzten Jahrzehnten – gefördert durch staatliche Maßnahmen – zahlreiche neue Agrarbetriebe auf günstigeren Standorten hinzugekommen sind (vgl. hierzu Kap. 11.2). Somit findet im heutigen Island ein Prozeß im ländlich-agraren Siedlungsspektrum statt, der am ehesten mit einer räumlichen Verlagerung und Konzentration auf die günstigeren Produktionsstandorte zu umschreiben ist.

10.2. Das isländische Gehöft

Zum richtigen Verständnis der ländlich-agraren Siedlungsformen Islands scheint es sinnvoll zu sein, Parallelen zur frühen Siedlungsgeschichte Norwegens zu ziehen, da ja der größte Teil der Einwanderer zur Landnahmezeit aus Norwegen stammte, von wo aus eine entsprechende Übertragung siedlungsgeographischer Strukturen nach Island stattgefunden haben muß. In mittelalterlicher und neuerer Zeit, und zwar bis zu den großen Flurbereinigungen gegen Ende des 19. Jahrhunderts, herrschte wenigstens im südwestlichen und westlichen Norwegen ein Siedlungstyp vor, der aus mehreren, meist eng zusammenliegenden Hofstellen bestand, dessen Kernflur, die sogenannte ›innmark‹, meist streifenförmig parzelliert und mit Gemengelage den Besitzparzellen entgegentrat (vgl. hierzu E. Glässer 1975, S. 41 ff.). Diese bäuerlichen Siedlungsformen tragen die Bezeichnung ›gard‹ (plural gardar), die einzelnen Hof- bzw. Wohnstellen dagegen den Namen ›tun‹ bzw. ›bruk‹. Ein derartiger gard ist nun historisch-genetisch gesehen keinem mitteleuropäischen Dorf oder Weiler gleichzusetzen, so wie es noch A. Meitzen in seinem großen Werk von 1895 getan hat. Zum einen ist heute unumstritten, daß die Hofstellen bzw. tun eines gard im Laufe der Zeit durch wiederholte Aufteilungen aus ursprünglich einem Gehöft hervorgegangen sind; und zum anderen waren jene gardar mit ihren Teilungsprodukten, den einzelnen tun, auch weiterhin eine Einheit in vielfacher Hinsicht. Im östlichen Norwegen, genauer gesagt im eigentlichen Östland mit Telemark sowie auch im inneren Tröndelag, verlief die siedlungsgeographische Entwicklung eigenartigerweise anders als im westlichen Landesteil. Hier bildeten sich im Gegensatz zum Südwesten und Westen, dem Sör- und Vestland, keine Tunstellen innerhalb eines gard aus. Vielmehr bekam im östlichen Norwegen jede durch Teilung neu entstandene Hofstelle ihr kultiviertes bzw. intensiver genutztes Innmarkareal in einem zusammenhängenden Stück, so daß es zu einer echten Grenzteilung kam. Damit zusammenhängend wurde in Ostnorwegen schon vor den großen Flurbereinigungen der Besitz eines jeden Bauern als Einheit gefaßt und ›gard‹ genannt, während im Westen und Südwesten die durch Teilungsprozesse neu entstandenen Hofstellen (tun bzw. bruk) innerhalb der Siedlungseinheit gard zusammengefaßt blieben. Inwieweit nun dieses Gruppensiedlungsprinzip schon während der isländischen Landnahmezeit im westlichen Norwegen, woher ja sehr viele Auswanderer stammten, existierte, sei dahingestellt. Jedenfalls wird das auch heute noch in Island weithin vorherrschende Einzelgehöftprinzip aus Norwegen mitgebracht worden sein. Da während der Landnahmezeit große Siedelflächen zur Verfügung standen, war zunächst eine Tunbildung durch Hofteilungen nicht erforderlich. Die späteren Doppelhofsiedlungen lassen sich jedoch weitgehend auf jene Teilungsprozesse zurückführen. Wenn sich in Island in den folgenden Jahrhunderten nicht derartige gardar mit mehreren, eng benachbarten Hofstellen wie im westlichen Norwegen entwickelten, dann mag das vornehmlich mit den speziellen sozioökonomischen Verhältnissen auf der Insel zusammenhängen, d. h. mit dem wirtschaftlichen, sozialen und demographischen Niedergang in spätmittelalterlicher und neuerer Zeit.

Wichtigste Standortvoraussetzungen für das historische isländische Gehöft waren neben dem intensiv genutzten Tunland (vgl. Kap. 11.2) relativ trockene Erhebungen bzw. Bodenwellen (Terrassen, Talflanken usw.) für den Hausplatz selbst sowie weiterhin die Nähe des fließenden Wassers. So hatten die meisten alten Gehöfte ihren eigenen ›Hofbach‹; der Brunnenbau war zwar nicht unbekannt, jedoch nicht üblich. Umgeben waren die Hofstelle mit ihren Gebäuden sowie die hofnahen Kultur- bzw. Wiesenparzellen von Wällen aus Stein oder Grassoden. Der heutige Ausdruck ›tún‹ (Bedeutung von ›Zaun‹ wie ›town‹ oder ›Garten‹) für das hofnahe, kultivierte Grasland verweist noch auf jene frühere Einhegung, die die Häuser sowie das kultivierte Acker- und Grünland vor dem weidenden Vieh schützen sollte.

K. Fromme (1938, S. 63ff.) untergliedert die älteren isländischen Gehöftformen in drei unterschiedliche Bautypen (vgl. Abb. 27), deren Entwicklungsgeschichte nicht unbedingt in einer zeitlichen Aufeinanderfolge, sondern auch in einem Nebeneinander zu sehen wäre. Danach war die ursprüngliche Form eine Art Hallenbau mit der aus Norwegen stammenden Blockbauweise (Bautyp I) nur bei den ersten Ansiedlern gebräuchlich, welche Bauholz aus ihrer norwegischen Heimat mitbrachten oder bezogen und in Island selbst Treibholz bzw. nutzbare Holzbestände vorfanden. Doch schon bald hätte man auf die mehr naturgegebenen Baustoffe Steine und Grassoden zurückgreifen müssen, um daraus eine ›landschaftsgebundene Bauweise‹ zu entwickeln. In diesem Zusammenhang wäre aber auch zu berücksichtigen, daß die damaligen agrar-bäuerlichen Siedlungen in den gehölzarmen Küstenlandschaften des südwestlichen Norwegens zu einem großen Teil aus Natursteinblöcken sowie Grassoden und Torfplaggen errichtet waren. Während der erste isländische Bautyp aus Räumen bestanden haben soll, die in einer Reihe lagen, erweiterte sich dieser Grundriß bald zu dem Bautyp II, d. h. zu einer Art Kammerbau, indem man die nachträglich notwendigen Räume an die bereits bestehende Hausreihe anbaute, und zwar mit der Giebelseite an die hintere Längswand (vgl. Abb. 27). Somit entstand, wie Fromme (1938, S. 64) es for-

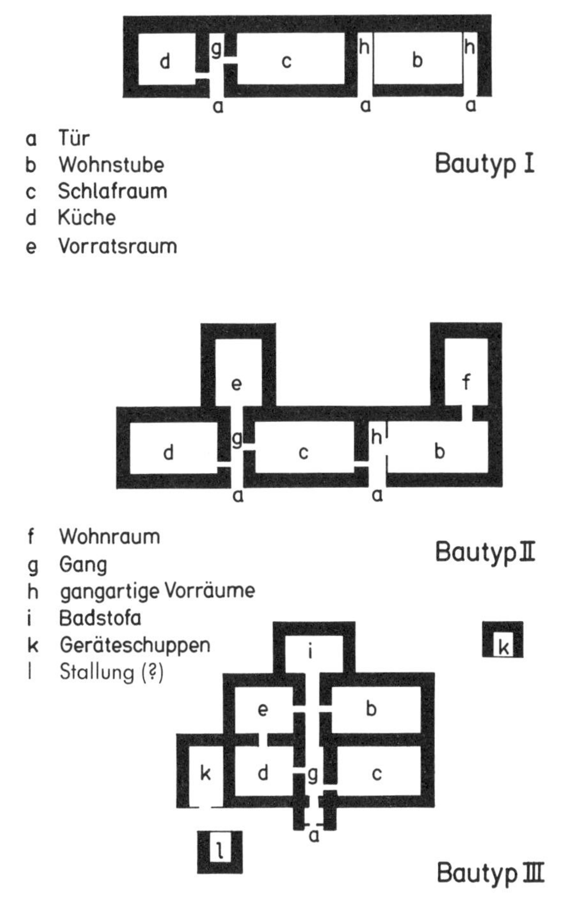

Abb. 27: Grundrisse isländischer Gehöftformen (nach K. FROMME 1938, S. 64ff. und V. WILLE 1971, S. 77ff.).

muliert, ›in der vordersten Linie ein dreiteiliges Hauptgebäude, das durch gemeinsame Zugänge mit den dahinterliegenden Räumen in Verbindung stand‹. In dem Bautyp III (Kammerbau mit einem zentralen Gang) sieht FROMME die zweckmäßigste und höchst entwickelte Form des isländischen Gehöftes, bei dem also die einzelnen Hausteile bzw. Räumlichkeiten entlang eines zentralen Ganges errichtet wurden, um den sich zugleich die Wohnräume gruppierten. Dieser dritte Bautyp wurde die gebräuchlichste und wohl bekannteste Gehöftform in Island, die sich in Relikten bis heute erhalten hat. Am Beispiel des vielbesuchten Hofes Glaumbær südlich Sauðárkrókur in Nordisland sei dieser klassische Gehöfttyp etwas detaillierter vorgestellt (vgl. auch Abb. 28).

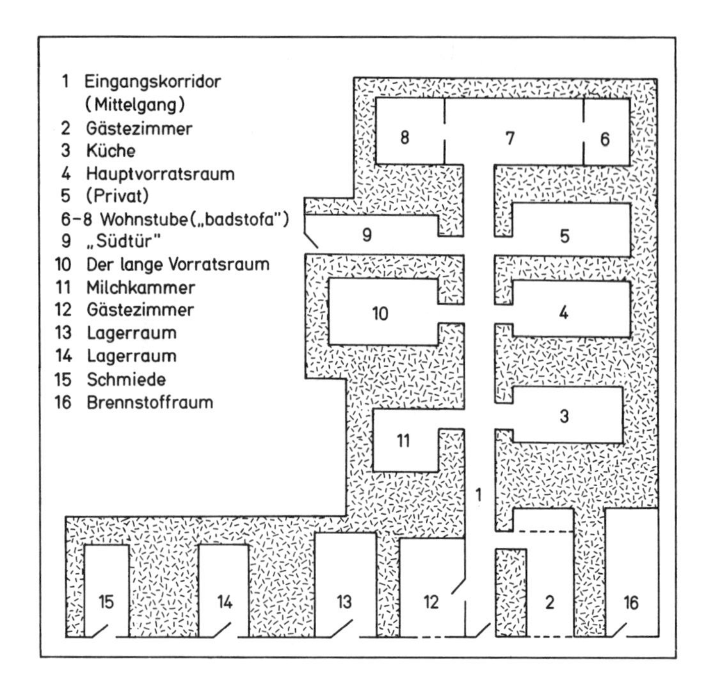

Abb. 28: Das Gehöft Glaumbær – Grundriß und Ansicht (nach einem ungedruckten Museumsprospekt und einem Photo 1983 von E. Gläßer, unten).

Der lange Zeit auch als Priestersitz mit Pfarrkirche dienende Hof war bis 1938 bewohnt; in der heutigen Funktion als Museum ist er weitgehend in seiner ursprünglichen Form erhalten. Die insgesamt 16 Gebäudeteile des Gehöftes (vgl. Abb. 28) sind in mehreren Zeitabschnitten des 18. und 19. Jahrhunderts entstanden, und zwar vornehmlich aus Grassoden und Torfplaggen, zu einem geringeren Teil auch aus Stein und Holz. Getrennt werden die einzelnen Gebäudeteile, deren Giebel mit dünnen, importierten Holzbrettern versehen sind, durch bis zu 2 m dicke Wände aus Torf. Grassoden und Torfplaggen dienten auch zur Dachbedekkung. Die Aufteilung dieses für Island klassischen Gehöfttypes in einzelne und funktional gesehen sehr unterschiedliche Gebäude wird auch darauf zurückgeführt, daß es eben sehr schwierig ist, größere und zusammenhängende Häuser in Torf- bzw. Grassodenbauweise zu errichten. Langstämmiges Bauholz zum Stützen und Tragen größerer Dachkonstruktionen war ja Mangelware bzw. fehlte weitgehend. Wie zweckmäßig jener Baustil dem isländischen Naturraum angepaßt war, mag folgende Aussage im Reisebericht E. Ólafssons von 1774/75 (zitiert nach V. Wille 1971, S. 80) unterstreichen: ›Für Island ist diese Bauart die allerdienlichste, sie hält die Kälte besser ab als Zimmer- und Mauerwerk und widersteht dem schlechten Wetter und dem Erdbeben besser als jenes. Man hat viele Beispiele, daß Häuser unbeschädigt geblieben, wenn das Erdbeben so stark gewesen, daß Menschen auf dem Felde davon umgefallen.‹ Andererseits können die damaligen Wohnverhältnisse nicht gerade als die gesündesten bezeichnet werden. So betont auch K. Fromme (1938, S. 105), daß die ›kümmerlichen Hütten aus Erde und Stein‹ dunkel, feucht und damit ungesund waren, ›so daß sie sicher zu der Verbreitung und Verschlimmerung der zahlreichen Krankheiten und Seuchen beigetragen haben‹. Die rückseitigen Räumlichkeiten des Gehöftes Glaumbær sind durch einen zentralen, etwa 13 m langen Korridor bzw. Mittelgang miteinander verbunden, während man die Lager- und Werkzeugräume (Schmiede u. a. m.) der Vorderfront nur von außen durch Zwischentüren erreichen konnte (Reihenquerbau). Diese Besonderheit ist wohl hauptsächlich darauf zurückzuführen, daß man die eigentlichen Wohnräume vor dem Eindringen kalter Luft schützen wollte. Das älteste Gebäude von Glaumbær ist die Küche (Nr. 3 in Abb. 28), die wahrscheinlich aus der Mitte des 18. Jahrhunderts stammt; sie diente u. a. auch als Räucherkammer, in der also das geräucherte Fleisch (›hangikjöt‹) aufgehängt war. Wichtigste Brennmaterialien waren Torf und getrockneter Schafdung. Den größten und wichtigsten Raum, die sogenannte ›baðstofa‹, kann man als eine Art Wohnzimmer kennzeichnen, das Aufenthalts-, Arbeits- und Schlafraum in einem war. Im Fall des Großhofes Glaumbær findet sich eine Unterteilung der ›baðstofa‹ in drei Teile (Nr. 6 bis 8 in Abb. 28), die insgesamt 22 Schlafplätze boten. Erwähnt werden sollten schließlich noch die Nebengebäude, wie sie in Form von Viehställen, Heuschuppen oder Bootshäusern zu fast jedem Hof gehörten. Während sich der Milchviehstall schon aus arbeitstechnischen Gründen meist in Nähe der Wohngebäude befand, verteilte man andere Stallungen für Pferde, Schafe usw.

oder die Heuschuppen über das eingehegte Túnland. Ein Gehöft wie Glaumbær konnte, wie u. a. V. Wille (1971, S. 82) betont, bis drei Generationen mit den unverheirateten Geschwistern, dem Gesinde und den Tagelöhnern beherbergen. Eine derartige Großfamilie bildete eine wirtschaftliche und soziale Einheit, die in vielem ein nahezu autarkes Eigenwesen in ihren landwirtschaftlichen und handwerklichen Tätigkeiten verkörperte.

Verdrängt wurden jene traditionellen Gehöftformen, wie sie am Beispiel von Glaumbær beschrieben wurden, dann nahezu vollends im 20. Jahrhundert, als im Zuge der Umstrukturierung im wirtschaftlichen und sozialen Leben Islands auch im ländlich-agraren Bereich neue Gehöftformen und vor allem andere Baumaterialien ihren Einzug hielten. Holz, Stein und Beton ersetzten nun die früheren Baustoffe Grassoden und Torfplaggen. Auch das Wellblechdach, das zunächst in den Hafen- und Handelsplätzen Verwendung fand, breitete sich rasch im ländlich-agraren Bereich aus. Mit der Umstellung auf eine marktorientierte, d. h. auf die städtischen Siedlungen ausgerichtete Agrarproduktion entstanden zugleich größere Wirtschaftsgebäude. Reste der einstigen Bausubstanz findet man heute höchstens noch in Form kleiner Nebengebäude, die dann als Vorratsräume oder Stallungen dienen. Das ›moderne‹ isländische Gehöft, meist in Einzelhoflage mit arrondiertem Besitz – wenigstens was das kultivierte und intensiv genutzte Land (tún) betrifft – präsentiert sich als ein nüchterner Zweckbau mit einer strikten Aufteilung in Wohn- und Wirtschaftsgebäude. Insgesamt gesehen finden sich im heutigen Island wenigstens im Vergleich zu anderen nordischen Staaten leider nur noch relativ wenige Zeugen früherer bäuerlicher Siedlungsweisen.

10.3. Kauptún und Kaupstaðir

Bereits in der Einleitung dieses Kapitels wurde zum Ausdruck gebracht, daß eine Unterteilung der städtischen bzw. stadtähnlichen Siedlungen in Kauptún und Kaupstaðir wenigstens nach heutigen stadtgeographischen Gesichtspunkten recht willkürlich erscheint. Denn die Kaupstaðir mit verbrieften Stadtrechten besitzen keineswegs immer eine höhere Zentralität als die Kauptún ohne Stadtrecht. Während im ›Tölfræðihandbók 1967‹ (Hagstofa Íslands, Reykjavík 1967, S. 31) die städtischen Siedlungen (bæir) noch nach drei Gruppen, nämlich Kauptún mit 300 und mehr Einwohnern, Kaupstaðir und die Landeshauptstadt Reykjavík, differenziert werden, verfährt man in der folgenden Ausgabe von 1974 (Hagstofa Íslands, Reykjavík 1976, S. 24f.) nur noch nach der Unterteilung von ›Þettbýlistaðir‹ (›Dichtorte‹) mit mehr als 50 bzw. 200 Einwohnern und ›Strjályli‹, d. h. also kleineren Siedlungen im ländlich-agraren Bereich. Schon in dieser Handhabung zeigt sich, wie schwierig es ist, etwa den traditionellen Begriff ›Stadt‹ auf isländische Verhältnisse zu übertragen. Dieses Faktum bezieht sich nicht nur auf die im Zuge der Bevölkerungsumverteilung der letzten Jahrzehnte (vgl. Kap. 9) vonstatten gehende Urbanisierung in den Hafen- und Handelsorten bzw. den gewerblich-industriellen Zentren, sondern erst recht auf die Hafen- und Handelsplätze der frühen Neuzeit. Schon N. Horrebow (1753, S. 17, zitiert nach V. Wille 1971, S. 121) charakterisiert jene Problematik treffend mit folgenden Worten:

... bey den 22 Häfen um Island herum sind lauter Kaufstädte, ..., da nämlich die Kaufleute der Compagnie mit den Einwohnern des Landes handeln .... Doch weil diese so genannten Städte nicht mit dem Begriffe, den sich andere außerhalb des Landes davon machen können übereinkommen, so muß ich sagen, daß diese Städte nur aus den Häusern der octroierten Isländischen Compagnie an jedem Orte 3 bis 4 an der Zahl, bestehen, und Wohnungen der Kaufleute, Kramladen, Küchen und Packhäuser sind, welche Häuser in Island den Namen der Städte führen, ob sie schon nicht dergleichen sind, als welche in anderen Ländern so genennet werden.

Damit kommt deutlich zum Ausdruck, daß jene Handelsniederlassungen des 18. Jahrhunderts, aber auch früherer Epochen, weder als ›Städte‹ noch als ›Dörfer‹ bzw. ländliche Siedlungen einzustufen sind; beispielsweise war um 1800 Reykjavík mit rd. 300 Einwohnern die größte Siedlung Islands. Die Geschichte der ›isländischen Stadt‹ ist jedenfalls sehr jungen Alters; sie läßt sich zeitlich nicht mit der anderer nordischer Staaten, wie Norwegen, Schweden und Finnland, die auch über einen Großteil entwicklungsgeschichtlich junger Städte verfügen, vergleichen. Zurückzuführen ist diese Tatsache im wesentlichen auf jene landesgeschichtlichen bzw. politisch-territorialen Prozesse, die von außerhalb das spätmittelalterliche und neuzeitliche Island, das ja seine politische und ökonomische Eigenständigkeit für lange Zeit verloren hatte (vgl. Kap. 3), bestimmt haben. Daher sei im folgenden zunächst auf die Entwicklungsgeschichte der isländischen Handelsplätze und ähnlicher zentraler Orte der Vergangenheit eingegangen, da dieses zum Verständnis der heutigen städtischen Siedlungen vonnöten erscheint.

Im 13. Jahrhundert sind für ganz Island zehn Hafenplätze bekannt, von denen die bedeutendsten zweifellos Eyrar im Mündungsbereich des Flusses Ölfusá, also im südwestlichen Landesteil, weiterhin Gásar am Eyjafjörður nördlich des heutigen Akureyri sowie Hvítárvellir im Borgarnes-Tiefland an der Westküste waren. Alle drei Häfen lagen zugleich in unmittelbarer Nachbarschaft zu den besten Landwirtschaftsgebieten Islands. Auch die Nähe der damaligen Zentren der weltlichen und geistlichen Administration, nämlich Þingvellir und der Bischofssitz Skálholt im Südwesten sowie der zweite Bischofssitz Hólar im Norden und einige Klöster, wird die führende Position von Eyrar und Gásar gefördert haben. Die sieben weiteren Hafen- und Handelsplätze waren Dögurðarnes und Dýrafjörður im Westen bzw. Nordwesten, Borðeyri und Kolbeinsárós im Norden, Búðareyri und Gautavík an der Ostküste sowie schließlich die Vestmannaeyjar vor der Südküste. In den isländischen Quellen findet man für diese Hafenplätze Bezeichnungen wie ›Kaupstefna‹, ›Kaupangr‹, ›Kauprein‹ und ›Kaupstaðr‹, die allesamt eine Konzentration von Handelsfunktionen, d. h. den Umschlag von in- und ausländischen Waren, beinhalten (vgl. hierzu und zu den folgenden Angaben ausführlicher H. Þorláksson 1977, S. 14ff.). Noch heute sind einige jener Namen erhalten, so z.B. ›Kaupangur‹ bei Akureyri. Schon um 1200 n. Chr. sollen in Gásar zwischen 50 bis 60 Häuser und Hütten, und zwar in drei parallel verlaufenden Reihen, gestanden haben, die vor allem den norwegischen Schiffsbesatzungen Unterkunft boten. Ausgrabungen haben bislang jedoch keine Spuren einer handwerklichen Tätigkeit nachweisen können. Über den Hafenplatz Eyrar gibt eine Beschreibung von 1605 einige nähere Auskünfte. Danach bestand der Ort aus einem großen Vorratshaus, das auch schon in der ersten Hälfte des 16. Jahrhunderts erwähnt wird, weiterhin aus einem anderen größeren Holzhaus, das dem Bischof von Skálholt gehörte, sowie schließlich aus einer unbekannten Anzahl kleinerer Häuser und Hütten. In beiden Siedlungen, also Gásar und Eyrar, existierten in mittelalterlicher Zeit zugleich Kaufmannskirchen. Hvítárvellir hatte als Hafen- und Handelsplatz wenigstens um 1200 n. Chr. eine nicht so große Bedeutung wie Gásar und Eyrar; er soll den Sagas zufolge vorher jedoch der wichtigste gewesen sein. Für alle genannten Handelsorte Islands ist festzuhalten, daß diese wenigstens bis um die Mitte des 14. Jahrhunderts keine permanente und kontinuierliche Besiedlung mit differenzierten Funktionen gehabt haben. Auch unterschieden sie sich weder rechtlich noch administrativ von ihrem Umland. Urbanisierungstendenzen wiesen am ehesten die Handelsplätze Gásar und vor allem Eyrar auf, aber von wirklichen ›Städten‹ oder ›städtischen Siedlungen‹ in unserem Sinne kann man, bezogen auf das hochmittelalterliche Island, nicht sprechen. Erwähnt sei in diesem Zusammenhang auch, daß andere bedeutende Zentren im mittelalterlichen Island, wie die Bischofssitze Skálholt und Hólar, die sicherlich zahlreiche Menschen auf sich konzentrierten, nicht als Ausgangspunkte für die städtische Entwicklung in Frage kamen.

Mit dem zunehmenden Fischexport (vor allem Stockfisch) und den steigenden Fischpreisen im 14. Jahrhundert erwuchsen weitere Hafenplätze und Handelssiedlungen. Neben Reykjanes und den Vestmannaeyjar gewann auch die Halbinsel Snæfellsnes, insbesondere der Hafenplatz Rif, eine wichtige Position. Forciert wurde diese Entwicklung durch das Helgafell-Kloster, das gegen Ende des 14. Jahrhunderts einen großen Teil der dortigen Fischer-Bauernhöfe besaß. Für den südwestlichen Landesteil werden die Hafenplätze Hvalfjörður und Grindavík 1339 bzw. 1343 erstmals erwähnt; gegen Ende des 14. Jahrhunderts auch Hafnarfjörður. Gravierende Rückschläge in den Handelsaktivitäten vollzogen sich dann zu Beginn des 15. Jahrhunderts, als die Pest in kurzer Zeit mindestens ein Drittel der isländischen Bevölkerung dahinraffte, womit natürlich auch eine weitere Entwicklung der Handelsorte zunächst gestoppt war. Für das spätere 15. Jahrhundert ist dann zugleich eine Umorientierung des Island-Handels festzustellen, indem nun englische Händler und Hansekaufleute die Norweger verdrängten. Die isländischen Quellen (vgl. H. Þorláksson 1977, S. 27) nennen für die erste Hälfte des 15. Jahrhunderts Kaufleute aus Hamburg und Danzig, die nicht nur mit den Engländern, sondern auch mit Lübecker Kaufleuten aus dem

Hansekontor im westnorwegischen Bergen konkurrierten. Diese Handelsaktivitäten haben sich zweifellos auch auf das Siedlungsbild der einzelnen Hafenplätze vor allem im südwestlichen Landesteil Islands ausgewirkt, obwohl von isländisch-dänischer Seite mehrfach Verbote für die sogenannten ›Wintersitzer‹ (Untersagung eines ganzjährigen Aufenthaltes für ausländische Kaufleute in Island) ausgesprochen wurden, um damit vor allem Fang und Verarbeitung von Fisch in eigenen Händen zu halten. Derartige Verbote und Beschränkungen sowie schließlich die fehlende Zentralmacht in Island und fehlende Handelsprivilegien seitens der dänischen Krone können neben anderen, bereits früher genannten Aspekten als Gründe angeführt werden, warum lange Zeit entlang der isländischen Küsten keine größeren Siedlungen mit stadtähnlichem Gepräge entstehen konnten. Es fehlten seinerzeit in Island jene mehr oder minder unabhängigen Gruppen an Kaufleuten und Handwerkern, die wie in anderen Teilen Europas eine eigenständige städtische Lebensgemeinschaft zu bilden vermochten. Besonders negativ wirkte sich in dieser Hinsicht das dänische Handelsmonopol aus, das im Jahre 1602 von Christian IV. den Städten Kopenhagen, Malmö und Helsingör zugesprochen wurde. Die dänischen Kaufleute teilten die isländischen Hafenplätze nach deren wichtigsten Exportgütern in zwei Gruppen auf, nämlich dic ›Fischhäfen‹ und die ›Fleischhäfen‹, wobei erstere mit ihrer Konzentration an der Südwest- und Westküste als die bedeutendsten erachtet wurden. Eine progressive Entwicklung verzeichneten jene Handelsplätze aber im 17. und zumindest in der ersten Hälfte des 18. Jahrhunderts nicht, was in erster Linie darauf zurückzuführen ist, daß die dänischen Kaufleute mit ihren oft unseriösen Praktiken sich nur für wenige Wochen im Frühjahr und Sommer in Island aufhielten. So sollen z. B. in Akureyri um 1650 nur zwei kleine Handelshäuser und in Ólafsvík auf der Halbinsel Snæfellsnes zu Beginn des 18. Jahrhunderts lediglich eines gestanden haben (vgl. B. Teitsson 1977, S. 91).

Für die städtische Entwicklung in Island von Bedeutung wurde dann die zweite Hälfte des 18. Jahrhunderts. Den ersten Impuls gab eine mit Erlaubnis der dänischen Regierung gegründete Gesellschaft für die ›gewerblich-industrielle Entwicklung‹ in Island, die schon kurz nach 1750 eine Seilerei und Gerberei sowie bald darauf eine Spinnerei, Weberei und Färberei im bis dahin wenig bedeutenden Reykjavík (vgl. Kap. 10.3) ins Leben rief. Besonders wirksam war dann die Lockerung des dänischen Handelsmonopols im Jahre 1786, die zugleich die Stadtrechtsverleihung (Kaupstaður- bzw. Kjöpstadrecht) für sechs ältere Handelsplätze, nämlich Reykjavík, Vestmannaeyjar, Eskifjörður, Akureyri, Ísafjörður und Grundafjörður, mit sich brachte. In einer ›Anordnung betr. ›Kjöbstæderne‹ in Island‹ wurden die Stadtrechte spezifiziert; zugleich verpflichtete sich die dänische Regierung unter anderem, notwendige Ländereien für die neuen Kaupstaðir bzw. Kjöpsteder aufzukaufen. Es zeigte sich aber schon bald, daß Reykjavík, auf das mehrere zentrale Funktionen (z. B. das Alþing von Þingvellir) verlagert wurden, zunächst die einzige isländische Siedlung war, die dem Begriffsinhalt ›Kjöpstad‹ in etwa nahekam. Beispielsweise zählte Akureyri 1785 ganze 12 Einwohner; in den Jahren 1801 und 1835 waren es 39 bzw. 56. Auch in Ísafjörður wohnten 1835 nur 37 Personen, während es in Reykjavík immerhin schon 639 waren (nach B. Teitsson 1977, S. 95). Nicht uninteressant ist in diesem Zusammenhang das Faktum, daß ein Großteil der in der zweiten Hälfte des 18. und der ersten Hälfte des 19. Jahrhunderts zu den neuen städtischen Siedlungen ziehenden Händler- und Handwerkergruppen aus Dänemark und z. T. auch aus Norwegen stammte. Die ländliche, agrarisch orientierte isländische Bevölkerung zeigte jedenfalls in der ersten Hälfte des 19. Jahrhunderts wenig Neigung, in die neuen ›Stadtsiedlungen‹ zu ziehen. Damit war die Stadtrechtsverleihung zunächst bedeutungslos, was u. a. dazu führte, daß im Zeitraum 1836 bis 1862 Reykjavík die einzige legalisierte Stadt in Island blieb. Aber schon 1862 bzw. 1866 erhielten Akureyri und Ísafjörður erneut Stadtrechte, und von dieser Zeit an vollzog sich hier wie in anderen Hafen- und Handelsplätzen eine zwar zunächst langsame, jedoch mehr oder minder kontinuierliche städtische Entwicklung.

Mit den grundlegenden Wandlungsprozessen im sozioökonomischen und demographischen Gefüge seit dem ausgehenden 19. Jahrhundert, wie sie bereits in Kapitel 9 skizziert wurde, erwuchsen dann im Zuge der Bevölkerungsumverteilung zahlreiche neue Städte mit entsprechenden Rechten (Kaupstaðir) und stadtähnliche Siedlungen (Kauptún). So existierten im Zeitraum 1890/91 neben den drei Kaupstaðir Reykjavík, Akureyri und Ísafjörður bereits acht Handelsplätze bzw. Kauptún mit mehr als 200 Einwohnern. Diese waren im Süden und Südwesten Akranes (622 E.), Hafnarfjörður (616 E.), Keflavík (241 E.) sowie Eyrarbakki (596 E.) und Vestmannaeyjar (314 E.), weiterhin Ólafsvík (219 E.) und Stykkishólmur (236 E.) auf Snæfellsnes sowie schließlich Seyðisfjörður (377 E.) an der Ostküste (nach H. Kjartansson, Bd. 3, 1977, S. 246). Zahlreiche weitere Kauptún und Kaupstaðir kamen dann nach der Jahrhundertwende hinzu. Verständlich wird die rasche Entwicklung dieser Küstensiedlungen nur vor dem Hintergrund der nun aufstrebenden und exportorientierten Fischwirtschaft, wie sie ausführlicher in Kap. 11.1 behandelt wird. V. Wille (1971, u. a. S. 178) bezeichnet jene seeorientierten, oft mit einem älteren Handelskern ausgestatteten Kauptún als ›Primärortschaften‹, denen er die jüngeren, im Zuge der technisch-industriellen Ausbauphase entstandenen und nicht unbedingt küstengebundenen ›Sekundärortschaften‹ gegenüberstellt. Zu letzteren kann man beispielsweise das von einem agraren Gunstland umgebene Selfoss rechnen, das im Jahre 1978 Stadtrechte und damit den Status einer Kaupstaður erhielt. Überhaupt haben in den letzten Jahrzehnten mehrere städtische Siedlungen das Kaupstaðurrecht beantragt und verliehen bekommen. In der Nachkriegszeit waren dies zunächst in Nordisland Sauðárkrókur (1947) und Húsavík (1949) sowie auf Reykjanes die wichtigen Zentren Keflavík (1949) und Kópavogur (1955), wobei Kópavogur mit einem Bevölkerungszuwachs von rd. 2 % pro Jahr im letzten Jahrzehnt und einer Einwohnerzahl von rd. 14 300 in 1982 mittlerweile die zweitgrößte Stadt Islands geworden

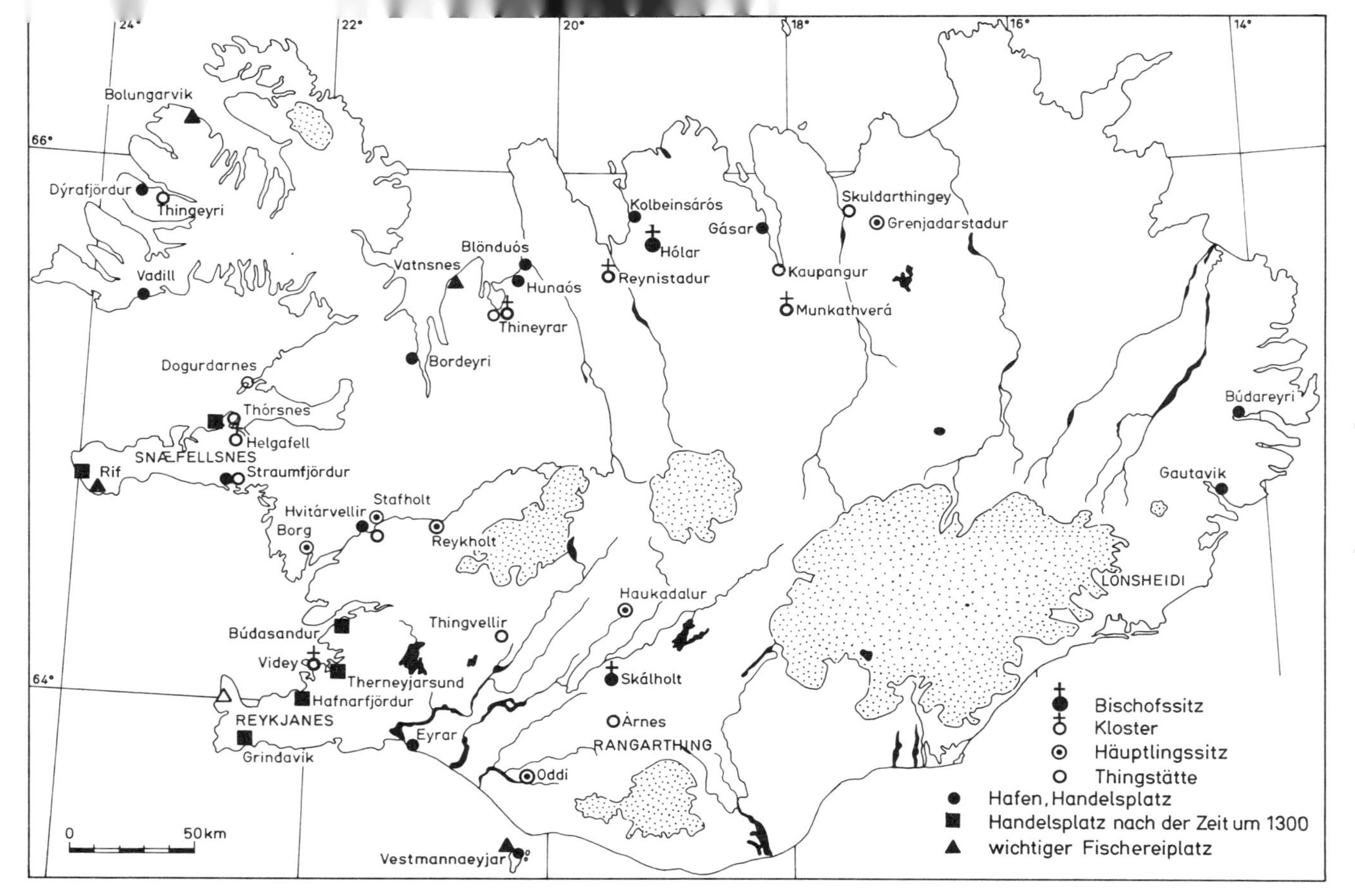

Abb. 29: Die hoch- und spätmittelalterlichen zentralen Orte Islands (verändert nach H. Þorláksson 1982, S. 31).

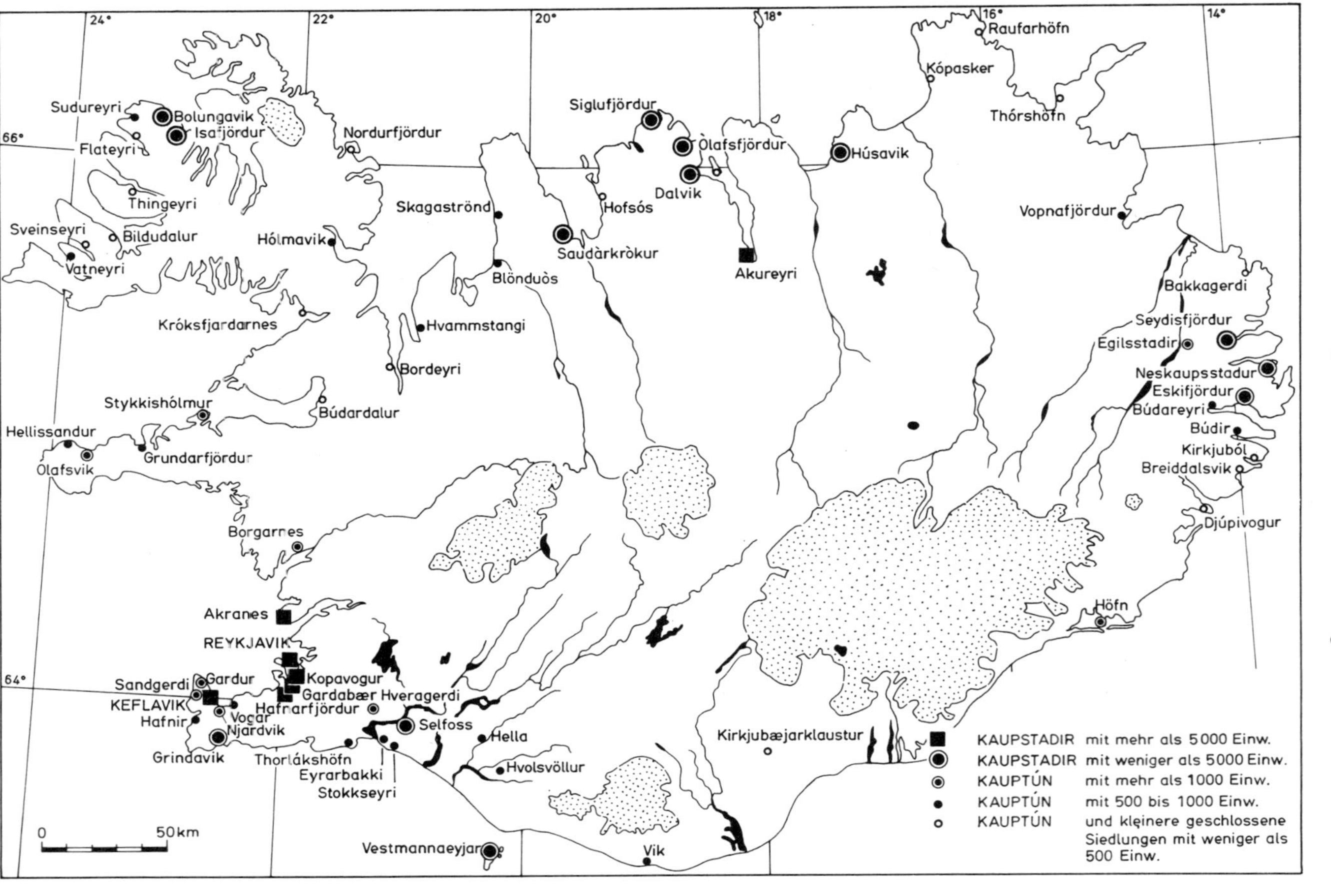

Abb. 30: Die zentralen Orte Islands um 1980 (Zahlen nach Landmælingar Íslands, Ísland 1:1000000, Reykjavík 1982).

ist (Zahlen nach Hagtölur Landshluta: Höfuðborgarsvæði, 1983). Im Jahre 1974 wurde dann weiteren bisherigen Kauptún das Kaupstaðurrecht zugestanden, und zwar Seltjarnarnes im Großraum Reykjavík und das südlich benachbarte Grindavík, Bolungarvík auf der Nordwest-Halbinsel, Dalvík nördlich Akureyri sowie Eskifjörður an der Ostküste.

Aus Tab. 14, die neben der Stadtrechtsvergabe die Wohnbevölkerung im Zeitraum 1901–1980 zum Gegenstand hat, lassen sich einige charakteristische Züge der isländischen Kaupstaðir ableiten. Schon ein erster Blick auf die Einwohnerzahlen verdeutlicht die bereits gemachte Aussage, daß der isländische Stadtbegriff – mit Ausnahme des Hauptstadtbereiches – nur bedingt mit Einteilungsschemata zu vergleichen ist, wie sie in den mittel- oder westeuropäischen Verdichtungs- und Ballungsräumen Verwendung finden. Weiterhin weisen die einzelnen Kaupstaðir nach ihren Einwohnerzahlen wenigstens heute erhebliche Unterschiede auf; besonders stark zeigt sich dieser Kontrast bei einem Vergleich zwischen Reykjanes und der ostisländischen Fjordküste. Allerdings sagen die Einwohnerzahlen, ähnlich wie in anderen nordischen Staaten, nur wenig aus über die tatsächliche Bedeutung der isländischen Kaupstaðir und Kauptún für ihr Umland. Zahlreiche zentrale Einrichtungen des sekundären und tertiären Sektors unterstreichen vielmehr die Tatsache, daß auch die kleineren städtischen Siedlungen ein weites Einzugsgebiet versorgen. V. Wille (1971, S. 182ff.) unterscheidet drei standortbezogene Kaupstaðirtypen, nämlich 1. die Kaupstaðir des Südwestens, 2. die Fjordkaupstaðir und 3. die Flóikaupstaðir (isl. flói = größere Meeresbucht). Im Gegensatz zu den Fjordkaupstaðir mit ihren sehr begrenzten Ausdehnungsmöglichkeiten in Richtung Binnenland sind die Flóikaupstaðir sowohl see- als auch landorientiert; sie verfügen also meist auch über ein ausgedehnteres landwirtschaftliches Hinterland (Sveitirland). Bei der folgenden Skizzierung einzelner städtischer Siedlungen sei nach jener Dreiteilung vorgegangen.

10.3.1. Die Kaupstaðir des Südwestens

Die städtischen Siedlungen des Südwestens sind im wesentlichen mit dem Verdichtungsraum Reykjanes gleichzusetzen. Hierzu gehören neben Reykjavík und seinen unmittelbar angrenzenden Stadtzentren Kópavogur, Seltjarnarnes, Hafnarfjörður und Garðarbær auch die in weiterer Nachbarschaft liegenden Kaupstaðir Keflavík, Akranes und Grindavík sowie einige größere Kauptún, wie z. B. Sandgerði, Garður und Njarðvík im äußersten Westen. Bereits in Kap. 9 war zum Ausdruck gebracht worden, daß der Hauptstadtbezirk (vgl. hierzu Fußnote 1, S. 154) heute rd. 55 % der isländischen Bevölkerung zählt. Zugleich sollte noch einmal betont werden, daß in den letzten Jahren die Reykjavík benachbarten und dem Hauptstadtbereich zugehörigen Zentren einen relativ viel höheren Bevölkerungsanstieg erfahren haben als die Landeshauptstadt selbst (siehe auch Abb. 31).

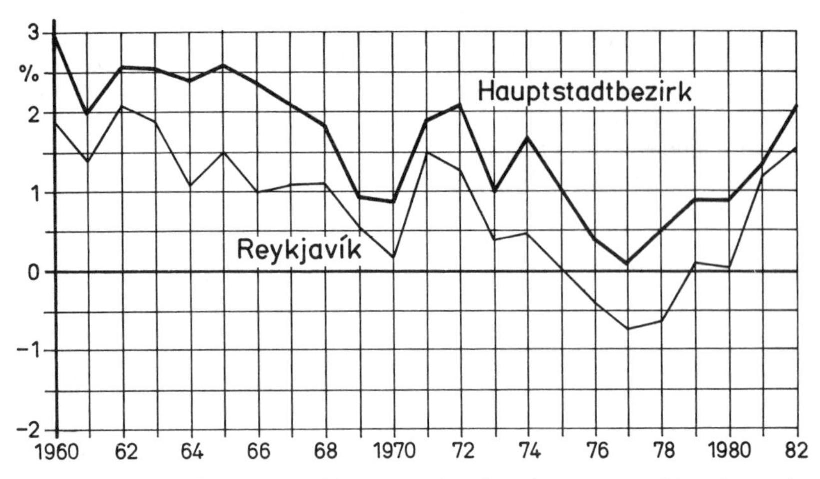

Abb. 31: Die Bevölkerungsentwicklung in Reykjavík und im Hauptstadtbezirk 1960 bis 1982 (jährliche Zu- bzw. Abnahme in Prozent; nach Borgarskipulag Reykjavíkur: Íbúar og Húsnædismál, Juni 1983, S. 2).

So verzeichnete Reykjavík mit seinen 1982 knapp 86000 Einwohnern (zur stadtgeographischen Entwicklung vgl. ausführlich Kap. 10.3) im Zeitraum 1971 bis 1982 eine Zuwachsrate von insgesamt 3,5%, während die zugehörigen Kaupstaðir viel höhere Zuwachsquoten erfuhren, nämlich Hafnarfjörður (1982 knapp 12500 E.) mit über 23%, Kópavogur (knapp 14300 E.) mit 27%, Seltjarnarnes (knapp 3500 E.) mit 55% und Garðabær (gut 5400 E.) mit sogar 73%[22]. Das überdurchschnittliche Wachstum der jungen Randstädte ist in erster Linie auf den Ausbau des Arbeitsplatzangebotes vor allem im sekundären Sektor, auf den leichter zu erwerbenden Wohnungsraum sowie auf die gute verkehrsmäßige Erschließung (regelmäßiger Buslinienverkehr nach Reykjavík) zurückzuführen. Selbstverständlich sind alle Kaupstaðir des Südwestens eng mit Reykjavík verflochten. Das betrifft auch die nicht mehr zum Hauptstadtbereich zählenden Kaupstaðir Akranes, Keflavík und Grindavík sowie die in der äußeren Peripherie des Südwestens liegenden Kaupstaðir Selfoss und Vestmannaeyjar. Eine besondere Stellung nimmt zweifellos Keflavík (1981 knapp 6700 E.) mit seinem NATO-Stützpunkt und dem größten Flughafen Islands ein, der auch für den Zivilflugverkehr freigegeben ist. Hier finden viele Einwohner Keflavíks und der näheren Umgebung einen Arbeitsplatz. Nach H. W. Hansen (1965, S. 127) waren schon Anfang der 1960er Jahre zeitweilig rd. 3000 Isländer auf dem Flugplatz beschäftigt. Die 1965 fertiggestellte, rd. 40 km lange Überlandstraße zwischen Reykjavík und Keflavík

[22] Diese und die folgenden Zahlenangaben entstammen der Statistik Hagtölur Landshluta: Höfuðborgarsvæði, April 1983.

Tab. 14: Die Wohnbevölkerung der Kaupstaðir im Zeitraum 1901 bis 1980

Kaupstaðir	Stadtrecht seit	1901	1910	1920	1930	1940	1950	1960	1970	1980
Reykjavík	1786	6682	11600	17679	28304	38196	56251	72407	81693	84593
Kópavogur	1955	..	..	..	..	..	1514	6213	11165	13996
Akureyri	1862	1370	2084	2575	4198	5564	7188	8835	10755	13137[a]
Hafnarfjörður	1908	599	1547	2366	3591	3686	5087	7160	9696	12312
Keflavík	1949	314	469	510	838	1551	2395	4700	5663	6622
Vestmannaeyjar	1918	344	768	2426	3393	3587	3726	4643	5186	4727
Akranes	1942	747	808	938	1262	1905	2583	3822	4253	5170
Ísafjörður	1866	1220	1854	1980	2533	2833	2808	2725	2680	3399
Selfoss	1978	..	..	..	..	213	967	1767	2397	3409
Seltjanarnes	1974	..	440	440	1062	627	686	1310	2153	3340
Húsavík	1950	313	599	630	871	1002	1279	1514	1993	2401[a]
Siglufjörður	1918	146	415	1159	2022	2884	3015	2680	2161	2047[a]
Saudárkrókur	1947	407	473	501	779	959	1023	1205	1600	2109[a]
Neskaupstaður	1929	75	529	779	1118	1106	1301	1436	1552	1704[b]
Grindavík	1974	..	..	..	257	267	492	740	1169	1929
Dalvík	1974	..	..	121	228	314	639	907	1065	1253[a]
Ólafsfjörður	1945	..	192	336	559	736	947	905	1086	1181[a]
Bolungarvík	1974	..	815	767	685	649	704	775	978	1266
Eskifjörður	1974	302	425	619	758	671	673	741	936	1084[b]
Seyðisfjörður	1895	841	928	871	936	904	744	745	884	989[b]

[a] = Zahlen für 1979
[b] = Zahlen für 1981

Quellen: 1) ›Tölfræðihandbók 1967‹, Tab. 20, S. 23 f.;
2) ›Tölfræðihandbók 1976‹, Tab. II, 14 ff.;
3) Hagtölur Landshluta: Höfuðborgarsvæði (April 1983), Suurnes (Dez. 1982), Vesturland (Sept. 1982), Vestfirðir (Sept. 1982), Norðurland (Jan. 1981), Austurland (Feb. 1983), Suðurland (März 1983);
4) H. PREUSSER in: Geografiska Annaler, 1976, S. 126;
5) V. WILLE 1971, S. 180.

hatte und hat zugleich eine große Bedeutung für die Erschließung der Halbinsel Reykjanes, was sich günstig auch für die kleineren Siedlungen, wie z. B. Grindavík, auswirkte.

Besonders profitiert von jenen Verkehrsausbauten hat die nur 14 km von der Hauptstadt entfernt liegende Stadt Hafnarfjörður, die schon im Jahre 1967 nach Reykjavík, Kópavogur und Akureyri zur viertgrößten Kaupstaður des Landes herangewachsen war. Begünstigt wurde diese Entwicklung aber auch durch die Hafenanlagen Hafnarfjörðurs, durch Fischerei und einige gewerblich-industrielle Produktionsstätten. Die Stadt selbst ist im wesentlichen auf einem rauhen, felsblockreichen Lavafeld, dem sogenannten Hafnarfjarðar- bzw. Garðahraun (Alter gut 7000 Jahre), errichtet worden, was gerade dem älteren Teil der Stadt ein charakteristisches Gepräge verleiht. Der Name ›Hafnarfjörður‹ (= Hafenfjord) verweist auf den ausgezeichneten Naturhafen, der schon vor der eigentlichen Landnahmezeit von nordischen Seefahrern erwähnt wird. Im späten Mittelalter war Hafnarfjörður nahezu ein englischer Handelshafen, um 1500 dann ein wichtiger Handelsplatz der Hanse und schließlich mit der Einführung des Handelsmonopols ein dänischer Hafen zu werden. Seit den 1870er Jahren wurde die Entwicklung Hafnarfjörðurs im wesentlichen bestimmt durch die nun aufwärtsstrebende isländische Fischereiwirtschaft. Beispielsweise hatte der erste Trawler, der 1905 in isländischen Besitz gelangte, seinen Heimathafen in Hafnarfjörður. Ein wichtiger Arbeitsplatz für die Bevölkerung Hafnarfjörðurs war in den letzten Jahren das bislang größte in Island realisierte Industrieprojekt, nämlich die Aluminiumhütte in Straumsvík etwa 4 km südwestlich von Hafnarfjörður (vgl. Kap. 11.3).

Kópavogur als zweitgrößte Stadt des Landes (1982 knapp 14 300 Einwohner), in unmittelbarer Nachbarschaft Reykjavíks gelegen, besteht heute überwiegend aus Wohnvierteln, die von einigen Industrie- und Handelsunternehmen durchsetzt werden. Eine ähnliche Situation zeigt sich in den jungen Kaupstaðir Garðabær und Seltjarnarnes mit 1982 rd. 5400 bzw. 3500 Einwohnern. Das mehr oder minder geschlossene, städtische Siedlungsbild im Großraum Reykjavík und die notwendige Koordination von Planungsstrategien werden wohl über kurz oder lang zu kommunalen Neugliederungen in diesem Verdichtungsraum Anlaß geben.

Etwas entfernter vom Hauptstadtbezirk gelegen, aber eng mit diesem verflochten, präsentieren sich die Kaupstaðir Akranes, Selfoss und Vestmannaeyjar. Akranes, mit knapp 5300 Einwohnern (1981) eine relativ große Stadt an der weiten Faxaflóibucht, liegt zwar nur 20 km Luftlinie nördlich von Reykjavík, die Straßenentfernung beträgt jedoch 110 km. Günstig für die rasche Entwicklung des Handels- und Industrieortes Akranes hat sich in diesem Zusammenhang eine Fährverbindung nach Reykjavík ausgewirkt. Für die Zeit um 1930 beschreibt H. Verleger (1931, S. 71) den Handelsort (Kauptún) Akranes folgendermaßen: ›Der Küstenplatz Akranes, ein Handelsplatz mit 1200 Einwohnern, besitzt in seiner Halbinselspitzenlage die günstigste Verkehrslage der Südwest-Randlandschaft. Die verhältnismäßig junge Siedlung – halb Straßen-, halb Haufendorf – besteht aus meist kleinen Holz-Wellblech-Häusern und Steinhäusern mit winzig kleinen oder gar keinen Gärtchen. Akranes liegt auf einer ganz flachen, nur etwa 11 m hohen, schmalen Landzunge, von der aus lange, schmale Felsrücken und Riffe in gradliniger Verlängerung weit ins Meer vorspringen und so einen kleinen Naturhafen (Fischereihafen) bilden. Am Ostende der von drei Seiten vom Meere umschlossenen Siedlung finden sich einige Kartoffelgärten, während wir an der Landstraße zur Melarsveit hin unweit Akranes eine Anzahl von Torfkuhlen in den Übergangsmooren bemerken. Die Bevölkerung lebt neben dem Handel vor allem vom Fischfang.‹ Seit den 1940er Jahren hat sich dann Akranes, das das Kaupstaðurrecht seit 1942 besitzt, zu einem bedeutenden Zentrum der Fischwirtschaft und anderer Industriezweige entwickelt. Vor allem ist in diesem Zusammenhang die staatliche Zementfabrik zu nennen, die seit 1958 auf der Basis von Muschelsanden aus der Faxaflóibucht nahezu den gesamten Zementbedarf des Inselstaates produziert (vgl. Kap. 11.3). Ganz anders zeigt sich das Wirtschaftsbild der jungen Stadt Selfoss im westlichen Suðurland, die erst 1978 das Kaupstaðurrecht erhielt und 1981 knapp 3500 Einwohner zählte (siehe auch Bild 22). Selfoss wird umgeben von einem für isländische Verhältnisse sehr leistungsstarken Agrarraum, der sich vor allem durch seine Milchviehhaltung auszeichnet. So verwundert es nicht, daß wir heute in Selfoss besonders Betriebe antreffen, die auf die Verarbeitung und Veredelung landwirtschaftlicher Produkte ausgerichtet sind (siehe Kap. 11.2). Hier befindet sich u. a. die größte Meierei Islands, die vor allem den nahen Hauptstadtbereich mit Frischmilch, Butter, Skyr und Käsesorten versorgt. Dagegen ist die relativ hohe Besiedlungsdichte der Vestmannaeyjar (Westmännerinseln), d. h. der bewohnten Insel Heimaey, einzig und allein auf die günstige Lage zu den Fischgründen zurückzuführen. Die Bevölkerungszahl von 5300 im Jahre 1972 war aufgrund des Vulkanausbruchs von 1973 zwar zunächst zurückgegangen, dann ab 1975 wieder angestiegen, um 1981 wiederum knapp 4800 Menschen zu erreichen (siehe Bild 28). Während der ersten Tage des Vulkanausbruchs auf Heimaey im Januar 1973 waren gut 5000 Menschen auf das Festland evakuiert worden. Die Gefahr war groß, daß die Hafeneinfahrt vom Lavastrom geschlossen werden könnte und damit die Existenzgrundlage der Bevölkerung zerstört würde. Eine derartige Katastrophe trat glücklicherweise nicht ein. Durch die Abkühlung des Lavastromes mit Meerwasser gelang es, die Hafeneinfahrt offenzuhalten. Vielmehr hat sich die Hafensituation heute insofern noch verbessert, als durch den Lavastrom ein fjordartiges Gebilde entstand, das den Hafenanlagen und der Fischereiflotte besseren Schutz vor der Brandung gewährt. Viele Häuser, die damals von der Vulkanasche überdeckt waren, wurden im Zuge der raschen Wiederbesiedlung ausgegraben bzw. wiederaufgebaut; auch das Wirtschaftsleben, d. h. Fischerei und Fischverarbeitung, läuft längst wieder seinen gewohnten Gang. Mit Sicherheit kann man davon ausgehen, daß die Vestmannaeyjar schon in hochmittelalterlicher Zeit besiedelt waren. Für die zweite Hälfte des 18. Jahrhunderts kennzeichnet E. Ólafsson (1974/75, S. 131, zitiert nach V. Wille, S. 188) die Situation auf den Vestmannaeyjar mit treffenden Worten wie folgt: ›Es ist bloß die Fischerey, welche diese Vortheile gewähret; denn die Insel selbst ist voller Klippen und sehr furchtbar, rundherum ganz steil, und auf der Oberfläche mit Hraun (das ist Lava) und mit vielen kleinen Bergen besetzt, wovon einige in der letzten Zeit Feuer gespien haben. . . . Die Vestmannaeyjar haben nur 23 Höfe, und 52 Bauern oder Familien; sie sind also nicht volkreich, aber zur Fischerey ziehen viele vom festen Lande her . . .‹ Bereits im Jahre 1787 wurde den Vestmannaeyjar das Kaupstaðurrecht gewährt. Nachdem dieses aber schon 1807 wieder aufgehoben war, erhielten sie 1918 mit damals rd. 2000 Menschen erneut das Stadtrecht.

10.3.2. Die Fjordkaupstaðir

Wie der Name sagt, wird das Ortsbild dieser städtischen Siedlungen im wesentlichen bestimmt durch die morphologischen Verhältnisse des Fjordes. Das heißt, daß der besiedelbare Küstensaum zwischen dem Meer und den Fjordsteilhängen nur sehr schmal ist und somit die Siedlungs- und Wirtschaftsflächen sich bandförmig entlang der Fjordarme erstrecken. Hinzu kommt, daß die städtischen Siedlungen an den Fjordarmen aufgrund der naturräumlichen Voraussetzungen meist nicht über ein größeres ländlich-agrares Hinterland verfügen und daher auch primär seeorientiert sind. Derartige charakteristische Fjordkaupstaðir finden wir auf der Nordwest-Halbinsel (Vestfirðir) mit Ísafjörður und seinem Nachbarort Bolungarvík sowie an der Ostküste mit den Zentren Neskaupstaður, Eskifjörður und Seyðisfjörður. Wie Tabelle 14 zeigt, haben diese wie auch andere Fjordsiedlungen Islands, gemessen an den Einwohnerzahlen, nicht jene starken Veränderungen bzw. Zunahmen erfahren, wie sie für die Kauptún und Kaupstaðir des Südwestens oder auch für das Vestur- und Norðurland zutreffen. Andererseits haben die Hafengunst der inneren Fjordarme und die Nähe zu den Fischgründen die Entwicklung der Fjordkaupstaðir und -kauptún wesentlich gefördert. Vor allem ist hier Ísafjörður hervorzuheben, das schon 1866 Stadtrecht erhielt und praktisch als ›Hauptstadt‹ von Vestfirðir einzustufen ist, da sich hier die Fischereiwirtschaft, andere Handelsaktivitäten sowie Verwaltungs- und sonstige Dienstleistungsfunktionen für die gesamte Nordwest-Halbinsel konzentrieren. Über mehrere Jahrzehnte hinweg spielte Ísafjörður eine führende Rolle in der Entwicklung der modernen isländischen Fischereiwirtschaft. Beispielsweise wurde hier im Jahre 1902 das erste offene Motorboot Islands in Dienst gestellt; gegen Ende der 1920er Jahre liefen von Ísafjörður die ersten größeren, gedeckten Motorschiffe aus, die ihren Fang nicht täglich anzulanden brauchten. So wuchs Ísafjörður bis um 1940 auf über 2800 Einwohner an, um danach wenigstens bis in die 1970er Jahre Einbußen zu erfahren; 1980 zählte es wiederum 3400 Einwohner. Der heutige Stadtkern liegt auf einer schmalen, hakenförmigen Halbinsel (isl.

›eyri‹) am Skutulsfjörður, einem Nebenarm des Ísafjarðardjúp. Aufgrund dieser Lage trug der Ort ursprünglich die Bezeichnung ›Eyri am Skutulsfjörður‹, welcher schon 1788 einer der sechs Handelsplätze Islands war. Mehrere alte Holzhäuser aus dieser Zeit sind noch erhalten und unter Denkmalschutz gestellt worden. Auch heute bestimmen Fischerei und Fischverarbeitung das Wirtschaftsleben der Stadt. Daneben wären noch einige kleinere Industriezweige, u. a. eine Schiffswerft, zu nennen. Die zentrale Bedeutung der Stadt für die gesamte Nordwest-Halbinsel manifestiert sich neben mehreren Verwaltungs- und Schuleinrichtungen auch in dem Flugplatz auf der Ostseite des Fjordes, wo auf der Landzunge Skipeyri die Landebahn infolge Platzmangels teilweise ins Wasser vorgebaut wurde. Während der Sommermonate bestehen zusätzliche Straßenverbindungen zu den südlichen und östlichen Landesteilen. Knapp 20 km nördlich Ísafjörður liegt an der Mündung des Ísafjarðardjúp die junge Stadt Bolungarvík, die 1974 das Kaupstaðurrecht erhielt und 1979 rd. 1200 Einwohner zählte. Bolungarvík galt allerdings schon in mittelalterlicher Zeit als ein wichtiger Fischfangplatz, der dann jedoch an dem großen Aufschwung der Fischereiwirtschaft in der zweiten Hälfte des 19. Jahrhunderts keinen nennenswerten Anteil hatte. Erst nach 1940 fand der Ort Anschluß an die gesamtwirtschaftliche Entwicklung des Inselstaates, wobei auch hier Fischfang und -verarbeitung eine entscheidende Rolle spielen.

In Nordisland sind besonders Siglufjörður und Ólafsfjörður zu den Fjordstädten im oben genannten Sinne zu rechnen, während das südöstlich benachbarte und zugleich wichtigste Zentrum des Norðurlandes, nämlich Akureyri, zwar auch eine Fjordlage besitzt, aber aufgrund seines weiten Um- und Hinterlandes typische Merkmale einer Flóikaupstaður verkörpert. Siglufjörður war lange Zeit der Hauptstandort der isländischen Heringsverarbeitung; bereits im Zeitraum von 1925 bis 1930 entstanden hier die ersten Fischmehlfabriken. Mit dem veränderten Zugverhalten der Heringsschwärme bzw. mit dem Aussetzen dieser wichtigen Fischressource konnte die wirtschaftliche Entwicklung Siglufjörðurs nicht Schritt halten mit der anderer Fischereistandorte, worauf sicher zu einem großen Teil auch die Abnahme der Einwohnerzahlen seit 1950 (vgl. Tab. 14) zurückgeführt werden kann. Ähnlich wie Ísafjörður liegt Siglufjörður, das 1918 Stadtrecht erhielt, auf einer Halbinsel und ist ebenfalls mit einem kleinen Flughafen ausgestattet. Das benachbarte Ólafsfjörður war von dem Ausbleiben der Heringsschwärme weniger betroffen, da hier der Fang und die Verarbeitung des Kabeljau von Anfang an größere Bedeutung hatte. Zudem verfügt der Ort, der 1945 Stadtrechte erhielt und 1979 knapp 1300 Einwohner zählte, über ein größeres agrarwirtschaftliches Umland, was sich in entsprechenden Veredelungseinrichtungen (z. B. Meierei) innerhalb der Ortslage niederschlägt.

Wiederum sehr monostrukturiert, d. h. auf die Fischwirtschaft ausgerichtet, zeigen sich die ostisländischen Kaupstaðir Seyðisfjörður, Neskaupstaður und Eskifjörður, von denen der Handelsplatz Seyðisfjörður auf eine ältere Entwicklungsgeschichte zurückblicken kann. Verschiedene Handelsniederlassungen im 18. und 19. Jahrhundert haben den Werdegang von Seyðisfjörður, das über einen der besten Naturhäfen Islands verfügt, geprägt. Seine erste Blütezeit erlebte der Ort mit dem Aufkommen einer großmaßstäbigen Heringsfischerei kurz vor 1900. So war Seyðisfjörður um die Jahrhundertwende mit rd. 900 Einwohnern der bei weitem größte Ort an der Ostküste. In den folgenden Jahrzehnten wurde Seyðisfjörður dann von Neskaupstaður, wo sich ein wichtiger Standort der Kabeljauverarbeitung entwickelte, übertroffen. Die drei genannten Kaupstaðir sowie einige größere Kauptún (vor allem Búðareyri und Búðir) sind heute durch den Flughafen von Egilsstaðir an das Inlandflugnetz angeschlossen.

10.3.3. Die Flóikaupstaðir unter besonderer Berücksichtigung von Akureyri

Wie bereits zum Ausdruck gebracht, sind die sogenannten Flóikaupstaðir dank ihrer Lage an einer größeren Meeresbucht (isl. flói) und ihrer Verflechtung mit einem relativ weiten, ländlich-agraren Hinterland sowohl see- als auch landorientiert. Sie besitzen daher eine weniger einseitige Wirtschaftsstruktur als die meisten Fjordkaupstaðir. Auch die Fischanlandungen sind hier in der Regel bedeutend geringer als in jenen Orten. Neben den städtischen Siedlungen Sauðárkrókur und Húsavík an der Nordküste wird an dieser Stelle zum Typus der Flóikaupstaðir auch Akureyri gerechnet, obwohl dieser nach Reykjavík zweitrangige zentrale Ort Islands vor allem nach der naturräumlichen Lage auch Charakterzüge einer Fjordsiedlung aufweist.

Sauðárkrókur und Húsavík mit 1979 jeweils über 2000 Einwohnern haben erst nach dem Zweiten Weltkrieg das Stadtrecht erhalten. Mittlerweile hat sich Sauðárkrókur (siehe Bild 29) zum wichtigsten Handelszentrum am Skagafjörður entwikkelt, das diese Funktionen von dem benachbarten Kauptún Hofsós, einem alten Handelsplatz in Island, übernommen hat. Auch Húsavík an der Bucht Skjálfandi ist ein alter Handelsplatz, der wie Sauðárkrókur von einem recht leistungsstarken Agrarraum umgeben wird. Verschiedene im Ortskern lokalisierte landwirtschaftliche Veredelungs- und Vermarktungseinrichtungen unterstreichen diese Tatsache. Darüber hinaus ist Húsavík u. a. auch der Exporthafen für dic Produkte der Kieselgurfabrik am Mývatn (vgl. Kap. 11.3).

Das bedeutendste städtische Zentrum in Nordisland und die nach den Einwohnerzahlen drittgrößte Stadt des Inselstaates ist zweifellos Akureyri am Südende des Eyjafjörðurs, der hier etwa 60 km weit ins Land stößt. Mit der wachsenden Zentralität dieser ›Hauptstadt‹ des Norðurlandes hat Akureyri etwa seit der Jahrhundertwende ständig steigende Einwohnerzahlen (1980 ca. 13500) zu verzeichnen. Auch Akureyri, das 1787 und dann wieder 1862 Stadtrechte erhielt, hat seine bedeutenden Hafen- und Handelsfunktionen von einem benachbarten alten Anlegeplatz, nämlich Gásar, übernommen. Letzterer war im Mittelalter allem

Anschein nach der Haupthandelsplatz in Nordisland, bis dann vermutlich kurz nach 1400 dieser Anlegeplatz zu der Halbinsel Oddeyri, heute ein Stadtteil von Akureyri, verlegt wurde. Eine permanente Besiedlung des neuen Handelsplatzes und damit die Entwicklung zu einem Kauptún haben wahrscheinlich aber erst nach 1700 eingesetzt. Für die zweite Hälfte des 19. Jahrhunderts beschreibt G. Winkler (1861, S. 273) den Kauptún folgendermaßen: ›Akureyri zählt vierzehn Häuser; dieselben sind in einer Reihe von Zwischenräumen nahe an den Strand hingebaut. Gleich dahinter steigt ein hoher, mit Kartoffelfeldern bebauter Terrassenhang auf ... In Akureyri befinden sich sieben Handelsetablissements. Es ist der Sitz der Regierung des Nordlandes, der Amtsapotheke, eines Sysselmannes und einer Zeitungsredaktion.‹ Die große Handelsbedeutung des damals kleinen Ortes Akureyri mag man aus einer zeitgenössischen Schilderung von W. Preyer und F. Zirkel (1862, S. 165f.), entnehmen, in der es heißt:

›In Akureyri (Getreidehafen) herrscht ein ziemlich reger Verkehr, es ist neben Húsavik der wichtigste Handelsplatz am Eismeer für die Ausfuhr isländischer Produkte (rohe und verarbeitete Wolle, Fische, Fuchspelze, Eiderdaunen, Talk, Thran) und ein bedeutender Marktort für importirte dänische Waaren, wo der Isländer alle diejenigen Gegenstände kauft oder eintauscht, deren er für das tägliche Leben bedarf. Jeder Bauer, er mag noch so tief im Inneren wohnen, besucht wenigstens einmal im Jahr den Hafenort ....

Neben den Handelsfunktionen, die auch heute noch eine tragende Kraft im Wirtschaftsleben der Stadt sind, spielte aber auch schon früh die Fischerei eine wesentliche Rolle. E. Henderson (1820/21, S. 132, zitiert nach V. Wille 1971, S. 205) belegt das mit folgenden Worten: ›In früheren Zeiten war dieser Ort wegen seiner Heringsfischerei berühmt; denn die Heringe besuchten die Bay in solchen Mengen, daß 180 bis 200 Fässer bei einem einzigen Zuge gefangen worden sind; in den letzten Jahren sind sie gänzlich verschwunden ...‹ Der küstennahe Heringsfang gab dann auch in den Jahrzehnten der Industrialisierung den entscheidenden Impuls für die Errichtung der ersten modernen Fischmehl- und -ölfabrik Islands in dem einige Kilometer nördlich der Stadt gelegenen Krossanes. Allerdings erlangte in Akureyri die Fischverarbeitung nicht eine derartige Position wie in anderen Fischereistandorten der Nord- und Ostküste. Erst mit der seit etwa 1950 beginnenden Hochseetrawlerfischerei erlangte die fischverarbeitende Industrie in Akureyri wieder größere Bedeutung. Fischkonservenfabriken sowie die Gefrier- und Filetfischherstellung geben hiervon Kenntnis. Konzentriert ist die Fischereiwirtschaft auf den östlichen Stadtteil, auf die Halbinsel Oddeyri, wo sich auch entsprechende Hafenanlagen befinden. Die Fischverarbeitung repräsentiert jedoch nur eine Seite im Wirtschaftsleben des modernen Akureyri. Zahlreiche andere gewerblich-industrielle Aktivitäten (u. a. die Stahlschiffswerft Slippstöðin hf., die Wollverarbeitungsfabrik Gefjun, mehrere Nahrungs- und Genußmittelhersteller sowie eine Reihe von Handelsniederlassungen) haben Akureyri neben seinen Verwaltungs- und Dienstleistungsfunktionen zu einem der größten Stadtzentren in Island heranwachsen lassen. Forciert wurde diese Entwicklung durch die schon in den 1880er Jahren erfolgte Gründung einer Handelsgesellschaft. Als eine der ersten isländischen Kaufgesellschaften versuchte sich diese Institution nach der Auflockerung des dänischen Handelsmonopols gegen die ausländische Konkurrenz durchzusetzen. Heute trägt das genossenschaftliche Unternehmen den Namen ›Kaupfélag Eyfirðinga Akureyrar‹ (KEA), mittlerweile der größte Geschäftsbetrieb in Akureyri, der über mehrere Unternehmen, Fabriken, Lagerhäuser sowie über ein größeres Hotel verfügt. Die heutige Siedlung ist längst über die älteren Ortsteile Akureyri (›Alt-Akureyri›) und Oðereyri hinausgewachsen. Auf den höher gelegenen Terrassen entlang des Eyjafjörðurs sind halbkreisförmig um den Stadtkern mit seinem Geschäftszentrum in der Hafnarstræti moderne Wohnviertel entstanden. Eine 1966 fertiggestellte Schnellstraße verbindet die Stadtteile miteinander. Akureyri selbst hat glücklicherweise noch eine größere Anzahl alter und baugeschichtlich interessanter Holzhäuser aufzuweisen. Zahlreiche kleine Garten- und Parkanlagen (erwähnt sei hier nur die für isländische Verhältnisse recht üppige Vegetation u. a. mit Gehölzgruppen aus Birken, Weiden und Ebereschen) verleihen der Stadt einen liebenswerten Zug, der sich auch für den Tourismus positiv auswirkt. Weitere Anziehungspunkte für den Fremdenverkehr sind mehrere kleine Museen (z. B. das sogenannte Nonni-Haus des auch in Deutschland sehr bekannt gewordenen Dichters Jón Sveinsson, † 1944 in Köln) sowie die reizvollen Landschaftspartien am Eyjafjörður. Das von Akureyri aus gut zu erreichende, einzigartige Mývatngebiet bringt weitere fremdenverkehrswirtschaftliche Impulse.

10.4. Die Landeshauptstadt Reykjavík

Am Südrand der Meeresbucht Faxaflói liegt die nördlichste Hauptstadt der Welt, Reykjavík, die zugleich die kleinste und größte aller Hauptstädte ist. Mit einer absoluten Bevölkerungszahl von knapp 86 000 Menschen im Jahre 1982 ist sie sicher eine sehr kleine ›Metropole‹, jedoch die größte Hauptstadt im Verhältnis zur gesamten Einwohnerzahl Islands. Immerhin vereinigt Reykjavík etwa 37 % (1982) der isländischen Bevölkerung auf sich; der Hauptstadtbereich, d. h. ›Groß-Reykjavik‹ mit den unmittelbar benachbarten Stadtsiedlungen Kópavogur, Hafnarfjörður, Seltjarnarnes und Garðabær, sogar über 55 %.

Der Name ›Reykjavík‹, der ja soviel wie ›Rauchbucht‹ oder ›rauchende Bucht‹ bedeutet, ist allem Anschein nach auf die Landnahmezeit zurückzuführen, als die ersten Siedler die Dämpfe der heißen Quellen erblickten. Die Bucht um Reykjavík liegt insofern günstig, als sie ganzjährig eisfrei ist, was sich natürlich für die Umschlagsfunktionen des Hafenortes in seiner Mittellage zwischen den Hauptfischfanggebieten im Nordwesten und Südosten positiv auswirken mußte. Als weiterer Gunstfaktor muß die Tatsache angesehen werden, daß Reykjavík zwischen den beiden landwirtschaftlich produktiven Tiefländern von Borganes und Selfoss liegt. Die städtische Bedeutung, die dem heutigen Reykjavík zukommt, hat es selbstverständlich zahlreichen weiteren Funktionen zu verdanken. Reykjavík ist das bedeutendste Bildungs- und Kulturzentrum des Landes, weiterhin der Sitz der Regierung, der wichtigsten Behörden und Verwaltungsorgane sowie der größte isländische Industrie- und Handelsort mit zwei Seehäfen und einem modernen Flugplatz für den Inlandverkehr.

Auch wenn die Geschichte der städtischen Siedlung Reykjavík recht jungen Datums ist, so sind doch die Anfänge der Besiedlung in diesem Raum bis auf den ersten nordischen Landnehmer, nämlich Ingólfur Arnarson, zurückzuführen. Dem Sagabericht entsprechend ließ Ingólfur Arnarson, als er die Küsten Islands erstmals (höchstwahrscheinlich im Jahre 874 n. Chr.) erblickte, seine Hochsitzpfosten mit den geschnitzten Götterbildern über Bord werfen, indem er gelobte, dort seinen Hof zu bauen, wo diese angetrieben würden. Jene Stelle war Reykjavík, wo Arnarson und sein Gefolge nach der Überlieferung im Jahre 877 einen Hof errichteten. Ausgrabungen, die in den 1960er und 1970er Jahren im Stadtzentrum Reykjavíks vorgenommen wurden, haben Siedlungsreste zutage gebracht, die mit Hilfe der C^{14}-Methode auf die Zeit um 800 n. Chr. zurückdatiert werden konnten (vgl. Kap. 3). Von einer raschen Siedlungsentwicklung bzw. -expansion im Raum Reykjavík nach der Landnahmezeit kann jedoch keine Rede sein. Im späten Mittelalter sollen nur drei Hofstellen in diesem Raum, der sich im wesentlichen mit der Halbinsel Seltjarnarnes deckt, existiert haben, nämlich die Höfe Nes, Reykjavík und Laugarnes, wobei die Landwirtschaft der dominierende Erwerbszweig war. Im Jahre 1521 wird zum ersten Male ein Handelsplatz namens Hólmurinn auf einer kleinen, vor Reykjavík liegenden Insel genannt. Aber erst um 1700 erlangte hier die Küstenfischerei eine größere Bedeutung. Von nun an war auch die Voraussetzung für die Bildung einer dorfartigen Siedlung gegeben, nachdem sich schon vorher einige Fischer auf der vorgelagerten Insel Örfirisey (heute in die Hafenanlagen miteinbezogen) ansässig gemacht hatten und zugleich seitens des dänischen Monopols eine kleine Handelsniederlassung errichtet worden war.

Die ersten Ansätze einer gewerblich-industriellen Entwicklung fallen in die Mitte des 18. Jahrhunderts. Damals entstand in Reykjavík nach der Lockerung des dänischen Handelsmonopols auf Initiative des Landvogtes Skúli Magnússon eine Manufaktur auf der Basis der Woll- und Fellverarbeitung. Auch wenn der Betrieb nach mehreren Jahren eingestellt werden mußte, so bedeutete doch dieser Versuch einer wirtschaftlichen Erneuerung ›einen epochalen Schritt in der Entwicklung des Dorfes zur Hauptstadt des Landes‹ (H. R. Bárðarson 1982, S. 109). Im Jahre 1786 erhielt Reykjavík durch einen königlichen Bescheid das Stadtrecht; damals zählte der Ort nur rd. 300 Einwohner (nach B. Teitsson 1977, S. 93). Einen entscheidenden Zentralitätszuwachs erfuhr Reykjavík dann in den folgenden Jahren, indem das Althing, der Bischofs- und Landvogtsitz hierhin verlegt wurden. Weiterhin wurden eine Bischofskirche und eine höhere Schule

Reykjavík 1862 (verändert nach ›Gamlar Íslenzkar Myndir‹, Nationalbibliothek, Reykjavík).

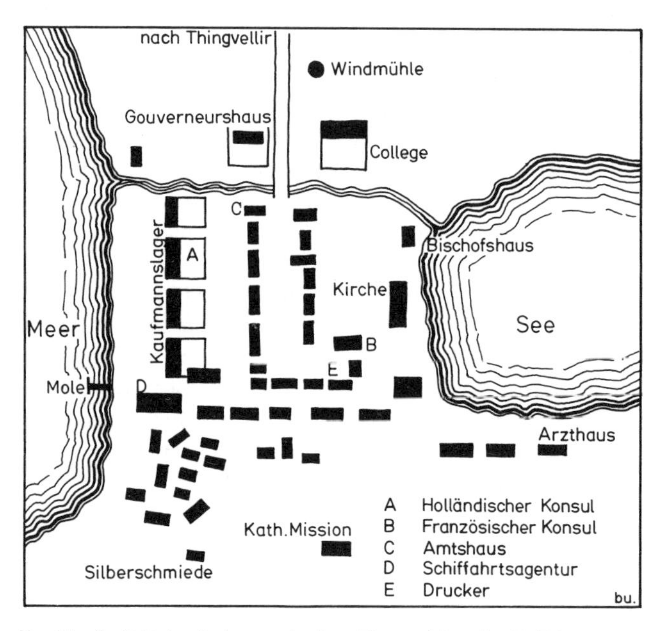

Reykjavík 1863 (verändert nach einer Kartenskizze in: R. Bárðarson 1982, S. 123).

Abb. 32: Reykjavík im Zeitraum 1862/63.

errichtet. Nach der endgültigen Aufhebung des dänischen Handelsmonopols im Jahre 1855 erfuhren auch die Handelsaktivitäten und damit zugleich die gewerblich-industriellen Betriebe einen beachtlichen Aufschwung.

Das siedlungsgeographische Bild Reykjavíks versucht Abb. 32 wiederzugeben. Die damalige Ortschaft konzentrierte sich ausschließlich auf den Bereich zwischen der Meeresbucht bzw. dem Hafengelände und dem Tjörnin-Teich, also auf jenes Areal, das mit der heutigen ›City‹ im wesentlichen gleichzusetzen ist. Obwohl Reykjavík mit einer Reihe von Kaufmannshäusern, die sich parallel zur Küste erstrecken, und mehreren öffentlichen Einrichtungen ausgestattet war, fällt es schwer, von einem ›Stadtbild‹ wenigstens im mitteleuropäischen Sinne zu sprechen. In einem Manuskript von K. Maurer aus dem Jahre 1858 (vgl. K. Schier 1974, S. 10) heißt es, daß Reykjavík 1855 folgende Handwerkergruppen beherbergt habe: 1 Bäcker, 1 Böttcher, 3 Gold- und Silberschmiede, 2 Zimmerleute, 6 Schmiede, 2 Maurer, 1 Müller, 5 Schuster, 8 Schneider, 12 Schreiner, 3 Sattler und 9 unbekannte Handwerker. In seinem Island-Bericht von 1885 vermerkt I. C. Poestion (zitiert nach V. Wille 1971, S. 83), daß es in Reykjavík 197 kleine, einstöckige Holzhäuser mit Riegelwänden gäbe; darüber hinaus 38 neuere Häuser aus isländischem Dolerit und zwei Gebäude aus Ziegelsteinen.

Als ungünstig für die städtische Entwicklung erwies sich die Tatsache, daß Reykjavík in jenen Jahrzehnten durch unerschlossene Hochländer und unwirtliche Lavafelder von den produktiven Landwirtschaftsgebieten im Borganes- und Selfoss-Tiefland getrennt war, so daß es großer Schwierigkeiten bedurfte, die Stadt auf dem Landwege mit Agrarprodukten zu versorgen. Die wirtschaftliche und damit auch demographische Situation Reykjavíks änderte sich jedoch grundlegend um die Jahrhundertwende, als die Schleppnetzfischerei aufkam und sich die Stadt nun zu einem Haupthafen für die Kabeljaufischer entwickelte. Während die Stadt im Jahre 1900 rd. 6300 Einwohner zählte, waren es 1904 bereits 8300 und 1910 rd. 11600. Als sehr günstig für die gewerblich-industrielle Entwicklung der Stadt erwies sich auch die 1914 erfolgte Gründung der Isländischen Dampfschiffahrtsgesellschaft (Eimskipafélag Íslands), die von nun an die wichtigsten Schiffahrtsverbindungen mit dem Ausland betrieb. Weitere Wachstumsimpulse gingen von der 1911 ins Leben gerufenen Universität sowie anderen Dienstleistungsunternehmen aus. Der nun rasche städtische Wachstumsprozeß wurde nur vorübergehend in den Jahren des Ersten Weltkrieges infolge von Handelsbeschränkungen, Hungersnöten und Seuchen beschränkt. Nachdem bereits Ende 1918 die Souveränität des Landes vor dem Regierungsgebäude in Reykjavík feierlich erklärt worden war, wuchs die Stadt zwischen den beiden Weltkriegen weiter rasch an. Die Einwohnerzahlen betrugen in den Jahren 1930 und 1940 rd. 28000 bzw. 38000 Menschen. Dieses Wachstum wurde auch in den Jahren des Zweiten Weltkrieges, als Reykjavík von britischen und später von nordamerikanischen Streitkräften besetzt war, nicht wesentlich unterbrochen. Die Besatzungsmächte benötigten vielmehr eine große Zahl an Arbeitskräften. So nahm der Bevölkerungszustrom nach Reykjavík und seinen Nachbargemeinden aus den anderen Landesteilen zu; damit begann auch eine rege Bautätigkeit. Mit der Unabhängigkeitserklärung am 17. Juni 1944 in Þingvellir und der damit erfolgten Gründung der isländischen Republik wurde Reykjavík Hauptstadt des Landes. Nun vollzog sich eine nahezu explosionsartige Entwicklung im städtischen Verdichtungsraum Reykjavík, die sich in der Zunahme der Bevölkerungszahlen (vgl. Tab. 14), in dem Ausbau der gewerblich-industriellen Produktionsstätten und modernen Hafenanlagen, im Bau zahlreicher neuer Wohnviertel und breiter Ausfallstraßen zeigte. Allerdings hat Reykjavík gerade in den letzten Jahren, wie bereits in Kapitel 10.2 ausführlicher dargestellt, bedeutend geringere Bevölkerungszuwachsraten erfahren als seine benachbarten Kaupstaðir, wie vor allem Kópavogur, Hafnarfjörður, Seltjarnarnes und Garðabær.

Im heutigen Stadtbild Reykjavíks lassen sich die einzelnen Ausbauphasen der letzten Jahrzehnte deutlich erkennen (siehe auch Bilder 30 und 31). Dem ausländischen Besucher fällt zunächst ein mannigfaltiges Häuserbild auf, das sich aus Einfamilien- und Reihenhäusern, Wohnblocks und Hochhäusern zusammensetzt. Das häufige Nebeneinander von alt und neu wirkt nicht immer harmonisch. Allerdings weisen die meisten Stadtteile vor allem an der östlichen Peripherie durchaus eine städtebauliche Planung auf. Die gelegentlich zu hörende Auffassung, daß Reykjavík im Grunde ein Gemisch aus einer idyllischen Kleinstadt und einer schnell erbauten amerikanischen Vorstadt darstelle, sei dahingestellt. Der Stadtkern, ›Altstadt‹ und ›City‹ zugleich, erstreckt sich zwischen dem Hafengelände und dem Tjörnin. Hier konzentrieren sich die größeren Banken, die Schifffahrts- und Fluggesellschaften, das Parlament und die benachbarte Domkirche sowie zahlreiche Warenhäuser und Einzelhandelsgeschäfte; den Mittelpunkt bilden als Hauptgeschäftsstraße die Austurstræti und die Plätze Austurvöllur und Lækatorg. Mittlerweile verkörpern die Austurstræti und Bankastræti sowie der Laugarvegur eine lineare Geschäftsachse im Inneren Reykjavíks. Charakteristisch für die älteren Wohnviertel sind die mit Wellblech verkleideten Holzhäuser, die in der Hauptsache in den Jahren zwischen 1900 und 1920 errichtet wurden; einige von ihnen, so z. B. an der Skálholtsstigur, sind mit interessanten Schnitzereien an Fensterrahmen und Dachgesimsen versehen. Zurückgeführt wird dieser sogenannte ›norwegische Stil‹ auf den Einfluß norwegischer Heringsfänger, die in verschiedenen isländischen Küstenlandschaften Häuser errichteten (vgl. Ó. ARNARSON in: ›Iceland Review‹, 1, 1979). Um den älteren Stadtkern Reykjavíks sind in den letzten Jahren nach allen Seiten hin, insbesondere aber in östlicher Richtung, moderne Wohnviertel, meist im Betonbaustil, sowie Gewerbe- bzw. Industriegebiete regelrecht aus dem Boden geschossen (vgl. Abb. 33). Das gesamte Stadtgebiet einschließlich der unmittelbar benachbarten Kaupstaðir wird durch ein relativ dichtes Autobusnetz verkehrsgünstig erschlossen. Unmittelbar südlich des Stadtzentrums liegt der Flughafen Reykjavík, der hier praktisch jene Funktionen einnimmt, wie sie in anderen Staaten im allgemeinen der Eisenbahn zukommen.

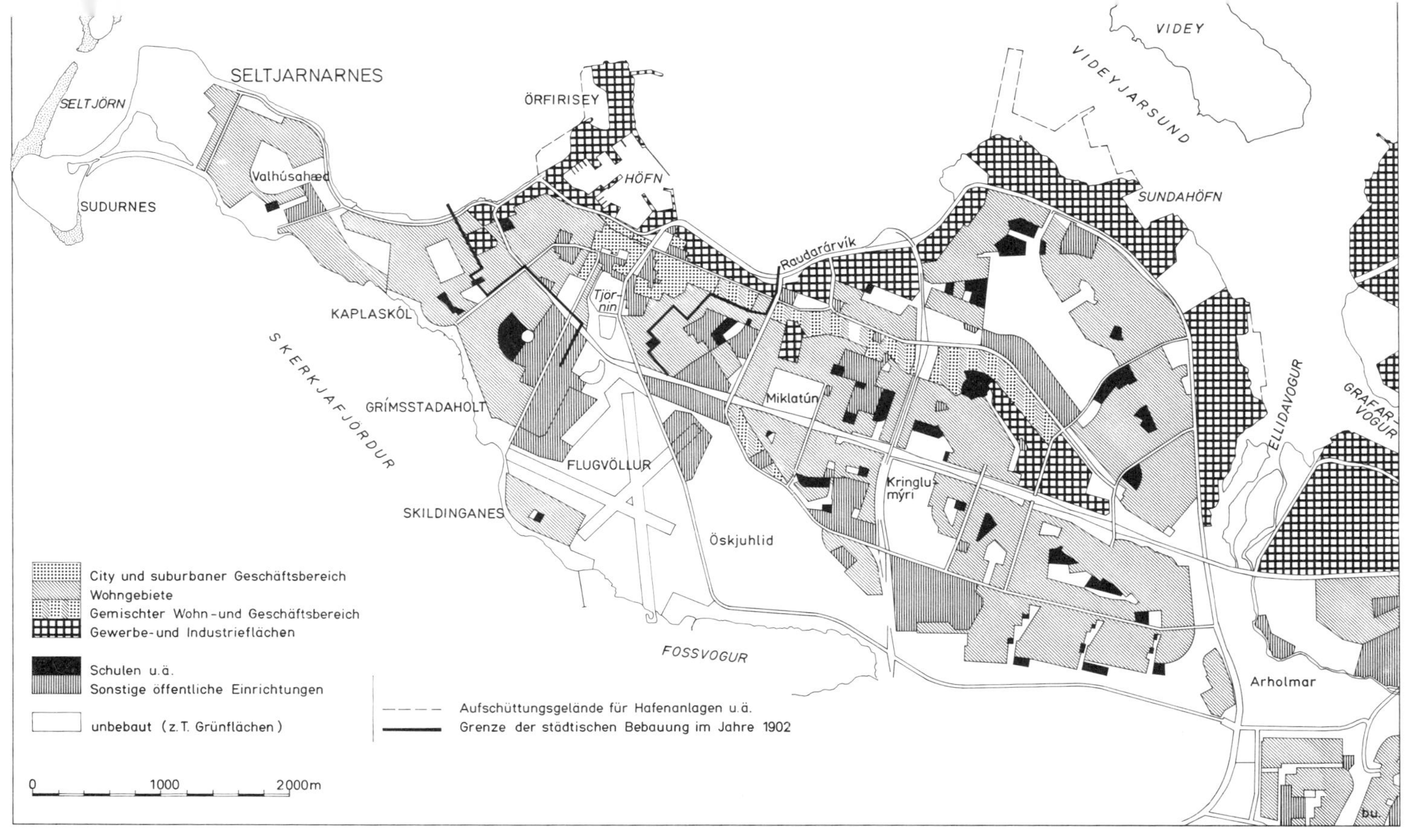

Abb. 33: Der innere Stadtbereich von Reykjavík (Stand 1982). (Kartengrundlagen: Reykjavík, Adalskipúlag/Master Plan, Landnotkún, Reykjavík 1982; Reykjavík 1903, 1 : 50 000, Landmælingar Íslands 1976; heutige Stadtpläne.)

Dagegen wird ja der internationale Flugverkehr über das gut 40 km südwestlich gelegene Keflavík abgewickelt. Ein weiteres wichtiges Verkehrszentrum Reykjavíks sind die bereits genannten Hafenanlagen, die verständlicherweise der Hauptumschlagplatz für den Warenimport und -export, weiterhin wichtigster Passagierhafen des Landes sowie bedeutender Standort einer Fischereiflotte sind. Mit dem Bau moderner Hafenanlagen begann man im Jahre 1913; damals wurden Schutzdämme (u. a. bis Örfirisey) und Molen mit Anlegeplätzen, Lagerhäusern u. a. m. errichtet. Im Jahre 1966 nahm man weiter östlich neue Hafenanlagen (Sundarhöfn) in Angriff, deren erster Bauabschnitt 1968 betriebsbereit war. Dieser neue Industriehafen ist für Schiffe bis zu 30000 BRT anlaufbar; landeinwärts erstreckt sich ein größeres Gewerbe- und Industriegebiet mit Fischfabriken, Werftanlagen, Maschinenfabriken und mehreren Getreidesilos. Das schnelle Wachstum im Hauptstadtbezirk, das Nachlassen der Bevölkerungskonzentration in Reykjavík selbst und die stärker werdende Zuwanderung in die benachbarten Kaupstaðir stellen den Großraum Reykjavík heute vor besondere raumplanerische Probleme. Die Nachbarstädte Reykjavíks, also Kópavogur, Hafnarfjörður, Seltjarnarnes und Garðabær, sind mittlerweile mit der Hauptstadt zu einer einzigen städtischen Agglomeration zusammengewachsen. Daraus ergibt sich von selbst die dringende Notwendigkeit einer Koordination von Raumplanungsaktivitäten, wie sie in den letzten Jahren auch schon in mehreren Entwicklungsplänen zum Tragen gekommen ist.

11. WIRTSCHAFTSGEOGRAPHISCHE PROZESSE UND STRUKTUREN

11.1. Fischfang und Fischereiwirtschaft

Das Wirtschaftsleben und auch die Erwerbsstruktur Islands sind gerade in diesem Jahrhundert in entscheidendem Maße vom Fischfang und von der Fischverarbeitung bestimmt worden. Diese Tatsache, die oft als Schicksalsfrage der isländischen Bevölkerung deklariert wird, mag schon daran deutlich werden, daß in den letzten Jahrzehnten Fische bzw. Fischprodukte stark das Gefüge des isländischen Außenhandels und auch die Gesamtwirtschaft Islands beherrschten. Noch in den 1960er Jahren erbrachten die Fischereiprodukte bis zu maximal 97% der Exporterlöse der isländischen Volkswirtschaft. Wenn auch dieser Wert vor allem infolge des Exportes von Aluminium bis zum Jahre 1981 auf rd. 75% gesenkt wurde, so spielt dennoch die Fischereiwirtschaft auch heute noch die wichtigste Rolle im isländischen Wirtschaftsleben. Nicht vergessen werden sollte auch die Tatsache, daß Island und die Färöer mit ca. 20% Anteil der Fischereiwirtschaft am Sozialprodukt die höchsten Werte in der Welt haben. Mit etwa 10t pro Kopf und Jahr ist der Umfang des isländischen Fischfangs weit größer als der anderer Fischereinationen wie Peru oder Norwegen. Auch der Fischverzehr selbst ist in Island bedeutend höher als in anderen Staaten. Dabei gilt auf der Insel nach Angaben in ›News from Iceland‹ (No. 76, 1982) der Schellfisch heute als der beliebteste Speisefisch, der drei- oder viermal pro Woche in den meisten Haushalten serviert werde.

Die beherrschende Stellung der Fischwirtschaft sowie die Vor- und Nachteile dieser einseitigen Ausrichtung lassen es unumgänglich erscheinen, auf die isländische Fischerei und Fischverarbeitung detaillierter einzugehen, zumal ohne deren genauere Kenntnis die jüngsten Diversifizierungsbemühungen von wirtschaftspolitischer Seite, bzw. die Entwicklung der von der Fischerei unabhängigen Wirtschaftszweige, nicht verständlich werden. Somit werden im Rahmen dieser Problemstellung im folgenden insbesondere der Strukturwandel und die aktuelle Situation der isländischen Fischwirtschaft zu analysieren sein, wobei vorab die ozeanographisch-hydrologischen und meeresbiologischen Voraussetzungen des Fischfangs sowie anschließend einige wirtschaftshistorische Leitlinien skizziert seien.

11.1.1. Die natürlichen Grundlagen für den Fischreichtum vor Island

Der große Fischreichtum in den isländischen Gewässern beruht im wesentlichen darauf, daß hier auf der untermeerischen Schwelle, von der sich ja auch die

Vulkaninsel Island erhebt, relativ kalte und relativ warme Meeresströmungen aufeinandertreffen (vgl. Abb. 39). Vereinfacht gesagt handelt es sich zum einen um den Ostislandstrom, der lange Zeit als Teil des Ostgrönlandstromes angesehen wurde und der hier aus nördlicher bzw. nordöstlicher Richtung mit Temperaturen von durchschnittlich 0 bis 3°C den isländischen Schelf erreicht. Auf diesen trifft aus südlicher und südwestlicher Richtung ein Ausläufer des Nordatlantikstromes, der sogenannte Irmingerstrom, mit Temperaturen bis zu +12°C. Das Zusammentreffen der beiden in Temperatur und Salzgehalt[23] sehr unterschiedlichen Strömungssysteme verursacht den Küstenstrom, der die Insel im Uhrzeigersinn umkreist, wobei an den Fluß- und Fjordmündungen sowie an den Halbinseln immer wieder lokale Strömungen und Wirbel erzeugt werden. Verstärkt wird die Durchwirbelung des schweren, relativ kalten Bodenwassers des polaren Ostislandstromes mit dem bedeutend wärmeren atlantischen Wasser vor allem durch die Island-Färöer-Schwelle, die um Island nur maximale Tiefen von 400 bis 600 m erreicht. Somit sind äußerst günstige Voraussetzungen für die Entwicklung eines sehr sauerstoffhaltigen sowie an Phyto- und Zooplankton reichen Wassers gegeben, was wiederum die Hauptursache für das Entstehen bevorzugter Futter- und Laichplätze von zahlreichen Fischarten ist.

Die Phytoplanktonproduktion beginnt im Frühjahr, sobald sich das Wasser auf ca. 3°C erwärmt. Diesen Primärproduzenten, die also mit Hilfe der Photosynthese große Mengen organischer Substanz aufbauen, und zwar bis zu einer Wassertiefe von 40–50 m, folgen die ›Erstverbraucher‹, das Zooplankton, welches wiederum die Nahrungsgrundlage für zahllose wirbellose Tiere, aber auch Fische und vor allem Fischlarven bildet. Die meisten Fischarten greifen in diese Nahrungskette als ›Zweit-‹ oder ›Drittverbraucher‹ ein. So ernähren sich die pelagischen Fische, z. B. der Hering und die Makrele, von kleinen Krebsen, Schnekken oder Garnelen, um ihrerseits wieder den bathypelagischen Fischen, dem Kabeljau, Schellfisch, Rotbarsch usw., als Futterquelle zu dienen. Andererseits ernähren sich die ständig am Meeresboden lebenden Fischarten, z. B. die große Gruppe der Plattfische, fast ausschließlich von wirbellosen Bodentieren.

Die isländische See- bzw. Küstenfischerei basiert also im wesentlichen auf folgenden drei biologischen Phänomenen (vgl. u. a. S. Þórarinsson in: ›Die Nordischen Länder‹, hrsg. von A. Sömme 1974, S. 214):

1. Den Fischansammlungen auf den Laichgründen im südlichen und südwestlichen Schelfbereich. Im Februar bis Mai wird hier ein saisonaler Fang vor allem auf Dorsch bzw. Kabeljau sowie auf Schellfisch und Wittling betrieben.
2. Dem Zusammentreffen von Planktonfressern, die den riesigen Mengen an

[23] Der Salzgehalt des Oberflächenwassers ist im Irmingerstrombereich durch höhere Werte gekennzeichnet, indem südlich und südwestlich von Island Werte von 35,0 bis 35,25‰ auftreten, während nördlich der isländischen Küste Werte von 34,0 bis 34,75‰ verzeichnet werden.

Zooplankton im Grenzbereich von relativ kaltem und warmem Wasser besonders vor der Südostküste folgen. Hierzu gehören der Ende der 1960er Jahre fast verschwundene Hering und die heute wirtschaftlich so wichtige Lodde (Kapelan).

3. Den Fischschwärmen, die das ganze Jahr über der Meeresbodenfauna (Crustaceen, Grundaale usw.) nachstellen. Gerade auf diesem Phänomen beruht die Tatsache, daß an wechselnden Orten im isländischen Schelfbereich ganzjährig Fischfang möglich ist.

Im isländischen Schelfgebiet hat man rd. 150 verschiedene Fischarten festgestellt, von denen 66 ständige Bewohner der dortigen Gewässer sind und von denen nur 20 eine wirtschaftliche Bedeutung haben. Die größte Gruppe bilden die borealen oder nordatlantischen Arten, so u. a. Kabeljau, Schellfisch, Hering, Lodde, Wittling, Leng, Scholle, Heilbutt und Seelachs bzw. Köhler. Im Norden und Osten Islands schließt sich in Richtung Arktis der Lebensraum der Kaltwasserarten, wie z. B. Eishai, Polardorsch, Grönland-Heilbutt u. a. m., an, während im Süden Islands die Lebensräume der südlichen borealen Arten, der Makrele, der Seezunge, des Seehechts, des Steinbutts und des Thunfisches, zum Lebensraum der Warmwasserfische überleiten.

11.1.2. Die Entwicklungsgeschichte der isländischen Fischereiwirtschaft

Schon zur Landnahmezeit, so heißt es im Buch von der Besiedlung Islands, spielte die Küsten- und Fjordfischerei eine gewichtige Rolle. Beispielsweise berichtet das ›Landnámabók‹ im Zusammenhang mit der festen Besiedlung der Vestmannaeyjar, daß diese bis dahin nur als Fischereiplätze benutzt worden seien und niemals oder selten als Wintersitze gedient hätten. Nicht nur die landwirtschaftlichen Möglichkeiten, sondern auch der Reichtum an Fischen sowie Walen, Robben u. a. m. trug dazu bei, die isländischen Küsten für eine dauerhafte Besiedlung zu empfehlen. Dabei muß man sich außerdem die Tatsache vor Augen halten, daß in der Heimat der Einwanderer, also in erster Linie in Norwegen, die Fischerei eine große Bedeutung hatte. In Island, so betont E. Buchmann (1974, S. 65) zu Recht, ›traf man nun dieselben Fischarten an wie im alten Lande; auch konnte man die bekannten Fanggeräte verwenden. Ähnlich den norwegischen Verhältnissen hatte sich deshalb in Island ein Bauernfischertum entwickelt, das neben der Landwirtschaft einen intensiven Fischfang in den Küstengewässern bzw. Fjorden betrieb, an welchem sich zeitweilig sogar Großbauern und Edelleute beteiligten.‹ Die wichtigsten Fischereiplätze zur Landnahmezeit lagen in den Bereichen Vestmannaeyjar, Reykjanes und Snæfellsnes. Auch Bolungarvík im äußersten Teil von Vestfirðir muß damals fischereiwirtschaftlich schon eine große Rolle gespielt haben (vgl. H. Þorláksson in: G. A. Blom 1982, S. 10).

Daneben gibt es aus den Jahren der Landnahme, also bis etwa 930 n. Chr., mehrere Überlieferungen über die Fischerei in Flüssen und Binnenseen, insbesondere was den Lachsfang betrifft. Alle isländischen Fischereiformen waren jedoch bis in die Mitte des 14. Jahrhunderts hinein ausschließlich auf die Selbstversorgung ausgerichtet. Zugleich erwuchs nach dem Untergang des Freistaates im Jahre 1264 nach und nach das Interesse verschiedener europäischer Staaten bzw. Kaufmannsgruppen an der Fischerei um Island bzw. an dem damit verbundenen Fischhandel. Mit der Machtausdehnung der Hanse in Norwegen im 14. Jahrhundert – man denke hier nur an das mächtige Kontor in Bergen – änderte sich auch das Wirtschaftsleben Islands. Durch das vornehmliche Interesse der Hansekaufleute an Fisch und Fischprodukten (insbesondere Stockfisch und Fischöl) wurde die Fischerei vor Islands Küsten so forciert, daß man seit dieser Zeit von einer Ablösung der Agrarwirtschaft durch die Fischerei spricht. Seit dem 15. Jahrhundert fischten u. a. auch Engländer vor Island. Von diesen und vor allem von den hanseatischen Kaufleuten wurden Landstationen für die Fertigstellung von Stock- und Klippfisch errichtet. Teilweise partizipierten Isländer an dieser Entwicklung, indem sie am Fischfang bzw. an der Salzung und Trocknung von Fischen beteiligt waren. Schlagartig unterbrochen wurde diese Art von Kooperation zwischen Isländern und mehreren anderen west- und nordeuropäischen Ländern durch die Errichtung des dänischen Handelsmonopols im Jahre 1602, da nun seitens des dänischen Königshauses alle ausländischen Niederlassungen aufgehoben wurden und den Isländern nur noch der Handel mit dem dänischen Monopol erlaubt war. Allerdings diente von nun an bis zur weitgehenden Aufhebung des Monopols im Jahre 1787 die isländische Fischerei zum größten Teil der Eigenversorgung, da eben das dänische Monopol nur in geringen Mengen Fisch und Fischprodukte von Island aufkaufte. Die geringen Exporte an Fischereiprodukten bestanden hauptsächlich aus Stockfisch, z. T. auch Klippfisch, gesalzenem Fisch sowie Lachs und Tran. Daß mit dieser Situation ein wirtschaftlicher Niedergang Islands verbunden war, versteht sich beinahe von selbst. Erst seit der Mitte des 18. Jahrhunderts nahm das Interesse der dänischen Regierung an Island zu, was schließlich auch zu der sich schrittweise vollziehenden Monopolaufhebung führte. Nun wurden u. a. neue Hafenanlagen errichtet und die isländischen Fischereifahrzeuge erneuert und verbessert. Seit der Landnahmezeit waren von den Isländern für die ausschließlich in Küsten- und Fjordnähe betriebene Fischerei nämlich nur kleine, offene Holzruderboote in Gebrauch gewesen, die teils aus Norwegen importiert oder auch im Lande selbst angefertigt wurden. Die schon um 1400 u. a. von Hanseaten und Engländern vor Islands Küsten eingesetzten hochseetüchtigen Fangschiffe hatten in dem verarmten Land allem Anschein nach keinen Eingang finden können. Gegen Ende der Küstenfischereiperiode, also in den Jahren um 1770, zählte man in Island 1737 Fischerboote, die sich verständlicherweise größtenteils auf die Siedlungs- und Fischereiplätze der Südwest- und Westküste konzentrierten (nach G. Timmermann 1962 in: E. Buchmann 1974, S. 68).

Zu Anfang des 19. Jahrhunderts erlebte die isländische Fischerei einen spürbaren Aufschwung. Zum einen war die Küstenfischereiperiode von der neu einsetzenden und etwa ein Jahrhundert dauernden Segelschiffperiode abgelöst worden. Damit wurden zugleich die Fischereiflotte mit ihren räumlich größeren Möglichkeiten erweitert sowie neue Fanggeräte und -methoden eingeführt. Und zum andern waren von norwegischen Kabeljaufischern riesige Heringsschwärme im Norden Islands entdeckt worden. Auf den Heringsfang war vorher von isländischer Seite kein großer Wert gelegt worden, da dieser für den Eigenkonsum sehr wenig bedeutete. Nun vollzog sich auch nach und nach ein sozioökonomischer Strukturwandel, indem das traditionelle Bauern-Fischertum eine Trennung der beiden Erwerbszweige erfuhr. Es entwickelte sich somit eine kommerzielle Fischerei, vor allem nachdem im Jahre 1854 das dänische Handelsmonopol vollständig aufgehoben worden war. Die Freigabe des Handels gab einen entscheidenden Impuls für die Entwicklung zu einer marktorientierten Fischereiwirtschaft. Nun ermöglichte zugleich eine verstärkte Kapitalbildung, forciert vor allem durch die im Jahre 1885 gegründete ›Isländische Nationalbank‹, den Ankauf größerer und modernerer Schiffseinheiten aus dem Ausland. Um 1900 stellte dann die isländische Fischerei die ersten Fischdampfer in Dienst, die rasch die Segeltrawler verdrängten. Die neuen Schiffseinheiten erlaubten nunmehr aufgrund ihrer weitgehenden Witterungsunabhängigkeit auch eine Befischung vor allem der im Hochseebereich liegenden Kabeljau- und Heringsgründe während der Wintersaison. Mit diesen technischen Innovationen verlief gleichzeitig eine Diversifizierung der isländischen Fischereiwirtschaft, die sich durch industriell-gewerbliche Veredelungszweige sowie durch ein nahezu ganzjährig tätiges Berufsfischertum im Küsten- und Hochseefang kennzeichnen läßt. Interessant und für die späteren fischereipolitischen Auseinandersetzungen von Wichtigkeit ist in diesem Zusammenhang auch die Tatsache, daß bereits im Jahre 1901 ein 50-Jahres-Abkommen zwischen Dänemark und Großbritannien über eine isländische Drei-Seemeilen-Fischereigrenze geschlossen wurde.

Genaueres statistisches Material über die isländische Fischereiwirtschaft im 19. Jahrhundert liegt nicht vor, da erst ab 1897 systematische Zählungen durchgeführt werden. Allerdings gibt es eine Ausfuhrstatistik seit 1840 sowie Fangdaten für das Jahr 1899. Danach wurden in jenem Jahr von den Ruderbooten knapp 5,7 Mio. Stück Fisch (davon 39% Kabeljau) und von den Deckfahrzeugen rd. 3,3 Mio. Stück Fisch (davon 58% Kabeljau) gefangen. Hinzu kam noch der Ertrag von rd. 23000 Fässern gesalzenem Hering (nach B. Sæmundsson 1930, S. 13f.). Die Ausfuhr an Fisch und Fischprodukten im Zeitraum 1840–1900 ist der folgenden Tab. 15 (S. 198) zu entnehmen.

Interessant ist vor allem die gegen Ende des Jahrhunderts starke Zunahme des Klippfischexportes, während das traditionelle Ausfuhrgut, der Stockfisch, zurückging. Da es sich bei beiden Fischprodukten ja in der Regel um Kabeljau bzw. Dorsch handelt, wird ein Hauptgrund für jene sehr unterschiedliche Entwick-

Tab. 15: Die isländische Ausfuhr von Fischereiprodukten im Zeitraum 1840 bis 1900 in t

Produkte	1840	1860	1880	1900
Klippfisch	2202,7	374,7	8170,6	12844,5
Stockfisch	434,8	80,9	173,6	18,7
Rogen, gesalzen	46,7	23,8	357,8	83,6
Hering, gesalzen	–	–	9676,0	1249,2
Tran	1131,3	690,0	1811,2	10042,9
Schwimmblasen	–	–	26,9	14,9
Scholle auf Eis	–	–	–	47,6

Quelle: Björnsson 1964 in: E. Buchmann 1974, S. 84.

lung wohl in der alternierenden Nachfrage ausländischer Händler liegen. Ein kommerziell bedeutender Heringsfang begann vor Islands Küsten erst um 1870. Der enorme Anstieg des Tranexportes gegen Ende des 19. Jahrhunderts ist im wesentlichen auf den Walfang (vgl. S. 216 ff.) zurückzuführen; nur geringe Mengen Tran entstammten dem Dorsch- und Haifischfang.

Mit dem Einsatz von Dampf- und Motorschiffen um 1900 begann für die isländische Seefischerei eine neue Entwicklungsphase. Nun konnten die Isländer etwa mit ihren Motorkuttern (Größe 20–50 BRT, Länge bis zu 25 m, Besatzungsstärke 10–15 Mann) den ausländischen Fischereiflotten als eine ernst zu nehmende Konkurrenz entgegentreten. Während des Ersten Weltkrieges und der Weltwirtschaftskrise erlitt die isländische Fischereiwirtschaft zwar einen Rückschlag durch die Unterbrechung der Handelsbeziehungen; die Flotte selbst konnte dann aber bis zu Beginn des Zweiten Weltkrieges auf 35 Dampftrawler, 23 Leinendampfer, 334 Motorschiffe über 12 BRT und 775 Motorboote unter 12 BRT erweitert werden (nach E. Buchmann 1974, S. 101). Die Trawler mit ihren neuen Fanggeräten (u. a. Grundschleppnetze) eigneten sich natürlich besonders gut für den Kabeljau- und Rotbarschfang im Hochseebereich; es gab in dieser Periode bis zum Zweiten Weltkrieg Fahrzeuge bis 445 BRT.

Während zu Beginn der Dampf- und Motorschiffahrtsperiode die durchschnittlichen Gesamtanlandungen pro Jahr weniger als 50000 t betrugen, stieg dieser Wert bis Ende des Zweiten Weltkrieges trotz jährlicher Schwankungen bis auf rd. 400000 t an, was u. a. auf die sich rapide entfaltende Heringsfischerei zurückgeführt werden kann. Aber gerade der für Island ja absolut nicht traditionelle Heringsfang zeigte den einheimischen Fischern schon in den 1930er Jahren die Labilität dieses Erwerbszweiges infolge der jährlich stark schwankenden Anlandungen. Die Fangerträge an Kabeljau und verwandten Weißfischarten unterlagen dagegen weniger großen Schwankungen. Der Heringsfang wurde größtenteils auch in anderen Räumen betrieben, und zwar während der Sommermonate vor der Nordküste sowie im Frühjahr und Herbst vor der Südwestküste. Dagegen operierte die traditionelle Kutter- und Trawlerflotte hauptsächlich von Reykjavík und benachbarten Häfen aus, im Spätwinter auch von Heimaey auf den Vestmannaeyjar.

Mit der rasch zunehmenden Kommerzialisierung, Technisierung und Fangquotenerhöhung änderten sich verständlicherweise auch Verarbeitungsmethoden und Absatzformen. Noch um die Jahrhundertwende dominierten fast ausschließlich die althergebrachten Konservierungsmethoden, d. h. die Stockfisch- und Salzfischproduktion. Die Stockfischherstellung, zu der ja besonders die fettarmen Fische, wie Kabeljau, aber auch Schellfisch, Seelachs und Leng, verwandt werden (im Gegensatz etwa zum fettreichen Rotbarsch), war und ist eine seit vielen Jahrhunderten praktizierte Konservierungsform, die – ähnlich wie an der nordnorwegischen Küste – lange Zeit mengen- und wertmäßig der bedeutendste Ausfuhrartikel war. Dieses änderte sich in Island schon im 19. Jahrhundert, indem nun der Salzfisch, d. h. in der Hauptsache der getrocknete Salzfisch (Klippfisch oder isl. ›þurrkaður saltfiskur‹), den größten Marktanteil gewann. Wie E. BUCHMANN (1974, S. 111) betont, erreichte die Salzfischproduktion ihren absoluten Höhepunkt während der Jahre 1926 bis 1933, in denen wesentlich mehr als 50 % des isländischen Exportes auf Salzfischprodukte entfielen. Am Ende dieser Periode, d. h. im Jahre 1945, sollen etwa 180 Salzfisch-Verarbeitungsstationen an nahezu allen Küstenbereichen Islands tätig gewesen sein.

Nach dem Ersten Weltkrieg setzte dann auch die Produktion von Frischfisch auf Eis (isl. ›ísfiskur‹) ein, die sehr rasch an Bedeutung gewann, da nun auch spezielle Frachtschiffe für den Transport der geeisten Fische zu den Auslandsmärkten eingesetzt wurden. Vor und während des Zweiten Weltkrieges wurden davon mehr als 100000 t pro Jahr exportiert, und zwar hauptsächlich nach Großbritannien. Aber schon in den Kriegsjahren praktizierte man auch die Technik des Tiefgefrierens, und im Jahre 1945 sollen bereits 67 Tiefkühlfabriken in Island betrieben worden sein. Demgegenüber fiel wenigstens zu dieser Zeit die Herstellung von Fischkonserven (isl. ›niðursoðin fiskur‹) wirtschaftlich kaum ins Gewicht, obwohl eine erste entsprechende Fabrik schon kurz nach der Jahrhundertwende in Ísafjörður auf der Nordwest-Halbinsel errichtet worden sein soll. Anders verhielt es sich dagegen mit der Fischmehl- und Fischölproduktion, deren Jahreszahlen zwar auch mit den sehr schwankenden Heringsfängen korrelieren, insgesamt gesehen jedoch bis gegen Kriegsende auf jeweils weit über 30000 t Fischmehl und -öl anstiegen. Neben dem Hering wurden hierfür natürlich auch Weißfische bzw. deren Abfälle herangezogen. Während das proteinreiche Fischmehl als wesentlicher Kraftfutterbestandteil ja vor allem in der Tierhaltung eingesetzt wurde und wird (Hauptabnehmer waren bis zum Zweiten Weltkrieg besonders Deutschland, die Niederlande und Belgien sowie Norwegen), diente das Exportprodukt Fischöl vornehmlich zur Margarine-, Brotfett- und Seifenherstellung. Bereits im Jahre 1940 existierten nach E. BUCHMANN (1974, S. 117f.) in Island 17 Fischmehl-

Tab. 16: Die Verwertung des isländischen Fischfangs im Jahre 1945

Verarbeitete Produkte	in t	in %
Stockfisch	300	0,15
Ungetrockneter ›nasser‹ Salzfisch und Klippfisch	1000	0,51
Lebertran	6300	3,21
Frischer Fisch auf Eis	122500	62,37
Tiefgekühlter Fisch bzw. gefrostete Fischerzeugnisse	37600	19,15
Konserven	300	0,15
Fischmehl aus Weißfischen	5200	2,65
Heringsmehl	6900	3,51
Heringsöl	6800	3,46
Salzhering	9500	4,84
insgesamt	196400	100

Quelle: E. Buchmann 1974, S. 121.

und Fischölfabriken, und zwar 3 an der Südwestküste, 2 an der Ostküste und immerhin 12 an der seinerzeit noch heringsreichen Nordküste.

Einen Überblick über den Gesamtfang und dessen Verwertung seitens der isländischen Fischereiwirtschaft am Ende des Zweiten Weltkrieges gibt Tabelle 16, aus der die oben skizzierte zunehmende Bedeutung neuer Veredelungsverfahren (geeiste sowie gefrostete Seefischerzeugnisse oder ›Industriefischprodukte‹ in Form von Fischmehl und -öl) ersichtlich wird. Daß dabei schon wegen des relativ geringen Eigenkonsums in Island der Exportanteil dominierte, versteht sich beinahe von selbst. Aber auch gemessen am Gesamtexport nahmen Fische und Fischprodukte im Zeitraum 1900 bis 1945 immer größere Werte ein; während deren Exportanteil in den Jahren 1900 bis 1910 bei gut 60% lag, waren es 1941 bis 1945 über 92%. Dementsprechend wurden die landwirtschaftlichen Produkte exportmäßig immer stärker in den Hintergrund gedrängt. Diese fast monopolartige Ausrichtung der isländischen Exportwirtschaft sollte dann in den Nachkriegsjahren zu nicht unerheblichen sozioökonomischen Schwierigkeiten führen. Die internationalen Fischereikonflikte vor Islands Küsten während der letzten drei Jahrzehnte sind sicher auch in diesem Zusammenhang zu sehen.

11.1.3. Die isländische Fischereiwirtschaft und Fischereipolitik nach dem Zweiten Weltkrieg

Die stürmische Entwicklung der isländischen Fischereiwirtschaft in den Nachkriegsjahren läßt sich folgendermaßen umreißen. Seit 1945 hat sich die isländische Fangflotte, gemessen nach Bruttoregistertonnen, vervierfacht und seit 1951 in etwa verdoppelt. Danach verfügte sie im Jahre 1980 über 104 160 BRT mit 868 Einheiten. Während der Gesamtfang in den ›isländischen Gewässern‹ im Jahre 1950 mit gut 718 000 t angegeben wird, betrug er 1980 mehr als 1,6 Mio. t. Es handelt sich hierbei jedoch keineswegs um einen kontinuierlichen Anstieg, wie noch an späterer Stelle zu zeigen sein wird. Von entscheidender Bedeutung ist in diesem Zusammenhang der jeweilige isländische Anteil an den Gesamtfängen. Noch im Jahre 1950 lag dieser bei knapp 54 %, während er für 1980 mit nahezu 89 % angegeben wird (Iceland Fisheries Yearbook 1981, S. 51); demnach wurden 1980 nur noch 11 % von anderen Nationen gefangen. Diese völlig veränderte Situation ist natürlich in erster Linie auf die Fischereipolitik Islands und die damit verbundenen internationalen Konflikte, auf die hinreichend bekannten ›Kabeljaukriege‹, zurückzuführen. Daher sei im folgenden vor einer genaueren Strukturanalyse der Fischereiwirtschaft seit 1945 zunächst kurz auf jene Auseinandersetzungen eingegangen, wobei es hier allerdings nicht um eine politische oder juristische Bewertung der Konfliktsituationen gehen kann.

11.1.3.1. Die Auseinandersetzungen um Islands Fischereigrenzen

Seit der Gründung der Republik Island im Jahre 1944 ist eine der Hauptleitlinien der isländischen Wirtschaftspolitik das Bemühen um die Erhaltung der Fischbestände. So verabschiedete schon 1948 das Althing das ›Gesetz zur Erhaltung der Kontinentalschelffischgründe‹, das den Fischereiminister mit entsprechenden Vollmachten zur Errichtung von Schutzzonen und zur Fangmengenbeschränkung in den isländischen Hoheitsgewässern und Fischereizonen versah. Diese Entwicklung vollzog sich angesichts der stark intensivierten Fischereiaktivitäten ausländischer Flotten und der damit verbundenen Gefahr einer zunehmenden Überfischung der Fanggründe um Island. Schon 1949 kündigte Island das alte, noch von Dänemark im Jahre 1901 geschlossene Drei-Meilen-Abkommen auf und führte in den Jahren 1950–52 nach Ablauf der Kündigungsfrist das Prinzip der sogenannten Basislinien ein. Unter diesen sind theoretisch begradigte Küstenlinien zu verstehen, wodurch also Meeresbuchten und Fjordmündungen bezüglich der Fixierung von Hoheitszonen wie Festland behandelt werden. Die Rechtmäßigkeit derartiger Basislinien wurde im Jahre 1952 dann auch vom Internationalen Gerichtshof in Den Haag mit der Entscheidung im ›Britain-Norway-Fisheries-Case‹ bestätigt, in der allen Staaten mit ähnlichen Küstenformen wie Norwegen, Island usw. jene Basisküstenlinien zugebilligt wurden. Damit war aus der alten Drei-Meilen-Zone von 1901 nunmehr praktisch eine Vier-Meilen-Zone geworden. Auf diese Situation reagierte Großbritannien, das bis dahin der Hauptabnehmer isländischer Fischereiprodukte gewesen war, mit einem Einfuhrstopp isländischer Fischereierzeugnisse. Islands Exportwirtschaft überwand jedoch schnell die Krise durch das Erschließen neuer Absatzmärkte. Darüber hinaus ließ die Reykjavíker Regierung wiederholt verlauten, daß sie jene Basislinien nur als eine Ausgangsposition für zukünftige Erweiterungen ihrer Fischereizone ansähe. Der nächste Schritt in dieser Richtung erfolgte dann am 1. 9. 1958, als Island und mehrere andere Länder einseitig ihre Fischereizonen auf 12 Seemeilen erweiterten, nachdem auf der Genfer Seerechtskonferenz der Versuch gescheitert war, eine generelle Neuregelung der Hoheitszonen in Küstengewässern zu erreichen. Daraufhin setzte Großbritannien, das besonders vehement die Rechtmäßigkeit des isländischen Vorgehens bestritt, Kriegsschiffe zum Schutz der britischen Fischer innerhalb der Zwölf-Meilen-Zone ein. Islands Proteste vor den UN und insbesondere vor dem NATO-Rat führten schließlich zu einer Übereinkunft, nach der Großbritannien die Zwölf-Meilen-Zone anerkannte, dafür jedoch britische Fischer bis zum Jahre 1964 innerhalb der äußeren 6 Seemeilen und hier in einigen Gebieten limitierte Fangmengen einbringen durften.

Aber schon gegen Ende der 1960er Jahre stellte sich nach isländischer Auffassung heraus, daß die Zwölf-Meilen-Zone keineswegs ausreichte, um die eigenen Fänge zu steigern und zum andern die Fischgründe schonend zu behandeln. Und in der Tat setzte nach dem Rekordjahr 1966, das einen Gesamtfang von über 1,2 Mio. t (davon 71 % isländischer Anteil) erbrachte, ein Niedergang der Fischereiwirtschaft in Island ein, was teilweise zwar durch sinkende Weltmarktpreise, vornehmlich aber durch die rapide zurückgehenden Fänge (1967 knapp 854 000 t) zu deklarieren ist. Eine der Hauptursachen war sicherlich das Ausbleiben der Heringsschwärme, deren Fangquoten 1966 etwa 40 % sowie 1967 lediglich noch knapp 14 % und in den folgenden Jahren noch bedeutend weniger betrugen (Zahlen nach ›Iceland Fisheries Yearbook 1981‹). Gleichzeitig sank natürlich auch das Einkommen der in der Fischerei Beschäftigten, und zwar 1967 um 40 % gegenüber dem Vorjahr. Da sich die Fangerträge in den folgenden Jahren nicht wesentlich änderten, d. h. weit unter 1 Mio. t pro Jahr lagen, entschloß sich das isländische Parlament im Februar 1972 einstimmig, ab 1. September 1972 die Fischereizone auf 50 Seemeilen zu erweitern. Gleichzeitig wurde eine 100-Meilen-Zone der isländischen Jurisdiktion unterstellt, um vor allem einer weiteren Meeresverschmutzung vorbeugen zu können. Für die Hauptbetroffenen, nämlich Großbritannien und die Bundesrepublik Deutschland, bedeutete die 50-Meilen-Zone praktisch ein Ende ihrer Island-Fischerei und hatte damit weitreichende Folgen für die eigenen Fangflotten. Andererseits beanspruchte Island auf diese Weise etwa 30 % der Grundfischerträge im Nordostatlantik. Dieses Faktum, so die Kritik aus der Bundesrepublik Deutschland und Großbritannien an dem NATO-Partner Island, beweise deutlich, in welchem Maße Island mit seinen Forderungen den Bogen überspannt habe. Es zeige sich vielmehr, daß Island mit seiner geringen Bevölkerungszahl einen wirtschaftlich unverdaulichen Brocken verlange, der jenseits jeder ökonomisch vertretbaren Verhältnismäßigkeit liege und auch die Lebensbedürfnisse seiner Bevölkerung weit überschreite (vgl. u. a. G. Meseck 1972).

Jedenfalls entwickelte sich aus der neuen Konfliktsituation der ›Zweite Kabeljaukrieg‹ zwischen isländischen Küstenwachbooten einerseits sowie britischen und deutschen Fischern andererseits. Zunächst beschränkten sich die Auseinandersetzungen darauf, daß von isländischer Seite die Fanggeräte aller fremden Schiffe innerhalb der 50-Meilen-Zone zerstört wurden, indem man vor allem deren Schleppleinen kappte. Der Konflikt erreichte seinen Höhepunkt im Mai 1973, als ein britischer Trawler von einem isländischen Wachboot beschossen und beschädigt wurde. Leider waren bei diesen Zusammenstößen auch Menschenleben zu beklagen. Bezugnehmend auf das Abkommen von 1961 hatte sich Großbritannien inzwischen an den Gerichtshof in Den Haag gewandt, dessen Zuständigkeit jedoch von Island und auch von anderen Nationen bestritten wurde und auch heute noch wird. Daher fühlte sich Island an eine Verfügung des Internationalen Gerichtshofes, die die Aufhebung der 50-Meilen-Zone beinhaltete, auch nicht gebunden. Vielmehr drohte die isländische Regierung mit dem Austritt aus der NATO, was vor allem den Verlust des wichtigen Stützpunktes Keflavík bedeutet hätte, worauf sich die USA in die Vermittlung einschalteten. Schließlich gaben die Briten und später auch die Deutschen nach, so daß es im Oktober 1974 zu einem neuen Vertrag kam, der britischen Fischern bis 1978 erlaubte, in bestimmten Regionen limitierte Fangmengen einzubringen. Zwei Monate später wurde zwischen Island und der Bundesrepublik Deutschland ein ähnliches Abkommen geschlossen, so daß die 50-Meilen-Zone zwar nicht offiziell anerkannt, jedoch respektiert wurde.

Es zeigte sich allerdings schon bald, daß mit jenem Abkommen die Schwierigkeiten nur für eine kurze Zeit beseitigt waren. So hatte auch bereits im August 1974 der isländische Ministerpräsident Hallgrimsson in seiner Regierungserklärung zum Ausdruck gebracht, daß die Reykjavíker Regierung weiterhin verstärkt auf eine Bewahrung der Fischressourcen hinarbeiten und für diesen Zweck Vorbereitungen für eine erneute Ausweitung der Fischereigrenze auf 200 Seemeilen (= ca. 370 km) treffen würde. Ein wesentlicher Grund für diese Ankündigung mag allerdings auch die Tatsache gewesen sein, daß sich die isländische Volkswirtschaft wachsenden Wirtschaftsproblemen und vor allem stark steigenden Inflationsraten gegenübersah. Nachdem dann die dritte internationale Seerechtskonferenz in Caracas im September 1974 ergebnislos zu Ende gegangen war, dehnte Island im Oktober 1975 seine Fischereigrenzen auf 200 Seemeilen aus. Die Briten sandten wiederum Begleitschutz für ihre Trawler in die isländischen Gewässer, und es kam zum ›Dritten Kabeljaukrieg‹ mit Großbritannien und der Bundesrepublik Deutschland. So verbot u. a. die Bundesrepublik die Einfuhr von isländischen Fischereiprodukten. Als dann Island 1976 die diplomatischen Beziehungen zu Großbritannien abbrach und nochmals mit dem Austritt aus der NATO drohte, kam es erneut unter Einschaltung der USA zu einem vorläufigen Kompromiß, indem dann die Regierungen in London und Bonn aus politischen Gründen nachgaben. Danach durften Großbritannien und die Bundesrepublik

Deutschland befristet limitierte Mengen innerhalb bestimmter Gebiete der 200-Seemeilen-Zone fangen, die Briten allerdings nur bis zum 1. 6. 1976. Hauptresultat der deutsch-isländischen Gespräche war, daß die deutschen Hochseefischer pro Jahr 60000 t in der 200-Seemeilen-Zone fangen durften. Dieses Ergebnis wurde dann auch im April 1976 vom isländischen Parlament gebilligt. Aber auch für die einheimischen Fischer gab es von isländischer Seite Einschränkungen, vor allem Fangmengenbegrenzungen, vorgeschriebene Fangzeiten sowie auch Bestimmungen über die Mindestmaschengröße der Netze.

Über die 200-Seemeilen-Zone, die ja mittlerweile weltweit als Wirtschaftszone des jeweiligen Küstenstaates gilt und praktisch als verbindliches Völkerrecht angesehen werden kann (vgl. z. B. die Ergebnisse der jüngsten Seerechtskonferenz der Vereinten Nationen), schrieb schon vor über 10 Jahren der damalige isländische Fischerei- und Handelsminister Ludvik Jósefsson (in: Island 1973 – Willkommen in Island, S. 57f.) folgendermaßen: ›Es herrscht jetzt vollkommene Einigkeit darüber, daß die Naturreichtümer, die auf dem Festlandsockel gewonnen werden, dem Küstenstaat gehören. Nach dieser Regel haben zahlreiche Staaten sich Ölvorkommen auf dem Meeresboden zu eigen gemacht, selbst wenn diese 100–200 Seemeilen vor der Küste liegen. Diese Regelung wurde als Folge von Forderungen der großen und reichen Staaten eingeführt, die damals schon imstande waren, die Naturvorkommen des Meeresbodens auszunutzen. Dieselben Staaten waren aber dagegen, daß Naturvorkommen wie Fischbestände, die sich über dem Meeresboden des Festlandsockels befinden, dem Küstenstaat gehören. Es liegt doch auf der Hand, daß Fisch, der gerade in diesen Gebieten lebt, seine Existenz auf den nahen Kontakt mit dem Meeresboden gründet. Der Boden als solcher, Wasser und Land, sind ein biologisch untrennbares Ganzes. Gleichfalls muß man beachten, daß beim Fang die Fanggeräte physischen Kontakt mit dem Meeresboden haben und auf diese Weise den Meeresboden ausnutzen, der zweifellos dem Küstenstaat gehört.‹

Ein Hauptgrund für die jahrelangen fischereiwirtschaftlichen Auseinandersetzungen ist natürlich das vieldiskutierte Problem der Überfischung. Daß die Fischbestände in fast allen bekannten Fanggründen rapide abgenommen haben und daß strengere Maßnahmen zur Erhaltung dieser Ressourcen unumgänglich sind, ist heute sozusagen unumstritten. Die immer perfekter werdenden Fangmethoden und -techniken (u. a. Verwendung der Elektronik) sowie der Einsatz immer größerer Fischereiflotten erweisen sich mittlerweile als Bumerang. Dafür sprechen z. B. folgende Zahlen: Der Heringsfang in den Gewässern um Island ging von 763000 t im Jahre 1965 auf rd. 50000 t im Jahre 1970 zurück, was eben nicht nur auf ökologische Ursachen, u. a. die im Laufe der letzten Jahrzehnte zu registrierende Wassererwärmung, zurückzuführen ist, sondern im wesentlichen auf die Überfischung. So gingen auch die Fangmengen anderer Arten stark zurück. Zählte man 1961 noch 110000 t Schellfisch, die von Island und anderen Staaten in isländischen Gewässern gefangen wurden, so waren es 1970 nur noch

44 500 t. Bei der heute am meisten gefangenen Speisefischart, dem Kabeljau bzw. Dorsch, liegen die Verhältnisse nicht viel anders. So sind über 10 Jahre alte Kabeljaue selten geworden, was noch vor zwei bis drei Jahrzehnten absolut nicht der Fall war.

Aus deutscher oder britischer Sicht läßt sich natürlich darüber diskutieren, ob es sich bei den fischereipolitischen Maßnahmen Islands, wie sie oben erläutert wurden, hauptsächlich um die Zielsetzung handelt, die isländische Volkswirtschaft und den Lebensstandard des Inselstaates auf diesem Wege zu erhalten, oder ob nicht doch die allseits als notwendig anerkannten Fischereischutzmaßnahmen ausschlaggebend gewesen sind. In diesem Zusammenhang sei nochmals hervorgehoben, daß auch die Fangaktivitäten der einheimischen Fischer von den isländischen Behörden streng überwacht werden. So werden Verstöße gegen die Fischschutzbestimmungen schon seit Jahren mit hohen Geldstrafen und der Beschlagnahme des Fanges geahndet. Allein im Jahre 1976 wurden die Mindestmaschengröße der Kabeljaunetze zweimal heraufgesetzt und gleichzeitig das Strafmaß für den Fang zu kleiner Fische drastisch erhöht (nach ›News from Iceland‹, 1976, Nr. 12).

11.1.3.2. Strukturwandlungen der isländischen Fischereiwirtschaft seit 1945

Nach dem Zweiten Weltkrieg begann zwangsläufig eine neue Entwicklungsphase der isländischen Seefischerei, in der u. a. die dezimierte Flotte schnell den Erfordernissen bzw. der veränderten Absatzmarktsituation angepaßt werden mußte. Nun wurden auch die traditionellen, d. h. aus Holz (Eiche und Kiefer) angefertigten Fangschiffe gänzlich von Stahlkuttern und -loggern sowie von modernen Trawlern abgelöst, wobei man in Island unter ›Trawler‹ ein Fangschiff mit Grundschleppnetzen und einer Mindesttonnage (ursprünglich mehr als 500 BRT) versteht. Allerdings mußten dann noch 1960, anscheinend infolge der Überfischung, zahlreiche Trawler aus Rentabilitätsgründen stillgelegt oder ins Ausland verkauft werden, so daß ihre Anzahl zwischen 1960 und 1970 von 48 auf 23 Einheiten sank (nach E. Buchmann 1974, S. 137). Insgesamt gesehen stieg jedoch die Gesamttonnage der isländischen Fischereiflotte im Zeitraum 1940–1981 von 25 000 auf 106 487 BRT[24]. Bis zum 1. 1. 1982 ist dann die Gesamttonnage auf knapp 109 000 BRT angewachsen (vgl. Tab. 17).

Während die Durchschnittsgröße der Fischereifahrzeuge noch im Jahre 1947 bei rd. 46 BRT lag, betrug sie 1981 immerhin gut 121 BRT. Dabei ist die Gesamttonnage der Boote unter 100 BRT erheblich gesunken sowie die über 100 BRT von

[24] Diese und die folgenden Zahlenangaben entstammen dem ›Iceland Fisheries Yearbook 1981‹. In der Statistik unberücksichtigt bleiben die ca. 1000 offenen und halboffenen Fischerboote.

Tab. 17: Die isländische Fischereiflotte im Zeitraum 1979 bis 1982

	1979		1982	
	Stück	BRT	Stück	BRT
Fischereifahrzeuge insgesamt	893	101239	841	108571
Seitentrawler, 300 BRT und größer	3	2321	1	348
Hecktrawler, 500 BRT und größer	16	12940	17	13951
Hecktrawler, 250 bis 499 BRT	45	19003	76	30959
Walfangboote	4	1953	4	1953
Andere, 300 BRT und größer	28	11834	38	17635
100 bis 299 BRT	199	35384	178	29548
Unter 100 BRT	598	17804	527	14177

Quelle: ›Hagtölur Mánadarins‹, 3/1979 und 7/1982, in: ›bfai-Marktinformation – Island. Wirtschaft in Zahlen‹, März 1983.

1940 bis 1981 um das Neunfache gestiegen. Diese Umstrukturierung ist im wesentlichen auf den Wechsel von der saisonalen zur ganzjährigen Fischerei zurückzuführen, was eben mit dem Einsatz von seetüchtigeren, größeren Schiffseinheiten mit modernerer Technik verbunden war und ist. Bis 1960 fischten die isländischen Trawler auch vor Grönland sowie Neufundland und Spitzbergen; heute sind sie allerdings nur noch in der 200-Seemeilen-Zone tätig. Die in den 1950er und 1960er Jahren vorherrschenden Seitentrawler wurden in den 1970er Jahren weitestgehend durch die Hecktrawler ersetzt. Diese fast ausschließlich im Ausland gekauften Fangfahrzeuge gehören zu den größten ihrer Art in der Welt. Allerdings steht der Inselstaat mit seinen rd. 300 Fischereifahrzeugen (1982) über 100 BRT (= 1 % der Weltgesamttonnage) nur an 19. Stelle in der internationalen Statistik. Für die isländische Trawlerflotte wird dabei eine Durchschnittsgröße pro Heckfänger um die 500 BRT als optimal angesehen. Fangschiffe über 1000 BRT, in der Regel also Fabrikschiffe bzw. Vollfroster, werden als nicht notwendig erachtet, da der Frischfisch zum größten Teil direkt in die isländischen Häfen zur Weiterverarbeitung gebracht wird. In den letzten Jahren wird in Island verstärkt über eine anscheinend notwendige Reduzierung der Fischereiflotte diskutiert. Es besteht mittlerweile weitgehend darüber Einigkeit, daß besonders die Trawlerflotte zu groß sei, aber auch andere Teile der Flotte beschnitten werden sollten (vgl. ›Informationen über die Fischwirtschaft des Auslandes‹, H. 1, Jan. 1983, S. 2).

Zum allergrößten Teil befinden sich die Trawler im Besitz von Gesellschaften oder einzelnen Gemeinden, von denen die Fischer nach festen Löhnen und Fanganteilen bezahlt werden. Diese Hochseetrawler, die also mit dem Grundschleppnetz hauptsächlich dem Kabeljau, Rotbarsch und Seelachs nachstellen, haben sicherlich den Vorteil, daß sie die fischverarbeitende Industrie relativ gleichmäßig beliefern können; sie sind aber auch gerade in den letzten Jahren recht krisen-

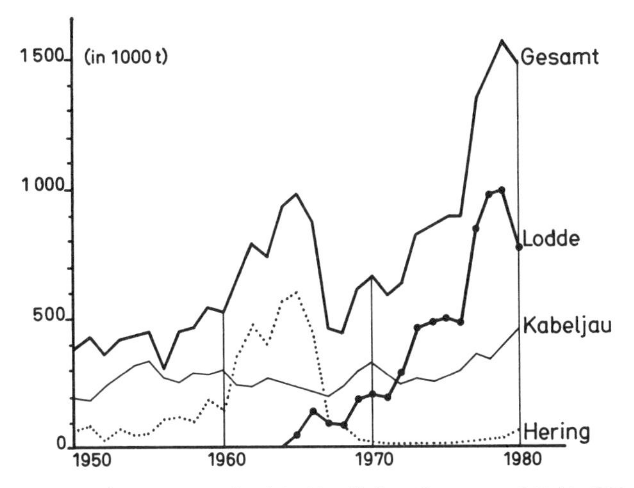

Abb. 34: Die Fischereierträge Islands in isländischen Gewässern 1950 bis 1980.

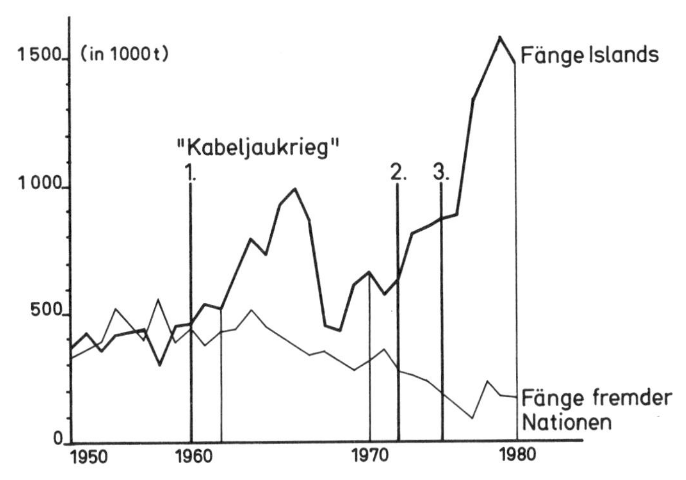

Abb. 35: Die Fischereierträge Islands und fremder Nationen in isländischen Gewässern 1950 bis 1980 (nach ›Iceland Fisheries Yearbook‹, 1981, S. 51).

anfällig geworden, und zwar vor allem infolge des hohen Lohnniveaus und der steigenden Betriebskosten. So war beispielsweise um die Jahreswende 1981/82 die gesamte isländische Trawlerflotte durch einen Arbeitskonflikt (u. a. Forderungen nach Lohnerhöhungen) stillgelegt, wodurch natürlich auch die etwa 13000 Beschäftigten in der Fischverarbeitung weitgehend zum Nichtstun verurteilt waren.

Dagegen befinden sich die etwa 30 bis 150 BRT großen Kutter fast ausschließlich in Familienbesitz, was für eine höhere Krisenfestigkeit spricht, da dieser Erwerbszweig z. B. nicht den Lohnforderungen der Gewerkschaften ausgesetzt ist. Das Hauptzentrum der Kutterfischerei, also einer Küstenfischerei, die bei dichten Fischschwärmen mit der Ringwade (früher beim Hering, heute bei der Lodde bzw. dem Kapelan) betrieben wird, liegt auf den Vestmannaeyjar.

Von den knapp 6000 isländischen Fischern im Jahre 1980 (= über 5 % der Erwerbstätigen) arbeiteten 1329 auf Trawlern, 1747 auf Booten über 100 BRT, 2016 auf Fangfahrzeugen unter 100 BRT sowie 854 Personen in offenen Motorbooten (nach ›Review of Fisheries in OECD Member Countries‹, 1981). Mit anderen Worten gesagt, arbeiten also über 48 % aller isländischen Fischer auf Fangbooten unter 100 BRT. Überhaupt hat sich in den letzten Jahren eine bessere wirtschaftliche Stabilität der ›Kleinen Hochsee-‹ und Küstenfischerei gegenüber der ›Großen Hochseefischerei‹ gezeigt. Eine Vergrößerung der Trawlerflotte erscheint jedenfalls für die isländische Volkswirtschaft mit größeren Problemen und Risiken verbunden zu sein als ein weiterer Ausbau der Kutterfischerei.

Über die Fischereierträge in den Nachkriegsjahren informieren die Abbildungen 34 und 35. Insgesamt gesehen konnten die isländischen Fangmengen zwar gewaltig gesteigert werden (von 387 000 t im Jahr 1950 auf ca. 1,4 Mio. t 1980), jedoch keineswegs in Form eines kontinuierlichen Anstiegs. Wie stark die Gesamtfangmengen kurzfristig variieren, zeigt schon der Jahresvergleich zwischen 1979 und 1981: 1981 wurden knapp 210 000 t weniger angelandet als im Rekordjahr 1979 mit über 1,6 Mio. t. Dieser Rückgang ist in erster Linie auf die verminderten Loddefänge, deren Anteil in den letzten Jahren jeweils um 50 % am Gesamtfang betrug, zurückzuführen. Die Lodde bzw. der Kapelan, heute einer der wichtigsten ›Industriefische‹ zur Herstellung von Fischmehl, Fischöl u. a. m., trat Ende der 1960er Jahre an die Stelle des Herings, als dieser nach einem zweiten, allerdings nur wenige Jahre dauernden Fischereiboom an der Nord- und Ostküste aus den isländischen Gewässern praktisch verschwand. Nach 1970 wurde der Heringsfang in isländischen Gewässern dann für drei Jahre gänzlich untersagt. Neuerdings mehren sich die Anzeichen, die auf eine Erholung bzw. Zunahme der Bestände hindeuten. Auch die Statistik meldet für die letzten Jahre wiederum steigende Heringsfänge; so waren es in der Fangsaison 1978 gut 37 000 t, 1979 knapp 45 000 t und 1980 über 53 000 t (nach ›Iceland Fisheries Yearbook 1981‹, S. 51).

Wie unsicher aber auch die Loddeerträge sind, geht aus der Fangsaison 1982 hervor, als jene Fischschwärme vor Islands Küsten ausblieben – aus ökologischen Gründen oder wegen Überfischung, das sei dahingestellt – und die Gesamtanlandungen nur noch rd. 750 000 t gegenüber ca. 1,4 Mio. t in 1981 betragen haben sollen (nach ›Atlantic Fishing‹ No. 9, 1983 in: ›News from Iceland‹, No. 84, 1983). Nach der ›Loddekatastrophe‹ erließ das isländische Fischereiministerium ein nahezu totales Fangverbot für Lodde, um die Reste des Bestandes zu

Tab. 18: Kabeljaufänge in isländischen Gewässern 1970 bis 1980 (in t)

	1979	1980
Island	302875	428344
England	125235	
Bundesrepublik Deutschland	26334	
Schottland	5273	
Färöer	4254	4980
Belgien	2960	850
Frankreich	1852	
Polen	1576	
Norwegen	382	362
Sowjetunion	16	
Gesamt	470757	434536

Quelle: ›Iceland Fisheries Yearbook‹, 1981, S. 44.

retten. Untersuchungen hatten nämlich ergeben, daß nur rd. 150000 t vom Laichbestand der Lodde verblieben waren, während isländische und norwegische Meeresbiologen noch 1981 jenen Bestand auf das Zehnfache geschätzt hatten (vgl. hierzu u. a. ›Informationen über die Fischwirtschaft des Auslandes‹, H. 5, 1982, S. 8). Durch den starken Rückgang der Lodderessourcen kann nun auch der Kabeljaubestand in Gefahr kommen, weil sich der Kabeljau im wesentlichen von der Lodde ernährt.

Wenn für die letzten Jahre ein relativer Wertanstieg der isländischen Fischfangerträge zu verzeichnen ist, dann kann dieses Faktum in erster Linie auf den qualitativ hohen Wert der Kabeljaufänge zurückgeführt werden. So hatten Kabeljau und Lodde 1981 Fanganteile von 32 bzw. 45%, jedoch Wertanteile von 55 bzw. 11%. Durch den höheren Veredelungsgrad des Kabeljaus, und zwar hauptsächlich auf die Gefrierfischproduktion bezogen, hat dieser Speisefisch einen mehrfach höheren Wert als die Lodde. Auch in der nächsten Zukunft wird der Kabeljau wohl die Hauptstütze der isländischen Fischereiwirtschaft bleiben. Zwar ist der Konkurrenzdruck durch steigende Fangerträge anderer Nationen, vor allem Kanadas, groß, jedoch hat Island den Vorteil, Fischprodukte von bester Qualität durch die Nähe der Fanggründe zu den Verarbeitungszentren anbieten zu können. Die Schlüsselstellung des Kabeljaus in der isländischen Fischereiwirtschaft verdeutlichen die Angaben in Tabelle 18 sowie in den Abbildungen 37 und 38, die zugleich auch Aussagen über die heute wichtigsten Veredelungsformen beinhalten.

Die nachkriegszeitliche Entwicklung einzelner Produktionszweige der fischverarbeitenden Industrie Islands wurde neben den variierenden Fangarten

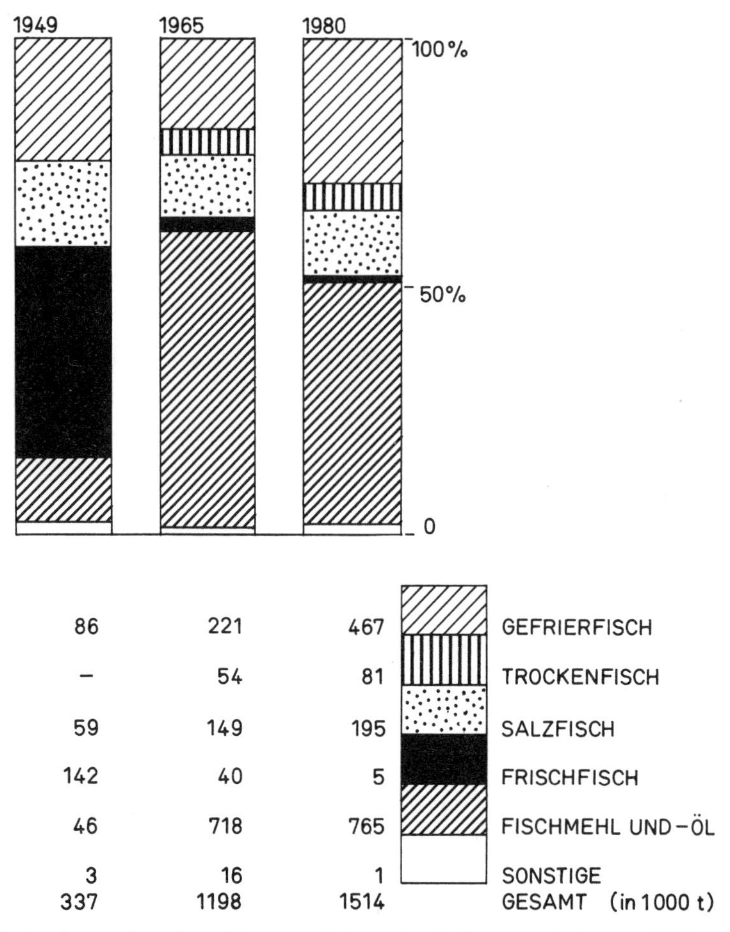

Abb. 36: Verwendung bzw. Weiterverarbeitung der Fischfänge 1949 bis 1980 (Zahlen nach ›Iceland Fisheries Yearbook‹, 1981, S. 52 und S. ÞÓRARINSON in: A. SÖMME, Hrsg., 1974, S. 216).

und -erträgen natürlich auch in starkem Maße vom Verhalten der Verbraucher sowie von technischen Innovationen bestimmt. Während früher, wie bereits zum Ausdruck gebracht, die Salz- und Stockfischherstellung und dann in den ersten Jahrzehnten dieses Jahrhunderts der Export von Frischfisch auf Eis (insbesondere Kabeljau und Schellfisch) dominierten, entwickelte sich nach dem Zweiten Weltkrieg die Gefrierfischindustrie zum wichtigsten Wirtschaftszweig der isländischen Fischverarbeitung. Mit dem zweiten Heringsboom in den 1960er Jahren und dem anschließenden Loddeboom in den 1970er Jahren wurde dann mit der

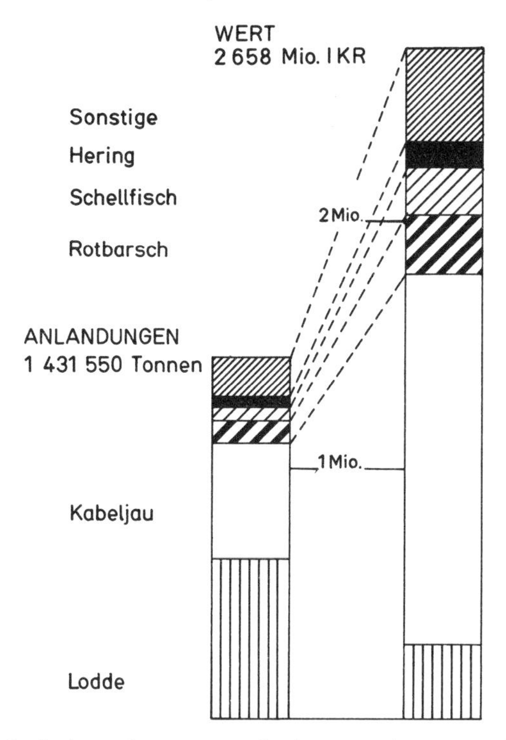

Abb. 37: Die isländische Fischerei 1981: Anlandungen und Wert einzelner Arten (nach ›Review of Fisheries in OECD Member Countries‹, 1981, S. 128).

Fischmehl- und Fischölindustrie wiederum eine neue Phase eingeleitet, so daß in den letzten Jahren jene Mehl- und Ölproduktion etwa 50 % des Gesamtfanges einnahm (vgl. auch Abb. 36). Die zunehmende Kritik an dieser Entwicklung etwa von geoökologischer Seite erscheint durchaus verständlich, denn es ist nur schwer einzusehen, daß jene Fisch- bzw. Nahrungsmittelressourcen mit hohem Aufwand zu Kraftfuttermitteln verarbeitet werden sollen, die dann fast ausschließlich in den modernen Tiermastbetrieben (z. B. Hähnchenproduktion) der Industriestaaten eingesetzt werden, während große Teile der Bevölkerung in anderen Staaten unter einem bedrohlichen Proteinmangel leiden. In jüngster Zeit ist zwar der Fischmehlanteil an der Gesamtverarbeitung in Island um mehrere Prozentpunkte, so z. B. von 1980 auf 1981, gesunken, was aber offensichtlich in der Hauptsache mit den schwankenden bzw. rückläufigen Loddefängen in Zusammenhang zu bringen ist. Die Lodde bzw. der Kapelan als sogenannter ›Industriefisch‹ wird zu etwa 75 % zu Mehl und 25 % zu Öl verarbeitet. Zu der Produktion von knapp 753 000 t Fischmehl bzw. -öl aus der Lodde kamen im Jahre 1980 noch ca. 35 000 t Mehl aus Abfällen der Fischgefrierindustrie hinzu. Von den

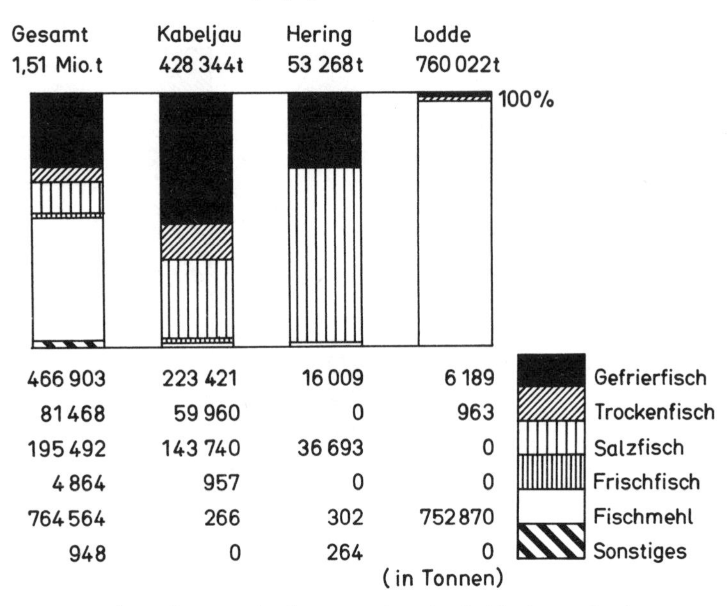

Abb. 38: Die Fischverarbeitung Islands 1980 (nach ›Iceland Fisheries Yearbook‹, 1981, S. 52).

50 isländischen Fischmehl- und -ölfabriken sind die 24 größten auf die Loddeverarbeitung spezialisiert, während die restlichen kleineren hauptsächlich Kabeljauabfälle verarbeiten. Problematisch für die großen Fischmehl- und -ölfabriken ist die Tatsache, daß sie nur während der dreimonatigen Loddefangsaison ausgelastet sind.

Im einzelnen sah die Verarbeitung des isländischen Gesamtfanges für das Jahr 1980 folgendermaßen aus: Zu Fischmehl- und -öl wurden 50,5 % verarbeitet, zu Gefrierfisch 30,8 %, zu Salz- und Stockfisch 13 bzw. 5 % sowie zu Frischfisch nur noch 0,3 %. Damit hat sich innerhalb der letzten Jahrzehnte ein erheblicher Wandlungsprozeß in der isländischen Fischverarbeitung vollzogen, indem vor allem die Gefrierfisch- sowie die Fischmehlproduktion starke Zuwachsraten erfahren haben. Heute existieren über 100 Gefrierbetriebe in Island; die größten konzentrieren sich verständlicherweise auf die Fischereihäfen an der Südwestküste, d. h. auf den Bereich der ›all year trawling grounds‹. Im Jahre 1980 wurden 52 % (= rd. 223 000 t) des Kabeljaufanges sowie 98 % (= rd. 69 000 t) des Rotbarschfanges zu Gefrierfisch verarbeitet. Auch der Schellfisch (1980 rd. 48 000 t) wird heute in der Hauptsache zu Gefrierprodukten verarbeitet, und zwar insbesondere zur Produktion von Fischstäbchen. Nun hat sich gerade in den letzten Jahren gezeigt, daß die Preise für Gefrierfisch, welcher immerhin ca. 40 % des isländischen Fischexportes bestritt, stagnierten, so daß es seit 1978 zur Schließung mehrerer Gefrierbetriebe kam. Aus diesem Grunde ist seit 1980 wiederum der Trend zu anderen Grundverarbeitungsarten erkennbar. So soll sich nach

O. Davídsson, dem Vorsitzenden des ›National Economic Institute‹, im Jahre 1980 z. B. die Herstellung von Stockfisch verdreifacht haben (›Iceland Fisheries Yearbook‹, 1981, S. 10).

Den kleinsten Zweig der isländischen Fischverarbeitung umfaßt wenigstens heute noch die Konservenindustrie, die im Jahre 1980 lediglich 0,06 % des Gesamtfanges in sechs Fabriken verarbeitete, und zwar vor allem Garnelen, Schellfisch und Hering. Das im Nordwesten gelegene Ísafjörður ist das Zentrum der Garnelenverarbeitung, während in Akureyri u. a. Hering für den Export konserviert wird.

11.1.4. Wichtige Standorte der Fischerei und Fischverarbeitung

Zur Erfassung der fischereiwirtschaftlich relevanten Faktoren gehört natürlich auch die Frage nach den jeweiligen Anlandungs- und Verarbeitungsstandorten, zumal diese Zentren gerade die isländischen Küstensiedlungen physiognomisch und funktional entscheidend geprägt haben. Eine regionale Gliederung kann von folgenden Raumeinheiten ausgehen: a) dem südlichen Küstensaum der Faxaflói-Bucht und dem anschließenden Suðurland, d. h. hier vornehmlich den ›Westmänner-Inseln‹ (Vestmannaeyjar); b) dem Breiðafjörður im Westen; c) der nordwestlichen Halbinsel Vestfirdir; d) dem Norðurland mit Akureyri, Siglufjörður und Húsavík sowie e) dem Austurland vor allem mit Neskaupstaður und Seyðisfjörður. Die wichtigsten Standorte der fischverarbeitenden Industrie konzentrieren sich verständlicherweise auf die Südwest- und Südküste (Faxaflói und Suðurland), wo sich zugleich auch die Schwerpunkte der Kabeljauverarbeitung befinden. So steht Reykjavík als Zentrum des isländischen Handels und der Industrie auch an erster Stelle in der Fischwirtschaft des Landes. Benachbarte Zentren der Fischverarbeitung und des Fischexportes am Südrand von Faxaflói sind Hafnarfjörður, Keflavík, Akranes und Hvalfjörður. Hafnarfjörður als einst größter Handelsplatz Islands verfügt heute über einen gut ausgebauten Trawlerhafen und ist Standort einer größeren Fischereiflotte. Wie in der nördlich benachbarten Industriestadt Akranes wird auch in Hafnarfjörður die Hafenumgebung von Kühl- bzw. Gefrierhäusern sowie Fischöl- und Fischmehlfabriken geprägt. Keflavík als einer der größten Fischereihäfen des Landes besitzt ebenfalls mehrere fischverarbeitende Betriebe; dagegen ist Hvalfjörður noch die bedeutendste isländische Walfangstation.

An der Südküste, die kaum Naturhäfen besitzt, d. h. von etwa Stokkseyri im Westen bis Höfn im Südosten, gibt es keine größeren Fischereistandorte, dafür jedoch um so ausgeprägter auf der vorgelagerten Inselgruppe der Vestmannaeyjar. In unmittelbarer Nachbarschaft reicher und ganzjähriger Fanggründe haben sich hier die wichtigsten Standorte der isländischen Küstenfischerei entwickeln können. Das durch die Vulkanaktivitäten von 1973 weltweit bekannt gewordene Hei-

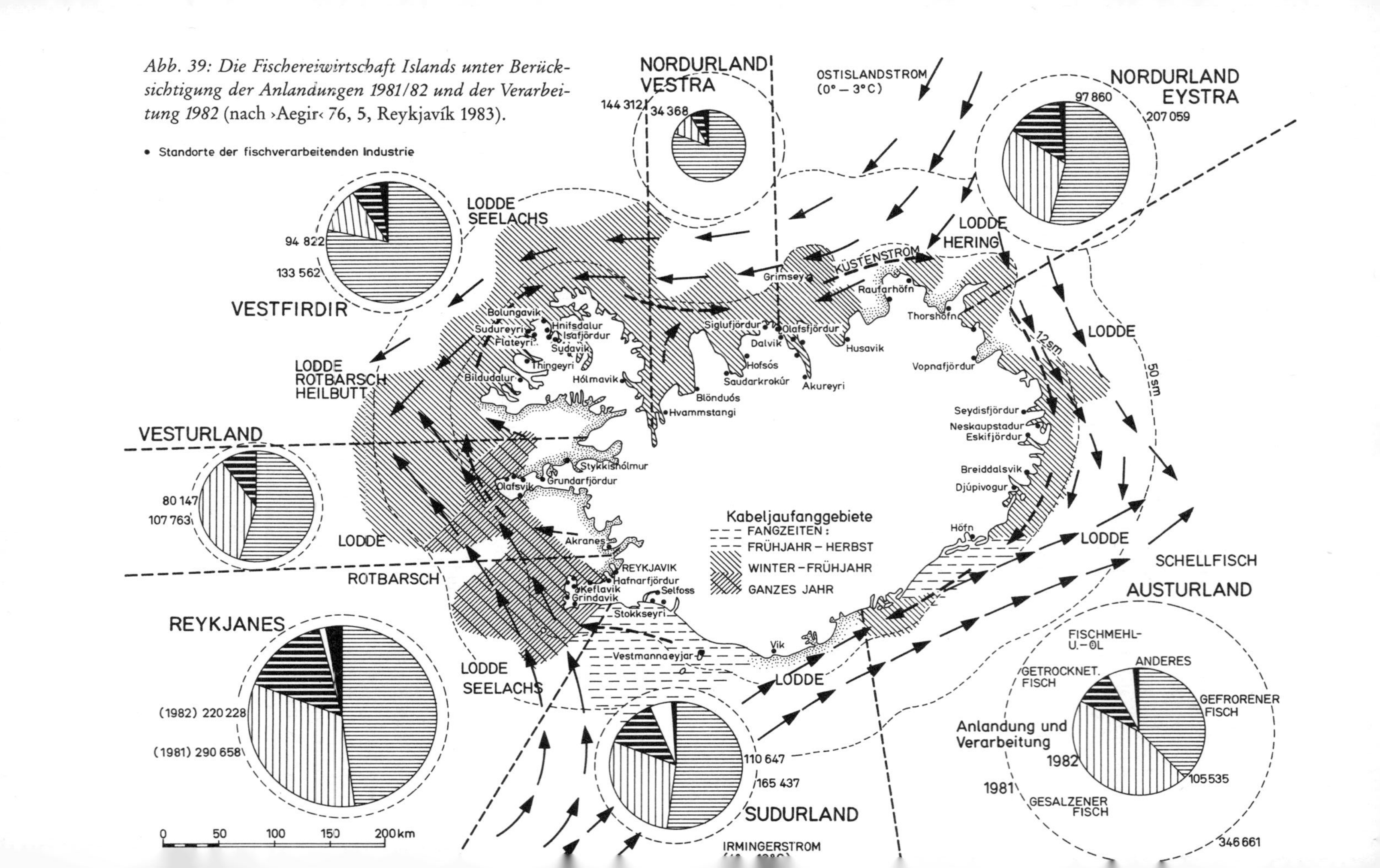

Abb. 39: Die Fischereiwirtschaft Islands unter Berücksichtigung der Anlandungen 1981/82 und der Verarbeitung 1982 (nach ›Aegir‹ 76, 5, Reykjavík 1983).

maey nimmt in der isländischen Fischindustrie (vor allem Kabeljauverwertung) nach Reykjavík immerhin den zweiten Platz ein, obwohl auf der Insel weniger als 3 % der Gesamtbevölkerung leben.

Die Küste am Breiðafjörður mit ihren zahlreichen Schären und Inseln spielte früher eine erheblich größere Rolle in der isländischen Fischereiwirtschaft als heute. So konzentrierte sich vor allem entlang der Halbinsel Snæfellsnes eine Reihe von Fangplätzen, von denen jedoch im Laufe der letzten Jahrzehnte ein großer Teil verlassen worden ist. Anders ist die Situation auf der nördlich vorgelagerten Halbinsel Vestfirðir, an deren Fjorden die Fischerei auch heute noch eine dominierende Rolle im Wirtschaftsleben spielt. Insbesondere ist hier Ísafjörður als einer der ältesten Fischereistandorte des Landes zu nennen. Neben der Kabeljauverarbeitung sowie der Fischmehl- und -ölproduktion an verschiedenen kleineren Fjordstandorten ist in Ísafjörður u. a. auch die Konservenindustrie auf Garnelenbasis lokalisiert. Das bedeutendste Fischereizentrum im Norðurland ist natürlich das am Eyjafjörður gelegene Akureyri. Daneben sind noch Siglufjörður und Húsavík hervorzuheben, die vor allem als Heringshäfen mit größeren Einsalzungsbetrieben bekannt geworden sind. Insgesamt gesehen haben sich allerdings an der Nord- und Ostküste in den letzten drei Jahrzehnten erhebliche Standortverschiebungen vollzogen, und zwar vornehmlich in Richtung Ostisland (Austurland). So wanderte mit den sich verlagernden Fanggründen von Hering und Lodde auch die Fischmehl- und -ölindustrie nach Osten, wo sie sich u. a. in Vopnafjörður, Seyðisfjörður, Neskaupstaður und Eskifjörður etablierte bzw. vergrößerte. Als Ausnahme in diesem Entwicklungsprozeß mag Höfn, der südlichste Hafenort im Austurland, angesehen werden, wo der Kabeljauverarbeitung das größte Gewicht zukommt.

11.1.5. Die Bedeutung der Fischerei im heutigen Wirtschaftsleben Islands

Fassen wir noch einmal einige Aspekte der isländischen Fischereiwirtschaft zusammen, dann muß zunächst hervorgehoben werden, daß der große ökonomische Aufschwung Islands in diesem Jahrhundert und besonders nach dem Zweiten Weltkrieg aufs engste mit dem Fischfang und seiner Verarbeitung verbunden ist. Neue Fanggeräte und -methoden sowie moderne Veredelungsformen haben zu einem gewaltigen Anstieg des Exports von Fischereiprodukten geführt. Begünstigt wurde diese Entwicklung neben den wirtschaftspolitischen Maßnahmen natürlich auch durch die günstige verkehrsgeographische Lage des Inselstaates zwischen den großen Absatzmärkten beiderseits des Nordatlantiks. So beherrscht die Fischereiwirtschaft sehr stark den isländischen Außenhandel und damit auch die Gesamtwirtschaft des Landes. Lag der Exportanteil von Fischerzeugnissen bis Mitte der 1960er Jahre bei maximal 97 %, so konnte er bis 1981 aufgrund der Diversifizierungsbemühungen auf isländischer Seite auf etwa 75 %

gesenkt werden, was in erster Linie auf den Export von Aluminium zurückzuführen ist. Immerhin lag der Anteil der Fischereiwirtschaft am isländischen Bruttosozialprodukt in den letzten Jahren bei rd. 15 %, während er in anderen traditionellen Fischfangnationen, z. B. Norwegen, unter 1 % liegt. Trotz des hohen Stellenwertes des Fischereisektors im isländischen Wirtschaftsleben arbeiteten in diesem Wirtschaftszweig im Jahre 1979 nur 14 % aller Erwerbstätigen, und zwar 5,1 % direkt im Fischfang und 8,9 % in der Verarbeitung. Nach dem Zweiten Weltkrieg nahm der Gefrierfischexport die finanziell ertragreichste Position ein. Nach Angaben in ›Iceland Fisheries Yearbook‹ (1981, S. 12) sollen 1980 von den 114 000 Tonnen gefrorenen Fischfilets gut 61 % in die USA, 16 % in die Sowjetunion und der Rest vor allem in EG-Länder verkauft worden sein. Etwa 80 % der isländischen Gefrierbetriebe befinden sich in der Hand von ›Icelandic Freezing Plants Corporation‹ und 20 % in der genossenschaftlichen Vereinigung ›Samband‹. Beide Gruppen haben u. a. Filialunternehmen in den USA. Neben der Gefrierfischverarbeitung spielt natürlich auch die Fischmehl- und -ölproduktion eine große Rolle im Wirtschaftsleben des Landes. Immerhin produzierte Island im Jahre 1980 etwa 13 % der Weltfischmehlerzeugung, die im wesentlichen nach West- und Nordeuropa exportiert wird.

Allerdings beinhaltet – wie schon oben angedeutet – das praktische Übergewicht eines einzelnen Wirtschaftszweiges im isländischen Außenhandel eine erhebliche Gefahr für die Volkswirtschaft des Landes. Erschwerend kommt im Falle Islands hinzu, daß die Fischerei eben eine Unsicherheit und Unberechenbarkeit in sich birgt und damit ein kaum steuerbarer Faktorenkomplex ist (vgl. u. a. P. Suding 1975, S. 515). So ist gerade in der jüngsten Zeit, praktisch nach der Einstellung der Loddefischerei im Dezember 1981, ein besorgniserregender Rückgang der isländischen Fischerei zu konstatieren, von dem übrigens auch der Kabeljaufang (1982 ein Rückgang von 17 % gegenüber 1981) betroffen ist. Die stärksten Einbußen mußte dabei die Kutterfischerei hinnehmen (nach ›Informationen über die Fischwirtschaft des Auslandes‹, H. 1/2, 1984, S. 8). Nicht nur das Ausbleiben von Fischschwärmen, sondern auch der Verlust von Absatzmärkten oder ein Preisverfall für Fisch und Fischprodukte auf dem Weltmarkt können also in dieser Branche zu empfindlichen Einkommensminderungen führen. Schon aus diesem Grunde sollte der Weg einer Diversifizierung der isländischen Wirtschaft in Zukunft verstärkt fortgesetzt werden.

11.1.6. Der isländische Walfang

Ein professioneller Walfang[25] vor Islands Küsten wurde erst etwa 1000 Jahre nach der Landnahmezeit, d. h. in der zweiten Hälfte des 19. Jahrhunderts, auf-

[25] Auf einen ausführlichen historischen Abriß wird hier verzichtet. Erwähnt sei nur,

genommen, als Norweger eine Walfangstation an der Álftabucht (Faxaflói) errichteten. Bald folgten weitere Stationen entlang der isländischen Küste (auch an Fjorden der Ostküste), zumal der Walfang in den nordnorwegischen Gewässern infolge übermäßiger Bejagung schon damals stark zurückging. Rund um Island kamen damals 17 verschiedene Walarten vor, von denen besonders der Finnwal, Seiwal, Blauwal, Pottwal und Buckelwal gejagt wurden. In den 1930er Jahren ging dann auch eine isländische Gesellschaft von einer Station an der Nordwestküste (Tálknafjörður) dem Walfang nach; sie mußte jedoch schon 1939 ihren Betrieb einstellen, weil sich der Hauptabnehmer für Walöl, nämlich Deutschland, im Krieg befand (E. BUCHMANN 1974, S. 56). Aber schon 1948 wurde in Hvalfjörður an der Faxaflói nördlich von Reykjavík eine neue Walstation gegründet, in der in den letzten 20 Jahren durchschnittlich 350 bis 450 Wale pro Fangsaison, d. h. von Ende Mai/Anfang Juni bis Mitte September, verarbeitet wurden (nach ›Iceland Review‹, 1979, H. 3/4). Hierbei handelte es sich hauptsächlich um Finnwale, da die Blau- und Buckelwaljagd wegen der drohenden Ausrottung der Bestände schon in den Jahren 1955 bis 1960 verboten worden war. Neben dem bis über 20 m langen Finnwal, einem Barten- bzw. Furchenwal mit dem größten Verarbeitungswert, wurde in den letzten Jahren auch dem Sei- und Spermwal nachgestellt. Die Walfangboote operieren hauptsächlich in den planktonreichen west- und nordwestisländischen Gewässern; die Verarbeitung der harpunierten Tiere erfolgt ausschließlich an Land. Eine räumliche Begrenzung des Walfangs ist schon dadurch gegeben, daß nach dem Harpunieren der marinen Säugetiere nicht mehr als 30 Stunden bis zu deren Verarbeitung vergehen dürfen, da ansonsten der Tran ranzig wird und das Fleisch verdirbt. Der Fang bzw. die Verarbeitung in ›schwimmenden Kochereien‹ ist im Nordatlantik, d. h. nördlich des 40. Breitengrades, verboten.

In der Nachkriegszeit wurden von isländischer Seite die meisten Wale, nämlich 554 Stück, in der Fangsaison 1971 erlegt. Im Jahre 1981 waren es nach Angaben der ›International Whaling Statistics‹ (Sandefjord 1982, S. 45) ›nur noch‹ 397 Tiere, d. h. 254 Finnwale, 100 Seiwale und 43 Spermwale. Weltweit gesehen wurden 1981 2875 Wale erlegt, von denen allein 47% von Japan gefangen wurden. Japan ist für die isländischen Walfänger zugleich auch eines der Hauptabsatzgebiete für Walfleisch, während das Walöl (1981 rd. 12000 Barrel) vornehmlich auf europäischen Märkten verkauft wird, wo es zur Herstellung von kosmetischen Artikeln, Linoleum und Kunstharzerzeugnissen sowie von Seife und Margarine beiträgt. Insgesamt gesehen betragen die in Hvalfjörður hergestellten Walprodukte aber nur 1% des isländischen Exportvolumens (›Iceland Fisheries Yearbook‹ 1981, S. 30). Neben dem Großwalfang wird in Island, insbesondere an der Nord- und Nordwestküste, auch der Kleinwalfang betrieben, der jedoch statistisch in der Regel nicht erfaßt wird.

daß schon das isländische Gesetzbuch von 1280 (Jónsbók) die Harpune für den Walfang als ein traditionelles Jagdgerät bezeichnet.

Es ist heute nahezu unbestritten, daß gerade in den letzten Jahrzehnten weltweit ein drastischer Raubbau an den Beständen der Großwale sowie anderer mariner Säugetiere betrieben worden ist. Zugunsten eines kurzfristigen Ertrages wurden die Bestände über jedes sinnvolle Maß hinaus genutzt und damit zugleich auch die Möglichkeit, über längere Zeiträume hinweg einen kontinuierlichen Ertrag zu erzielen, vertan. So bemüht sich die Internationale Walfang-Kommission (IWC)[26] schon seit Jahren darum, strikte Bewirtschaftungsmaßnahmen weltweit durchzusetzen, wobei hier neben rein ökonomischen Erwägungen natürlich auch dem Gesichtspunkt des Artenschutzes Rechnung getragen werden soll. Beispielsweise wurde noch im Sommer 1982 von der IWC ein zeitlich nicht determiniertes Walfangverbot, und zwar ab 1986, proklamiert, mit dem sich allerdings verschiedene Walfangnationen, u. a. Japan und die UdSSR, nicht einverstanden erklärten.

11.1.7. Fischzucht und Aquakultur

In den letzten Jahren hat die Aquakultur, d. h. also das Aufziehen und Halten von Meeresfischen in begrenzten Wasserräumen, ein verstärktes Interesse in der internationalen Fischereiwirtschaft erfahren. Diese Situation ist natürlich auch vor dem Hintergrund der Fischereigrenzen- und Überfischungsproblematik sowie der steigenden Nachfrage wenigstens bestimmter Fischprodukte auf dem Weltmarkt zu sehen. Bereits Ende der 1970er Jahre soll die in Aquakultur erzielte Fischproduktion zwischen 7 und 8 % der Fischereierträge in der Welt ausgemacht haben, und für Ende der 1980er Jahre wird deren Anteil auf 12 % geschätzt. Es gibt natürlich unterschiedliche Methoden dieser ›Wasser-Haustierhaltung‹, die von Hälterungsanlagen (Netzkäfige, abgesperrte Meeresbuchten u. a. m.) bis zur sogenannten ›Ocean-Ranger-Methode‹ reichen. Bei der letzteren, besonders in Nordamerika angewandten Verfahrensweise werden die Junglachse, die ja im Süßwasser auf die Welt kommen, nach der zeitweiligen Haltung in Aufzuchtbecken zum ›Weidegang‹ in den Pazifik entlassen. Später, d. h. nach ein bis vier Jahren, kommen die ausgewachsenen Lachse zum Laichen bekanntlich in jene Gewässer zurück, in denen sie aufgewachsen sind und in denen sie nun gefangen werden.

Auch in Island wird die Zukunft der Fischzucht, insbesondere die des Lachses (salmon farming), als recht erfolgversprechend angesehen (vgl. u. a. M. BJARNFREDSSON in ›Iceland Review‹, 1, 1983, S. 20ff.). So wurden z. B. im Sommer 1982 ca. 400000 junge, in Fischbrutstätten gezogene Lachse in 12 ausgewählten isländischen Küstenzonen (davon allein 285000 an der Südwest- und Westküste) ausgesetzt, von denen ein Teil während der nächsten vier Jahre im ausgewachse-

[26] Die IWC wurde bereits 1946 von 17 Nationen ins Leben gerufen, und zwar mit der Zielsetzung, Schutzbestimmungen und Fangquoten festzulegen. Allerdings besitzt die Kommission keine exekutiven Vollmachten.

nen Zustand zurückerwartet wird. Bislang war der Lachs auch in Island nur gezüchtet worden, um ihn dann in einen der rd. 80 Lachsflüsse des Landes auszusetzen. Die Einnahmen aus der Sportfischerei sind ähnlich wie entlang der westnorwegischen Küste sehr beträchtlich. Im Zeitraum von 1971 bis 1980 sollen in den isländischen Flüssen pro Jahr etwa 40000 Lachse mit einem Durchschnittsgewicht von 7 bis 8 Pfund von Sportfischern gefangen worden sein. Die wissenschaftlichen Experimente einer Lachszucht, und zwar mit dem Ziel, die Jungfische zur ›Mast‹ ins Meer zu entlassen, begannen schon in den 1960er Jahren in der staatlichen Fischbrutanstalt in Kollafjörður. Eines der wichtigsten Untersuchungsergebnisse war die Feststellung einer Rückkehrrate von 5–15 % pro Jahr, bei einem Durchschnittsgewicht der Lachse von 5 bis 8 Pfund nach dem Aufenthalt von einem Jahr und von über 12 Pfund nach zwei Jahren im Meerwasser. Diese im Vergleich zu ähnlichen Untersuchungen in anderen Ländern relativ hohen Rückkehrraten führt man besonders darauf zurück, daß in Island der Lachsfang wenigstens entlang der Küsten verboten ist. Während z. B. in Norwegen Junglachse in marinen Gehegen vor allem in den ruhigeren Fjordbereichen gezüchtet und gefüttert werden, gilt diese Methode in Island schon aufgrund anderer physischer Voraussetzungen (man denke nur an die kalten Wassertemperaturen im Winter) als weniger praktikabel; es sei denn, daß bestimmte Voraussetzungen wie an der südwestlichen Halbinsel gegeben sind. Hier ist nämlich in jüngster Zeit ein Lachsgehege geschaffen worden, in das geothermal erwärmtes Wasser von Bohrstationen geleitet wird. Auf diese Weise wird eine Wassertemperatur von 10 bis 15° C erzeugt, die das Lachswachstum beschleunigt[27].

In variierter Form wird jene Fischhaltungsmethode auch in Nordostisland praktiziert, wo Lachse in marinen Gehegen gehalten werden, die jedoch direkt durch Geothermalquellen aus dem Untergrund erwärmt werden. Die Zukunft dieser und anderer Fischzuchtmethoden betrachtet man auch in Island als recht vielversprechend. Auch die im Sommer 1983 erzielten Ergebnisse deuten darauf hin, da man eine Rückkehrquote an Lachs von 10 % ermittelte (nach ›News from Iceland‹, Okt. 1983, S. 5). Allein in der genannten Fischfarm von Kollafjörður wurden an einem Tag 800 rückkehrende Lachse gezählt. Damit könnte praktisch das ›salmon farming‹ aus dem Versuchsstadium verlassen und ein wirtschaftlich aktiver Prozeß werden. Der isländisch-norwegische Konzern ISNO, der in Nordisland die Lachshaltung und -zucht betreibt, produziert bereits in dieser Weise; im Sommer 1983 konnten rd. 15 Tonnen tiefgefrorener Lachs in der 15- bis

[27] Ähnliche Versuche laufen beispielsweise auch im Rheinischen Braunkohlenrevier, wo die im Kraftwerksbetrieb anfallenden Warmwassermengen wenigstens teilweise zur Aufzucht von Forellen und anderen Süßwasserfischen eingesetzt werden. Gleichermaßen erfolgt eine Warmwassernutzung in der Lachsaufzuchtanlage in unmittelbarer Nachbarschaft der isländischen Aluminiumfabrik bei Straumsvík. Diese Station soll allein im Sommer 1982 rd. 130000 Jungfische in den Küstengewässern ausgesetzt haben.

30-Pfund-Klasse in die Bundesrepublik Deutschland im Wert von ungefähr 100000 US-Dollar exportiert werden. Man hofft, die Lachsproduktion bald stark steigern und damit u. a. auch den nordamerikanischen Markt beliefern zu können.

11.2. Agrarwirtschaftliche Produktion und Veredlung

Der traditionellen Agrarproduktion in Island sind aufgrund der rauhen naturräumlichen Voraussetzungen verständlicherweise enge Grenzen gesetzt. Abgesehen von einigen Spezialprodukten, die gewissermaßen Marktlücken ausfüllen, spielen demnach die landwirtschaftlichen Erzeugnisse im Außenhandel des Inselstaates auch keine besondere Rolle. So verzeichneten die wichtigsten landwirtschaftlichen Ausfuhrgüter Islands, nämlich Schafwolle und Fellwaren, im Jahre 1982 nur einen Anteil von rd. 5 % am Gesamtexport des Inselstaates. Legt man der Exportstatistik nur die Milcherzeugnisse (Butter, Käse, Trockenmilch) sowie Lammfleisch zugrunde, dann beträgt der Anteil der Agrarproduktion an der Gesamtausfuhr lediglich 1,3 % (1982).

Dennoch sollte die vergangene und gegenwärtige Bedeutung der Agrarwirtschaft für die einheimische Bevölkerung selbst keineswegs unterschätzt werden. Von der Landnahmezeit bis weit in das 19. Jahrhundert hinein haben nicht etwa die Fischerei und Fischverarbeitungszweige, sondern die ländlich-agraren Wirtschafts- und Lebensformen die isländische Gesellschaft entscheidend geprägt. Noch im Jahre 1860 sollen 80 % aller Erwerbstätigen auf Island in der Landwirtschaft tätig gewesen sein; für die Zeit um 1900 werden immerhin noch etwa 70 % angegeben. Danach erfolgte jedoch eine rasche Abnahme, und zwar aufgrund der starken Abwanderung in die zentralen Orte mit ihren neuen Erwerbsmöglichkeiten sowie aber auch infolge der sich nun ebenfalls in Island durchsetzenden Mechanisierung der Landwirtschaft. Im Jahre 1910 wurden noch gut 51 % aller Erwerbstätigen im agraren Sektor gezählt, 1960 knapp 15 % und 1980 nur noch 7,8 %. Mit dieser Umkehrung der Erwerbssituation zugunsten der sekundären und tertiären Sektoren war und ist natürlich auch ein grundlegender Wandel in den Lebens- und Siedlungsverhältnissen der isländischen Bevölkerung verbunden, der in etwa mit den Phänomenen ›Landflucht‹ und ›Urbanisierung‹ zu kennzeichnen ist. Gerade in Island wurde dieser Entwicklungsprozeß besonders forciert durch den Aufbau der Fischverarbeitungsindustrie während der letzten 90 bis 100 Jahre. Lebten im Jahre 1890 noch rd. 89 % der Bevölkerung (= 63000 Personen) auf Einzelhöfen und in mehr oder minder geschlossenen Siedlungen mit weniger als 300 Einwohnern, so waren es 1973 nur 14 % bzw. 30000 Isländer sowie 1982 lediglich noch 10 % der Gesamtbevölkerung (vgl. auch Kap. 9).

In ebenso starkem Maße wie die demographischen Umstrukturierungsprozesse haben aber auch die Wandlungen in der Landwirtschaft selbst zu entscheidenden Veränderungen im ländlich-agraren Raum geführt, vor allem seit Beginn des 20. Jahrhunderts. Charakteristische Kennzeichen dieses Strukturwandels von einer einst überwiegenden Subsistenzwirtschaft zu einer marktorientierten, d. h. auf die einheimischen Städte bzw. zentralen Orte konzentrierten Agrarproduktion, die ja im wesentlichen eine Viehwirtschaft ist, waren a) die Einführung der Mineral- bzw. Stickstoffdüngung, b) die Kultivierung von Naturweiden und -wiesen, verbunden mit der Einsaat leistungsfähigerer Grassorten, c) die Drainung bzw. Kultivierung von Mooren und deren Umwandlung in Grünlandflächen sowie d) die zunehmende Mechanisierung und Intensivierung in der Landwirtschaft. Einer der auffallendsten Umstrukturierungsprozesse der letzten Jahrzehnte ist dabei die Forcierung der Großviehhaltung, die in der Hauptsache auf die Milchproduktion ausgerichtet ist, wobei dieser Betriebszweig zugleich durch eine Schutzzollpolitik bzw. durch Importbeschränkungen und -verbote gestützt wird.

Der agrare Wirtschafts- und Lebensraum konzentriert sich fast ausschließlich auf die Küstensäume, vornehmlich in Südwest- bzw. West- und Nordisland, weiterhin auf die mit Lockermaterial ausgestatteten Ebenen im südwestlichen Landesteil sowie schließlich auf die aus dem inneren Hochland kommenden Talzüge. Somit erstrecken sich vielerorts die kultivierten Graslandflächen mit ihren kleinen Hofstellen entlang der Talungen wie Zungen in Richtung der inneren Hochlandflächen. Daß die Siedlungsgrenzen (heute ja im wesentlichen Rückzugsgrenzen) gegen die Sub- und Anökumene ständigen Bewegungen unterworfen waren und sind, wurde bereits an früherer Stelle erörtert. Isländische Schätzungen gehen davon aus, daß insgesamt rd. 33000 km² der Landfläche unterhalb einer Höhenlage von 400 m NN intensiver agrarwirtschaftlich genutzt werden könnten.

Das die Wohn- und Wirtschaftsgebäude umgebende kultivierte Land (isl. tún) mit seinen Schnittwiesen, Weiden und inselhaften Ackerparzellen ist im Sinne des Thünenschen Intensitätsgesetzes als der innerste, intensiv genutzte Gürtel im Betriebsflächensystem zu sehen. An diese erste Zone schließt sich ein zweiter, schon extensiver genutzter Gürtel an, nämlich die Außen- bzw. Naturwiesen (engi), die zum großen Teil als Heiden und Flachmoore erscheinen. Früher wurden sie in der Hauptsache zur Wildheugewinnung genutzt, heute dienen sie jedoch fast ausschließlich als Weideland. Der dritte, noch extensiver genutzte Gürtel umfaßt die ferner gelegenen Weideflächen (heimahagar), die schon eine lückenhafte Vegetation aufweisen und sich vorwiegend auf die Berghänge konzentrieren. Schließlich wären als vierte und extensivste Nutzungszone die tundrenähnlichen Hochweiden (afréttir) zu nennen, die sich heute noch vielfach in Gemeinschaftsbesitz befinden und saisonal, d. h. von etwa Juni bis Anfang September, in Form einer Fernweidewirtschaft mit Schafen genutzt werden.

11.2.1. Betriebsgrößen und -formen in ihrer raum-zeitlichen Entwicklung

Aufgrund des bereits skizzierten Strukturwandels im gesamten sozioökonomischen Bereich des Inselstaates ist auch die Zahl der landwirtschaftlichen Betriebe im Laufe der letzten Jahre und Jahrzehnte zurückgegangen, obwohl gerade in den Nachkriegsjahren im Zuge der Kultivierungsmaßnahmen zahlreiche Hofstellen errichtet worden sind. Wurden beispielsweise im Jahre 1956 über 7300 Betriebe gezählt, so waren es 1970 noch knapp 6800 sowie 1981 wiederum ca. 7000. Von den 1971 und 1981 genannten Hofstellen wurden allerdings nur 75 bzw. 73 % bewirtschaftet (vgl. Tab. 19). Auch in den 1970er Jahren hat sich die Zahl der Agrarbetriebe – wenn auch nicht in dem Ausmaß wie in den anderen nordischen Staaten – weiter verringert; 1976 waren es insgesamt 4970 bewirtschaftete Hofstellen, und zwar in der Hauptsache Familienbetriebe. In den einzelnen Landesteilen zeigen sich sehr unterschiedliche Entwicklungstendenzen. Vor allem in Suðurland und teilweise auch in Norðurland Vestre haben sich die Betriebszahlen wenigstens im Zeitraum 1956–70 erhöht, während sie in Austurland um 23 %, in Vestfirðir um 21 % und vor allem im städtisch-gewerblich expandierenden Distrikt Reykjanes um 46 % zurückgingen.

Im Jahre 1970 wurden gut 81 % aller Hofstellen von den Eigentümern selbst bewirtschaftet; die restlichen 19 % waren verpachtet. Damit haben sich auch die agrarbäuerlichen Besitzverhältnisse in den letzten Jahrzehnten entscheidend geändert. So waren z. B. im Jahre 1912 etwa 63 % aller Höfe Pachtbetriebe, ›die unter den keineswegs immer leichten Pachtbedingungen litten, denn die Pächter mußten nicht nur eine verhältnismäßig hohe Pacht zahlen und Ersatzpflicht für das Pachtvieh leisten, falls Verluste eintraten, sondern auch Steuern an die Kirche, die Gemeinde und den Staat abführen‹ (W. TAUBMANN 1969, S. 34). H. VERLEGER (1937, S. 247) kennzeichnet diese ungesunden Agrarsozialstrukturen der vergangenen Jahrzehnte folgendermaßen: ›80 % der Bauern sind Pächter, die Höfe gehören König, Kirche und Großgrundbesitzern. Das Bauerntum ist nicht mit dem Boden verwachsen. Die Pachtverträge sind kurz oder kündbar. Der Pächter hat wenig Interesse an einer Verbesserung des ihm nicht gehörenden Bodens. Man vergrößert daher nicht die um den Hof liegende Kulturwiese (tún). Gefällt der Hof nicht mehr, sei es, daß die Wiese zu klein, die Häuser zu schlecht geworden sind, oder aus anderen Gründen, so zieht man unter Mitnahme des Viehs und der beweglichen Habe um, oft mehrmals im Leben.‹

Hinsichtlich der heutigen Betriebsgrößen ist festzuhalten, daß wenigstens 1970 über 70 % aller Hofstellen eine kultivierte Landwirtschaftsfläche unter 20 ha bewirtschafteten, wobei allerdings deutlich eine Entwicklung zu Betriebseinheiten mit größeren kultivierten Grasländereien zu verfolgen ist (vgl. Angaben für 1981 in Tab. 19). Über die Gesamtgröße einer Hofstelle gibt es keine genaueren Angaben, da die nur extensiv oder gar nicht agrarwirtschaftlich genutzten Flächen von der Statistik nicht erfaßt werden. Nach W. TAUBMANN (1969, S. 37)

Tab. 19: Die landwirtschaftlichen Betriebe 1970 und 1981 nach bestimmten Strukturmerkmalen (Zahl der Hofstellen 1956 im Vergleich)

	Hofstellen			Bewirtschaftete Hofstellen		Aufgegebene Hofstellen		Pachtbetriebe		Betriebsgrößen (nur kultiv. LF in ha) 1970 (1981)			
	(1956)	1970	1981	1970	1981	1970	1981	1970	1981	bis 10	10–20	20–30	> 30
Island insges.	(7329)	6775	6996	5060	5073	1715	1923	938	1521	2621 (1632)	2254 (1661)	1280 (1389)	620 (1376)
Reykjanes	(526)	284	300	205	204	79	96	35	64	165 (134)	62 (58)	38 (32)	19 (29)
Vesturland	(1056)	1017	1056	796	799	221	257	142	237	376 (226)	387 (268)	185 (234)	69 (196)
Vestfirðir	(892)	707	718	459	454	248	264	74	128	442 (315)	227 (214)	38 (87)	– (19)
Norðurland vestra	(1052)	1065	1084	803	807	262	277	110	165	345 (240)	375 (257)	244 (248)	101 (247)
Norðurland eystra	(1246)	1215	1237	939	931	276	306	155	255	426 (264)	423 (319)	257 (235)	109 (267)
Austurland	(1175)	903	927	647	638	256	289	164	217	375 (212)	337 (231)	142 (211)	49 (145)
Suðurland	(1382)	1584	1674	1211	1240	373	434	258	455	492 (241)	443 (314)	376 (342)	273 (473)

Anmerkung: Nicht alle Betriebe verfügen auch über kultiviertes Land (tún), so daß die angeführten Betriebsgrößenklassen nicht mit der Gesamtzahl der Hofstellen korrelieren.

Quelle: Verändert nach ›Tölfræðihandbók‹, Ausgaben 1967, 1976, 1984, Reykjavík.

soll die Gesamtgröße eines Betriebes im südwestlichen Landesteil bei ca. 300 ha bzw. in den dort dichter besiedelten Gebieten bei rd. 160 ha liegen, während sie im Norden und Nordosten zwischen 1200 und 2000 ha betrage. A. Picard (1965) gibt für ganz Island eine durchschnittliche Größe der Betriebe von etwa 300 ha an, und zwar mit Schwankungen zwischen 150 und 1200 ha.

Ein ganz charakteristisches Phänomen in der agrarstrukturellen Entwicklung Islands ist nun die Tatsache, daß auf der einen Seite zwar sehr viele Hofstellen in den Marginalzonen, insbesondere am Rande der vertikalen Grenze der Ökumene, aufgegeben worden sind, aber auf der anderen Seite zahlreiche neue Höfe im Zuge der systematisch betriebenen Landkultivierung angelegt wurden (vgl. auch Kap. 10). Auf dieses Faktum ist letztlich auch die im Vergleich zu anderen nord- und westeuropäischen Staaten relativ geringe Abnahme der Gesamtbetriebszahlen zurückzuführen. Bei dem räumlichen Umstrukturierungsprozeß handelt es sich also in erster Linie um eine Verlagerung und Konzentration der Agrarbetriebe auf die nach heutigen markt- und verkehrswirtschaftlichen Gesichtspunkten günstigsten Produktionsstandorte. Es versteht sich beinahe von selbst, daß eine derartige Entwicklung durch die zielstrebige Ausbaupolitik von staatlicher Seite besonders gefördert wird. In diesem Zusammenhang ist vor allem die Institution ›Landnám Ríkisins‹ zu nennen, die in den Nachkriegsjahren weit über 1000 neue Hofstellen errichtet hat, und zwar in erster Linie sogenannte ›nýbýli‹, d. h. Vollbauernhöfe mit über 25 ha Kulturland und durchschnittlich 120 bis 200 ha Gesamtbesitz. Daneben wurde auch eine Reihe von Nebenerwerbsstellen (›smábyli‹) ausgewiesen mit bis zu 6 ha Kulturland pro Betrieb, die fast ausschließlich in der Nachbarschaft größerer Siedlungen mit entsprechenden außerlandwirtschaftlichen Erwerbsmöglichkeiten liegen. Ein großer Teil der ›nýbýli‹ ist allerdings als Ausbauhöfe zu klassifizieren, die aus Teilungen bereits vorhandener Hofstellen hervorgegangen sind. Andere neue Vollbauernstellen auf kultiviertem Grünland verdanken ihre Existenz ganz und gar der staatlichen Initiative, denn hier kaufen die staatlichen Institutionen das Land auf, parzellieren und erschließen es und gewähren den neuen Betriebsinhabern auch finanzielle Zuschüsse für die Errichtung der Wohn- und Wirtschaftsgebäude. In der Regel werden dabei mehrere Hofstellen, meist drei bis zehn, in mehr oder minder enger Nachbarschaft zusammen erschlossen, um insbesondere die sozioökonomischen Probleme weit voneinander entfernt liegender Einzelhöfe zu bewältigen. Die Hauptvoraussetzung für die Errichtung neuer Landwirtschaftsbetriebe ist selbstverständlich die ständige Gewinnung von Kulturland, das den Heiden, Mooren bzw. Naturweiden abgerungen wird, wobei ja dieser großmaßstäbige Kultivierungsprozeß in den dafür geeigneten Regionen – wie bereits zum Ausdruck gebracht – einer der auffallendsten Agrarentwicklungsprozesse im heutigen Island ist. In welchem Maße der Gewinnungsprozeß von vollkultiviertem Hofland (tún) in den letzten Jahrzehnten vorangetrieben worden ist, soll die folgende tabellarische Übersicht verdeutlichen, aus der u. a. zu entnehmen ist, daß die Landkultivierung vor allem in den 1960er Jahren mit über 4500 ha pro Jahr Höchstwerte erreichte.[28]

Tab. 20: Gewinnung von vollkultiviertem Hofland (tún) im Zeitraum 1941 bis 1973

Zeitraum	1941 bis 1945	1946 bis 1950	1951 bis 1955	1956 bis 1960	1961 bis 1965	1966 bis 1970	1971	1972	1973
Túnland in ha	470*	1046	2653	3819	4688	4543	3799	3299	2994

* Durchschnittswerte pro Jahr

Quelle: ›Tölfræðihandbók‹, 1974, Reykjavík 1976, S. 64f.

11.2.2. Die Viehwirtschaft als Hauptzweig der Agrarproduktion

Der gerade in unserem Jahrhundert sich vollziehende Wandlungsprozeß im Wirtschafts- und Sozialleben der isländischen Bevölkerung führte auch zu einer Umstrukturierung der landwirtschaftlichen Betriebssysteme, indem sich die einst mehrseitige und vorwiegend auf Selbstversorgung eingestellte Agrarproduktion mehr und mehr auf eine Marktorientierung einstellt. Das heißt mit anderen Worten, daß nun die Viehwirtschaft zur Versorgung der rasch wachsenden städtisch-gewerblichen Zentren mit Fleisch- und vor allem mit Milchprodukten eine Priorität erhielt. Daraus ergibt sich weiterhin die Tatsache, daß in diesem Jahrhundert auch die so lange Zeit dominierende Schafhaltung auf vielen Betrieben von der Rindviehhaltung verdrängt wurde. Die Kuh- bzw. Milchviehhaltung stellt heute die wichtigste Einnahmequelle der isländischen Landwirtschaft dar. Als Fleischlieferant kommt das isländische Rind, eine besondere Milchviehrasse, dagegen weniger in Betracht; vielmehr spielt hier das Schaf auch weiterhin eine sehr wesentliche Rolle. Ermöglicht wurde eine intensivere Milchviehhaltung natürlich erst mit der Ausdehnung bzw. Schaffung neuer Túnflächen, da dieser Viehwirtschaftszweig gerade in Island aufs engste mit der Heu- und Silagegewinnung verknüpft ist.

Aus der Entwicklung der isländischen Viehwirtschaft, wie sie sich in Abb. 40 und Abb. 21 über drei Jahrhunderte sowie in Tab. 41 und 42 und in Tab. 22 im Zeitraum 1972–1982 für die einzelnen Landesteile manifestiert, lassen sich folgende Schlußfolgerungen ziehen: Die erstmals um 1700 genau faßbaren Tier-

[28] Bis 1975 wenigstens stagnierte dann die jährliche Kultivierung bei einer Durchschnittsgröße von rd. 3000 ha (nach ›Þróun landbúnaðal‹ [›Landwirtschaftliche Entwicklung‹]), hrsg. von Rannsóknaráð Ríkisins, Reykjavík 1976, S. 41).

*Tab. 21: Die isländische Viehhaltung in den letzten drei Jahrhunderten. Bestandszahlen im Zeitraum 1703 bis 1982**

	Rindvieh		Schafe		Pferde	Ziegen	Schweine	Geflügel	Pelztiere	
	insges.	Milchkühe	insges.	Mutterschafe					Nerze	Füchse
1703–12	35860	24467	278994	168755	26909	...	–	...	–	–
1770	30096	22531	140056	...	32289	755	–	...	–	–
1784	9804	...	49615	...	8683	...	–	...	–	–
1800	23296	16109	304198	171525	28300	...	–	...	–	–
1810	21855	16035	309524	159090	27151	...	–	...	–	–
1820	23023	16207	373917	161811	28166	...	–	...	–	–
1830	28012	17451	542200	208687	38131	...	–	...	–	–
1840	22667	14989	505239	191231	32209	...	–	...	–	–
1852	24917	16050	712182	246001	41132	...	–	...	–	–
1861	24298	20057	326664	186694	40823	532	–	...	–	–
1871	19111	15634	366080	192127	29689	234	–	...	–	–
1880	21006	...	501251	...	38019	306	–	...	–	–
1890	20947	15088	445855	219765	31281	87	–	...	–	–
1900	23569	16741	469477	238281	41654	278	–	...	–	–
1910	26338	17843	850290	345328	44815	660	...	...	–	–
1920	23497	16936	578768	416523	50645	2007	...	15497	–	–
1930	30083	21686	690178	510848	48939	2983	...	44436	–	...
1940	39732	28597	627941	477484	55876	1628	458	74984	3285	4109
1950	44505	31766	415544	302800	42280	207	719	97589	263	–
1960	53377	37922	833841	683989	30795	105	1198	96970	–	–
1965	59543	42216	846674	698638	34083	158	854	95233	–	–
1970	53294	34275	735543	639654	33472	209	4111	135219	–	–
1975	61785	36462	860376	...	...	...	...	...	...	...
1979	56613	33369	796755	...	50067	280	1435	393974	8350	...
1982	64435	32845	747701	625828	53650	...	1923	ca. 271000	...	...

... nicht verfügbar
– Null
* Die Zahlen zumindest nach 1940 sind jeweils im Herbst (November), d. h. nach der Schlachtzeit, erhoben worden, so daß vor allem die Schafbestände im Jahresdurchschnitt höher anzusetzen sind.

Quelle: ›Tölfræðihandbók‹, Reykjavík 1976, und Angaben von ›Bunaðarfelag Íslands‹, Reykjavík 1983.

*Tab. 22: Die Großvieh- und Schafhaltung in den einzelnen Landesteilen 1972–1982**

		Rindvieh insges.	Milchkühe	Schafe
Reykjanes	1972	1 639	972	16 959
	1977	1 362	871	15 896
	1982	1 115	582	10 799
Vesturland	1972	9 186	5 630	136 600
	1977	8 827	5 504	142 686
	1982	8 816	4 760	125 999
Vestfirðir	1972	2 393	1 411	74 429
	1977	2 191	1 259	81 670
	1982	2 049	1 016	69 570
Norðurland vestra	1972	8 885	5 069	151 983
	1977	8 342	5 039	171 620
	1982	8 874	4 373	141 245
Norðurland eystra	1972	15 102	8 651	125 972
	1977	13 993	8 823	140 825
	1982	14 424	7 778	113 439
Austurland	1972	5 121	2 292	139 296
	1977	4 654	2 093	153 342
	1982	4 689	1 825	123 797
Suðurland	1972	22 954	12 555	183 350
	1977	23 308	13 270	190 153
	1982	24 468	12 511	162 852
Island insges.	1972	65 280	36 580	828 589
	1977	62 677	36 859	896 192
	1982	64 435	32 845	747 701

* Die Zählungen wurden jeweils am 1. November, d. h. nach der Schlachtzeit, vorgenommen. Somit liegen besonders die Schafbestände während der sommerlichen Weidezeit bedeutend höher.

bestände der isländischen Bauern mit der relativ hohen Zahl von rd. 36 000 Stück Rindvieh und knapp 280 000 Schafen gingen im 18. Jahrhundert unter anderem infolge der Naturkatastrophen stark zurück. Insbesondere ist hier die Laki-Eruption in den Jahren 1783/84 zu nennen, die verheerende Folgen für Mensch und Tier mit sich brachte.

Der in Tabelle 23 erkennbare Wandlungsprozeß im Verhältnis von Großvieh- und Schafbeständen ist aber nicht etwa auf eine weitere Zunahme der Rindviehhaltung, sondern vielmehr auf die gerade in jüngster Zeit rückläufigen Schaf-

Tab. 23: Die Relation Rinder : Schafe im Zeitraum 1972 bis 1982

	1972	1982
Reykjanes	1 : 10,3	1 : 9,7
Vesturland	1 : 14,9	1 : 14,3
Vestfirðir	1 : 31,1	1 : 34,0
Norðurland vestra	1 : 17,1	1 : 15,9
Norðurland eystra	1 : 8,3	1 : 7,9
Austurland	1 : 27,2	1 : 26,4
Suðurland	1 : 8,0	1 : 6,7

Quelle: Angaben von ›Búnaðarfélag Íslands‹, Reykjavík 1983.

zahlen zurückzuführen, auf deren Ursachen noch einzugehen sein wird. Eine beachtliche Entwicklung in der Groß- bzw. Milchviehwirtschaft hat allerdings das dem Hauptstadtbereich nahe liegende Suðurland erfahren, das als einziger Landesteil seine Großviehhaltung im vergangenen Jahrzehnt zu steigern vermochte und 1982 immerhin 38 % des gesamten isländischen Rindviehstapels auf sich vereinigte (vgl. auch Abb. 42 und Tab. 22). Danach folgte das östliche Norðurland (Norðurland eystra) mit gut 22 %, wobei sich die dortige Milchviehhaltung vor allem auf den Raum Akureyri und die kleineren Zentren entlang des Eyjafjörðurs sowie auf das Laxardalurs mit dem nördlich benachbarten Húsavík konzentriert.

Nach diesem rapiden Einbruch vollzog sich dann bis in unser Jahrhundert hinein, vor allem seit den Jahren um 1900, ein wenn auch im einzelnen recht diskontinuierlich verlaufender Anstieg der Viehbestände. Der abermals starke Rückgang der Schafhaltung im Zeitraum 1940–1950, und zwar von 628000 auf 416000 Tiere, ist auf eine Viehseuche zurückzuführen, die mit Zuchttieren nach Island eingeschleppt worden war. Die Forcierung der Rindviehhaltung, wie sie sich in der beachtlichen Zunahme von knapp 24000 im Jahre 1900 auf gut 64000 Tiere im Jahr 1982 zeigt, ist natürlich in engstem Zusammenhang mit den bereits skizzierten sozioökonomischen Umstrukturierungen in den Siedlungs- und Wirtschaftsverhältnissen sowie mit der Ausweitung des vollkultivierten Túnlandes zu sehen. Die wichtigsten Rinderhaltungsgebiete sind heute die Küstenlandschaften a) im Suðurland, b) entlang des Eyjafjörðurs im Raum Akureyri sowie c) am Borgarfjörður in Vesturland. Mit dem Aufbau einer relativ leistungsstarken Groß- bzw. Milchviehhaltung vor allem in Nähe der größeren Siedlungen mit ihren günstigen Absatzmöglichkeiten hat sich im Laufe der Jahrzehnte auch das Verhältnis zwischen Rinder- und Schafbeständen verändert, so z. B. von 1 : 15,8 im Jahre 1940 auf 1 : 11,6 in 1982. Bei einer regionalen Differenzierung nach den sieben Landesteilen ergibt sich ein von diesen Durchschnittswerten stark abwei-

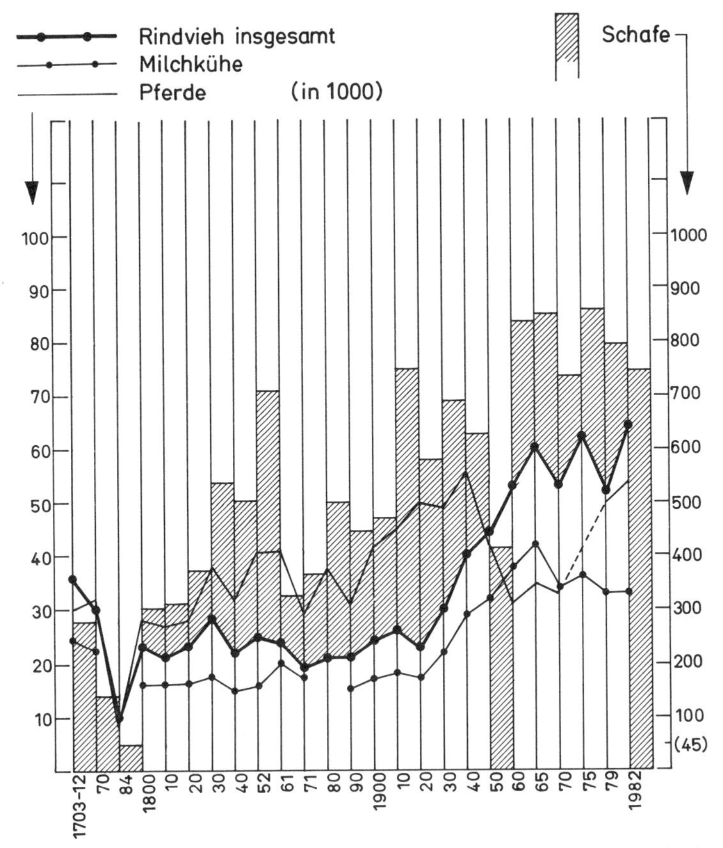

Abb. 40: Die isländische Viehhaltung in den letzten drei Jahrhunderten (Bestandszahlen im Zeitraum 1703 bis 1982).

chendes Bild, indem die dichter besiedelten Küstensäume im Süden, Südwesten und Norden auch relativ hohe Großviehanteile aufweisen, während im siedlungsarmen Nordwesten und Osten das Verhältnis von Rinder- und Schafbestand bei etwa 1 : 30 liegt.

Parallel zu diesen Konzentrationsprozessen haben sich auch in der isländischen Milchviehwirtschaft während der letzten Jahrzehnte Mechanisierungs- und Rationalisierungsmaßnahmen vollzogen. So ist beispielsweise die Zahl der Milchvieh haltenden Betriebe in den 1970er Jahren gesunken; Ende 1979 lag sie bei ca. 2400 Hofstellen.[28] Umgekehrt stieg die Durchschnittsgröße des Kuh-

[28] Diese und die folgenden Zahlenangaben stammen von ›Búnaðarfélag Íslands‹, Reykjavík 1983.

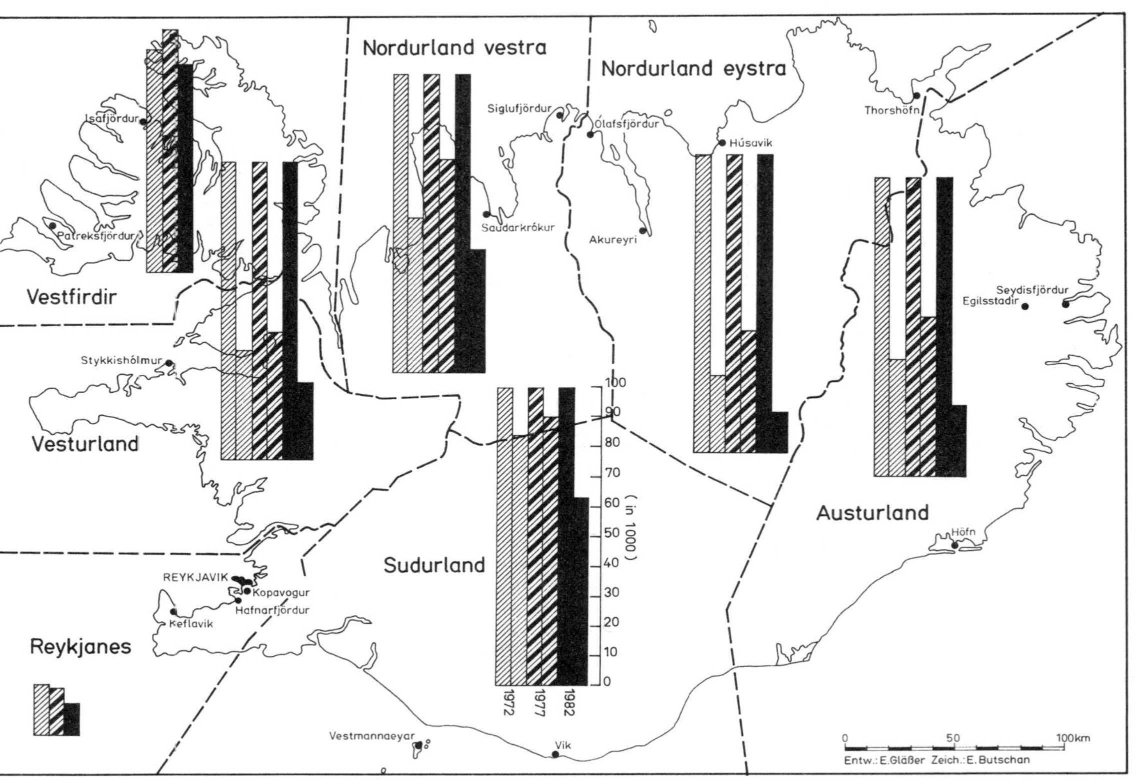

Abb. 41: Die Schafhaltung in den einzelnen Landesteilen 1972, 1977 und 1982 (Zahlen nach Búnaðarfélag Íslands, Reykjavík 1983).

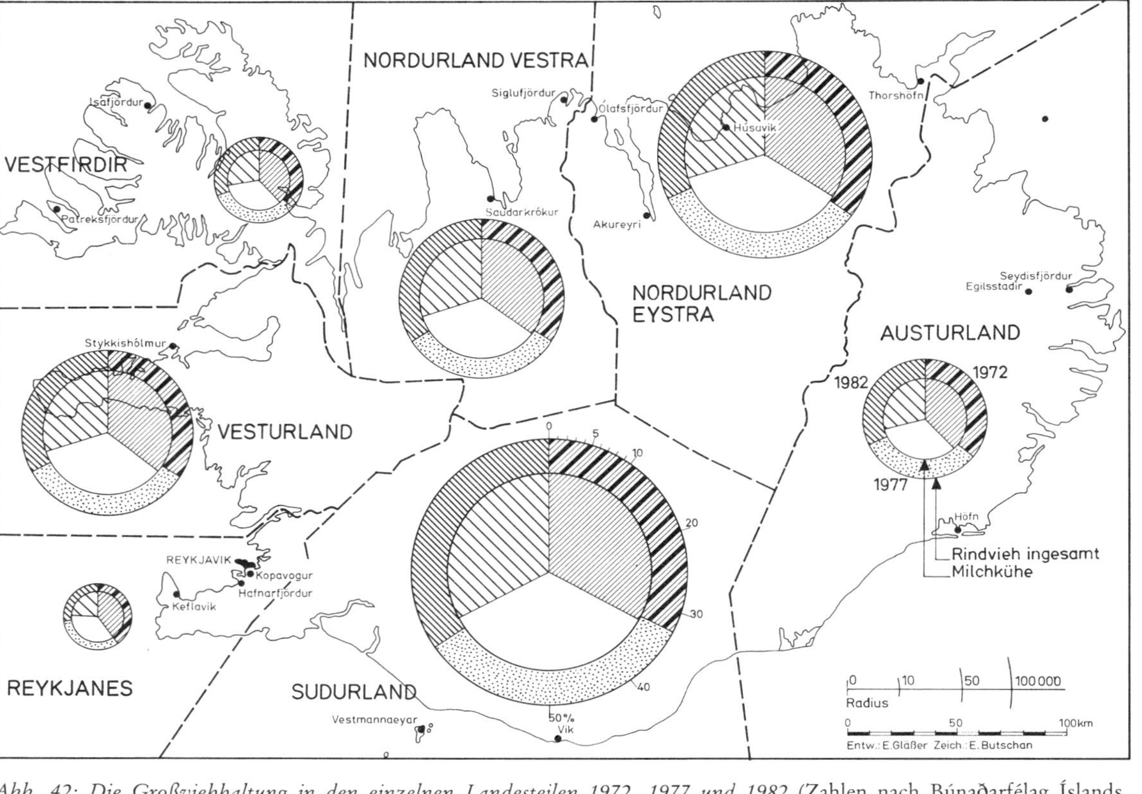

Abb. 42: Die Großviehhaltung in den einzelnen Landesteilen 1972, 1977 und 1982 (Zahlen nach Búnaðarfélag Íslands, Reykjavík 1983).

bestandes pro Betrieb auf knapp 26 Tiere (1979). Auch der Milchertrag pro Kuh und Jahr konnte bedeutend gesteigert werden, was in der Hauptsache auf den verstärkten Kraftfuttereinsatz zurückzuführen ist. Wurden im Jahre 1947 pro Kuh nur 2948 kg bei einem Fettgehalt von 3,75% erzielt, so waren es 1960 schon 3214 kg mit 3,88% Fettgehalt sowie 1979 bereits 3809 kg mit 4,16% Fettgehalt. Die gesamte Milchproduktion in Island, d. h. die an die Molkereien abgelieferten Mengen, wird für 1947 mit 29500 t, für 1960 mit 100600 t, für 1979 mit knapp 121000 t und für 1982 mit ca. 117000 t angegeben. Daneben nimmt sich der Rindfleischertrag mit 1947 etwa 1400 und 1979 rd. 2600 t recht bescheiden aus. In Zukunft möchte man das isländische Rind, das ja – wie bereits zum Ausdruck gebracht – mehr den Charakter einer Milchviehrasse aufweist, aber auch in stärkerem Maße zur Fleischgewinnung heranziehen; aus diesem Grunde hat man in letzter Zeit mehrere Kreuzungsversuche u. a. mit der Galloway-Rasse durchgeführt. Dennoch wird in den nächsten Jahren die Milchviehhaltung der wichtigste Einnahmezweig der isländischen Landwirtschaft bleiben.

Die ständige Erhöhung der Milchproduktion hat auch in Island zu einer Überproduktion geführt, die Ende der 1970er Jahre bei 20% lag. Wirtschaftspolitische Maßnahmen versuchen nunmehr – ähnlich wie bei der Lammfleischproduktion – die Überschüsse abzubauen, zumal die Produktionskosten und die Erzeugerpreise für diese und andere Erzeugnisse der isländischen Landwirtschaft bedeutend über dem Niveau der Weltmarktpreise liegen. Somit wird die in den letzten Jahren wenigstens tierbestandsmäßig nicht weitere Expansion, vielmehr die geringe Rückläufigkeit der Milchviehhaltung hauptsächlich auf agrarpolitische Eingriffe zurückzuführen sein.

Einen entscheidenden Einfluß auf die Entwicklung der Milchviehwirtschaft hat natürlich auch der Aufbau eines leistungsfähigen Molkereiwesens gehabt. So befindet sich in der Nähe des Hauptstadtbereiches, d. h. in Selfoss im westlichen Suðurland, eine der größten Molkereien Nordeuropas, die Reykjavík und seine Nachbarzentren vor allem mit Trinkmilch versorgt. Reykjavík selbst wird zusätzlich von einer eigenen, allerdings bedeutend kleineren Molkerei beliefert; außerdem gelangen Milchtransporte per Schiff aus dem nördlich benachbarten Borganes in den Großraum Reykjavík. Nach Selfoss war in den letzten Jahren Akureyri an der Nordküste der zweitgrößte Standort der isländischen Milchveredlung. Daneben gibt es noch eine Reihe kleinerer Meiereien in den städtischen Zentren der einzelnen Landesteile, z. B. in Húsavík, Hvammstangi und in Höfn. Ende 1982 waren in Island insgesamt 17 Molkereien in Betrieb. Der Milchverbrauch pro Kopf der isländischen Bevölkerung gilt als einer der höchsten in der Welt; er lag in den 1960er Jahren bei über 300 l und 1979 bei etwa 250 l pro Person. Insgesamt wurden in den letzten Jahren etwa 40% der gesamten Milcherträge wieder als Konsummilch abgegeben. Weitere 35% wurden zu Butter verarbeitet, die jedoch nicht gänzlich im Inland abgesetzt werden konnte. Die restlichen Anteile entfielen in der Hauptsache auf die Herstellung von Vollfettkäse (z. T. exportiert) und Skyr, einer besonderen isländischen Art von Sauermilch.

Im Gegensatz zu der Großviehhaltung ist der traditionelle Zweig der isländischen Viehwirtschaft, nämlich die Schafhaltung, auch in der jüngeren Zeit größeren Schwankungen unterworfen, was neben den genannten Naturkatastrophen und Seuchen in besonderem Maße auf die witterungsbedingte Winterfutterbeschaffung, also im wesentlichen die Heuproduktion, zurückzuführen ist. Die isländische Schafrasse, die in ihrer Herkunft bis auf die Landnahmezeit zurückreichen soll, gilt als sehr widerstandsfähig; kennzeichnend für diese sogenannte nordeuropäische Kurzhalsrasse ist ein Wollkleid, das aus einem dichten und feinen Unterfell sowie einem größeren und etwa 20 cm langen Außenfell besteht. Obwohl Schafwolle und -felle bzw. deren Veredelungsprodukte im Export des Inselstaates noch eine gewisse Rolle spielen (1982 etwa 5 % des Gesamtexportes), ist heute die Schafhaltung zur Fleischversorgung der einheimischen Bevölkerung von ausschlaggebender Bedeutung. Neben der Fleisch- und Wolleproduktion hatte das Schaf früher zudem als Milchlieferant eine große Bedeutung im isländischen Wirtschaftsleben. Trotz des Wertzuwachses der Rindviehhaltung ist das Schaf auch heute noch die vorherrschende Fleischernährungsbasis der einheimischen Bevölkerung.

Die in Abb. 41 und Tabelle 22 für den Zeitraum 1972–82 angegebenen Schafzahlen der einzelnen Landesteile wurden jeweils im Herbst, d. h. nach der Schlachtung der nicht zur Zucht vorgesehenen Tiere, erhoben. Mit anderen Worten gesagt, liegt die Gesamtzahl während der sommerlichen Weidezeit bedeutend höher; mit den von der offiziellen Statistik nicht erfaßten Lämmern dürfte sie in den letzten Jahren schätzungsweise bei gut 2 Millionen Tieren gelegen haben. Auffallend ist nun der in jüngster Zeit sich vollziehende Rückgang der isländischen Schafhaltung, so von 1977 bis 1982 allein um 16,6 %. In den einzelnen Landesteilen erfolgte die Abnahme sehr unterschiedlich, in Reykjanes z. B. um 32 % und im nördlich benachbarten Vesturland um 11,7 %. Verständlich wird jener Rückgang insbesondere vor dem Hintergrund der wachsenden Exportschwierigkeiten isländischen Lammfleisches. Es ist nämlich so, daß von den Ende der 1970er Jahre produzierten rd. 15 000 t Lammfleisch (1981 waren es gut 14 000 Tonnen) etwa 30 % im Ausland verkauft wurden, da auf dem einheimischen Markt keine weiteren Absatzchancen bestanden. Dieser Export war und ist nur möglich mit Hilfe beträchtlicher Subventionen seitens des isländischen Staates. Da nun auch der norwegische Markt als der bislang wichtigste Abnehmer isländischen Lammfleisches Übersättigungserscheinungen infolge der eigenen Produktion zeigt, versucht die isländische Wirtschaftspolitik verstärkt, die Lammfleischproduktion dem einheimischen Markt anzupassen. Aus diesem Grunde ist auch jene Zielsetzung der Agrarpolitik in Reykjavík zu verstehen, die Schafanzahl von 784 000 im November 1982 bis auf rd. 600000 in der nächsten Zeit herunterzudrücken. Für eine derartige Agrarpolitik sprechen nicht nur finanzpolitische

Gesichtspunkte, sondern auch landschaftsökologische Aspekte, da die Schafweidewirtschaft das vegetationsarme Island in immer größere Mitleidenschaft zieht und die Desertifikation fördert sowie vielfach den Wiederaufforstungsmaßnahmen (vgl. Kap. 7) im Wege steht.

Der Jahresgang der isländischen Schafhaltung sieht in etwa folgendermaßen aus. Über einen großen Teil der Wintermonate werden wenigstens die Zuchttiere aufgestallt oder bei günstigen Witterungsverhältnissen auf die Außenwiesen, d. h. die schon weiter oben genannten engi und heimahagar, geschickt. Das vollkultivierte und hofnahe Grasland, das ja der Winterfutterbeschaffung dient, wird nur selten als Schafweide herangezogen. Nach der Schur erfolgt dann gegen Ende Mai bzw. Anfang Juni der Auftrieb der Schafe mit ihren Lämmern auf die entfernt liegenden Hochweideflächen (afréttir). Meist wird dieser Auftrieb von einer oder mehreren Gemeinden zusammen durchgeführt, zumal sich die meisten größeren afréttir auch in Gemeindebesitz befinden. Die wichtigsten Hochweiden, auf denen die Schafe in der Regel bis September bleiben, liegen südlich vom Hofs- und Langjökull zwischen den Flüssen Hvítá und Þórsá, weiterhin nördlich und nordwestlich des Langjökull sowie im östlichen Landesteil zwischen Hofsá und Fljótsdalur (vgl. Abb. 43). Der Viehabtrieb, der im September einsetzt, beginnt so, daß einzelne Suchtrupps die häufig sehr weit verstreuten Schafe zu Sammelhürden (réttir) in Siedlungsnähe treiben, wo die Bestände nach ihren Besitzern ausgesondert werden. Alle nicht zur Weiterzucht verwandten Tiere werden dann den Schlachthöfen zugeführt.

Diese seit langer Zeit in Island praktizierte saisonale Hochweidewirtschaft hat trotz aller individuellen Züge gewisse Ähnlichkeiten mit den transhumanten Fernweidewirtschaftsformen, wie sie in unterschiedlicher Ausprägung weltweit betrieben werden. Der bekannte Nordist und Islandforscher Hans KUHN, der sich schon um 1930 eingehend mit der Hochweidewirtschaft in Island auseinandergesetzt hat, vertritt die Auffassung (1930, S. 384f.), daß sich die extensive Weidewirtschaft dort als eigenständige Betriebsform schon in hochmittelalterlicher Zeit in Anpassung an die naturräumlichen Voraussetzungen entwickelt habe. Nun finden wir aber gerade im südwestnorwegischen Raum, einem der Hauptherkunftsgebiete der ersten isländischen Einwanderer, eine ausgesprochene transhumante Schafweidewirtschaft zwischen den flachen Küstensäumen und den östlich anschließenden inneren Fjellhochflächen (vgl. u. a. E. GLÄSSER 1975). Wenn auch diese Schaftranshumanz quellenmäßig nicht bis auf die mittelalterliche Zeit zurückdatierbar ist, so sind doch entsprechende Parallelen zwischen Norwegen und Island nicht von der Hand zu weisen. In diesem Zusammenhang sollte zudem erwähnt werden, daß in Island wenigstens bis in das 19. Jahrhundert hinein auch eine Art Alm- oder Seterwirtschaft betrieben wurde, und zwar ›auf weiter entfernt liegenden Weideplätzen im Übergangsbereich von ›heimahagar‹ und ›afréttir‹ (W. TAUBMANN 1969, S. 39). Da verschiedene Formen der Seterwirtschaft in Norwegen und Schweden eine alte Tradition haben (vor allem bezüglich der Heugewinnung), ohne die ein Wirtschaften bzw. Leben etwa in südnorwegischen Bauerntalungen praktisch unmöglich gewesen wäre, ist auch in diesem Falle ein Transfer jener Fernweidewirtschaftsformen nach Island naheliegend.

Über die lange Zeit wenig bekannten und schon vor rd. 100 Jahren größtenteils aufgegebenen isländischen Almwirtschaftssysteme ist im Jahre 1979 eine eingehende Studie von E. Hitzler vorgelegt worden. Das isländische Wort ›sel‹ für diese Fernweidewirtschaftsform ist etymologisch eng mit dem norwegischen Begriff ›seter‹ verwandt. Zurückzuführen sind die Begriffe auf den altnordischen Terminus ›saetr‹ bzw. ›setr‹, was soviel wie ›Sitz‹ oder ›Aufenthalt‹ bedeutet. Aufgrund der häufigen Verwendung des Namens ›sel‹ z. B. im isländischen Gesetzeskorpus kann man davon ausgehen, daß jene Fernweidewirtschaftsform schon im spätmittelalterlichen Island existent war (vgl. L. Reinton 1961, Bd. III, S. 97 ff.). Erste Angaben über die isländische Selwirtschaft finden sich in Reiseberichten aus der Mitte des 18. Jahrhunderts, wobei es sich aber nur um kurze Erwähnungen handelt. So schreibt z. B. N. Horrebow (1753, S. 121, zitiert nach E. Hitzler 1979, S. 45), daß die auf den Hochebenen liegenden Almwirtschaften im Sommer von Hirten und dem milchgebenden Vieh (Kühen und Schafen) bezogen würden. Um 1750 berichten E. Ólafsson und B. Pálsson, daß man in der Region Borgarfjörður Kühe und Melkschafe in einige Meilen von den Heimathöfen entfernt liegenden ›Sätern oder Feldviehhäusern‹ bis nach dem Abschluß der Heuernte halte. Aber schon im 18. Jahrhundert scheint die isländische Sel- bzw. Seterwirtschaft im Niedergang begriffen gewesen zu sein. Die im 19. und 20. Jahrhundert betriebenen Almwirtschaften bezeichnet E. Hitzler bereits als Ausnahmeerscheinungen. Ein wesentliches Ergebnis der historisch-genetischen Untersuchung Hitzlers ist die Feststellung, daß die Siedlungsgeschichte Islands wesentliche Schübe durch den mittelalterlichen Ausbau der Almwirtschaftsformen erfahren hat (vgl. u. a. Abb. 43). So ist die Neuschaffung von ganzjährig bewohnten Höfen aus ursprünglichen Selstellen ein charakteristisches Phänomen des isländischen Landesausbaus. Darüber hinaus hat die Errichtung von Sel- bzw. Almhütten gerade in den Randzonen der Siedlungsgebiete zu einer Ausweitung des kultivierten Landwirtschaftsareals geführt.

Die heutigen Viehhaltungszweige bilden auch die Hauptbasis für eine Differenzierung landwirtschaftlicher Betriebsformen. Man unterscheidet in Island diesbezüglich drei Gruppen von Familienbetrieben, die im Haupterwerb bewirtschaftet werden, nämlich a) die Milchviehbetriebe, b) die Gemischtbetriebe und c) die Schafhaltungsbetriebe. Erstere erwirtschaften mehr als 70 % ihres Bruttoertrages aus der Milchviehhaltung, die Gemischtbetriebe dagegen weniger als 70 % entweder aus der Milchvieh- oder aus der Schafwirtschaft. Der Typ C schließlich erhielt mehr als 70 % seines Bruttoeinkommens aus der Schafhaltung. Eine von J. Ólafsson 1981 vorgenommene Betriebsanalyse von 131 isländischen Hofstellen ergab, daß die höchsten Durchschnittseinkommen bei den Milchviehbetrieben mit über 160 000 ISK (isl. Kronen) lagen; danach folgten die Gemischtbetriebe mit knapp 112000 ISK sowie die Schafhaltungsbetriebe mit rd. 97000 ISK. Für 1976 werden – bezogen auf ganz Island nach der obigen Klassifikation – 1646 Schafhaltungsbetriebe, 1216 Milchviehbetriebe und 860 Gemischtbetriebe angegeben (nach Búnaðarfélag Íslands).

11.2.3. Andere Agrarproduktionszweige

Nach den wirtschaftlich dominanten Viehhaltungszweigen, d. h. der Rinder- und Schafhaltung, sollte auch der isländischen Pferdehaltung Aufmerksamkeit geschenkt werden, obwohl diese in der modernen Landwirtschaft, rein ökonomisch gesehen, keine so große Bedeutung mehr hat. Wie notwendig das Islandpferd jedoch in früherer Zeit für die einheimische Bevölkerung war, mag man schon aus der Tatsache schließen, daß noch bis ins 20. Jahrhundert hinein Pferde die einzigen Landverkehrsmittel waren; sie dienten als Reit- und Lasttiere, weiterhin für die Verrichtung unterschiedlichster landwirtschaftlicher Tätigkeiten sowie schließlich auch zur Fleischversorgung. Man benötigt das Pferd auch heute noch zum Sammeln und zum Abtrieb der Schafe von den Hochweideflächen. In der Hauptsache dient heutzutage das isländische Pferd allerdings Reitsportzwecken, wobei hiervon natürlich auch die Fremdenverkehrsbranchen profitieren. Damit wird zugleich die relativ hohe Pferdeanzahl von heute knapp 54000 Tieren verständlich, wobei sich seit den 1970er Jahren zugleich ein beachtlicher Wiederanstieg (vgl. Tab. 21) vollzogen hat. Bereits zur Einwanderungszeit wurden Pferde aus Norwegen mit nach Island gebracht, aus denen sich dann jene kräftige, ausdauernde und relativ anspruchslose wie anpassungsfähige Rasse entwickelte, die das Islandpferd weit über die Insel hinaus bekannt gemacht hat.

Weitere Tierhaltungszweige, zu denken wäre etwa an die Schweinezucht und -mast, spielen in Island wenigstens bis heute keine besondere Rolle. Von nennenswerter Bedeutung ist vielleicht noch die Geflügelhaltung mit 1979 knapp 400000 Stück, wobei sich aber hier in den letzten Jahren wiederum ein Rückgang abzeichnet. Ganz verständlich erscheint dieser geringe Stellenwert der Schweine- und Geflügelhaltung nicht, wenigstens unter dem Gesichtspunkt einer Selbstversorgung des einheimischen Marktes, zumal wichtige Kraftfutterbestandteile – so vor allem Fischmehl – im Lande selbst produziert werden. Auch die Ende der 1930er Jahre eingeführte Pelztierhaltung (insbesondere Nerze) ist heute nur von geringer Bedeutung (vgl. Tab. 21); zeitweise war sie sogar verboten, weil ausgesetzte bzw. ausgebrochene Nerze zu einer Art Landplage wurden. Erst um 1970 wurden wieder einige Nerzfarmen in der Nähe von Fischereistandorten errichtet.

Wenn bislang innerhalb der agrarwirtschaftlichen Produktion von den Bodennutzungs- bzw. Anbauformen auf dem vollkultivierten Túnland kaum die Rede war, dann eben aus dem Grunde, weil diese Betriebszweige hinter den Viehwirtschaftsformen klar zurücktreten, abgesehen von den Sonderkulturen unter Glas, auf die noch später zurückzukommen sein wird. Das vollkultivierte und intensiv gedüngte Anbauland wird – wie bereits zum Ausdruck gebracht – zum allergrößten Teil von Schnittwiesen eingenommen. Im Jahre 1982 wurden gut 3,2 Mio. m^3 Heu gewonnen, was einer Abnahme von knapp 10 % gegenüber 1972 entspricht. Dagegen erfuhr die Silageproduktion (ca. 193 000 m^3 1982) im gleichen Zeitraum eine Zunahme um etwa 16 %. Man kann davon ausgehen, daß auch in Zukunft das Einsilieren von Gras und anderen Futterpflanzen aufgrund der witterungsabhängigen und damit gerade in Island unsicheren Heuproduktion an Bedeutung gewinnen wird. Auch die einst so bedeutende Wildheugewinnung (úthey) auf den Außenwiesen (engi) spielt heute nur eine völlig untergeordnete Rolle, obgleich die Statistik für die Jahre 1972 und 1973 immerhin noch Erträge von 21 000 bzw. 15 000 m^3 angibt (›Tölfræðihandbók 1974‹, S. 66).

Von nicht zu unterschätzender Bedeutung ist auch der Kartoffelanbau, der in den vergangenen Jahren immerhin rd. 60 %, in guten Erntejahren sogar 80 % des isländischen Eigenbedarfs zu decken vermochte. Allerdings unterliegen die Erträge (1982 nahezu 140 000 dz) aufgrund der Sommerfrostgefahr erheblichen Schwankungen, so daß zusätzlich Kartoffeln importiert werden müssen. Die größten Kartoffelanbaugebiete konzentrieren sich auf Sanderflächen im Süden und Südosten des Landes. Ansonsten findet man den Kartoffelanbau nur in unmittelbarer Gehöftnähe, wo er auf kleinen Parzellen meist ausschließlich für den Eigenbedarf praktiziert wird.

Es versteht sich beinahe von selbst, daß das Brotgetreide gänzlich eingeführt werden muß. Während der ersten Jahrhunderte der Besiedlung ist jedoch Korn, vor allem Gerste und Hafer, in nahezu allen Küstensäumen Islands angebaut worden, seinerzeit allerdings auch unter günstigeren klimatischen Bedingungen. Aber schon relativ früh, wahrscheinlich im Spätmittelalter, wurde dann der Getreideanbau mit Ausnahme einiger Küstenstriche im Süden und Südwesten (Faxaflói-Bucht) aufgegeben. Erst in den letzten Jahrzehnten hat man wieder damit begonnen, Korn versuchsweise anzubauen, besonders in Sámstaðir (Fljótshlíð, Südisland). Wie es heißt, hätten die Versuche mehrfach gute Resultate erbracht; allerdings könne man nicht jedes Jahr mit reifem Korn rechnen (nach ›News from Iceland‹, Februar 1983, S. 6). Nicht verwechselt werden sollten derartige Experimente mit jenen, hier und da anzutreffenden Ackerstückchen mit Sommergetreide, welches gänzlich im unreifen Zustand geschnitten und einsiliert wird.

Eine einzigartige Stellung in der isländischen Landwirtschaft besitzen die geothermal beheizten Glashauskulturen, die sich vor allem auf Hveragerði südöstlich des Hauptstadtbereiches konzentrieren. Der Einsatz von heißen Quellen zur Erwärmung von Gewächshäusern reicht bis in das Jahr 1924 zurück. Danach hat man sich diese Methode, und zwar besonders in den Nachkriegsjahren auf Initiative von ›Landnám Ríkisins‹, in steigendem Maße zunutze gemacht. Während die Unterglasfläche für die Jahre 1939 und 1955 mit 9300 bzw. 77 000 m^2 angegeben

Tab. 24: Die Gewächshausproduktion (Gemüse) im Zeitraum 1951 bis 1979 (in t)

	1951–55	1956–60	1961–65	1966–70	1973	1979
Tomaten	195	288	350	315	290	440
Gurken	48	155	204	200	240	361
Weißkohl	147	138	182	145	177	271
Blumenkohl	30	32	31	38	37	50
Möhren	114	104	115	86	83	95

Quellen: ›Tölfræðihandbók 1974‹, Reykjavík 1976, S. 71; weitere mündliche Angaben von Hagstofa Íslands für 1979.

wird, lag sie 1973 bereits bei knapp 130000 m^2. In der Hauptsache werden heute für den eigenen Markt Tomaten und Gurken, daneben aber auch Weißkohl, Möhren und Blumenkohl sowie mit zunehmender Bedeutung Blumen gezogen. Die oft zitierten tropischen Fruchtkulturen (Bananenstauden u. a. m.) spielen wenigstens in ökonomischer Sicht keine nennenswerte Rolle. In der folgenden tabellarischen Übersicht kommt der gerade im letzten Jahrzehnt deutliche Produktionsanstieg im Gemüseanbaubereich zum Ausdruck. Wertmäßig steht heute allerdings die Schnittblumenproduktion an weitaus führender Position.

Die hinsichtlich der Energieversorgung und der Absatzmärkte sehr günstig gelegene Siedlung Hveragerði produziert mit ihren knapp 40 Betrieben mit über 40000 m^2 Glashausareal allein etwa 60% aller Gewächshausprodukte Islands. Ein weiterer konsequenter Ausbau und die diesbezügliche Nutzung der Billigenergie sollen erfolgen, und zwar mit der Zielsetzung, die Selbstversorgung mit Gemüsesorten wie Gurken, Tomaten u. a. m. von heute etwa 70 auf 100% zu bringen. In dieser Richtung sind auch die Aktivitäten der in Hveragerði lokalisierten staatlichen Gartenbaufachschule zu sehen, die schon seit Jahren entsprechende Versuchsprogramme sowohl in Gewächshäusern als auch auf künstlich erwärmten Freibeeten durchführt (siehe Bilder 24 und 25).

11.2.4. Agrarpolitik und Agrarorganisationen

Die gegenwärtige Agrarpolitik Islands ist – wie schon mehrfach angeklungen – darauf ausgerichtet, für den einheimischen Markt hinreichende Mengen jener landwirtschaftlichen Erzeugnisse bereitzustellen, deren Produktion den spezifischen Verhältnissen des Inselstaates angepaßt ist. Nur wenige Artikel, die eine Art Marktlücke für sich in Anspruch nehmen können, werden in Zukunft eine Exportchance haben. Andererseits versucht die isländische Regierung wie die anderer Staaten, den einheimischen Landwirten in etwa jene Einkommen zu sichern, wie sie in nichtagrarischen Erwerbszweigen erzielt werden. Das geht zu einem großen Teil aber nur mit Hilfe direkter oder indirekter Subventionsmaßnahmen. So betrugen in den letzten Jahren z. B. die den Landwirten über Absatzgenossenschaften von staatlicher Seite gewährten Exportsubsidien bis zu 10 % des Gesamtwertes der isländischen Agrarproduktion. Daraus ergibt sich von selbst die agrarpolitische Strategie, die isländische Landwirtschaft in Zukunft mehr oder minder ganz auf den einheimischen Markt auszurichten, und zwar im wesentlichen bezogen auf die Versorgung der einheimischen Bevölkerung mit Erzeugnissen der Großvieh- und Schafhaltung sowie der Gewächshausproduktion. Zugleich ergibt sich damit die Notwendigkeit, die Agrarüberschüsse – bei Milch sind es mittlerweile 20 % und bei Schaffleisch sogar 45 % – abzubauen. Gleichzeitig müssen für die betreffenden Landwirte andere Erwerbsquellen gefunden werden.

Verwiesen sei noch auf die drei wichtigsten Landwirtschaftsorganisationen, die einen maßgeblichen Beitrag zum Aufbau einer modernen Agrarproduktion in Island geleistet haben. Da ist zum einen ›Búnaðarfélag Ísland‹ (›Isländische Landwirtschaftsgesellschaft‹), die 1899 gegründet und mittlerweile 15 untergeordnete Distriktinstitutionen in den verschiedenen Landesteilen unterhält[29].

Die Gesellschaft gibt Ratschläge und Anweisungen zur Erschließung bzw. Verbesserung landwirtschaftlicher Nutzflächen, der Tierhaltungszweige, der Errichtung von Gewächshausprojekten u. a. m. Finanziert wird die Institution im wesentlichen von der Regierung, die das jährliche Budget in ihrem Haushaltsplan beschließt. An zweiter Stelle wäre die 1945 gegründete ›Stéttarsamband bænda‹ (›Bauerngesellschaft‹) zu nennen, die die Interessen der Landwirte z. B. in Fragen der Preis- und Handelspolitik vertritt. Die Gesellschaft ist von der Regierung finanziell wie in anderer Hinsicht unabhängig. Schließlich seien als dritte Organisationseinheit die agrar-bäuerlichen Genossenschaften hervorgehoben, die in den letzten Jahrzehnten des 19. Jahrhunderts ins Leben gerufen wurden. Auf ihre Initiativen hin sind Handels-, Veredelungs- und Vermarktungszentren u. a. mit Kühlhäusern, Molkereien, Schlachthöfen und Wollwäschereien über das gesamte Land hinweg errichtet worden. Diese Genossenschaften bieten dem ein-

[29] In der Obhut der Gesellschaft befinden sich auch mehrere Versuchshöfe, auf denen neue Verfahren des Anbaus und der Viehhaltung erprobt werden. Genannt sei z. B. der Hof Mödruvellir nordwestlich von Akureyri am Rande des Eyjafjörðurs. Die Anbauformen konzentrieren sich verständlicherweise auf die Grünlandwirtschaft (Raygras und zu einem kleinen Teil Futterrüben der Gattung Brassica), wobei diesbezüglich auch Bewässerungsversuche durchgeführt werden. Weiterhin experimentiert man mit mehreren Kartoffelsorten. An Vieh wurden im Sommer 1983 nach mündlicher Auskunft des Betriebsleiters 40 Milchkühe und knapp 50 Stück Jungvieh sowie etwa 200 Schafe gehalten. Die Milchleistung pro Kuh und Jahr lag bei gut 4300 l und einem Fettgehalt von über 4 %. Insgesamt bewirtschaftet der Betrieb ca. 70 ha gedüngtes Grasland, welches in der Hauptsache zur Heugewinnung dient. Interessanterweise wird keinerlei Einsilierung betrieben.

zelnen Landwirt also nicht nur Produktionsmittel wie Maschinen oder Kunstdünger an, sondern sie sind auch maßgeblich in der Vermarktung der wichtigsten Agrarerzeugnisse, d. h. Milch, Fleisch, Wolle und Sonderkulturen, tätig.

11.3. Andere gewerblich-industrielle Produktionszweige

Der monostrukturierten Ausrichtung des isländischen Außenhandels auf die Fischwirtschaft und der damit verbundenen Krisenanfälligkeit der Volkswirtschaft versucht man in den letzten Jahren verstärkt durch eine Diversifizierung der gewerblich-industriellen Produktionsformen entgegenzutreten. So hat vor allem der Ausbau stromintensiver Industriezweige dafür gesorgt, daß der Anteil der Fischereierzeugnisse am Gesamtexport von über 90 % vor gut 10 Jahren auf immerhin schon 70 % im Jahre 1982 gesenkt werden konnte. Die Erzeugnisse jener stromintensiven Produktionen, in erster Linie Aluminium und Ferrosilizium (vgl. auch Kap. 11.4), hatten 1982 Exportanteile von 10 bzw. 3 %, während auf die Produkte der Woll- und Fellwarenverarbeitung 5 % sowie die restlichen 12 % auf andere Waren entfielen. Ein beträchtlicher Teil des isländischen Gesamtexportes, z. B. bei Ferrosilizium 15 000 t oder 35 % der Produktion, ging dabei in die Bundesrepublik Deutschland.

Erste Ansätze einer diversifizierten Industrialisierungsstrategie, die zugleich auch die Importabhängigkeit mildern sollte, wurden in den 1950er Jahren entwikkelt. So begann 1954 die erste größere Industrieanlage in Island, die Kunstdüngerfabrik auf Gugunes bei Reykjavík, mit ihrer Produktion, und zwar auf der Basis einer Elektrolyse von Meerwasser. Die gewaltigen Strommengen – etwa 11 000 KWh benötigt man zur Herstellung einer Tonne Ammoniak, das dann weiter zu Kunstdünger verarbeitet wird – liefern die gleichzeitig ausgebauten Wasserkraftwerke. Verständlicherweise dienen die hergestellten Stickstoffdünger fast ausschließlich der einheimischen Landwirtschaft. Produziert wurden z. B. im Jahre 1968 rd. 24 000 t Kunstdünger, in den letzten Jahren gut 40 000 t (vgl. auch Tab. 25).

Von großer Bedeutung für den einheimischen Markt sind auch die staatlichen Zementwerke von Akranes, die 1958 ihre Produktion aufnahmen und praktisch den gesamten Zementbedarf des Landes decken. In diesem Zusammenhang sollte nicht unerwähnt bleiben, daß Island aufgrund des Mangels an einheimischen Baumaterialien (Holz, Ton für die Ziegelherstellung oder Bruchsteine) den höchsten Zementverbrauch pro Kopf in Europa hat. Die Zementwerke beziehen ihren Rohstoff von einer bis zu 5 m mächtigen, in ca. 30 m Meerestiefe liegenden Muschelbank in der Faxaflói-Bucht, aus der das Kalkmaterial an die Oberfläche gepumpt wird.

Ein weiteres Projekt im Rahmen der industriellen Ausbaumaßnahmen, und zwar primär unter Exportgesichtspunkten, war die 1966 erfolgte Anlage eines

Tab. 25: Erzeugung ausgewählter Industrieprodukte (1968–1982) (in 1000 t)

Erzeugnis	1968	1971	1973	1977	1979	1981	1982
Aluminium	–	41	71	74[a]	72	74	– –
Ferrosilizium	–	–	–	–	17	33	41
Kunstdünger	24	24	28	45	44	42	40
Zement[b]	121	108	113	137	125	120	124
Kieselgur	3	19	22	20	22	21	25

[a] = Wert für 1978; [b] = verkaufte Mengen; – = Null; – – = Zahl (noch) nicht erhältlich

Quellen: ›Tölfræðihandbók 1974‹;
bfai-Marktinformation: Island d. Wirtschaft in Zahlen, Ausgaben 1972, 1982, 1983, 1984.

Kieselgurwerkes am Mývatn in Nordisland, das sich zu 51 % in den Händen des isländischen Staates befindet und zu 49 % einer nordamerikanischen Gesellschaft zugehörig ist. Auch hier wird die auf dem Seegrund liegende Diatomeenerde (Diatomeen = Kieselalgen) hochgepumpt, sodann durch schwimmende Leitungen zum Ufer und von dort in die Speichertröge der Fabrikanlage transportiert. Die zur Kieselgurherstellung benötigte Energie stammt aus den benachbarten Geothermalquellen von Námaskarð. Das Endprodukt, ein weißes Pulver, das man zur Herstellung von Isolier- und Filtermitteln sowie auch von Dynamit und Wasserglas benötigt, wird größtenteils über den nördlich benachbarten Hafen Húsavík exportiert, insbesondere in die westeuropäischen Staaten. Die durchschnittliche Jahresproduktion an Kieselgur belief sich im Zeitraum 1971–81 auf gut 20000 Tonnen.

Das bislang größte realisierte Industrieprojekt in Island ist jedoch die Aluminiumhütte in Straumsvík, ca. 4 km südwestlich von Hafnarfjörður verkehrsgünstig an der Küste sowie an der Hauptstraße zwischen Reykjavík und Keflavík gelegen. Bei dieser, bis heute in Island vieldiskutierten Anlage handelt es sich um eine Art Pilotprojekt, das richtungweisend auf dem Wege einer exportorientierten und auf der Basis der einheimischen Energieressourcen fußenden Industrieentwicklung sein sollte. Daher sei im folgenden etwas näher auf jenes Projekt eingegangen. Die Intention, eine stromintensive Industrie wie die Aluminiumproduktion aufzubauen, war und ist für Island mit seinem hohen Energiepotential naheliegend, zumal auch andere Peripher- oder Marginalräume wie etwa die entlang der west- und nordnorwegischen Küste diesbezüglich schon seit Jahren eine weltwirtschaftlich beachtliche Entwicklung aufweisen. Bekanntlich zählen die Aluminiumhütten zu den Produktionsstätten mit dem höchsten Stromverbrauch, so daß auch weite Transportwege (wie von Bauxit bzw. Aluminiumoxyd nach Island und Rohaluminium von Island) relativ kostengünstig sind. Die isländische Regierung trat bereits im Jahre 1960 mit dem schweizerischen Konzern Alusuisse in

Verbindung, mit dem schließlich 1966 konkrete Verträge abgeschlossen wurden. Danach oblag es der neugegründeten ›Íslenska Álfélagið h/f‹ (›Icelandic Aluminium Company Ltd.‹ bzw. ›ISAL‹), einem Tochterunternehmen der Alusuisse, eine Elektrolyseanlage in Straumsvík zu errichten. Island selbst verpflichtete sich, durch seine 1965 gegründete Gesellschaft ›Landsvirkjun‹ (›Power Company of Iceland‹) ein Wasserkraftwerk an der Þjórsá mit einer Kapazität von 210 MW zu bauen, um die Aluminiumhütte mit Strom zu versorgen. Der schweizerische Vertragspartner sicherte seinerseits zu, eine Mindestmenge an Energie abzunehmen sowie eine Mindestquote an Aluminium zu erzeugen. Weiterhin oblag es der Stadt Hafnarfjörður, in Straumsvík einen Hochseehafen mit Anlegemöglichkeiten von Schiffen bis zu 60000 BRT zu bauen. Das Vertragswerk mit seinen sieben Teilverträgen impliziert außerdem eine Sonderstellung der ISAL bezüglich der Importzölle auf Ausrüstungsgegenstände sowie der Umsatzsteuer u. a. m. Andererseits hat die ISAL aber für jede verschiffte Tonne Rohaluminium einen festen Betrag von 20 US-Dollar als Produktionsabgabe sowie einen nach dem jeweiligen Weltmarktpreis für Aluminium ausgerichteten Zusatzbetrag an den isländischen Staat zu zahlen. Abgeschlossen wurde das ganze Vertragswerk von 1966 für zunächst 25 Jahre. Die Errichtung der Gesamtanlage erfolgte in mehreren Stufen; 1969, im Jahre des Produktionsbeginns, wurden 30000 t Rohaluminium erzeugt, zehn Jahre später waren es 72000 t und 1981 rd. 74000 t. In dem Werk wird also in der Hauptsache nur die Reduktion von Aluminiumoxyd, auch Tonerde (ein weißes, aus Bauxit gewonnenes Pulver) genannt, zu Rohaluminium in Form von Walzbarren, Masseln u. a. durchgeführt. Der Ausbau des Wasserkraftwerkes Búrfell an der Þjórsá erreichte seine erste Kapazitätsstufe von 105 MW im Jahre 1969 sowie seine volle Kapazität im Jahre 1974. Das Kraftwerk liegt etwa 100 km östlich von Reykjavík in einer Lavalandschaft. Die für das Hüttenwerk bestimmte Energie wird über eine 220-kV-Freileitung nach Straumsvík transportiert.

Für die Standortwahl dieses bisher größten Industrieprojektes in Island wurden ursprünglich zwei Regionen zur Diskussion gestellt, nämlich der Raum um Akureyri im Norden und die Nähe von Reykjavík im Südwesten. Der Entscheidung für den Großraum Reykjavík lagen schließlich folgende Gegebenheiten zugrunde:

1. die Bevölkerungsverdichtung in Reykjanes mit ihrem relativ großen Arbeitskräftepotential,
2. die bereits existierenden infrastrukturellen Einrichtungen,
3. die im Vergleich zur Nordküste günstigeren verkehrsgeographischen Voraussetzungen (u. a. Vereisungsgefahr an der nordisländischen Küste),
4. die Lage von Straumsvík in einem öden, praktisch unbesiedelten Lavagebiet, welches die Gefahr von Immissionsschäden minimiert.

Fragt man nun nach den sozioökonomischen Auswirkungen dieser industriellen Maßnahme, dann kann man zunächst trotz des 10%-Exportanteils von Aluminium in 1982 (1978 noch über 13%) nur von einer begrenzten Diversifikation der isländischen Wirtschaft sprechen, zumal das Aluminiumgeschäft auf dem Weltmarkt sehr wechselhaften Entwicklungen unterliegt. Für die isländische Volkswirtschaft spielte das Industrieobjekt besonders während der Errichtungsjahre eine große Rolle, als auf beiden Baustellen, dem Schmelzwerk in Straumsvík und dem Kraftwerk in Búrfell, bis zu 2000 Personen sowie zahlreiche isländische Kleinunternehmen tätig waren. Zeitweise waren u. a. auch deutsche Firmen eingesetzt. In den letzten Jahren beschäftigte die ISAL in Straumsvík zwischen 600 und 700 Personen, die zu den bestbezahlten Berufstätigen in Island gehörten. Damit war das Werk in den letzten Jahren zugleich der größte Steuerzahler in Island. In Relation zum Umsatz, verglichen mit anderen Unternehmen, zahlte die ISAL – so heißt es z. B. bei P. Sedlacek (1981), S. 63 – sogar überproportional hohe Abgaben.

Mittlerweile sind nun auch mancherlei Differenzen zwischen den beiden Vertragspartnern, der Alusuisse und der isländischen Regierung, aufgetreten, die die weitere Zukunft der Hütte mehrfach in Frage gestellt haben. Beispielsweise forderte das Althing noch im Sommer 1983 eine Erhöhung des Strompreises um ca. 50%, was jedoch von der schweizerischen Betriebsleitung nicht akzeptiert wurde, es sei denn nur in Verbindung mit der Preisentwicklung für Aluminium auf dem Weltmarkt. In dem Jahresbericht für 1982 weist ISAL im übrigen darauf hin, daß die Gesellschaft in jenem Jahr einen Verlust von 14,5 Mio. US-Dollar gemacht habe (News from Iceland, No. 92, Sept. 83, S. 2). Die gesunkenen Weltmarktpreise für Aluminium werden auch dafür verantwortlich gemacht, daß Pläne, unter norwegischer Leitung ein weiteres Aluminiumwerk in Nordisland zu errichten, bisher nicht verifiziert wurden. Letztlich ist das Problem einer verstärkten Industrialisierung Islands mit Hilfe ausländischen Kapitals aber auch eine Frage der sozialen Akzeptanz seitens der einheimischen Bevölkerung; hinzu kommt das gerade in Island ausgeprägte Umweltbewußtsein, das einem weiteren Ausbau der Wasserkraftenergie vielfach ablehnend gegenübersteht.

Ein zweites stromintensives Hüttenprojekt mit Hilfe ausländischen Kapitals, nämlich ein Ferrosilikon-Werk, wurde von der isländischen Regierung Mitte der 1970er Jahre ins Auge gefaßt, als man mit der ›Union Carbide Corporation‹ ein Abkommen über den Bau eines solchen Werkes bei Hvalfjörður nördlich Reykjavík schloß; kurz darauf zog sich jedoch die Gesellschaft zurück. Im Dezember 1976 tätigte dann das Althing einen entsprechenden Vertrag mit dem norwegischen Unternehmen ›Elkem Spigerverket A/S‹. Drei Jahre später konnten die ersten 800 Tonnen Ferrosilizium, das ja hauptsächlich für Stahllegierungen dient, exportiert werden. Das Werk, das heute zu 55% dem isländischen Staat gehört, produzierte 1981 rd. 33000 und 1982 bereits 41000 t Ferrosilizium (vgl. Tab. 25), die in der Hauptsache in der westeuropäischen Stahlindustrie abgesetzt wurden.

Als Standort für ein weiteres Ferrosilikon-Werk ist der Reydarfjörður in Ostisland im Gespräch (vgl. News from Iceland, No. 97, Febr. 1984). Bei dem Projekt handelt es sich um eine Anlage mit zwei 21 MW-Schmelzöfen und einer

Jahreskapazität von 25000 t, die in Verbindung mit einem nahe gelegenen Kraftwerk bis 1988 fertiggestellt sein soll. Erste Gespräche mit interessierten Firmen in Norwegen, Großbritannien, Japan und der Bundesrepublik Deutschland sind bereits von der isländischen Regierung geführt worden.

Im Jahre 1983 wurden Pläne für den Bau einer Stahlhütte bekannt, die auf der Basis einheimischen Alteisens Stahl für die Bauindustrie produzieren soll. Die hierfür in Frage kommende Gesellschaft Stálfélagid denkt an eine Jahresproduktion von etwa 20000 t, wobei sie den Importprodukten gegenüber konkurrenzfähig zu sein glaubt. Von den geschätzten Investitionen in Höhe von 22 Mio. US-Dollar sollen ca. 70% in Form von Darlehen und der Rest durch Aktienpakete bestritten werden. Gedacht ist auch an eine Beteiligung ausländischer Unternehmen.

Selbstverständlich gibt es auch isländische Bemühungen um eine stärkere Entwicklung und zugleich Exportorientierung traditioneller Industrien wie des Schiffsbaus oder der Textil- und Lederwarenindustrie. So sind seit Ende der 1960er Jahre mehrere kleinere Schiffswerften rund um Islands Küsten entstanden, die sich verständlicherweise vor allem auf Fischereifahrzeuge und deren Ausrüstung konzentrieren. Die Werft Slippstöðin h/f in Akureyri zählt zu den größten Stahlschiffswerften in Island, die u. a. auf den Bau von Hecktrawlern und Ringwadenschiffen ausgerichtet ist. Gleichermaßen betrifft dieses die Werft Stálvík h/f von Garðabaer im Großraum Reykjavík. Bezüglich der Textilindustrie wäre hervorzuheben, daß heute der allergrößte Teil des Wollaufkommens im Lande selbst verarbeitet wird, während früher große Mengen an Schafwolle exportiert wurden. So werden Garne in den letzten Jahren hauptsächlich nach Nordamerika und Dänemark ausgeführt, Wolldecken und ähnlich genormte Waren in die Sowjetunion sowie bestimmte Qualitätsprodukte mit speziell isländischem Design (Pullover, Jacken usw.) vor allem in die USA, die Bundesrepublik Deutschland und Großbritannien.

Insgesamt gesehen versucht die isländische Wirtschaftspolitik also durchaus, eine Diversifizierung der einheimischen Wirtschaft und eine exportorientierte Industrialisierung voranzutreiben. Dabei soll zugleich die außenwirtschaftliche Abhängigkeit durch die verstärkte Nutzung eigener Ressourcen vermindert werden. Wirtschaftspolitisch unterstützt werden sollte diese Entwicklungsstrategie durch den 1970 erfolgten Beitritt zur EFTA sowie den Abschluß eines Assoziationsabkommens im Jahre 1972 mit der EG. Bezüglich der Ansiedlung ausländischer Unternehmen ist die Reykjavíker Regierung bemüht, eine möglichst weitreichende Kontrolle über die einheimischen Ressourcen und die Fremdinvestitionen zu erhalten.

11.4. Energiequellen

11.4.1. Die Geothermalenergie und ihre Bedeutung für die Energieversorgung

Island befindet sich dank seines Wasserreichtums und seiner besonderen geologischen Situation mit dem stark ausgeprägten Vulkanismus und seinen geothermalen Nebenerscheinungen in der Lage, zwei Drittel seines Energiebedarfs durch einheimische Ressourcen zu decken. Außergewöhnlich ist die am reichlichsten vorhandene Energieform, die geothermale Energie oder die Erdwärme. Im Gegensatz zu anderen Ländern mit nutzbarer geothermaler Energie, wie die USA, Japan, Italien, Mexico und Neuseeland, besitzt sie für die Versorgung des Landes eine grundlegende Bedeutung und stellt sich nicht nur als alternative oder zusätzliche Möglichkeit dar, sondern wird in vielfältiger Weise als unterirdisch erhitzter Dampf oder als heißes Wasser genutzt. Die Erdwärme ist genauso umweltfreundlich wie die zweite Säule der Energieversorgung, die Wasserkraft, die in anderen europäischen Ländern mit ähnlichen Oberflächenformen, wie z. B. Österreich, Norwegen, Schweden oder die Schweiz, in gleichem Umfang zur Verfügung steht.

Die Quellen geothermaler Energie verteilen sich über das gesamte Land und werden nach Lage, Temperatur und Chemismus als Niedertemperatur- und Hochtemperaturgebiete mit verschiedenartiger Nutzung voneinander unterschieden (siehe Abb. 44).

Fossile Brennstoffe kommen zwar als braunkohlenartige Surturbrandur-Schichten in den tertiären Plateaubasalt-Landschaften vor. Sie sind aber nicht abbauwürdig und haben daher keine wirtschaftliche Bedeutung.

11.4.1.1. Niedertemperaturgebiete

Die Segnungen der Niedertemperaturgebiete wird der Besucher Islands sehr bald bei seinem Aufenthalt in den hohen Breiten mit kühlem Klima zu schätzen wissen. Häufig trifft man selbst in entlegenen Teilen der Insel eine Möglichkeit an, sich in Wasserlöchern, Wasserbecken verschiedenster Form oder gar in einem ›beheizten‹ Bach, wie bei Landmannalaugar, aufzuwärmen und zu entspannen. Aber nicht nur die zahlreichen Bademöglichkeiten als angenehme und beschauliche Art der Freizeitgestaltung sind die einzige Nutzungsform der in über 650 Heißwasserquellen zur Verfügung stehenden geothermalen Energie, sondern auch die Versorgung der Wohnungen mit Heizungswärme, wie man es in größeren Ortschaften am Fehlen der Schornsteine und den an den Straßenrändern befindlichen Kanälen mit Versorgungsleitungen feststellen kann.

Die Vorräte dieser Energieform basieren auf dem regional hohen Wärmefluß in den obersten 1000 m von Islands Erdkruste. Nicht nur in den Vulkangebieten, sondern auch in den Teilen der Insel, in denen Vulkane schon längst erloschen sind, wie z. B. in den an den Ost- und Westrändern gelegenen Plateaubasalt-Landschaften, steigt zur Tiefe hin die Temperatur nach FRIDLEIFSSON (1979, S. 47) um 37° bis 165° C/km (Temperaturgradient) an. Bei entsprechend langer Wegstrecke und Verweildauer kann somit das Wasser auf seinem unterirdischen Weg aufgeheizt werden, wobei auch Bestandteile der Gesteine in Lösung gehen. Charakteristisch für die Wasser der Niedertemperaturgebiete sind Temperaturen bis zu 150°C und geringe Anteile an gelösten Stoffen. Die Herkunft der Wasser ist bekannt. Es sind von der Erdoberfläche her eingesickerte und im Untergrund aufgeheizte Wasser, also exogene, vadose Wasser. Sie stammen von Niederschlägen, die gewöhnlich leicht im klüftigen Basalt oder durch die Porenräume der durchlässigen Schlacken, Aschen oder Sedimente tief in den Untergrund eindringen. Dort bewegen sie sich oberhalb stauender Schichten aus feinkörnigem, tonhaltigem Material. Das Wasser kann, ohne an die Oberfläche zu gelangen, lateral Strecken von 10 bis 150 km bei langsamer Aufheizung zurücklegen und erscheint hauptsächlich entlang tektonischer Linien oder Gesteinsgänge, die seinen Weg unterbrechen, an der Oberfläche. Die Verweildauer in der Tiefe hängt von der Wegstrecke und der Fließgeschwindigkeit des Wassers ab; sein Alter reicht von einigen Jahrzehnten bis zu 10000 Jahren. Bedingt durch die besondere Ausbildung subglazialer Vulkanite treten Heißwasserquellen in quartären Gesteinen häufiger auf. Aber auch morphologische und strukturelle Verhältnisse sind die Ursache für ihr Auftreten, wie man aus der Verbreitung von Thermalquellen (siehe Abb. 44) – sehr viele Quellen sind beispielsweise im Eyjafjörður, Skagafjörður und entlang der Störungslinie von Húsavík zu finden – erkennen kann. Offenbar bestehen Zusammenhänge zwischen dem Streichen (Verlaufsrichtung) von Gesteinsserien, der Richtung von Erosionsformen (Flußtäler oder Fjorde) sowie Störungen und der Fließbewegung des Wassers. Es fällt auf, daß der Osten dabei eine bedeutend geringere Anzahl an Quellen aufweist als andere Landesteile. FRIDLEIFSSON (1979, S. 48) hat dafür folgende Erklärung:

Da die Täler und Fjorde im Osten senkrecht zur Streichrichtung der Gesteinspartien verlaufen und damit die in recht kurzem Abstand voneinander befindlichen Störungen und Gänge queren, an denen das Wasser an die Oberfläche gelangt, hat es auf der kurzen Wegstrecke kaum eine oder nur eine geringe Möglichkeit, dem regionalen Hitzefluß Wärme zu entziehen, wie es auf einer Wegstrecke von mehr als 10 km geschehen könnte. So finden sich offensichtlich in Ostisland Niederthermal-Gebiete nur dort, wo Fließ- und Streichrichtung der Gesteinsserien übereinstimmen, wie beispielsweise bei Egilsstaðir. Die größten Thermalwasser-Vorkommen aber wurden fernab vom Hochland in den obengenannten Tälern und Fjorden Nordislands in Richtung der geologischen Strukturen entdeckt, wo sich das Wasser im Untergrund auf einer Strecke von mehr als 10 km Länge aufheizen konnte. Besondere Bedeutung für die Warmwasserversorgung Akureyris kommt dabei dem Thermalgebiet von Laugaland im Hinterland des

Eyjafjörðurs zu. Hier stehen tertiäre Gesteine an. In etwa gleichaltrigen Gesteinsserien befindet sich bei Deildartunga im Reykholtsdalur (Westisland) die größte natürliche Heißwasserquelle mit einer Schüttung von 180 l/sek. Die Quelle befindet sich auf einer 1,4 km langen Bruchlinie, die basaltische Lagen mit zwischengeschalteten Sedimenten durchzieht. Schon weithin durch die Dampfwolken sichtbar, tritt hier heißes Wasser an die Erdoberfläche. Bei der Deildartunga-Quelle kommt das kochende Wasser mit einer solchen unbändigen Gewalt an die Oberfläche, daß man Schwierigkeiten hatte, diese Quelle zu fassen und für die Beheizung von Gewächshauskulturen zu nutzen. Die geförderte Energiemenge genügt fast, um Akureyri zu beheizen (vgl. Tab. 26). Bedeutend ist auch noch die Heißwasserquelle von Kleppjárnsreykir am Südende dieser Linie mit einer Schüttung von 70 l/sek.

Besonders ergiebig sind die Gesteine des Plio-/Pleistozäns. Dort befinden sich die warmwasserführenden Horizonte in der Kontaktzone zwischen den Laven und den subglazialen Auswurfsprodukten, den Hyaloklastiten. Große wirtschaftliche Bedeutung erlangte für die Warmwasserversorgung Reykjavíks wegen seiner Ergiebigkeit (ca. 1000 l/sek.) und seiner Nähe zum Ballungszentrum das Thermalgebiet bei Reykir in Mosfellssveit. Die meisten Quellen haben eine Schüttung von weniger als 5 l/sek., was besonders in den plio- und miozänen, also den erdgeschichtlich ältesten Räumen Islands zu beobachten ist. Die Schüttung sämtlicher natürlicher Quellen kann nur geschätzt werden. Es werden etwa 1800 l/sek. sein. Diese Menge reicht aus, um jedem Isländer täglich etwa 500 l heißes Wasser zur Verfügung zu stellen. Die Schüttung der Quellen kann durch Tiefbohrungen wesentlich gesteigert werden. Eine 1 km tiefe Bohrung nahe einer Quelle mit einer Schüttung von weniger als 1 l/sek. kann den Ertrag um das Mehrfache oder gar Zehnfache steigern. Dabei erhöht sich die Temperatur beträchtlich. So konnten vor allem Bohrungen im Laugaland und bei Reykir die geschätzte Schüttung aller Heißwasserquellen von 1825 l/sek. auf 4657 l/sek.[30] erhöht werden, was einer Steigerung um 155 % entspricht. Auch der Energieinhalt des Wassers wurde gesteigert, da sich durch die Erfassung wärmerer Wasserhorizonte und durch die Bohrmaßnahmen die geschätzte Durchschnittstemperatur des geförderten Wassers von 67° C der natürlichen Quellen auf 80° C[31] erhöhte. Größte Steigerungen in der Produktivität der Niedertemperaturfelder wurden in den Liefergebieten für das Fernheizungssystem von Reykjavík erzielt; sie stieg durch die Bohrungen

[30] Vergleichbar ist die Gesamtschüttungsrate thermaler Quellen in Island mit der Schüttung in Deutschland befindlicher, allerdings nicht thermaler Riesenquellen, z. B. der Rhume-Quelle am Südrand des Harzes mit 1400 bis 4700 l/sek. oder dem Blautopf mit durchschnittlich 2000 l/sek.

[31] Viele Thermalquellen treten in Deutschland ebenfalls in Verwerfungen auf. Die Temperaturen der Wässer entsprechen mit 67° C in Baden-Baden (Rheingrabenverwerfung), 69° C in Wiesbaden (Taunusrandverwerfung) oder 75° C in Aachen-Burtscheid (Eifelrandverwerfung) der Durchschnittstemperatur in Island.

um das Zehnfache. Betrachtet man die Energiemenge, so ist die Steigerung sogar 15fach (J. S. GUÐMUNDSSON 1982, S. 67).

Nach dem chemischen Inhalt lassen sich auf Island nach CARLÉ (1980, S. 45) bei den Thermalwässern folgende vier verschiedene Wassertypen unterscheiden:

1. Chloridwässer mit hohen Konzentrationen an gelösten Salzen von etwa 30 bis 50 g/kg Wasser, die als Thermalsolen zu bezeichnen sind und deren Herkunft auf das Meer zurückzuführen ist, wie z. B. bei Svartsengi.
2. Wässer mit erhöhtem Chloridgehalt (ca. 100 bis 1000 mg/kg Wasser), die sowohl im Küstenbereich als auch in Zentralisland anzutreffen sind.
3. Kohlensäurehaltige Wässer, als Säuerlinge bekannt, die sich durch niedrige Temperaturen (im Durchschnitt 20 bis 30°C) auszeichnen. Im Gegensatz zu der weiten Verbreitung von Säuerlingen im Umfeld von Gebieten mit erloschenem Vulkanismus, wie z. B. dem Rheinischen Schiefergebirge, sind Säuerlinge in Island selten. Bisher sind nur zwei Gebiete bekannt, nämlich in der Hengill-Region und auf der Halbinsel Snæfellsnes.
4. Eine Gruppe, die von CARLÉ (1980, S. 48) als Akrato-Thermalwasser bezeichnet wird. Es sind per definitionem Wässer mit einer höheren Temperatur als 20°C und einem geringen Mineralstoffgehalt; denn der Anteil an gelösten Stoffen überschreitet selten den Grenzwert für Mineralwasser, der auf 1000 mg/kg Wasser festgelegt ist. So hat das Wasser der größten Thermalquelle von Island (Deildartunga, Westisland) nur 522 mg/kg an gelösten festen Stoffen und das heiße Wasser aus den Bohrlöchern bei Reykir, welches für die Warmwasserversorgung von Reykjavík bereitgestellt wird, einen Anteil von 324 mg/kg. Von Bedeutung ist dabei der verhältnismäßig hohe Anteil von Metakieselsäure (H_2SiO_2).

Es ist als Charakteristikum isländischer Thermalwässer anzusehen, daß die Kieselsäure ein Viertel bis ein Drittel des gesamten Mineralstoffgehaltes ausmacht und damit bei weitem die Einzelanteile aller anderen Stoffe überwiegt, von denen das Natrium am häufigsten vertreten ist. Weiterhin kennzeichnend ist für die meisten isländischen Thermalwässer, abweichend von der Zusammensetzung des Grundwassers, die Armut an Erdalkalien wie Calcium und Magnesium. Aus diesem Grunde sind sie als Brauchwasser gut geeignet. Die Wässer sind basisch, was sich in pH-Werten um meistens 9, nicht selten aber auch in höheren Werten ausdrückt. Die hohen pH-Werte sind nach HÖLL (1971, S. 5) auf das Fehlen freier Kohlensäure zurückzuführen. Das ist als ein Hinweis anzusehen, daß diese Wässer nicht direkt mit dem Vulkanismus in Verbindung stehen.

Zu den Akrato-Thermalwässern gehören fast alle Wässer in den pleistozänen und tertiären Gesteinen, somit auch die Wässer Nordwest- und Nordislands, deren Wärmeinhalt für die Nutzung bereitsteht.

Von den Thermalgebieten sollen noch zwei herausgestellt werden, die nicht wegen ihrer wirtschaftlichen Bedeutung bekannt sind, sondern weil sie besonders häufig von Touristen aufgrund ihrer ungewöhnlichen Wasser- und Dampfaustritte und der vielfältigen Farben und Formen der Quellen besucht werden. Die Temperatur dieser Quellen überschreitet selten 100 °C an der Oberfläche, dennoch befinden sie sich schon in Hochtemperatur-Gebieten.

Da ist einmal das Gebiet von Haukadalur mit dem Großen Geysir und zum anderen das entlegene Gebiet von Hveravellir zwischen Hofs- und Langjökull. Kaum ein Islandbesucher wird es versäumen, das Thermalgebiet von Haukadalur mit den Geysiren zu besuchen. Bei seinem Besuch wird er – falls er noch nicht darüber informiert ist – enttäuscht sein, daß der Große Geysir kaum oder keine Aktivitäten mehr zeigt. Auf einem flachen Kegel befindet sich ein fast kreisrundes Becken mit einem Durchmesser von 14 m, gefüllt mit grünlichem, klarem, leicht aufwallendem Wasser. Wesentlich mehr Dynamik zeigt da schon der in ca. 100 m Entfernung befindliche Strokkur. Er springt bis zu etwa 20 m hoch in zeitlich unterschiedlichen Intervallen, die manchmal nur wenige Augenblicke oder aber über zehn Minuten dauern. Welcher Besucher ist nicht eingefangen von dem Schauspiel, das da in unmittelbarer Nähe, im Gegensatz etwa zum ›Old Faithful‹ im Yellowstone Park, abläuft. Mit Spannung wartet er darauf, daß sich in dem etwa 5 m breiten Becken das Wasser uhrglasförmig aufwölbt, wobei dann der aufschießende Dampf das Wassergewölbe durchstößt und das Wasser als Fontäne hoch emporreißt. Nach dem Höhepunkt dieses explosionsartig ablaufenden Vorgangs stürzt das Wasser zurück und füllt langsam zurückrinnend das Becken wieder auf. Wenn zwei Ausbrüche kurz aufeinander folgen, muß man danach schon länger warten, bis ein Aufwallen den nächsten Ausbruch ankündigt. Nach Höll (1971, S. 20) hat das Wasser nahe der Oberfläche eine Temperatur von 97° C. Ca. 100 m westlich des Großen Geysirs befindet sich das Becken des erloschenen Geysirs Konungshver (Königstherme, -quelle). Er entstand 1896; sein Wasser mit einer Temperatur von 85° C wird aber schon lange nicht mehr durch Eruptionen emporgerissen. Viel Beachtung wird wegen seiner intensiven hellblauen Wasserfärbung dem runden Quellbecken des Blesi geschenkt. Die leuchtende Färbung des Wassers ist auf die Anwesenheit von kolloidaler Kieselsäure zurückzuführen. Beim Überlauf des sich abkühlenden Wassers setzt sich Kieselsäure als Geysirit in schuppenförmigen Sinterkrusten ab. Der Kieselsäuregehalt des Wassers ist hier mit 300 mg/kg etwa um die Hälfte höher als beim Großen Geysir und beim Strokkur (siehe Höll 1971, S. 22). Die Quellen von Haukadalur erfassen rhyolithisches Gestein, woraus der relativ hohe Kaliumgehalt resultieren wird.

Andere Gesteine stehen in der Umgebung von Hveravellir, einem weiteren bekannten und häufig besuchten Thermalquellgebiet in Zentralisland, an. In einer wüstenartigen Landschaft am Nordrand des Schildvulkans Strýtur (siehe Abb. 8) dampft und sprudelt es aus einer Kieselsinterplatte. Hveravellir, die ›Ebene der heißen Quellen‹, ist schon etwa 1000 Jahre alt und wird in einigen Sagas erwähnt (Carlé 1980, S. 30). Ein früherer Kleingeysir, der Eyvinðarhver, ist nach einem ›Gesetzlosen‹ benannt, der in dieser Wüste im 18. Jahrhundert ein erbärmliches Dasein fristete. Die auffallendste Erscheinung ist aber in Hveravellir des Öskurhver, die ›donnernde Dampfquelle‹, wo aus einem etwa 1 m hohen Sinterkegel zischend und fauchend Dampf entweicht. Nicht weit davon befindet sich mit türkisblauem Wasser der ruhige Bláhver (= blaue Heißwasserquelle) mit einem Beckendurchmesser von 8 m. Unterhalb dieses Beckens sind aus dem kochendheißen Wasser hellgelbe Kieselsinterstrukturen abgesetzt, die sich dem Besucher wie ein über den Boden geworfenes Netz zeigen. Der Bláhver wird als Siedequelle bezeichnet und gilt als Schwefeltherme, da der Schwefelgehalt des Wassers 1 mg H_2S/kg Wasser überschreitet. Weitere Quellen haben wohlklingende Namen, z. B. Meyraauga (= Mädchenauge) oder Fagrihver (treue Heißwasserquelle).

11.4.1.2. Hochtemperaturgebiete

Nach den geologischen Verhältnissen muß der Wärmefluß an den konstruktiven Plattenrändern, also in der Zone des Magmenaufstiegs in der aktiven Vulkanzone, am größten sein. Dabei ist zu bedenken, daß es wegen des unterschiedlichen Aufbaus der obersten Teile der Erdkruste mit Räumen aufgedrungener Magmenmassen im Untergrund keinen einheitlichen geothermalen Temperaturgradienten in der aktiven Vulkanzone geben wird. So wurde bei einer Bohrung in dieser Zone in Südwestisland bis zu einer Tiefe von 700 m ein thermaler Gradient von 0° C/km ermittelt. Mit zunehmender Verdichtung des Gesteins nach unten steigt dann auch der Gradient, so daß in einer Tiefe von 10 km unterhalb der gesamten Vulkanzone Temperaturen von 1000 bis 1200° C herrschen werden. Die Hochtemperaturgebiete sind also wie Schornsteine, die in der Vulkanzone aus der Tiefe bis an die Oberfläche aufragen (FRIDLEIFSSON 1979, S. 52). Für gewöhnlich herrschen in diesen Solfataren, Fumarolen usw. Temperaturen zwischen 200 und 350° C.

Über die Anzahl der Hochtemperaturgebiete in Island ist man sich noch nicht einig, denn es ist noch unbekannt, wie groß ihre Anzahl unter den Gletschern ist. So zählen J. S. GUÐMUNDSSON et al. (1981) 19 bekannte und 9 potentielle Areale, bei FRIDLEIFSSON (1979) sind es 22 sichere und 3 potentielle. Es sind Gebiete, in denen durch Dampfaustritte und Schlammlöcher der Untergrund stark verändert wurde. Wer in der Umgebung des Mývatn gewesen ist, wird diesen Prozeß leicht nachvollziehen können; denn in der Umgebung der Krafla und von Námafjall sind ganze Höhenrücken unter der Hitzeeinwirkung zerkocht und in sekundäre Bestandteile wie Ton, Gips und Eisenverbindungen umgewandelt. Nach Schätzungen beträgt die Gesamtfläche der Hochtemperaturzonen etwa 600 km^2, wobei im Durchschnitt die einzelnen Areale 1–20 km^2 erreichen. Am größten ist das Hochthermalgebiet von Torfajökull mit 140 km^2, während das Hengill-Gebiet im Südwesten als zweitgrößtes 100 km^2 erreicht. Ihre Größe ist abhängig vom Alter, der Ausdehnung der Wärmequelle (des Magmenkörpers), dem Gesteinsaufbau und von den tektonischen Verhältnissen. Die Energievorräte dieser Gebiete sind

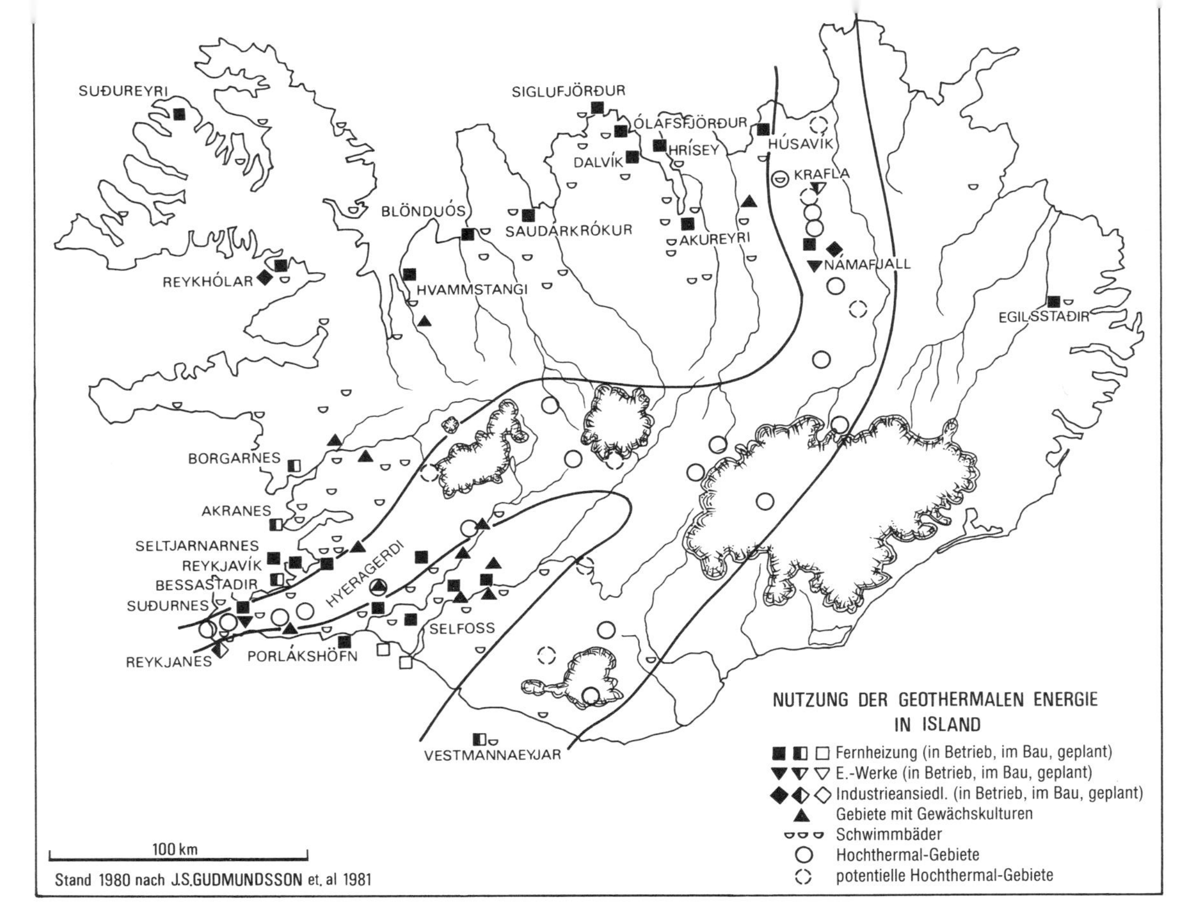

Abb. 44: Die Nutzung der geothermalen Energie in Island (Stand 1980 nach J. S. Guðmundsson 1983).

beträchtlich; sie werden auf etwa 3000–4000 Megawatt geschätzt, d. h. eine Energiemenge, die die Leistung des größten Wärmekraftwerkes Europas in Niederaußem (nordwestlich von Köln) mit 2700 MW übertrifft. Das Kraftwerk von Niederaußem ist für die Versorgung eines Raumes mit ca. 6 Mio. Einwohnern ausgelegt. Von den Hochtemperatur-Zonen ist das Krafla-Gebiet am besten erforscht. Hier wurde durch die vor etwa 10 Jahren auflebende vulkanische Tätigkeit offenbar, daß magmatische Aktivität (Eindringen von Magma in die oberen Stockwerke der Erdkruste) und die Wirksamkeit eines Hochtemperatursystems im Einklang stehen. Unter dem Zentrum der 8 km breiten Caldera der Krafla wurde nämlich eine Magmenkammer festgestellt (siehe FRIDLEIFSSON 1979, S. 53), wobei die Hochtemperaturzone sich genau über ihr befindet. In die Magmenkammer eindringende basaltische Schmelzen riefen eine Aufwölbung der Caldera hervor, was zu einer verstärkten thermalen Tätigkeit führte. Seit 1975 fanden drei kleine basaltische Spalteneruptionen innerhalb oder unmittelbar außerhalb der Caldera statt. Die hydrothermale Tätigkeit wuchs entlang der Eruptionsspalten außerordentlich stark an. Dabei warfen die größten der neuen Quellen Schlamm und Felsbrocken heraus und bildeten einen Krater von ca. 15 m Tiefe mit einem Durchmesser von 50 m. Die unter starkem Lärm herausgestoßenen Dampfmassen waren bei klarer Sicht schon vom Axarfjörður aus sichtbar. Auch im Norden der Caldera sowie im 7 km entfernten Námafjall-Gebiet wuchs die Aktivität dieser hochthermalen Fördertätigkeit an.

Nach Bohrergebnissen im Gebiet der Krafla können im Untergrund zwei Zonen mit verschiedenen Temperaturen unterschieden werden. In der oberen Zone herrscht bei Temperaturen von rd. 200° C Wasser vor, in einer tiefer gelegenen Zone werden 300–350° C erreicht. Aufsteigendes Wasser geht unverzüglich in die Dampfphase über, wenn es eine Tiefe von weniger als 1 km erreicht.

Die Erschließung der Hochtemperaturgebiete steht noch am Anfang. Die Nutzungsformen des Dampfes liegen in der Elektroenergie, in Trocknungsverfahren und in der chemischen Industrie. Darüber hinaus steht die Dampfenergie in vier Gebieten für die Beheizung von Häusern zur Verfügung. In der Elektrizitätserzeugung besitzt allerdings die Wasserkraft noch eine klare Vorrangstellung.

11.4.1.3. Entwicklung der Energiewirtschaft

Die erste Form der Energienutzung der Isländer reicht bis in die Zeit der Besiedlung der Insel zurück, wobei gerade den heißen Quellen eine besondere Bedeutung zukam. Das heiße Wasser diente zum Baden und zum Wäschewaschen und wird erst das Leben auf Island mit seinen auch früher schon sehr knappen Brennstoffvorräten in dem unwirtlichen Klima erleichtert, wenn nicht gar ermöglicht haben.

Die Anfänge der gewerblichen Nutzung der eigenen, in diesen Fällen der geothermalen Energie, gehen etwa auf das 18. Jahrhundert zurück. In Geothermalgebieten wurden in der Mitte dieses Jahrhunderts erste Bohrlöcher mit einer Tiefe bis zu 10 m niedergebracht. Gegen Ende der Industrialisierung auf dem europäischen Kontinent sollte in der Mitte des 19. Jahrhunderts die Produktion der damals wichtigsten Exportartikel, der Wolle und der Wollartikel, durch den Einsatz dampfgetriebener Spinnmaschinen und Webstühle um das Zehnfache gesteigert werden (J. S. Guðmundsson 1983, S. 492). Auch über die Nutzung der geothermalen Energie in kleinerem Maßstab wurde nachgedacht. So wurde 1902 an der Thvottalaug 3 km östlich Reykjavík eine Kundenwäscherei in Betrieb genommen (Carlé 1980, S. 71). Nach dem Ersten Weltkrieg mußten infolge Erhöhung der Steinkohlenpreise die Kohlenimporte vom europäischen Kontinent gedrosselt werden, was zu Engpässen in der Brennstoffversorgung führte. In dieser Zeit begann man stärker, die Nutzung und Erschließung eigener Energiequellen zu erforschen. Es rückten dabei besonders die Energiereserven der Heißwasserquellen in das Blickfeld des Interesses, da in ihrer großräumigen Nutzung eine Möglichkeit erkannt wurde, die teuren Importe von Brennstoffen zu verringern. T. Thorkelsson erkannte als einer der ersten die Wichtigkeit der eigenen Energieressourcen und begann mit einer landesweiten Bestandsaufnahme. Dank neuer Technologien in der Tiefbohrtechnik konnte im Jahre 1928 mit dem Bohren nach geothermaler Energie auf einem niedrigtemperierten Feld in Reykjavík begonnen werden. Es wurden dort verschieden tief gelegene Brunnen erbohrt, die zusammen 15 l/sek. heißes Wasser von 90–100° C lieferten. Dieses Wasser versorgte nach der Fertigstellung des Heizungssystems im Jahre 1930 über eine 2,8 km lange Leitung 70 Haushalte, eine Schule und außerdem ein großes Schwimmbad. Zu dieser Zeit besaß Reykjavík schon eine Bevölkerungszahl von 28 000 Einwohnern. Aufgrund der guten Erfahrungen, die man mit dem ersten Heißwasser-Versorgungssystem gemacht hatte, wurden dann im Jahre 1933 in dem etwa 15 km östlich von Reykjavík gelegenen Thermalgebiet von Reykir (Mosfellssveit) durch erste Bohrungen so große Erfolge erzielt, daß die Bohrtätigkeit in den folgenden Jahren ausgedehnt wurde. Heute liefern etwa 100 Bohrlöcher mit einer Gesamtlänge von 110 km heißes Wasser für die Hauptstadt (Bárðarson 1982, S. 131). Etwa zur gleichen Zeit, als in Island die durch Thermalwasser gespeiste Fernheizung eingeführt wurde, diskutierte man auch die Nutzung der hochthermalen Energie. In kleinem Umfange wurden die verschiedensten Nutzungen, u. a. bei der Pasteurisierung von Milch, erprobt. Der durchschlagende Erfolg gelang jedoch in der Erprobung der Wärme für die Treibhauskulturen bei Hveragerði. Bei verhältnismäßig geringen Investitionen wurden hier innerhalb kurzer Zeit Erträge im Gemüseanbau erzielt.

Im Jahre 1945 setzte nach Gründung der Staatlichen Bohrgesellschaft unter der Aufsicht der Nationalen Energiebehörde (Orkustofnun) die moderne Erkundung geothermaler Ressourcen und ihrer Nutzung ein. Ein Jahr später konnte die erste Dampfturbine mit einer Leistung von 35 kW bei Hveragerði installiert und in Betrieb genommen werden. Ausgedehnte Untersuchungen über das Ausmaß der Verwendung geothermaler Energie erfolgten in den nächsten Jahren; z. B. wurde 1950 eine Vorstudie für ein 30-MW-Kraftwerk vorgelegt, das nahe Hveragerði gebaut werden sollte. Bei der Kalkulation ging man jedoch davon aus, daß die Gewinnungskosten der Elektroenergie geothermalen Ursprungs um 40 bis 50% höher sein würden als die Kosten der in gleichem Umfange gewonnenen Elektroenergie durch ein Wasserkraftwerk. Daher wurde der Bau eines Geothermal-Kraftwerkes zurückgestellt. Man entschied sich, am nahegelegenen Fluß Sog ein zweites Wasserkraftwerk zu bauen. Einen großen Fortschritt in der Erschließung der Geothermalenergie erbrachte 1958 die Einführung eines neuen Bohrsystems, das Bohrungen in einen Tiefenbereich von mehr als 2000 m erlaubte. Vorangetrieben wurde die Erschließung der Energievorkommen auch dadurch, daß man zu Beginn der 60er Jahre in Island immer mehr zu der Überzeugung gelangte, daß die traditionelle Fischindustrie und die Landwirtschaft nicht in der Lage sein würden, ein angemessenes wirtschaftliches Wachstum aufrechtzuerhalten und daß neue, besonders energieintensive Industrien, z. B. die Aluminiumproduktion, eingeführt werden müßten (vgl. Kap. 11.3). Das bedeutete aber, daß bei einer Aluminiumproduktion größeren Maßstabes die vorhandenen Elektrokapazitäten nicht ausreichen würden und größere, wirtschaftlichere Kraftwerke gebaut werden müßten. Die Versorgung dieser Industrien mit Elektroenergie konnte nur durch den Bau eines Wasserkraftwerkes sichergestellt werden, was 1965/66 zu dem Beschluß führte, am längsten und wasserreichsten Fluß Islands, der Þórsá, ein 210-MW-Kraftwerk zu errichten. In den Jahren 1969–72 wurden im Búrfell-Kraftwerk die Generatoren installiert. Pläne für den Bau von Kraftwerken auf der Basis geothermaler Energie stellte man aus Rentabilitätsgründen und sicherlich auch wegen erwachsender technischer Schwierigkeiten zurück, so daß das erste geothermale Elektrokraftwerk (3 MW) erst 1969 in Betrieb genommen werden konnte; drei weitere kleinere Einheiten folgten. Erst 1978 begann in einem größeren Kraftwerk (30 MW) die Produktion elektrischen Stroms aus einem Hochtemperaturgebiet. Dies geschah 22 Jahre nach dem ersten Versuch Böðvarsons (1956), die Möglichkeiten der Stromerzeugung in Hochtemperaturgebieten zu erproben. Bei Energiepotentialen von heute 3500 MW bzw. 7300 MW ist die Energiegewinnung auf den Gebieten der Hochthermalenergie bzw. Wasserkraft noch steigerungsfähig, denn nur etwa 10% der Möglichkeiten werden momentan genutzt.

11.4.1.4. Die Bedeutung der geothermalen Energie für die Energieversorgung

Die geothermale Energie ist somit ein sehr bedeutsamer Faktor im wirtschaftlichen Gefüge Islands. Nahezu ein Drittel des gesamten Energieverbrauchs stammt aus geothermalen Ressourcen (Tab. 29). Ein weiteres Drittel wird aus der

Wasserkraft gewonnen. Fossile Brennstoffe sind in Island als braunkohlenartige Ablagerungen in so geringen Mengen vorhanden, daß sie nur für geowissenschaftliche Zwecke interessant erscheinen. So muß der dritte Energieträger, der fossile Brennstoff, und zwar im wesentlichen Erdöl, eingeführt werden.

11.4.1.5. Die Nutzung der Niedertemperatur-Energie

Die Nutzung der Energie von Heißwasser in der Versorgung der isländischen Fernheiznetze ist seit dem Jahre 1930 kontinuierlich ausgebaut worden. Heutzutage versorgen 27 Fernheizungsdienste etwa 75 % der Bevölkerung (einbezogen sind die Einwohner von Suðurnes, Hveragerði, Reykjahlíð und auf den Westmänner-Inseln, die mit Hochtemperatur-Energie versorgt werden; siehe Tab. 26). Der ›Reykjavik District Heating Service‹ (RDHS) unterhält dabei wahrscheinlich das größte Fernheizungssystem der Welt, das mit geothermalem Wasser versorgt wird (J. S. Guðmundsson 1982, S. 60). Die Institution RDHS ist ein kommunales Unternehmen, das sein heißes Wasser von drei geothermalen Feldern (zwei in Reykjavík und eines in der Nähe von Reykir) bezieht. Es werden nicht nur Haushalte der Städte Reykjavík, Kópavogur, Hafnarfjörður und Garðabær mit einer Einwohnerzahl von knapp 114 000 Menschen (1979) beliefert, sondern auch gewerbliche und industrielle Zentren. Nur 1,6 % der Bevölkerung in diesem Raum wurden nicht erfaßt. In hohen Belastungszeiten wie in den Wintermonaten steht eine mit Öl beheizte Station mit einer Kapazität von 35 MW bereit; sie wird aber für die Sicherstellung der Versorgung selten oder in manchen Jahren überhaupt nicht benötigt. Im Jahre 1979 produzierte RHDS 45 091 000 m^3 heißes Wasser, was einer Schüttung von 1430 l/sek. entspricht. Gegenüber 1944 wurde die Produktion um das Neunfache gesteigert. Außer dem RDHS versorgen noch 26 weitere, gemeindeeigene Institutionen (allerdings vier mit Hochthermal-Energie) sowie 6 private Unternehmen etwa 46 000 Einwohner. Für die Erkundung und Erforschung der Ressourcen geothermaler Energien ist die Nationale Energiebehörde zuständig.

Es wird ein weiterer Ausbau des Heizungsnetzes angestrebt, allerdings müssen Bevölkerungsgruppen in den Abseitsregionen auch fernerhin mit einer Stromheizung versorgt werden. Insgesamt wurden im Jahre 1981 etwa 75 % der isländischen Bevölkerung mit geothermaler Heizenergie versorgt. In den kommenden Jahren möchte man diesen Anteil auf rd. 82 % erhöhen.

Die Heizungskosten der geothermalen Energie betrugen im Jahre 1975 (J. S. Gudmundsson 1976, S. 131) etwa 35 % der Kosten, die durch die Verfeuerung von Heizöl entstehen. Bei neu in Betrieb genommenen Heizungssystemen können die Kosten zunächst auch 80 % der Ölfeuerungskosten erreichen, da dann die hohen Investitionen zu Buche schlagen. Ein Grund für die günstige Situation in der Thermalwasserheizung liegt in der Lage der Niedertemperaturgebiete. Es

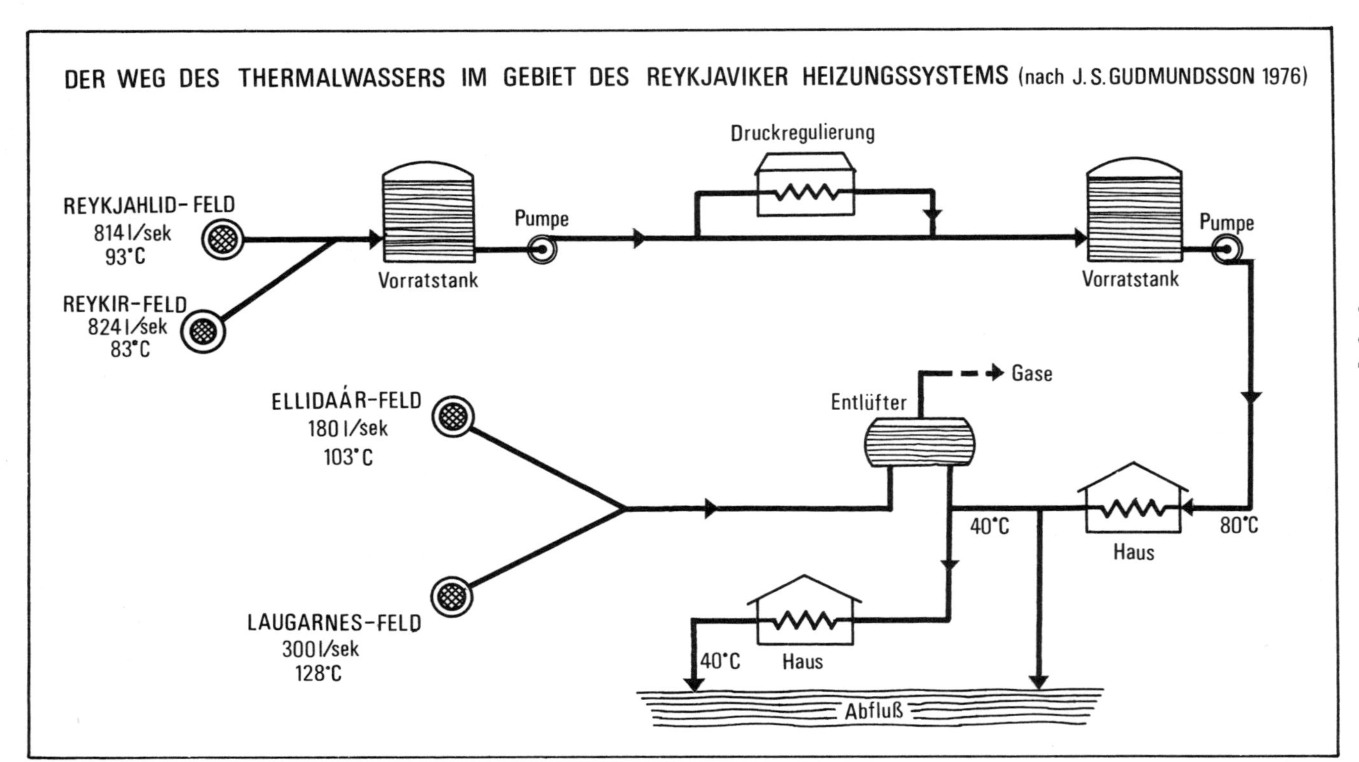

Abb. 45: Der Weg des Thermalwassers im Gebiet des Reykjavíker Heizungssystems (nach J. S. Guðmundsson 1976).

befinden sich nämlich die meisten ergiebigen Fördergebiete in enger Nachbarschaft zu den versorgenden Gemeinden in Tälern oder Tiefländern nahe der Küste, so daß für die Erschließung und für den Transport wegen relativ kurzer Wege kostengünstige Bedingungen gegeben sind. So konnten in ländlich-agraren Regionen neue Hofstellen angesiedelt, Schulzentren errichtet und Schwimmbäder angelegt, ja sogar ganze Ortschaften im Umfeld von Thermalgebieten gebaut werden. Dabei stellt J. S. GUÐMUNDSSON (1976) die Stadt Selfoss als typisches Beispiel für viele andere Ansiedlungen hin. Das dortige Fernheizungssystem gehört der Stadt; das Liefergebiet für Warmwasser liegt etwa 1,5 km außerhalb der Ortschaft und produziert Wasser mit einer Temperatur von 80° C.

In diesem Zusammenhang seien noch ein paar Worte zum Weg des Wassers von der Quelle bis zum Verbrauch am Beispiel Reykjavíks gesagt. Das Wasser (ca. 1600 l/sek.) gelangt von den Bohrstellen außerhalb Reykjavíks (Reykir, Reykjahlíð) durch isolierte Stahlrohrleitungen mit einem Durchmesser von 70 und 35 cm in isolierte Sammelbehälter, von denen sich 10 Stück mit einem Fassungsvermögen von je 26 000 cm³ als eine Art Wahrzeichen Reykjavíks auf dem Öskjuhlíð befinden. Von den Sammelbehältern wird es in lokale Verteilerstationen gepumpt und von dort aus direkt den Verbrauchern zugeführt. Durch Isolation kann der Wärmeverlust niedrig gehalten werden (nur 3° C auf dem etwa 15 km langen Weg von Reykir nach Reykjavík; vgl. Abb. 45). Geplant sind noch weitere Heizungssysteme in Eyrarbakki, Stokkseyri, Hella, Hvolsvöllur, Raudalækur, womit noch eine Einwohnerzahl von rd. 5400 Einwohnern erfaßt wird.

Größte Erfolge in der Nutzung der geothermalen Energie auf dem Gebiet der Landwirtschaft wurden im Gartenbau erzielt. Das Wasser ist wegen des niedrigen Mineralstoffgehaltes sehr gut für die Beheizung von Gewächshäusern geeignet und wird mit Temperaturen von 60° bis 100° C direkt übernommen. Nach zögernden Anfängen (1924 wurde das erste mit Thermalwasser geheizte Treibhaus gebaut) expandierte der Gartenbau nach dem Kriege mit Unterglaskulturen von Blumen und Zierpflanzen und besonders mit den Gemüsearten Gurken, Tomaten und Salat nach der verstärkten Erschließung der Thermalwasservorkommen in den letzten 25 Jahren. Die Schwerpunktgebiete des Gartenbaus befinden sich in Südwestisland mit Hveragerði (24,7 % der Unterglaskulturen) und in Westisland mit den Gärtnereien in Laugardalur. Die Betriebe besitzen eine durchschnittliche Größe von 1000 m² unter Glas. Die Gesamtfläche für die Kulturen unter Glas betrug 1965 110 000 m², 1980 waren 150 000 m² erreicht. In den Betrieben werden etwa zu 70 % Gemüse und 30 % Blumen und Zierpflanzen angebaut (vgl. Kap. 11.2.3). Die Investitionskosten sind im Gartenbau bei der Verwendung von thermaler Energie niedriger als beim Heizen mit Öl. So nennt J. S. GUÐMUNDSSON (1976) bei Verwendung von fossilen Brennstoffen einen Produktionskostenanteil von 35–40 % bei Gewächshauskulturen. Für die Heizung mit geothermalem Wasser nimmt er einen Heizkostenanteil zwischen 12 und 28 % an.

Die Isländer haben nicht nur die Vorteile der Erdwärme in ihren eigenen Wohnungen schätzen gelernt, sondern sie genießen es, sich im Thermalwasser aufzuhalten. In dem etwa 30° C warmen Wasser der Schwimmbecken betätigt man sich sportlich, in entsprechenden Sitzbecken kann man sich aufwärmen, so daß die manchmal recht kühlen Außentemperaturen nicht mehr wahrgenommen werden. So erscheint es nicht verwunderlich, daß es in Island rund 85 geothermal beheizte Schwimmbecken gibt, für deren Unterhaltung 3,2% der Heißwasserproduktion benötigt werden. Die meist als Freibäder errichteten Anlagen verbrauchen gegenüber den Hallenbädern das Doppelte an Energie (J. S. GUÐMUNDSSON 1982, S. 64).

Kureinrichtungen mit Thermalwasser sind seltener. Nach CARLÉ (1980, S. 72) existieren nur in Akureyri und Hveragerði solche Anlagen, obwohl das Wasser als Akrato-Thermalwasser sehr gut geeignet wäre, einen Kurbetrieb wie in den Bädern Badenweiler oder Wildbad, wo ähnliches Wasser zur Verfügung steht, zu entwickeln. Die meisten thermalen Wässer eignen sich zur Behandlung rheumatischer Erkrankungen, beispielsweise das Thermalwasser am Laugarvatn (HÖLL 1971, S. 13). Dennoch stehen der Einrichtung von Kurbetrieben für Ausländer wohl der lange Anreiseweg und die klimatischen Verhältnisse entgegen. So wird sich die Einrichtung von Thermalbädern fast nur nach dem Inlandsbedarf richten und zur Behandlung von Unfallfolgen, Rheuma u. ä. dienen.

Die industrielle Verwendung der Niedertemperatur-Energie (1,9%) beschränkt sich bis jetzt nur auf die Trocknung von Seetang mit 95° C warmem Wasser bei Reykhólar. Die Produktion von 4000 t/Jahr wird hauptsächlich nach Schottland ausgeführt (vgl. J. S. GUÐMUNDSSON 1982, S. 65, CARLÉ 1980, S. 73).

Das Thermalwasser dient außerdem zur Regulierung der Temperatur in Becken zur Fischanzucht (0,3% der Niedertemperatur-Energie), wo in verschiedenen Stationen vor allem Lachse und Forellen herangezogen werden (vgl. Kap. 11.1.7).

Der wichtigste und noch weiter auszubauende Verwendungszweck der niederthermalen Energie ist in Island die Versorgung der Bevölkerung mit Heizwärme. Ziel der weiteren Ausbauten ist es, den Heizölverbrauch für die Raumheizung zu senken und damit unabhängiger von Brennstoffeinfuhren zu werden. So konnte nach der Erdölkrise 1973 bereits der Verbrauch von Erdöldestillaten von 159582 t auf 49485 t im Jahre 1981 gesenkt werden (Orkustofnun 1981, S. 18).

Große Energiereserven stehen auch noch in den Hochtemperaturgebieten bereit. Von dem Gesamtpotential werden bisher nur etwa 5% genutzt. Zu ihrer Erschließung und Nutzung sind ehrgeizige Projekte geplant und auch schon in Angriff genommen worden.

11.4.1.6. Nutzung der Hochtemperatur-Energie

Die Energievorräte der 19 bekannten und 9 potentiellen geothermalen Hochtemperaturgebiete (siehe Abb. 44) sind, auch wenn verschiedene Auffassungen

Tab. 26: Fernheizungssysteme für geothermales Wasser (Stand 1981)

Fernheizungsdienst	Jahr der Inbetrieb-nahme	Versorgte Einwohner	Wasser-temperatur (°C)	Förder-Leistung 1980 (l/sek.)
1) Reykjavík (RDHS)	1930	114400	80	2150
2) Mosfellshreppur	1943	3100	80	
3) Ólafsfjörður	1944	1200	57	42
4) Selfoss	1948	3500	82	120
5) Hveragerði*	1952	1200	80–85	–
6) Sauðárkrókur	1953	2200	66–68	86
7) Laugarás	1964	100	96	45
8) Flúðir	1967	200	80	38
9) Vestmannaeyjar*	1967	4000	75	–
10) Dalvík	1969	1300	62	69
11) Reykjahlíð*	1969	200	80	–
12) Húsavík	1970	2600	80	42
13) Seltjarnarnes	1972	3300	83	48
14) Hvammstangi	1973	600	78–80	19
15) Hrísey	1973	300	56	7
16) Reykhólar	1974	100	100	17
17) Siglufjörður	1975	1800	80	27
18) Suðurnes*	1975	13300	80–88	
19) Akureyri	1977	10500	80	190
20) Suðureyri	1977	500	60	22
21) Blönduós	1978	1000	60	45
22) Þorlákshöfn	1979	800	84–86	40
23) Egilsstaðir	1979	1200	59	14
24) Brautarholt	1979	100	73	5
25) Bessastaðahreppur	1980	500	60	
26) Akranes und Borgarfjörður	1980	4300	70	
27) Eyrar	1981	900	64	

* In Hochtemperaturgebieten

Quelle: J. S. Guðmundsson 1982.

über ihre Menge bestehen, groß. S. S. Guðmundsson (1980, S. 1) schätzt, daß in den 19 bekannten Gebieten 3000 MW zur Verfügung stehen, und einschließlich der potentiellen Gebiete könnten es 3500 MW sein. Valfells (1979, S. 21) beziffert in einer Studie die Kapazität der Hochtemperaturgebiete auf 5700 MW. Ihre augenblickliche Nutzung ist im Vergleich zu den geschätzten Vorräten gering. Wie in Tab. 26 ersichtlich, werden durch die Fernheizungs-Einrichtungen von Vestmannaeyjar, Hveragerði, Suðurnes und Reykjahlíð ca. 19000 Einwohner versorgt. In den Blickpunkt des Interesses ist aber die Verstromung der Hochthermal-Energie gerückt, obgleich diese Form der Nutzung einige Schwierigkeiten bereitet.

Heute gibt es in Island drei geothermale Kraftwerke oder -stationen. Sie befinden sich in Námafjall, an der Krafla in der Nähe des Mývatn (Nordisland) und auf der Reykjanes-Halbinsel (Svartsengi). Ihre Gesamtkapazität beträgt 41 MW, die aber nicht voll ausgenutzt werden kann. Im Vergleich zu der 1981 vorhandenen Gesamtkapazität der Wasserkraftwerke mit 612 MW oder der Kapazität der geothermalen Kraftwerke der USA (1136 MW) oder Italiens (426 MW) ist damit die Leistungsfähigkeit der isländischen Werke gering. Das Kraftwerk in Námafjall hat seine Entstehung einem besonderen Umstand zu verdanken. Zunächst hatte man 1950 im Ostteil von Námafjall Bohrungen niedergebracht, um Erfahrungen in der Gewinnung von Schwefel aus Schwefelwasserstoff, der dem Dampf entzogen werden sollte, zu sammeln. Dieser Plan ließ sich nicht realisieren, aber kurze Zeit später wurden im Mývatn die Diatomeen-Vorkommen entdeckt. Erste Bohrungen nach Dampf erfolgten 1963, und nach einer Studie von S. S. Einarsson (1967) erschien es rentabel, für die Trocknung und Aufbereitung des Diatomeenschlamms ein kleines Kraftwerk zu bauen. Neben der Stromversorgung sollte das Kraftwerk auch als Studienobjekt für die weitere Planung und Betreibung von geothermalen Elektrizitätswerken dienen. Im Jahre 1969 wurde das Werk in Betrieb genommen, mußte aber wegen der wachsenden vulkanischen Aktivitäten Ende der 70er Jahre (durch einen Bohrschacht in unmittelbarer Nähe des Werkes wurde im September 1977 sogar Schlacke gefördert) und wegen zu geringer Dampfproduktion vorübergehend stillgelegt werden. Bis 1980 nahm die Kapazität um 50% ab. Hier offenbarten sich also die Schwierigkeiten, die mit der Energienutzung in der aktiven vulkanischen Zone verbunden sind. Trotzdem entschied sich das Parlament für den Bau eines weiteren Kraftwerkes in unmittelbarer Nachbarschaft, d. h. am Südrand der Krafla. Begründet wurde die Entscheidung damit, daß die Laxá-Werke, eines der kleineren Elektrizitätsunternehmen, planten, die Kapazität des Wasserkraftwerkes Laxá (20 MW) zu erhöhen, was den Bau eines höheren Dammes erforderte und damit auf die strikte Ablehnung der anwohnenden Bevölkerung und der Umweltorganisationen stieß. Der Plan wurde später fallengelassen. Statt dessen wuchs zur Deckung des angenommenen Strombedarfs das Interesse an der Erstellung eines geothermalen Kraftwerkes, das nach der Billigung des Parlaments im Jahre 1974 an der Krafla mit einer Kapazität von 55 MW gebaut werden sollte. Die Ereignisse nach der Inbetriebnahme im Jahre 1977 entwickelten sich zu einem kontroversen Gegenstand der isländischen Politik (J. S. Guðmundsson 1983, S. 705). Zudem verzögerten Schwierigkeiten in der Dampfversorgung die Aufnahme der Stromproduktion um ein Jahr. In dem Kraftwerk arbeitet(e) eine Turbine mit einer Kapazität von 30 MW, obwohl nur für 7 MW Dampfressourcen zur Verfügung standen. Nichtkondensierende Gase (H_2S, CO_2) störten außerdem den Turbinenlauf. Wegen der unsicheren Situation mußte schließlich, um die Stromversorgung in Nordostisland zu gewährleisten, von Südisland her eine 132-kV-Leitung gebaut werden. Um das Kraftwerk voll auszulasten, wird mehr Dampf benötigt, den man in einem Feld im Osten der Krafla zu finden hofft. Allerdings sind hierfür kostspielige Investitionen für weitere Bohrungen erforderlich. Dennoch waren die Erfahrungen aus wissenschaftlicher Sicht nach den bislang gemachten Erfahrungen wertvoll, denn man konnte neue Erkenntnisse über den Aufbau und die Entstehung von Hochtemperatur-Gebieten gewinnen (STEFÁNSSON 1981, S. 293), die sicherlich für spätere Erschließungsprojekte von Nutzen sein werden. Großes Interesse erweckte die Tätigkeit des regionalen Heizkraftwerkes von Suðurnes auf der Halbinsel Reykjanes, denn jenes Werk ist das erste Kraftwerk in Island, das elektrische und thermale Energie produziert. Diese Produktionsform wird in Zukunft weitgehend in Hochtemperaturgebieten Verwendung finden (wo in einem Werk elektrischer Strom erzeugt und die thermale Energie für chemische Produktion genutzt wird). Ein diesbezüglicher Anfang ist schon in dem Reykjanes-Hochtemperaturfeld erfolgt, wo in einem kleinen Werk aus thermaler Sole Salz für die Fischindustrie gewonnen werden soll. Zunächst ist an die Produktion von 7000 t/Jahr gedacht. Bei einem Erfolg dieses Vorhabens soll die Produktion durch den Bau eines neuen Werkes auf 40000 t/Jahr erhöht werden (J. S. GUÐMUNDSSON 1983, S. 511).

Der Hauptkonkurrent der Hochtemperatur-Energie ist die Wasserkraft, die im reichlichen Maße und billig zur Verfügung steht. Welche Rolle die geothermale Energie in der Stromproduktion zukünftig spielen wird, ist noch nicht ersichtlich. Wegen der ungünstigen Erfahrungen mit dem Krafla-Projekt kann hinsichtlich dieser Energienutzung nur von einem vorsichtigen Optimismus gesprochen werden. Es wird sicherlich noch einige Zeit dauern, bis die für mindestens 50 Jahre zur Verfügung stehenden 3500 MW der Hochtemperaturgebiete rentabel genutzt werden können. Bis zum Jahre 2000 wird wohl die Wasserkraft die für die Stromproduktion billigere Energieform sein.

11.4.2. Bedeutung und Nutzung der Wasserkraft

Die Wasserkraft spielt in der Energieversorgung Islands – wie bereits mehrfach angedeutet – eine hervorragende Rolle. Die Erzeugung der Hydroelektrizität nahm ihren Anfang, als im Jahre 1904 die erste Station mit einer Leistung von 9 kW zu arbeiten begann. Es dauerte allerdings noch bis nach dem Zweiten Weltkrieg, bis größere Kraftwerkseinheiten gebaut wurden (siehe Tab. 27).

Das Wasserkraftpotential beläuft sich nach neuesten Berechnungen (da die Wasserfälle Naturdenkmäler sind, blieb ihre Energie unberücksichtigt), die auf einer systematischen Erfassung der Kapazitäten des ganzen Landes beruhen, auf 64 TWh/Jahr (TWh = Milliarden Wattstunden), die einer installierten Kraftwerks-

Tab. 27: Die Kapazität der in Betrieb befindlichen Wasser- und Wärmekraftwerke Islands

Jahr	1910	1920	1930	1940	1950	1960	1970	1980
Wasserkraft (MW)	0,037	0,244	2,4	15,4	30,8	105,0	243,8	541,9
Wärme (MW)	–	0,111	0,6	1,1	13,4	17,0	90,3	128,4

MW = Megawatt
Quelle: Orkustofnun 1981.

kapazität von 7300 MW entsprechen. Diese Energiemenge ist etwa doppelt so groß wie die geschätzten Kapazitäten der gesamten Hochtemperaturgebiete. Dieser Schätzung liegen aber nur die wirtschaftlichen Aspekte ohne die Folgen für die Umwelt zugrunde. Von höchster wirtschaftlicher Bedeutung sind vor allem die Potentiale des Hochlandes mit einem fast 50%igen Anteil an der Schätzung. Für ihre Nutzung existieren schon Pläne, die von der Nationalen Kraftwerksgesellschaft (Landsvirkjun) erarbeitet wurden und heute in der isländischen Bevölkerung kontrovers diskutiert werden.

Nach dem Stand von 1980 steht für die Gewinnung von elektrischem Strom aus Wasserkraft eine Kapazität von 612 MW zur Verfügung, wobei ca. 80 % dieser Energie in den Flußsystemen von Sog, Tungnaá und Þjórsá liegen. Der Stromverbrauch spiegelt die Wirkung des neuen wirtschaftlichen Zeitalters in Island wider, das mit der Einführung energieintensiver Industrien und der Aufnahme der Aluminiumproduktion im Jahre 1969 seinen Anfang nahm. Mehr als die Hälfte der 1980 produzierten Elektrizität oder 57 % wurden von diesen Industrien (Aluminium 41 %, Ferrosilikon-, Düngemittelfabrik usw. 16 %) benötigt. Etwa 15 % der Stromerzeugung für die Raumheizung verbrauchten jene Regionen, in denen keine Geothermalenergie eingesetzt wird bzw. werden kann. Elektrisch beheizt werden vor allem West- und Ostisland mit den zentralen Orten Ísafjörður, Bolungarvík, Ólafsvík und Höfn. Weiterhin wurden etwa 9 % der Elektrizität in den Haushalten verbraucht. Die Stromlieferanten sind in staatlichem und kommunalem Besitz befindliche Gesellschaften, deren größte die Elektrizitäts-Gesellschaft Landsvirkjun, die Nationale Kraftwerksgesellschaft, ist. Sie wurde im Jahre 1965 gegründet und befindet sich im Besitz des Staates und der Stadt Reykjavík. Als führender Stromproduzent und -lieferant (etwa 85 %) versorgt sie die großen Industriebetriebe und die meisten Verteilersysteme.

Von den 1980 in Island produzierten 3142 GWh (Gigawattstunden) entfielen 3053 GWh oder 97,2 % auf die Hydroelektrizität, nur je 1,4 % wurden von geothermalen und mit Brennstoff betriebenen Kraftwerken (Thermalkraftwerken) erzeugt. Mit 54 MW beträgt der Anteil der Thermalkraftwerke an der Gesamtkapazität etwa 9 %. Ihre geringe Auslastung beruht darauf, daß sie nur in Hauptbelastungszeiten, bei niedrigem Wasserstand oder in Störfällen als ›Notstromaggregate‹ in Betrieb genommen werden, um die Versorgung sicherzustellen.

Das Versorgungsnetz ist so weit ausgebaut, daß nahezu die gesamte Bevölkerung mit Strom beliefert werden kann. Nur einzelne, entlegene Anwesen sind auf die Versorgung durch kleine öl- oder benzinbetriebene Aggregate angewiesen.

Bezogen auf die Einwohnerzahl ist die Stromerzeugung in Island mit 13777 KWh/Kopf (1980) eine der höchsten der Welt (siehe Tab. 31). In Europa wird diese Zahl nur von den Norwegern mit 20405 KWh/Kopf übertroffen, wo die Elektrizität ebenfalls fast ausschließlich aus der Wasserkraft gewonnen wird (99,8 %).

11.4.3. Importe von Energieträgern

Wenn auch Island den größten Teil des Energiebedarfs aus eigenen Quellen deckt, so ist es wegen des völligen Mangels eigener Brennstoffe doch auf die Einfuhr von Erdöldestillaten und Kohle angewiesen, denn ohne diese Kraftstoffe kämen das gesamte Transportwesen, aber auch sein wichtigster Wirtschaftszweig, die Fischerei, zum Erliegen. Trotz der Einsparungen in der Raumheizung (die Einfuhr von Erdölprodukten ist diesbezüglich um 10,4 % im Zeitraum 1970–80 zurückgegangen) mußten 1980 noch 542000 t Erdölprodukte eingeführt werden (vgl. Tab. 32). Der Heizölverbrauch wurde in den letzten Jahren einerseits durch den Ausbau der Fernheizung zwar reduziert, andererseits wurde dieser Rückgang durch einen erhöhten Verbrauch an Fahrzeugkraftstoffen z. T. wieder ausgeglichen. Da Island keine Raffinerie besitzt, kann es nur Erdölprodukte einführen, wovon über die Hälfte aus der Sowjetunion stammt. Die Hauptexporteure für die fossilen Brennstoffe nach Island waren im Jahr 1980 (Orkustofnun 1981, S. 94 f.):

1. Sowjetunion 358219 t (Benzin, Diesel, Heizöl)
2. Niederlande 134378 t (Benzin, Flugzeugkraftstoff, Diesel)
3. Portugal 30661 t (Flugbenzin, Diesel)
4. Großbritannien 19856 t (Flugzeugkraftstoff, Koks, Diesel)
5. Bundesrepublik Deutschland 18299 t (Diesel)

Eine Berechnung des Gesamtenergieverbrauchs in Island erweist sich als sehr schwierig, da die Mengen der Niedertemperatur-Energie kaum zu ermitteln sind. Auf der Basis der Erdölprodukte wird der Vergleich von Orkustofnun (1981, S. 7) angestellt. Danach wurden 1980 in Island folgende Energiemengen verbraucht (siehe Tab. 28, S. 264).

Aus der tabellarischen Übersicht geht hervor, daß im Jahre 1980 etwa zwei Drittel des Energiebedarfs aus eigenen Energiequellen bestritten wurden. Zur Zeit wird aber nur ein Bruchteil des isländischen Energiepotentials (etwa 20 % der gesamten geothermalen Energie, 9 % der Wasserkraft) ausgeschöpft. In einem behutsamen, umweltbewußten Ausbau dieser Energiereserven steckt für Island die Chance, seinen Einwohnern jenen Lebensstandard zu erhalten, der durch die

Tab. 28: Der Brutto-Energieverbrauch in Island 1980

Energieart	Menge in 1000 t Erdölprodukte	%
Wasserkraft	714	41,6
Geothermische Energie	440	25,6
Erdölprodukte	542	31,6
Kohle	20	1,2
Gesamt	1716	100,0

Fischerei- und Landwirtschaft nicht mehr gewährleistet werden kann, da diese Wirtschaftszweige nicht mehr wie im früheren Maße expansionsfähig sind. Es wird erwartet, daß die Bevölkerung bis zum Jahr 2000 auf etwa 280000 Einwohner zunimmt (Iceland Energy Forecast Committee 1981), so daß bis dahin für zusätzliche 50000 Personen Grundlagen für ihren Lebensunterhalt geschaffen werden müssen. Diese Aufgabe soll vor allem durch die Ansiedlung neuer, energieintensiver Industrien bewältigt werden. Unter anderem soll unter Ausnutzung der Hochthermal-Energien Methanol für die Betreibung von Kraftfahrzeugen hergestellt werden. In einer Studie von EINARSSON & LÜTTIG (1976) wird sogar die Frage einer Ausfuhr von Energien in Form flüssigen Wasserstoffs angeschnitten.

Tab. 29: Der Energie-Bruttoinlandsverbrauch von Island, verschiedenen Ländern Europas, Japan, Kanada, der Sowjetunion und den USA

Land	Gesamtverbrauch (Mill. t RÖE)	Verbrauch/Einwohner (t RÖE)	*Anteil versch. Energieträger (%)*					
			Kohle	Rohöl	Naturgas	Kernenergie	Primärelektr.	Erdwärme
Belgien	45,7	4,64	24,0	50,1	19,5	6,8	−0,4	–
Bundesrepublik Deutschland	270,1	4,39	30,6	47,7	16,5	4,1	1,1	–
Dänemark	19,1	3,73	30,4	69,1	–	–	0,5	–
Finnland	18,2	3,81	22,0	57,7	5,0	10,4	5,0	–
Frankreich	184,5	3,44	16,9	59,2	11,7	8,8	3,4	–
Griechenland	15,3	1,61	22,2	75,8	–	–	1,9	–
Großbritannien	199,9	3,57	35,0	39,7	20,0	5,2	0,2	–
Irland	8,4	2,46	23,8	66,7	8,3	–	1,2	–
Island	*1,7*	*7,49*	*1,2*	*31,6*	–	–	*41,6*	*31,6*
Italien	132,0	2,31	8,3	70,4	17,2	0,5	3,5	–
Japan	310,6	2,66	17,8	65,3	7,5	6,7	2,6	–
Kanada	176,8	7,38	11,5	46,1	25,4	6,3*	10,7	–
Luxemburg	3,6	9,40	50,0	30,6	11,1	–	2,8	–
Niederlande	65,1	4,60	6,6	44,8	46,8	1,7	–	–
Norwegen	18,1	4,43	5,5	48,6	7,7	–	38,7	–
Österreich	21,5	2,87	16,7	53,5	20,0	–	9,8	–
Portugal	7,5	0,76	5,3	84,0	–	–	10,7	–
Schweden	35,1	4,22	4,6	61,3	–	19,9*	14,3	–
Schweiz	18,6	2,92	2,7	61,8	4,8	19,4*	11,3	–
Sowjetunion	1034,7	3,90	33,3	33,6	30,1	1,8*	1,3	–
Spanien	66,2	1,77	24,6	66,6	2,7	2,3*	3,8	–
USA	1677,3	7,37	22,6	41,2	30,6	4,1*	1,5	–

* Schätzung der erzeugten Wärmekraft/Reaktor
RÖE = Rohöleinheiten

Quelle: Orkustofnun 1981 und Eurostat 1982.

Tab. 30: Der Energieverbrauch Islands im Vergleich mit den 10 EG-Staaten im Jahre 1980

Land	Gesamt-verbr. (Mill. t RÖE)	Industrie	Verkehr	Haushalte, Handel Dienst-leistungsb.	Sonstige
Island	1,716	28,8	11,3	45,5	14,4
Belgien	45,7	28,3	12,7	28,7	30,3
Bundesrepublik Deutschland	270,1	24,1	15,0	28,1	32,8
Dänemark	19,1	19,8	16,5	39,8	23,9
Frankreich	184,5	24,2	17,2	27,9	31,0
Griechenland	15,3	25,7	25,5	17,9	30,9
Großbritannien	199,9	20,7	16,6	28,1	34,6
Irland	8,4	11,6	20,6	32,4	35,4
Italien	132,0	28,3	18,6	25,6	27,5
Luxemburg	3,6	66,4	14,4	17,2	2,0
Niederlande	65,1	21,3	13,2	31,7	33,8

RÖE = Rohöleinheiten

Quelle: Orkustofnun 1981 und Eurostat 1982.

Tab. 31: Die Erzeugung elektrischer Energie (Nettoerzeugung) von Island, verschiedenen Ländern Europas, Japan, Kanada, der Sowjetunion und den USA

Land	Gesamt-erzeugung (GWh = 1 Mill. kWh)	Erzeugung/ Einwohner/ (kWh)	*Anteile der Energieträger (%)*			
			Wasser-kraft	Erd-wärme	Kern-wärme	Herkömml. Wärme
Belgien	51 015	5 175	1,6	–	23,3	75,1
Bundesrepublik Deutschland	347 453	5 644	5,3	–	11,9	82,8
Dänemark	23 885	4 662	0,1	–	–	99,9
Finnland	38 725	8 103	26,1	–	17,2	56,7
Frankreich	246 597	4 591	28,3	–	23,5	48,2
Griechenland	21 288	2 218	16,0	–	–	84,0
Großbritannien	266 312	4 754	1,9	–	12,1	86,0
Irland	10 299	3 028	11,1	–	–	88,9
Island	*3 155*	*13 766*	*96,9*	*1,6*	–	*1,5*
Italien	174 823	3 063	25,5	1,5	1,2	71,7
Japan	549 517	4 705	16,6	0,4	14,2	68,9
Kanada	366 677	15 316	68,4	–	9,8	21,8
Luxemburg	1 056	2 893	26,0	–	–	74,0
Niederlande	62 040	4 384	–	–	6,4	93,6
Norwegen	83 191	20 360	99,8	–	–	0,2
Österreich	40 784	5 434	70,4	–	–	29,6
Portugal	14 550	1 472	54,4	–	–	45,6
Schweden	94 111	11 324	61,8	–	27,0	11,2
Schweiz	48 162	7 566	69,6	–	28,4	2,0
Sowjetunion	1 220 000	4 594	15,0	–	5,6	79,2
Spanien	105 212	2 811	28,9	–	4,7	66,2
USA	2 354 359	10 342	11,8	0,2	10,7	77,3

Quelle: Orkustofnun 1981, Eurostat 1982.

Tab. 32: Der Verbrauch von Mineralölprodukten in Island von 1972 bis 1980

Eingeführte Brennstoffe	1972 %	1973 %	1974 %	1975 %	1976 %	1977 %	1978 %	1979 %	1980 %
Kraftstoff für Jets und Flugzeuge	15,0	13,4	12,5	11,4	11,4	11,5	11,6	11,8	8,9
Diesel und Benzin für Kraftfahrzeuge	16,6	17,0	17,6	17,9	18,9	19,0	19,3	18,7	21,2
Diesel für Fischereischiffe	13,8	14,4	18,7	21,1	21,5	22,0	23,0	19,9	18,6
Heizöl für Raumheizung	28,1	26,9	24,1	23,3	20,3	17,6	15,8	14,2	11,0
Diesel für Stromerzeugung	2,0	3,3	3,1	3,1	2,4	2,3	2,0	2,2	2,0
Leichtölverbrauch in Industrie etc.	7,0	6,5	6,8	6,3	6,0	6,1	6,0	6,2	6,2
Petroleum	0,2	0,3	0,3	0,3	0,3	0,3	0,3	0,3	0,3
Heizölreserven	17,3	18,2	16,9	16,6	19,2	21,2	22,0	26,7	31,7
Summe	100,0	100,0	100,0	100,0	100,0	100,0	100,0	100,0	100,0
Importierte Brennstoffe (in t)	543 994	592 779	587 942	574 137	548 880	591 121	602 885	604 983	542 083

Quelle: Orkustofnun 1981.

12. VERKEHRSGEOGRAPHISCHE PROBLEME

12.1. Der Landverkehr

Bis in das späte 19. Jahrhundert hinein war in Island das Pferd das einzige Verkehrsmittel für den Überlandverkehr. Das Land konnte, da es dort nie eine Eisenbahn gegeben hat, nur über Tragtierpfade bereist werden. So gestaltete sich eine Durchquerung des Landesinneren wegen der außergewöhnlichen klimatischen und morphologischen Bedingungen als ein abenteuerliches Unterfangen. Erst mit dem Beginn des Wegebaus für den Wagenverkehr im Jahre 1880 wurde das Reisen zunächst im Südwesten bequemer und der Transport von Gütern effektiver. Der erste ausgebaute Weg führte von Reykjavík über die Höhen des Hengill-Gebietes zur Südküste (Þórarinsson 1974, S. 223). Nach der Jahrhundertwende fing die verkehrsmäßige Erschließung der Insel mit der planmäßigen Anlage eines Straßennetzes für Pferdefuhrwerke an. Doch schon bald darauf kündigte sich auch in Island das Kraftfahrzeug-Zeitalter an; denn im Jahre 1913 wurde das erste Automobil eingeführt. Der Ausbau der Straßen schritt anfangs nur zögernd voran. Bis zum Jahre 1924 waren erst etwa 1000 km befahrbare Wege fertiggestellt worden. Aber bereits 1937 verfügte Island mit ca. 6800 km National-, Provinz- und Gemeindestraßen (Hagstofa 1976, S. 144) über ein Straßen- bzw. Wegenetz, das alle wichtigen Bezirke miteinander verband. In der Nachkriegszeit schritt der Straßenbau etwa bis zum Jahre 1965 mit unverminderter Geschwindigkeit voran, als insgesamt rd. 11 600 km überörtlicher Straßen fertiggestellt worden waren. Obwohl mittlerweile Straßenverbindungen zu allen größeren Ansiedlungen existierten, blieb in der etwa 1400 km langen Ringstraße um die Insel, die Reykjavík, Akureyri, Egilsstaðir und sämtliche wichtigen Orte des Südens miteinander verbindet, noch eine große Lücke im Gebiet des Skeiðarársandur zurück, die erst durch umfangreiche Dammbauten und durch den Bau einer großen Brücke im Jahre 1976 geschlossen werden konnte. Inzwischen sind alle bewohnten Regionen des Landes mit Straßen verbunden, wofür der isländische Staat wegen der ungünstigen Straßenbaubedingungen mehr Geld pro Kopf der Bevölkerung bereitstellen mußte und muß, als es in anderen Ländern der Fall ist. So zahlte die isländische Regierung in den 1970er Jahren 9–15 % des Staatshaushaltes für den Straßen- und Brückenbau (Þórarinsson 1974, S. 223). Allerdings stagniert seit dem Jahre 1965 praktisch der Bau neuer Straßen, denn innerhalb der 17 Jahre bis 1982 wurden nur etwa 200 km neue Straßen gebaut (nach Bifreiðaskýrsla 1982, S. 23 betrug die Gesamtlänge des isländischen Straßennetzes am 1. 1. 1982 11 817 km). Aus den Ausgaben für das Straßenwesen von 1960 bis 1974 (Hagstofa 1976, S. 144) wird ersichtlich, daß im Gegensatz zu den vorangegangenen Jahren seit 1965 der Anteil der bereitgestellten Mittel für den Straßen- und Brükkenbau von etwa 50 % auf knapp 70 % angestiegen ist. Der Ausgabenanteil für die Unterhaltung der Straßen nahm in gleichem Maße ab. Mit dem rapide angestiegenen Autoverkehr (im Jahre 1965 betrug der Kraftfahrzeugbestand in Island 35 500 gegenüber 22 000 im Jahre 1960 und 11 000 im Jahre 1950) mußte das wenig leistungsfähige Schotterstraßensystem modernisiert werden und einen festen Belag erhalten (Island besaß bis zum Jahre 1970 nur 47 km asphaltierte Straßen). Diese Maßnahmen wurden so weit forciert, daß noch während der 1970er Jahre pro Jahr 10 bis 40 km Asphaltstraße fertiggestellt werden konnten und in den 1980er Jahren eine Zunahme von 100 km/Jahr zu verzeichnen war. Ende 1982 gab es in Island 650 km Straßen mit einem festen Belag. Die Modernisierungsmaßnahmen konzentrieren sich hauptsächlich auf die Ringstraße (Nationalstraße 1), von der bereits große Teilstücke zwischen Reykjavík und Akureyri (ca. 30 % oder etwa 150 km) sowie das Teilstück zwischen Reykjavík und Hvolsvöllur (ca. 100 km) vollständig asphaltiert sind. In den 1990er Jahren soll der Ausbau dieser Nationalstraße abgeschlossen sein. Ein Ausbau der Pisten durch das Hochland ist nicht vorgesehen.

Die Mobilität des isländischen Volkes ist u. a. auch am Kraftfahrzeugbestand zu ermessen, der im Jahre 1982 101 617 Kraftfahrzeuge, einschließlich der Lastwagen, Omnibusse und Motorräder, erreichte (Hagtíðindi 1982, S. 176[32]).

Mit rd. 87 000 im Jahre 1981 zugelassenen Personenkraftwagen oder 376 PKW/1000 Einwohner besitzt Island nach der Bundesrepublik Deutschland (385 PKW/1000 Einwohner, Eurostat 1983, S. 217) den zweithöchsten Personenkraftwagen-Bestand in Europa und damit auch einen der höchsten in der Welt. In der Zeit von 1979 bis 1982 hat sich die Zahl der Personenkraftwagen um fast 20 % erhöht, was trotz aller Energiesparmaßnahmen eine höhere Kraftstoffeinfuhr erforderlich machte (vgl. Tab. 32). Die Zunahme des Kraftfahrzeugbestandes zeigt sich besonders im Verdichtungsraum um die Hauptstadt Reykjavík; so wurde nach Verkehrszählungen der Straßenbaubehörde Islands (Vegagerð Ríkisins) im Jahre 1982 die Verbindungsstraße zwischen Reykjavík und Hafnafjörður im Jahresmittel täglich von 23 000 Kraftfahrzeugen befahren, was durchaus dem Verkehrsaufkommen auf Ausfallstraßen bundesdeutscher Großstädte entspricht. Mit dem zunehmenden Autoverkehr werden aber allmählich auch die nachteiligen Auswirkungen dieser von den Isländern so geschätzten Mobilität sichtbar; denn über Reykjavík lastet bereits zeitweise ein bräunlicher, mit Schadstoffen angereicherter Dunstschleier, wie man ihn schon seit Jahren in Mitteleuropa kennt. Außerhalb der Hauptstadtregion nimmt die Verkehrsdichte stark ab. Von den Nationalstraßen werden nur die Transferstrecke von Reykjavík nach Keflavík

[32] Die Zahlen wurden der bfai-Marktinformation, Bundesstelle für Außenhandelsinformation, Köln, Jan. 1984, entnommen.

(1982 durchschnittlich ca. 3000 Kraftfahrzeuge/Tag), die Verbindungsstrecke zum dichter besiedelten Tiefland im Süden (ca. 2300 Kfz/Tag) sowie die Straße von Reykjavík nach Akureyri (ca. 300 Kfz/Tag) in stärkerem Umfang benutzt. Soweit Zählungsergebnisse vorliegen, kann der Kraftfahrzeugverkehr auf den Nationalstraßen in den anderen Teilen mit z. T. weniger als 100 Kraftfahrzeugen/Tag als gering bezeichnet werden. Die Zählungen deckten auch ein kurioses Verhalten isländischer Autofahrer auf, wie man es z. B. in entlegenen Ortschaften wie Ísafjörður oder Höfn beobachten kann. Dort werden die kurzen Strecken der Ausfallstraßen oft in einer Art Autokorso besonders von jugendlichen Fahrern täglich mehrmals benutzt. So wurden am Rande von Ísafjörður (ca. 3300 Einwohner) ca. 2100 Fahrzeuge/Tag gezählt.

Die Verbesserung des Straßennetzes hat bereits zur Verkürzung der Reisezeiten im Überlandverkehr geführt. Möglicherweise wird dadurch der Busverkehr an den Flugverkehr verlorengegangenes Terrain in Zukunft zurückgewinnen.

12.2. Der Flugverkehr

Im Transportwesen erlangte der Flugverkehr nach dem Zweiten Weltkrieg zunehmende Bedeutung. Mittlerweile ist das Flugzeug für den Isländer ein alltägliches Verkehrsmittel geworden. Die Anfänge der isländischen Luftfahrt liegen etwa 65 Jahre zurück. Nur sechs Jahre nach der Einfuhr des ersten Automobils erhielt Island im Jahre 1919 sein erstes Flugzeug (Þórarinsson 1974, S. 224). Ein erster Versuch nach der Gründung einer isländischen Fluggesellschaft im Jahre 1928, den Flugbetrieb über Island aufzunehmen, mißlang, da die Firma schon nach wenigen Jahren wieder aufgeben mußte. Erst im Jahre 1938 gelang mit der Gründung der Icelandair (Flugfélag Íslands) ein neuer Anfang. Neben dem innerisländischen Betrieb wurden auch Fluglinien nach Norwegen, Schweden, Dänemark, England und Schottland eröffnet. Ab 1944 bediente als zweite isländische Fluggesellschaft die neu gegründete Loftleiðir (Icelandic Airlines) ebenfalls bis 1952 die innerisländischen Flugrouten. Danach konzentrierte sie sich dann auf Flüge zwischen New York und verschiedenen Ländern Westeuropas über Island. Heute besitzt Island eines der dichtesten Flugnetze der Erde; so können 16 Orte in den verschiedensten Regionen des Landes von Reykjavík aus mit regelmäßig verkehrenden Flugzeugen erreicht werden. Selbst entlegene Ortschaften, wie z. B. Raufarhöfn mit nur ca. 500 Einwohnern, Borgarfjörður (ca. 150 Einwohner), Þórshöfn (ca. 450 Einwohner) im äußersten Osten bzw. Nordosten, werden während der Sommermonate wöchentlich vier-, drei- bzw. fünfmal angeflogen. Die Isländer haben sich schnell daran gewöhnt, das modernste Verkehrsmittel für ihre Reisen zu benutzen; denn ein Inlandflug ist nur unwesentlich teurer als eine Bus- oder PKW-Reise und dauert auch zu den entlegensten Orten etwa nur ein Fünftel bis ein Zehntel der Fahrtzeit. So drückt sich die Beliebtheit und die Not-

*Tab. 33: Das Passagieraufkommen im in- und ausländischen Flugverkehr Islands**
1972 bis 1982

	1972	1973	1974	1975	1976	1977
Anzahl der Passagiere im inländ. Verkehr	154 148	183 287	221 420	225 197	216 309	285 854
Anzahl der Passagiere im ausländ. Verkehr	393 562	474 465	409 895	374 039	381 993	381 993

	1978	1979	1980	1981	1982
Anzahl der Passagiere im inländ. Verkehr	280 423	277 103	261 624	272 185	221 296
Anzahl der Passagiere im ausländ. Verkehr	426 119	420 077	302 631	285 483	324 874

* Ohne Charterverkehr, der im Jahre 1982 etwa 15 % des Gesamtaufkommens erreichte.
Quelle: ›Flugmálastjórn Íslands‹ 1982 und ›Nordisk Statistisk Årsbok‹ 1983.

wendigkeit, in Island mit dem Flugzeug zu reisen, in einem raschen Anstieg der Passagierzahlen während der letzten 25 Jahre aus (vgl. auch Tab. 33); z. B. wurden im Jahre 1960 auf den Inlandflügen rd. 52 000 Passagiere transportiert. Nach zehn Jahren hatte sich bereits ihre Zahl verdoppelt. Nur vier Jahre später verdoppelte sich das Passagieraufkommen trotz weltweiter Rezession nach dem Ölschock im Jahre 1974 abermals auf etwa 221 000 Personen. Seitdem schwanken die Passagierzahlen um 270 000 pro Jahr bei einer Sitzplatzausnutzung von ca. 60 %.

Neben dem Personenverkehr ist das Flugzeug in Island auch ein wichtiges Transportmittel für Güter verschiedenster Art (landwirtschaftliche Produkte, Post, Ersatzteile für Maschinen usw.) und für die schnelle Versorgung erkrankter oder verunglückter Menschen. Es ist verhältnismäßig leicht, auf den zahlreichen Kies- und Ascheflächen Rollbahnen zu errichten, so daß Island eine Vielzahl von Flugfeldern besitzt, die sich über das gesamte Land verteilen. Sogar unwirtliche Regionen wie z. B. die Wüstenlandschaften im zentralen Hochland können mit dem Flugzeug erreicht werden. Obwohl Island 1981 bereits 116 Rollbahnen (davon acht geschlossen, Flugmálastjórn Íslands 1982, S. 29f.) mit einer Mindestlänge von 250 m (28 Bahnen sind länger als 1000 m) besaß, werden noch weitere Flugfelder angelegt. Für Starts und Landungen von Großraumflugzeugen ist allerdings nur der internationale Flughafen von Keflavík geeignet. Im Inlandverkehr wurden in Reykjavík nach den Zahlen von 1981 45,8 %, in Akureyri 18,4 %, in Ísafjörður 7,4 %, in Egilsstaðir 6,8 % und auf den Vestmannaeyjar 5,4 % des Flugbetriebes abgewickelt (Flugmálastjórn Íslands 1982, S. 11).

Der internationale Flugverkehr wird von der Icelandair (Flugleiðir), einer Fluggesellschaft, die im Jahre 1973 aus dem Zusammenschluß der Gesellschaften Loftleiðir Icelandic Airlines und Icelandair hervorging, bestritten. Da die Icelandair nicht dem Internationalen Verband der Flugverkehrsunternehmen (IATA) angehört, ist sie auch an keine Preisabsprachen gebunden. Somit konnte sie durch niedrige Preisangebote während der 1970er Jahre einen etwa 3%igen Anteil im Transatlantik-Geschäft erringen. Ihre Flüge von Europa nach Amerika oder umgekehrt führen über Island und können dort mit einem Kurzurlaub verbunden werden. Im internationalen Verkehr wurden von isländischen Flugzeugen im Jahre 1981 ca. 285 000 Passagiere transportiert (siehe Tab. 33). Das ist das niedrigste Passagieraufkommen seit den 1960er Jahren, aber offensichtlich scheint der Anteil auf den internationalen Routen wieder anzusteigen, denn nach den neuesten Zahlen des ›Nordisk Statistisk Årsbok‹ (1983, S. 229) wurden im Jahre 1982 etwa 325 000 Passagiere transportiert. Im internationalen Verkehr sind die isländischen Flugzeuge zu etwa 75 % besetzt.

12.3. Der Seeverkehr

Island ist aufgrund seiner peripheren Lage fernab der europäischen und amerikanischen Wirtschaftsräume (siehe Kap. 1) und seiner begrenzten wirtschaftlichen Möglichkeiten in besonders starkem Maße von der Schiffahrt abhängig. Wegen der fehlenden Bodenschätze müssen außer Kiesen, Sanden und Aschen als Rohstoffe für den Bausektor nahezu sämtliche benötigten Massengüter, wie z. B. Kohle, Holz usw., per Schiff importiert werden. Island verfügt für diesen Transport vorwiegend über kleinere Einheiten, die 1965 etwa zur Hälfte Ex- und Importgüter transportierten (Þórarinsson 1974, S. 223). So besaß Island im Jahre 1983 fünf Öltanker mit einer Gesamttonnage von 3052 BRT. Die Zahl der Trockenfrachter betrug im gleichen Jahr 46 Einheiten (zusammen 65 775 BRT)[33].

Die Küstenschiffahrt ging in den letzten Jahren infolge des Straßenausbaus, aber auch der Konkurrenz des Flugzeuges rapide zurück und kann praktisch ohne staatliche Subventionen nicht existieren. Der fahrplanmäßige Schiffslinienverkehr wurde aus diesen Gründen bereits im Jahre 1969 eingestellt.

Die Nachfrage nach Fährverbindungen in Europa nach Island scheint wieder zugenommen zu haben (siehe Kap. 13), denn nachdem der Passagier-Schiffsver-

[33] Zur Frage der Fischereifahrzeuge siehe Kap. 11.1. Die Zahlen wurden der bfai-Marktinformation, Bundesstelle für Außenhandelsinformation, Köln, Jan. 1984, entnommen.

kehr lange Zeit zwischen Mitteleuropa und Island ruhte, wurde im Jahre 1983 eine Fährverbindung zwischen Bremerhaven (über Newcastle) und Reykjavík aufgenommen.

13. DER TOURISMUS IN SEINER BEDEUTUNG FÜR DIE ISLÄNDISCHE VOLKSWIRTSCHAFT

Bereits in der Skizzierung der individuellen Kennzeichen Islands (Kap. 1) wurde zum Ausdruck gebracht, daß der Inselstaat gerade in jüngerer Zeit auch vom internationalen Tourismus mehr und mehr erfaßt wird. Der Ausbau des Flugverkehrs- sowie des Wege- und Straßennetzes hat hier neben der Einzigartigkeit der isländischen Landschaften besonders fördernd gewirkt. Ein Ziel für den Massentourismus wird die sogenannte ›Feuerinsel am Polarkreis‹ allerdings kaum werden (glücklicherweise nicht), was wohl in der Hauptsache auf die doch oft rauhen naturräumlichen Voraussetzungen sowie teilweise sicher auch auf die relativ hohen Reisekosten zurückzuführen ist. Andererseits spielt der Fremdenverkehr, d. h. hier der internationale Tourismus, für die isländische Volkswirtschaft und speziell für die Zahlungsbilanz im Import-Exporthandel eine erhebliche und zunehmende Rolle. Beispielsweise betrugen im Jahre 1982 die isländischen Reiseverkehrseinnahmen von den insgesamt 72600 ausländischen Touristen rd. 324 Mio. isl. Kronen, während es in den Jahren 1979 und 1980 ›nur‹ ca. 79 bzw. 112 Mio. Kronen bei 76900 bzw. 65900 ausländischen Besuchern waren[34]. Investiert werden die Einnahmen vor allem in den Ausbau des inländischen Straßennetzes, vornehmlich in den Straßen- und Brückenbau.

Wurden im Jahre 1950 weniger als 5000 Touristen in Island gezählt, so waren es 1970 bereits 53000 und 1982 knapp 73000. Ende der 1970er Jahre hatte die Zahl sogar fast 77000 betragen[35]. Bezüglich der Herkunftsländer standen 1982 die USA mit knapp 29% an erster Stelle; danach folgten die Bundesrepublik Deutschland mit 11,7%, Großbritannien mit 10%, Dänemark mit 9,4% sowie Schweden und Norwegen mit 8% bzw. 7,3% (vgl. Tab. 34 und 35). Die Besucherzahlen zeigen je nach Nationalität eine unterschiedliche Entwicklung. Bei den Deutschen (von denen nur 3 von 10000 Urlaubsreisenden Island aufsuchen) verringerte sich der Besucherstrom nach 1978, wohingegen bei den Briten und Franzosen das Interesse an Island seit der ersten Ölkrise im Jahre 1973 kontinuierlich zunahm.

[34] Zahlen nach Hagtíðindi, 2, 1983; nach Economic Statistics, 3, 1983 in: bfai-Marktinformation, Bundesstelle für Außenhandelsinformation, Köln, Jan. 1984 und nach Ferðamálaráð Íslands (Isländisches Touristenamt). Auch die folgenden Zahlenangaben basieren auf diesen Quellen.

[35] Bei diesen Angaben fehlt die Anzahl der Touristen, die Island kurzfristig auf Kreuzfahrten besuchten. Ihre jährliche Anzahl schwankte zwischen 1971 und 1982 zwischen etwa 6000 und 16000 Besuchern.

Tab. 34: Die ausländischen Einreisenden in Island nach ihrer Nationalität 1977 bis 1982

Nationalität	1977	1978	1979	1980	1981	1982
Australier	472	371	400	359	327	469
Belgier	865	1186	727	558	732	686
Briten	4648	5529	6761	6876	7880	7276
Dänen	6213	7210	7318	6496	8135	6846
Deutsche (West)	11318	11841	9680	9046	9091	8518
Deutsche (Ost)	72	101	81	66	69	77
Finnen	1288	1118	1275	1873	1391	1629
Franzosen	3327	3438	3829	3581	4251	4429
Iren	423	413	631	554	502	410
Italiener	646	715	811	935	821	903
Japaner	344	323	377	366	339	386
Kanadier	1356	1036	1043	806	891	1003
Luxemburger	122	151	135	112	145	131
Neuseeländer	166	179	212	137	174	146
Niederländer	1694	1994	1696	1850	1569	1707
Norweger	4626	5008	5737	6086	5062	5268
Österreicher	902	976	1248	1300	1039	892
Polen	147	157	109	98	58	75
Schweden	5793	5863	6660	6218	6303	5820
Schweizer	3528	2413	3436	2554	3354	2878
Sowjetrussen	273	236	232	234	235	267
US-Amerikaner	22574	23512	22525	15260	17904	20824
Ausländer, insgesamt	72690	75700	76912	65921	71898	72600

Quelle: Ferðamálaráð Íslands (isl. Touristenamt).

Das Ansteigen des Besucherstromes und der damit verbundene Einkommenszuwachs konnten jedoch nicht verhindern, daß in den letzten Jahren das Defizit in der Gesamtleistungsbilanz infolge der stark zunehmenden Reisemobilität der Isländer selbst sich ständig erhöht hat. Während beispielsweise im Jahre 1979 den Reiseverkehrseinnahmen von 79 Mio. isl. Kronen entsprechende Reiseausgaben der isländischen Bevölkerung von rd. 177 Mio. Kronen gegenüberstanden, waren es 1982 die bereits genannten 314 Mio. Kronen Einnahmen gegenüber 911 Mio. Kronen Ausgaben.

Verständlicherweise besuchen die meisten Touristen Island während der drei Hauptreisemonate Juni, Juli, August; in den 1970er Jahren waren dieses um die 70%, von denen weit über 90% auf dem Luftwege nach Island kamen. Insgesamt gesehen kann man zwischen fünf Gruppen von Island-Touristen differenzieren, nämlich:

Tab. 35: Übersicht über die Anzahl der ausländischen Einreisenden, die per Flugzeug und per Schiff einreisten (1950–1982)

	1950	1951	1952	1953	1954	1955	1956
a) Schiffsreisende	1734	2000	2364	1514	1970	2377	2812
b) Flugreisende	2649	2084	2459	4866	4877	6730	6795
c) Reisende, insgesamt	4383	4084	4823	6380	6847	9107	9607
d) Schiffsreisende (%)	39,6	49,0	49,0	23,7	28,8	26,1	29,3
e) Flugreisende (%)	60,4	51,0	51,0	76,3	71,2	73,9	70,7

	1957	1958	1959	1960	1961	1962	1963	1964	1965
a)	2772	1785	3275	2894	2595	2334	2524	2749	4391
b)	6507	7326	9021	9912	11034	14501	14836	19639	24488
c)	9279	10111	12296	12806	13629	16835	17360	22383	28879
d)	29,9	27,5	26,6	22,6	19,0	13,9	14,5	12,3	15,2
e)	70,1	72,5	73,4	77,4	81,0	86,1	85,5	87,7	84,8

	1966	1967	1968	1969	1970	1971	1972	1973	1974
a)	4160	3385	2226	2083	1156	1301	1263	1299	21
b)	30573	34343	38221	42016	51752	59418	66763	72720	68434
c)	34733	37728	40447	44099	52908	60719	68026	74019	68455
d)	12,0	9,0	5,5	4,7	2,2	2,1	1,9	1,8	0,03
e)	88,0	91,0	94,5	95,3	97,8	97,9	98,1	98,2	99,97

	1975	1976	1977	1978	1979	1980	1981	1982
a)	608	1708	1908	2490	2091	3129	3860	4359
b)	71068	68472	70782	73210	74821	62792	68038	68241
c)	71676	70180	72690	75700	76912	65921	71898	72600
d)	0,8	2,4	2,6	3,3	2,7	4,7	5,4	6,0
e)	99,2	97,6	97,4	96,7	97,3	95,3	94,6	94,0

Quelle: Ferðamálaráð Íslands.

1. Touristen, die auf der Insel nur für wenige Stunden verweilen, indem sie in Keflavík zwischenlanden (eine statistisch nicht erfaßte Zahl);
2. Besucher der Hauptstadtregion, die von hier aus Tagesausflüge per Bus oder Flugzeug zu besonderen Sehenswürdigkeiten der Insel (z. B. nach Þingvellir,

zum Großen Geysir, zum Gullfoss oder nach Vestmannaeyjar) unternehmen (ihr Anteil betrug in den 1970er Jahren ca. 30 %);

3. Touristen, die Rundfahrten durch ganz Island in Form von sogenannten Safari- oder Fortbildungsreisen und Exkursionen unternehmen;
4. Kreuzfahrtteilnehmer, die in Island zu kleineren Ausflügen an Land gehen (Besuch der Hauptstadt und ihrer Umgebung, sowie von Akureyri aus Busfahrten zu den vulkanischen Sehenswürdigkeiten um den Mývatn);
5. Urlaubsreisende, die auf eigene Faust Island besuchen.

In letzter Zeit werden von den jeweiligen Reisegesellschaften darüber hinaus verstärkt Fremdenverkehrsattraktionen, wie z. B. Sportangeln, Gletschertouren, Baden in den Thermalquellen auch in den kälteren Jahreszeiten, Sommerskilauf auf dem Vatnajökull oder im Kerlingarfjöll-Gebirge, Ferien auf dem Bauernhof in sämtlichen Tieflandregionen außer dem Nordosten, Reiterferien auf Ponyfarmen usw., in die Tourprogramme aufgenommen, um somit auch andere Touristenkategorien anzusprechen.

Der Tourtourismus vor allem im inneren Hochland zeigt aber auch schon erste Anzeichen von Negativfolgen, wie sie aus unkontrolliertem Autofahren mit geländegängigen Fahrzeugen resultieren und zur Vegetations- und Bodenzerstörung beitragen. Irreversible Schäden ergeben sich vor allem dann, wenn die dortigen schluffigen und humosen Substrate während des Auftauens im Frühsommer befahren werden. J. F. Venzke (1984, S. 332f.) nennt in diesem Zusammenhang Schadflächen in Mývatnssveit, bei Herðubreiðarlindir, Tómásarhagi und Þóristungur.

Schließlich sei noch auf die Möglichkeiten des Wintertourismus verwiesen. So haben sich in den Bláfjöll, im Hengill-Gebirge (Hveradalir) und an der Esja (Skálafell), die nur etwa 30 km von Reykjavík entfernt liegen, sowie bei Akureyri und im Kerlingarfjöll-Gebirge – bezogen auf isländische Verhältnisse – bedeutende Wintersportzentren entwickelt, wo dem in- und ausländischen Fremdenverkehr u. a. mehrere Skipisten und Naturloipen zur Verfügung stehen.

Das Interesse, Island zu besuchen, ist, wie aus den Zahlen ausländischer Einreisender entnommen werden kann, in den letzten zehn Jahren trotz vorübergehender Schwankungen gleich groß geblieben. Zugleich ist aber auch zu beobachten, daß die Anzahl derjenigen, die nach Island per Schiff kommen, von nahezu Null im Jahre 1974 auf etwa 4350 Personen im Jahre 1982 zugenommen hat. Offensichtlich deuten diese Zahlen an, daß immer mehr Touristen mit dem eigenen Fahrzeug nach Island kommen werden; denn das wird wegen der teuren Reisearrangements in Zukunft wohl die preiswerteste Art sein, das Land zu bereisen.

ANHANG

GLOSSAR ISLÄNDISCHER BEGRIFFE

a) Topographische und naturräumliche Begriffe nach Landschaftstypen gegliedert

Gewässerlandschaft

á (pl. ár)	Fluß
bakki	Fluß-, Bach-, Seeufer
bjarg	Klippe
brekka	Böschung
djúp	Tiefe, Untiefe
drag (pl. drög)	Wasserlauf
ey (pl. eyjar)	Insel
eyri	Sandbank, flaches Ufer
fjörður (pl. firðir)	Fjord, breite Bucht
fljót	Fluß, Strom
flói	große Bucht, Sumpf
foss	Wasserfall
háls	Landenge
hamar	Klippe
hólmur	kleine Insel
hver (pl. hverir)	heiße Quelle, Geysir
klettur	Klippe, Felsen
kvísl	Fluß oder Flußarm
laug (pl. laugar)	warme Quelle, Bad
lind	Oase, Grasplatz, Quelle
lón	Lagune, Haff, Bodden
lækur	Bach
mynni	Mündung
mýri (pl. mýrar)	Moor, Sumpf
nes	Kap, Halbinsel, Landspitze
oddi	Landzunge, Landspitze
ós	Flußmündung
rif	Riff
skagi	Halbinsel, Landzunge
sker	Schäre, Riff
stapi	Klippe
strönd	Strand, Ufer, Küste
tangi	schmale Landspitze, Landzunge
tjörn	kleiner See, Teich, Weiher
tunga	Zunge, Landzunge

vatn (pl. vötn)	See, Wasser
vík	kleine Bucht
vogur	Bucht, Bach

Berglandschaft

alda (pl. öldur)	Hügelkette, Bergrücken
ás	kleiner Hügel
berg	Stein, Gestein, Fels
bjarg	Felsen, Klippe
borg	burgartiger Felsen, Stadt
botn	Boden, Grund
brekka	Hang, Abhang
bunga	Gewölbe, Anhöhe, abgerundete Spitze
dalur	Tal
drangur	einzelner Felsen
fell	Berg, Hügel
fjall (pl. fjöll)	Berg
fjallgarður	Bergkette
gil	Schlucht, Abgrund
gjá	Felsspalte, Kluft
gljúfur	Schlucht
háls	Bergrücken, Höhenzug
hamar	steiler Fels, Bergwand
hellir (pl. hellar)	Höhle
hlíð (pl. hlíðar)	Hang, Abhang
hnjúkur od. hnúkur	Spitze, Berggipfel
hóll (pl. hólar)	Hügel, abgerundete Anhöhe
hvoll	Hügel
klettur	Felsen, Klippe
melur (pl. melar)	Kiesfläche, Sandhügel
múli	Vorgebirge, hervorspringender Berg
núpur	Bergspitze
skarð	Bergpaß, Scharte
stapi	einzelner Felsblock, Tafelberg
súla (pl. súlur)	(Berg-)kuppen, Säule
tindur	Bergspitze, Gipfel

Vulkanlandschaft

brennisteinn	Schwefel (Branntstein)
dyngja	Kuppe, Schildvulkan
eldstöð, eldfjall	Vulkan
eldur	Feuer

eldvirkin	Vulkanismus
gígur (pl. gígar)	Krater
hrafntinna	Obsidian (Rabenstein)
hraun	Lava, Lavafeld
hryggur	Rücken
hvammur	Talsenkung

Sonstiges

jökull	Gletscher
jökulá	Gletscherfluß
öræfi	Wüste
sandur	Sand, Sandwüste
slétta	Ebene
vegur	Weg, Straße
völlur (pl. vellir)	Ebene, Platz

Himmelsrichtungen

norður	Norden
nyrðri	nördlich
austur	Osten
eystri	östlich
suður	Süden
syðri	südlich
vestur	Westen
vestri	westlich

b) Kultur- und wirtschaftsgeographische Begriffe

afréttur	Hochweidefläche
bygd	Wohngebiet
bær	Gehöft, Hofstelle, Stadt
engi	Wiese
garður	Garten
gerði	Zaun
hagi	Weide (Wiese)
heiði	Heide, Hochebene
hérað	Bezirk, Gegend
holt	Hügel, Gehölz
hreppur	Gemeinde
höfn	Hafen, Hafenanlage
kaupstaður	Stadt (mit Stadtrecht)

kauptún	Handelsplatz, städtische Siedlung
kirkja	Kirche
kot	kleiner Bauernhof
mark	Wald, Gehölz
sel	Hütte, Almwirtschaft
skógur	Wald
staður	Platz, Ort
stöð	Platz, Station
sveit	Gegend, ländl. Gemeinde
sýsla	Kreis, Verwaltungsbezirk
tún	Hauswiese, kultiviertes Land in Hofnähe

c) Begriffe aus der Fischwirtschaft

afli	Fischfang
bátar	Fischerboote
fiskiskipastollinn	Fischereiflotte
fiskmjöl	Fischmehl
fiskveiðar	Fischfang
hertúr fiskúr	getrockneter, ungesalzener Fisch; Stockfisch
hvalúr	Wal
lodna	Lodde, Kapelan
saltfiskur	gesalzener Fisch
síld	Hering
togari	Trawler
veiði	Fang
ýsa	Schellfisch
þorskur	Kabeljau

HINWEISE ZUR AUSSPRACHE

der wichtigsten Vokale, Doppellaute und Konsonanten der isländischen Sprache

á	= au, wie ›faul‹
a	= a, lang wie ›Vater‹
é	= ähnlich ä, wie in ›jäh‹
e	= e, wie in ›nett‹, ›Bett‹
ý, í	= i, langes ›i‹ wie in ›Lid‹, ›dieses‹
y, i	= i, wie in ›in‹
ó	= ou, wie in engl. ›so‹ oder ›low‹
o	= o, wie in ›Loch‹
ö	= ö, wie in ›Löffel‹
ú	= u, wie in ›du‹
u	= ü; kurz, wie in ›Mütze‹; lang, wie in ›Höhle‹

au	= eui
Æ, æ	= ai, deutsches ›ei‹
ei, ey	= ey, wie in engl. ›grey‹
Ð, ð	= th, wie in engl. ›that‹
Þ, þ	= th, wie in engl. ›thing‹
ll, rl	= dl
nn,. rn	= dn
fl	= bl
fn	= bn
pt	= ft

GLOSSAR
GEOLOGISCHER UND PHYSIOGEOGRAPHISCHER BEGRIFFE

Ablation (lat. ablatio ›Wegnahme‹). Prozeß des Abschmelzens und der Verdunstung von Eis und Schnee – insbesondere auf Gletscheroberflächen.

*Abrasions*flächen (lat. abrasio ›Abkratzung‹), Flächen, die durch die abtragende Wirkung der Meeresbrandung entstanden sind.

Andesit (nach den Anden), junges dunkelgraues bis fast schwarzes Ergußgestein mit Hornblende-, Augit- oder Biotiteinsprenglingen sowie Plagioklas in einer feinkörnigen bis dichten Grundmasse. Andesit bildet Ströme, Decken sowie Kuppen und kommt auch in Deutschland im Siebengebirge und in der Eifel vor.

Anmoorgley (Gley, russ. ›schlammige Bodenmasse‹), Grundwasserboden mit 15–30% organischer Substanz im Oberboden (ohne Torfschicht).

aseismisch (griech. a- ›un-, nicht‹; seismós ›Erschütterung‹), Bezeichnung für ein Gebiet, in dem keine Erdbeben auftreten.

Ausgleichsküste, Küstenform, deren ausgeglichener Verlauf aus der Abtragung von Vorsprüngen und dem Aufbau von schmalen, langgestreckten Landzungen (Nehrungen) zwischen den Landvorsprüngen durch seitlichen Materialversatz resultiert.

axiale Riftzone (engl.), zentrale Spaltenzone eines ozeanischen Rückens.

Blocklava (Lava, neapolitanisch ›Regenbach‹), aus einem gasreichen Magma mit relativ niedriger Temperatur zu einem Haufwerk von Blöcken, Schollen und scharfkantigen Scherben erstarrte Lava. In kleinstückiger Form Brockenlava, Aa-Lava (hawaiianische Bezeichnung) oder isl. ›apalhraun‹.

boreal (lat. borealis ›dem Norden zugehörend‹), Bereich und Zeit nördliches Klima betreffend.

B.P. (engl. before present), Angabe zur stratigraphischen Einordnung absoluter Altersangaben basierend auf Isotopenbestimmungen. Bei der C^{14}-Methode bezieht sich das ›B.P.‹ auf das Jahr 1950, weil danach die Radioaktivität in der Atmosphäre durch Atombombentests beträchtlich verändert wurde.

Breccie (ital. breccia ›Trümmer‹), durch Bindemittel verfestigtes Trümmergestein, bestehend aus kantig-eckigen Bruchstücken. Beispiel: vulkanische Breccie.

Caldera (span. ›Kessel‹), kesselförmige Vertiefung an Vulkanen mit einem Ausmaß von einigen hundert Metern bis zu mehreren Kilometern, entstanden durch Einbruch oder durch Einsturz nach gewaltigen Explosionen.

Canyon (anglisierte Form des span. Begriffes ›cañon‹ = Röhre), Bezeichnung für lange, tiefe und steilwandige Täler in einer Plateau- oder Gebirgslandschaft.

Chabasit, siehe Zeolithe.

Curie-Punkt, Begriff aus dem Gebiet des Magnetismus. Der Curie-Punkt ist die Grenztemperatur einer Materie, bei deren Überschreitung die thermale Bewegung eine magnetische Einregelung verhindert.

Deflation (lat. deflare ›ausblasen‹), die abtragende Tätigkeit des Windes.

Detritus (lat. detritus ›abgerieben‹), Bezeichnung für mechanisch zerkleinerten Gesteinsschutt oder zerriebene organische Substanzen.

Diagenese (griech. dia ›nach‹, génesis ›Entstehung‹), Umbildung und Verfestigung lockerer Sedimente zu festen Gesteinen durch Druck und Entwässerung, z. B. von Sand zu Sandstein.

edaphisch (griech. édaphos ›Boden‹), bodenbedingt, vom Boden abhängig.

Effusiv-Gestein (lat. effusio ›Erguß‹), Ergußgestein.

Epizentrum (griech. epi ›auf, über‹), oberste Tiefenstufe der Regionalmetamorphose (siehe dort) mit relativ geringen Temperaturen.

eruptiv (lat. eruptio ›Ausbruch‹), Sammelbegriff für die vulkanische Ausbruchstätigkeit.

eustatische Bewegungen (griech. eú ›gut, recht‹; stásis ›Stand‹), Senkung des Meeresspiegels durch Bindung des Wassers in Kalt- bzw. Eiszeiten; Hebung des Meeresspiegels beim Abschmelzen des Eises während Zeiten der Erwärmung.

exogen (griech. éxo ›außen‹, génesis ›Entstehung‹), exogene Kräfte sind die Kräfte, die im Gegensatz zu den endogenen von außen auf die Erdoberfläche einwirken.

extensionale Bewegungen (lat. extendo ›ausdehnen‹), Ausdehnungsbewegungen in der Erdkruste.

Fazies (lat. facies ›Form, Beschaffenheit‹), Gesamtheit der Merkmale eines Sedimentgesteins bezüglich seines Aufbaus, seines Fossilinhaltes und seiner Bildungsbedingungen.

Flutbasalt, Bezeichnung für ausgedehnte basaltische Deckenergüsse (Plateaubasalt).

glazial (lat. glacies ›Eis‹), a) eiszeitlich, b) sich auf bestimmte Formen und Materialien beziehend, die von Gletschern geschaffen oder abgeleitet werden können, c) sich auf die Anwesenheit und die Tätigkeit von Eis oder Gletscher beziehend.

Gondwana (nach den Gonds, einem Volksstamm in Vorderindien), riesige Landmasse auf der Südhalbkugel, die wahrscheinlich schon vor mehr als 600 Mio. Jahren existierte und Teile Südamerikas, Afrika, Vorderindien und Westaustralien umfaßte und während des Mesozoikums zerfiel.

granitoid, Bezeichnung für ein Gestein mit dem Gefüge und der Zusammensetzung eines Granites.

Granophyr (lat. granum ›Korn‹, griech. phýro ›vermengen‹), ein porphyrisches vulkanisches Gestein mit schriftartig auskristallisierter Grundmasse.

gravimetrisch (lat. gravis ›schwer‹, griech. metréo ›messen‹), die Messung von Schwerkraftveränderungen betreffend.

Grünschiefer-Fazies, metamorphe Gesteinsprovinz mit schieferartigen Gesteinen, in denen grüne Minerale, z. B. Chlorit, Epidot oder Aktinolith, vorherrschen, die bei niedrigen bis mittleren Druck- (3000–8000 bar) und Temperaturbedingungen (300–500 °C) entstehen.

Hornito (span. ›kleiner Ofen‹), kleine, manchmal turm- oder schornsteinartige Kegel auf Lavaströmen, die sich aus verschweißten Lavafetzen und Schlacken aufbauen. Sie sind wurzellos und entstanden durch freiwerdende Gase in der Lava.

Hot Spot (engl. ›Heißer Flecken‹), nahezu feststehende, starke Quelle vulkanischer Energie im Erdkörper mit hoher Magmenförderung.

hyalin (griech. hýalinos ›gläsern‹), Bezeichnung für die glasige Ausbildung vulkanischer Gesteine.

Hyaloklastit (griech. hýalos ›Glas‹, klásis ›Zerbrechen‹), tuffähnliches, glashaltiges vulkanisches Auswurfsmaterial mit eckigen Bruchstücken. Hyaloklastite entstehen durch den

Kontakt von vorwiegend basaltischen Schmelzen mit Wasser sowohl unter dem Gletschereis als auch im Meeresbereich.

hydrothermal (griech. hýdor ›Wasser‹, thermós ›warm‹), generell bezogen auf die Wirkung erhitzten Wassers. Dieser Begriff wird aber auch in eingeschränkter Form bezüglich erhitzten Wassers magmatischen Ursprungs benutzt.

hygrophil (griech. hýgros ›feucht‹, phil ›liebend‹), feuchtigkeitsliebend.

Ignimbrit (lat. ignis ›Feuer‹, nimbus ›Wolke‹), fest verschweißte Glutwolkenabsätze vorwiegend rhyolithischer Natur.

Intrusion (lat. intrusio ›Eindrängen‹), Eindringen von Magma in Gesteine der Erdrinde.

Isobathe (griech. ísos ›gleich‹, báthos ›Tiefe‹), Verbindungslinie zwischen Punkten gleicher Wassertiefe.

Isostasie (griech. ísos ›gleich‹, stásis ›Stand‹), Schweregleichgewichtszustand zwischen einzelnen Krustenteilen und dem darunter befindlichen Mantel. In dem besonderen Fall der Eis- oder Glazial-Isostasie bewirkte während der Eiszeiten die Last der bis zu 3000 m mächtigen Eisdecken eine Absenkung einzelner Krustenteile. Verzögert setzte mit dem Abschmelzen der Gletscher eine Anhebung ein.

Kammeis, auch Nadel- oder Haareis, Eisbildung in Böden des periglazialen Raums.

Kissen-Lava, wulstartige Lavaformen, die sich bei basaltischen Ausbrüchen unter Wasserbedeckung vor allem im submarinen Raum bilden, syn. Pillow-Lava.

kontinentale Kruste, Krustentyp, der sich unter den Kontinenten und deren Flachmeersokkeln befindet und eine Tiefe von 35 bis sogar um 60 km unter Hochgebirgen erreicht. Die Gesteine der kontinentalen Kruste sind kieselsäure- und aluminiumreich (Sial).

Kontinentalverschiebung, Theorie der K., nach WEGENER führen die Kontinente, bestehend aus der leichteren kontinentalen Kruste (Sial), Driftbewegungen über einer schwereren ozeanischen Kruste (Sima) aus.

Laurasia, ein zusammengesetzter Begriff aus Laurentia (nach dem St.-Lorenz-Strom) und Eurasia. Bezeichnung für einen ursprünglichen Kontinent der nördlichen Hemisphäre, der sich aus Eurasien, ausgenommen Indien, und dem Kanadischen Schild mit seiner Umgebung zusammensetzte. Das südliche Gegenstück war der Gondwana-Kontinent.

Lavadom, kleiner, hügelförmiger Aufbruch auf einem Lavastrom.

Lavafontänentätigkeit, fontänenartiger Ausbruch dünnflüssiger Lava unter hohem Druck.

Lineareruption (lat. linea ›Linie‹, eruptio ›Ausbruch‹), eine von Spalten ausgehende vulkanische Tätigkeit.

Liparit (nach den Liparischen Inseln), Synonym für Rhyolith (siehe dort).

Lithosol (griech. lithos ›Stein‹, lat. solum ›Boden‹), nahezu humusfreier Rohboden auf Festgesteinen.

Mantle Plume, fontänenartige, in die Kruste hineinragende Aufwölbung des oberen Erdmantels. Eng begrenztes Gebiet erhöhter vulkanischer Tätigkeit.

Mesozoikum (griech. mésos ›mitten‹, zoikós ›die Tiere betreffend‹), erdgeschichtliches Zeitalter, das von 225 Mio. bis etwa 70 Mio. Jahre vor unserer Zeit dauerte.

Mittelatlantischer Rücken, ein durchgehender, seismischer, ca. 20 000 km langer, durchschnittlich 1000–3000 m hoher und etwa 1500 km breiter submariner Gebirgsrücken mit einer 25–50 km breiten zentralen Einbruchszone und starker vulkanischer Tätigkeit. In seinem Zentrum wird neue Kruste gebildet.

Móberg (isl. ›Tuff‹), siehe Hyaloklastit.

normale Magnetisierung, siehe Paläomagnetismus.

Nunatak, Pl. Nunatakker, Nunatakr, auch Nunataks (grönländisch ›einsame Bergspitze‹), alleinstehende Bergspitzen, Hügel, Bergrücken oder Kuppen, die sich deutlich über der Oberfläche eines Gletschers erheben und vollständig von Eismassen umgeben sind.

Obsidian (lat., nach obsius, Entdecker, bei Plinius), meist schwarzes oder graues vulkanisches Gesteinsglas rhyolithischer Natur.

ozeanische Kruste, Krustentyp mit einer Dicke um 5 km im Bereich der Tiefseeböden (untere Kruste). Ihre Gesteine sind reich an Kieselsäure und Magnesium (Sima). Sie ist der Ursprung basaltischen Magmas.

Ozeanität (griech. ókeanos ›Weltmeer‹), Abhängigkeit des Küstenklimas von der ausgleichenden Wirkung der großen Meeresflächen.

Palagonit (nach der Ortschaft Palagonia auf Sizilien), wasserhaltiges vulkanisches Glas.

Palagonitrücken, durch subglaziale Ausbruchstätigkeit auf Spalten entstandene subglaziale Rücken (auch Hyaloklastit- oder Móbergrücken).

Paläomagnetismus (griech. palaiós ›alt‹), Untersuchung der Richtung des in einem geeigneten Gestein (Basalte oder feinkörnige Sedimente) erhaltenen Magnetismus. Daraus Rückschluß auf die Richtung des zur Zeit der Gesteinsentstehung herrschenden Magnetfeldes. Der heutigen Magnetismus-Richtung entsprechende Perioden der Erdgeschichte werden als ›normal‹ bezeichnet. Perioden umgekehrter Magnetisierung werden ›revers‹ genannt. Der Paläomagnetismus ist ein wichtiges Hilfsmittel zur altersmäßigen Einordnung basaltischer Gesteine.

Pangäa (griech. pás ›völlig, ganz‹; gé ›Erde‹), hypothetischer Riesenkontinent, der nach der Auffassung vieler Geologen bis in das frühe Mesozoikum existierte und alle heutigen Kontinente erfaßte. Dann trennten sich die beiden Teile Gondwana und Laurasia voneinander.

phreatisch (griech. phréar ›Brunnen‹), Form vulkanischer Ausbrüche oder Explosionen, die durch die Erhitzung und der daraus resultierenden Ausdehnung von Grundwasser beim Kontakt mit heißen Gesteinsschmelzen auftreten.

Piedmontgletscher (v. franz. ›Gebirgsfuß‹), auch Vorlandgletscher; weite fächerförmige Ausbreitung von Gebirgsgletschern im Vorland.

Pitkrater (engl. pit ›Grube‹, griech. kratér ›Mischgefäß‹), Einbruchs- oder Einsturzkrater in der Gipfelregion von Schildvulkanen.

Plattentektonik (griech. tektonicós ›die Baukunst betreffend‹), nach den neuesten Ergebnissen der Erforschung der Ozeanböden basiert der tektonische Aufbau der Erdkruste auf der Theorie der Plattentektonik. Danach setzt sich die Erdoberfläche, von der Krusten- bis in die Mantelregion reichend, aus 10–25 Platten zusammen. Es sind gewissermaßen Blöcke, die sowohl die kontinentale und die ozeanische Kruste als die oberen Teile des Erdmantels erfassen und auf einer dickflüssigen Unterlage im Mantel ›schwimmen‹. Die Kontinente sind nur ein Teil der Platten und bewegen sich mit ihnen.

Pseudokrater (griech. pseúdos ›Trug, Schein‹; kratér ›Mischgefäß‹), kleinere Krater auf Lavaströmen. Es sind Explosivkrater, die durch phreatische Explosionen (s. o.) entstanden, als die Lava über einen wasserreichen Untergrund floß. Ein Kontakt zu einem Magmenherd in der Tiefe besteht nicht.

Pyroklastika (griech. pyr ›Feuer‹, klásis ›zerbrechen‹), Sammelbegriff für vulkanische Förderprodukte, die während des Ausbruchs zu Aschen und Breccien zerkleinert werden.

radiometrische Datierung (lat. radio ›strahlen‹, griech. metréo ›messen‹), absolute Altersbestimmung in Gesteinen durch das Messen der Anwesenheit radioaktiver Elemente, z. B. C^{14}.

Regionalmetamorphose (lat. regio ›Gegend, Richtung‹; griech. metamorphóo ›umgestalten‹), durch Veränderung der Druck- und Temperaturbedingungen hervorgerufene Gesteinsumwandlung mit Umkristallisation und Kristallneubildung infolge Absenkung in größere Tiefe oder infolge regionaler Verstärkung des Wärmeflusses. Ordnung des Metamorphosegrades nach den Tiefenstufen Epi-, Meso- und Katazone. Lateral erfaßt die Regionalmetamorphose weite Räume der Erdkruste.

Regosol (arab. reg = lokale Bezeichnung für Kieswüste, lat. solum ›Boden‹), Rohboden in Lockergesteinen ohne deutliche Horizontierung.

reverse Magnetisierung (engl. ›umgekehrt‹), gegenüber der heutigen umgekehrte Magnetisierung in Gesteinen. Die letzte reverse Epoche endete vor 700 000 Jahren.

rhyolithisch (griech. rhéo ›fließen, strömen‹; lat. líthos ›Stein‹), kieselsäurereiches, helles vulkanisches Gestein mit Quarz und Feldspat als Einsprenglinge, syn. Liparit.

Rifting-Episode (engl. Bruchspalte, griech. Begebenheit), kurzzeitiges tektonisches Ereignis mit Krustenbewegungen und Bruchspaltenbildung.

Riftzone, Zone, in der Dehnungsbewegungen im Spaltenbereich stattfinden, z. B. in der aktiven Vulkanzone, der Scheitelzone des Mittelatlantischen Rückens.

Schweißschlacken, ausgeworfene Lavafetzen, die im glühendflüssigen Zustand auf dem Boden auftreffen und sich mit dem Untergrund verschweißen.

Seafloor Spreading, Verbreiterung der Ozeanböden. Nach der Theorie der Plattentektonik nimmt die ozeanische Kruste durch das Aufquellen von Magma entlang der mittelozeanischen Rücken zu. Sie bewegt sich lateral nach beiden Seiten mit einer Geschwindigkeit bis zu 10 cm/Jahr.

Serir (arab., auch Sserir, Seghir), Kies- oder Geröllwüste, entsteht durch Ausblasung der feinkörnigen Bestandteile und der dadurch bedingten Anreicherung des groben Materials.

Solfataren (ital. ›Schwefelgrube‹), vulkanische Wasserdampfaushauchungen, reich an Schwefelgasen (Temperatur 100–200° C).

Streßfeld (engl. ›Druck, Spannung‹), der Spannungszustand in einem gegebenen Bereich, gleichgültig, ob dieser nun gleichartig ist oder sich von Punkt zu Punkt im Laufe der Zeit ändert.

Struktur (lat. structura ›Bau‹), in der Bodenkunde die räumliche Anordnung der Bodenbestandteile; im Gesteinsaufbau bedeutet sie die Größe, Form und Kristallausbildung der mineralischen Komponenten.

subaerisch (lat. sub- ›unter-‹, griech. aér ›Luft‹), an der Erdoberfläche entstanden und dort auftretend.

subglazial (lat. sub- ›unter-‹, glacies ›Eis‹), unter dem Eis gebildet.

surge (engl. ›Woge, Welle‹), im Gletscherbereich katastrophenartige Verlagerung und Voranschreiten von Gletschern.

Tafelberg, subglazialer, isoliert stehender Vulkan meistens mit einer Basaltdecke (Topbasalt) aus der abschließenden subaerischen Ausbruchsphase. Wird auch als ›Tuya‹ bezeichnet. Außerdem bilden sich auch im submarinen Bereich in ähnlicher Weise Tafelberge.

Tephra (griech. téphra ›Asche‹), besonders im englischen Sprachgebrauch eine allgemeine Bezeichnung für alle vulkanischen Auswurfprodukte pyroklastischer Art.

Tephrochronologie (griech. téphra ›Asche‹, chrónos ›Zeit‹, lógos ›Wissenschaft, Lehre‹), hauptsächlich in Island angewandte und von ÞÓRARINSSON 1944 eingeführte Methode der Datierung von Ascheschichten.

Textur (lat. textura ›Gewebe‹), als bodenkundlicher Begriff die Korngrößenverhältnisse in einem Boden, in der Petrographie die räumliche Anordnung und die Verteilung von Gesteinsbestandteilen beschreibend.

Tholeyit (nach dem Namen des Städtchens Tholey im Saarland), zur Gruppe der Basalte gehörende Ergußgesteine, die in erster Linie Plagioklas, Pyroxen und Eisenoxyde als Einsprenglinge in einer glasigen Grundmasse enthalten.

Thomsonit, siehe Zeolithe.

Tillit (engl. till ›Geschiebelehm‹), diagenetisch verfestigter Geschiebelehm aus präquartärer Zeit.

Topbasalt, Basaltdecke auf Tafelbergen.

transform fault (aus dem Engl. übernommen), Verwerfungsart im Bereich ozeanischer Rükken mit durch Dehnung hervorgerufener paralleler Verschiebung von Schollen.

ultrabasisch (lat. ultra ›weiter, hinaus‹), Bezeichnung für magmatische Gesteine mit einem geringeren Kieselsäuregehalt als 45 %.

vados (lat. vadosus ›seicht‹), Bezeichnung für unterirdisch zirkulierendes Wasser, das als Niederschlags- bzw. Sickerwasser in den Untergrund gelangt ist.

vitrophyrisch (lat. vitrum ›Glas‹, griech. phýro ›vermengen‹), Gefüge von Ergußgesteinen mit einer glasigen Grundmasse und Kristalleinsprenglingen.

Xenolithe (griech. xénos ›fremd‹, lithos ›Stein‹), Fremdgesteinsbestandteile in magmatischen Gesteinen.

xerophil (griech. xero ›trocken‹, phil ›liebend‹), trockene Standorte bevorzugend.

Zeolithe (griech. zéo ›wallen, kochen‹, lithós ›Stein‹), wasserhaltige, silikatische Minerale. Beim Erhitzen entweicht das Wasser unter Aufschäumen (daher ›Siedesteine‹). Zeolithe entstehen als hydrothermale Ausscheidungen von magmatischen Schmelzen, aber auch sedimentär.

LITERATURVERZEICHNIS

Ade-Hall, J. M., H. C. Palmer & T. P. Hubbard: The magnetic and opaque petrological response of basalts to regional hydrothermal alteration. In: Geophys. J. R. Astr. Soc., 24, 1971, S. 137–174.

Ahlmann, H., W. Son: Norden i kart oj tekst. Stockholm 1976.

Akhmetiev, M. A., G. M. Bratoeva, R. E. Giterman, L. V. Golubeva & A. I. Moiseyeva: Late Cenozoic stratigraphy and flora of Iceland. In: Transactions, Vol. 316, Moskau 1978. Publ. in Englisch: National Research Council Iceland, Reykjavik 1981.

Angenheister, G. et al.: Reykjanes ridge Iceland seismic experiment (RRISP 77). In: J. of Geophysics, 47, 1980, S. 228–238.

Armstrong, T., G. Rogers, G. Rowley: The circumpolar north. A political and economic geography of the arctic and sub-arctic. London 1978.

Arnason, Ö.: New lease on life for Old Reykjavik neighbourhoods. In: Iceland Review, 1, 1979, S. 10–13.

Arnemann, M.: Möglichkeiten der Wirtschaftsentwicklung in Island unter besonderer Berücksichtigung der Fischerei. Unveröff. Examensarbeit, Inst. f. Wirtschafts- u. Sozialgeographie, Universität zu Köln, 1976.

Asch, G., L. Gorling, R. Greiling, G. Jentzsch & K. von Zadelhoff: Structure, evolution, and dynamics of the Norwegian-Greenland Sea in the Blue Road Geotraverse Area. In: Geol. Rundschau, Bd. 70, 1980, S. 282–295.

Ashwell, J. Y.: Recent changes in the pattern of farming in Iceland. In: The Canadian Geographer, 7, 4, 1963, 5, 174–181.

Áskelsson, J.: Myndir úr jarðfræði Islands II. Fáeinir plöntur úr surtarbrandslogunum hjá Brjánslækur. (The geology of Iceland. II. Some tertiary plants from Iceland.) In: Náttúrufræðingurinn, 24, 1954, S. 92–96.

–: Þar var bærinn sem nú er borgin (A paper on Eldborg). In: Náttúrufræðingurinn, 25, 1955, S. 122–132.

Baasch, E.: Die Islandfahrt der Deutschen. Hamburg 1889 (Forsch. z. Hamburger Handelsgeschichte, 7).

Bachmann, F.: Heiße Quellen als Gestaltungsfaktor der isländischen Kulturlandschaft. In: Geogr. Helvetica, 11, 1, 1956, S. 59–68.

Bárðarson, H. R.: Island. Porträt des Landes und Volkes. Reykjavik 1982.

Bartz, F.: Die wirtschaftliche Bedeutung der Seefischerei Nordeuropas. In: Handbuch der Seefischerei Nordeuropas, Bd. X, H. 9, Stuttgart 1958.

Beblo, M., & A. Björnsson: A Model of electrical resistivity beneath NE-Iceland, correlation with temperature. In: J. of Geophysics, 47, 1980, S. 184–190.

Becker, H.: Magnetic anomalies ($\triangle$ Z) in NE-Iceland and their interpretation based on rockmagnetic investigations. In: J. of Geophysics, 47, 1980, S. 43–56.

Bernauer, F.: Junge Tektonik auf Island und ihre Ursachen. In: Spalten auf Island (hrsg. von O. Niemczyk), Stuttgart 1943, S. 14–84.

BEURLEN, K.: Die paläogeographische Entwicklung des südatlantischen Ozeans. Nova Acta Leopoldina, 24 (NF 154), 1961.

BIGARELLA, J. J.: Brazil. In: The encyclopedia of world regional geology, part 1: Western Hemisphere (Including Antarctica and Australia). Hrsg. von Rh. W. FAIRBRIDGE, Stroudsburg 1975, S. 127–138.

BJARNADÓTTIR, V.: Icelandic Fisheries: A difficult balancing act. In: Iceland Review, 4, 1979, S. 21–26.

BJARNASON, H.: Skogsaken i Island og dens utvikling. In: Meddelelser fra Det Norske Skogforsøksvesen, Nr. 84, Bd. XXII, 1967, S. 75–101.

BJARNFREDSSON, M.: Sheep. Providing basic necessities since the settlement. In: Iceland Review, 3, 1981, S. 13–19.

BJÖRNSSON, B.: Iceland. An economic survey. Reykjavik 1951.

–: Iceland, a geographical, political, and economic survey. Reykjavik 1964.

BJÖRNSSON, B. Th., L. THORSTEINSSON, G. B. BJÖRNSSON: Reykjavik – the Capital of Iceland. Reykjavik 1969.

BJÖRNSSON, H.: Glaciers in Iceland. In: Jökull, 29, Reykjavik 1979, S. 74–80.

–: Sigurður Þórarinsson. In: Jökull, 32, Reykjavík 1982, S. 1–2.

BLÖNDAL, S.: Fremmede treslag i Hallormstað skogområde, Øst-Island. In: Tidsskrift for Skogbruk, 1, 1982, S. 1–11.

BLOM, G. A. (Red.): Urbaniseringsprosessen i Norden. Bd. 1 (1982), Bd. 2 (1977), Bd. 3 (1977), Oslo–Bergen–Tromsö.

BÖÐVARSSON, G.: Glaciation and geothermal processes in Iceland. In: Jökull, 32, Reykjavík 1982, S. 22–28.

Borgarskipulag Reykjavíkur (Hrsg.): Íbúar og húsnæðismál. Reykjavík 1983.

– (Hrsg.): Kannanir – Byggd/íbúar. Reykjavík 1983.

BÖVENTER, E. VON: Konkurrenz zwischen kleinen Regionen: Theoretische Probleme und empirische Anwendungen auf Island. In: Buhr, W., und P. Diedrich (Hrsg.): Konkurrenz zwischen kleinen Regionen. Baden-Baden 1978.

BRUNNACKER, K.: Der stratigraphische Hintergrund von Klimaentwicklung und Morphogenese ab dem höheren Pliozän im westlichen Mitteleuropa. In: Z. Geomorph. N.F., Suppl.-Bd. 23, 1975, S. 82–106.

BUCHMANN, E.: Die Fischereiwirtschaft Islands unter besonderer Berücksichtigung ihrer Entwicklung seit dem Ende des II. Weltkrieges. Diss. Mainz 1974.

Búnaðarfélag Ìslands (Agricultural Society of Iceland): Agriculture in Iceland. Bericht, Reykjavík 1980.

– (Hrsg.): Tillaga til Þingsályktunar um stefnumörkum í landbúnaði. Reykjavík 1982.

Bundesministerium für Ernährung, Landwirtschaft und Forsten, Bundesforschungsanstalt für Fischerei: Informationen über die Fischwirtschaft des Auslandes. Bonn–Hamburg (einzelne Jahrgänge).

Bundesstelle für Außenhandelsinformation (Hrsg.): Island. Wirtschaft in Zahlen. Köln (einzelne Ausgaben).

BURKE, K. C., & J. T. WILSON: Is the African plate stationary? In: Nature, 239, 1972, S. 387–390.

CALDER, N.: Erde – ruheloser Planet. Die Revolution der modernen Erdwissenschaft. Reinbek 1974.

CARLÉ, W.: Dampfquellen, Thermalwässer und Säuerlinge in Island. In: Geol. Jb., C 26, Hannover 1980, S. 1–95.
Central Bank of Iceland (Hrsg.): The economy of Iceland. Reykjavík 1977.
The committee for whaling statistic (Hrsg.): International Whaling Statistics. Sandefjord (einzelne Jahrgänge).
DAVIDSSON, J.: The immigration and naturalization of flowering plants in Iceland since 1900. In: Greinar, IV, 3, 19, Reykjavik 1967, S. 1–35.
DECKER, R. W., EINARSSON, P., & MOHR, P. A.: Rifting in Iceland. In: Science, 173, 1971, S. 530–532.
DÝRMUNDSSON, Ó. R.: Utilization of Icelandic Rangelands by Sheep. Stockholm 1978 (European Association for Animal Production: 29th Annual Meeting; vervielfältigtes Manuskript).
EINARSSON, P.: Seismicity and earthquake focal mechanisms along the Mid-Atlantic plate boundary between Iceland and the Azores. In: Tectonophysics, 55, Amsterdam 1979, S. 127–153.
–, u. S. BJÖRNSSON: Earthquakes in Iceland. In: Jökull, 29, Reykjavik 1979, S. 37–43.
EINARSSON, S. S.: Geothermal electric power stations with special reference to Námafjall. Vermir, Reykjavík 1967.
EINARSSON, Þ.: Pollenanalytische Untersuchungen zur spät- und postglazialen Klimageschichte Islands. Sonderveröff. Geol. Inst. Univ. Köln, 6, Köln 1961.
–: Aldursákvarðanir á fornskeljum (Englische Zusammenfassung: Radiocarbon dating of subfossil shells). In: KJARTANSSON, G. et al. 1964, Náttúrufræðingurinn, 34, S. 127 bis 134.
–: Zu der Ausdehnung der wechselzeitlichen Vereisung Nordislands. In: Sonderveröff. Geol. Inst. Universität zu Köln, 13, 1967, S. 167–173 (Schwarzbach-Heft).
EINARSSON, Tr.: Der Paläomagnetismus der isländischen Basalte und seine stratigraphische Bedeutung. In: N. Jb. Geol. Paläontol. Mh., 4, 1957, S. 159–175.
–: Remarks on crustal structure in Iceland. In: Geophys. J. Roy. Astr. Soc. 10 (3), Oxford 1965, S. 283–288.
–, u. G. LÜTTIG: Das Vetni-Projekt (Über die Möglichkeit der intensiven Nutzung der geothermischen Energie Islands). In: Geol. Jahrb., E 9, 1976, S. 41–50.
ERÍKSSON, J.: Tjörnes, North Iceland: A bibliographical review of the geological research history. In: Jökull, 30, Reykjavík 1980, S. 1–20.
ELLENBERG, Ch., & H. ELLENBERG: ›Kal‹ – Das Kahlwerden von Kulturwiesen Islands als ökologisches Problem. Berichte aus der Forschungsstelle Neðri Ás, Hveragerði (Island), Nr. 3, 1969.
– et al.: Zur Kartenübersicht der Kahlschäden an den Kulturwiesen Islands im Jahre 1969. Berichte aus der Forschungsstelle Neðrí Ás, Hveragerði (Island), Nr. 7, 1971.
ENGLÄNDER, H.: Die Vogelwelt in Island. In: VON LINDEN, F.-K., & H. WEYER (Hrsg.): Island. Bern–Reykjavík 1974.
ERKES, H.: Reise- und Landesbeschreibungen Islands 1542–1925. Mitt. der Islandfreunde, XIII, Jena 1925.
ESSER, H. G.: Heinrich Erkes – ein großer Freund Islands. In: Deutsch-Isländisches Jahrbuch, 1962/63, S. 33–39.
Eurostat: Statistische Grundzahlen der Gemeinschaft. 21. Ausgabe, Luxemburg 1983.
EVERTS, P.: Die Geologie von Skagi und der Ost-Küste des Skagafjords (Nord-Island),

unter besonderer Berücksichtigung der Petrographie und Geochemie der Basalte. Sonderveröff. Geol. Inst. Universität zu Köln, H. 25, Köln 1975.

Fairbridge, Rh. W., & M. Gorini: Sáo Pedro and Sáo Paulo Rocks. In: The encyclopedia of world regional geology, part 1: Western Hemisphere (Including Antarctica and Australia). Hrsg. von Rh. W. Fairbridge, Stroudsburg 1975, S. 277–278.

Fiske, R. S., & Jackson, E. D.: Orientation and growth of Hawaiian volcanic rifts: The effect of regional structure and gravitational stress. In: Proc. R. Soc., Ser. A, 329, London 1972, S. 299.

Fiskifélag Islands (Fisheries Association of Iceland, Hrsg.): ÆGIR (einzelne Ausgaben).

Flugmálastjórn Íslands: Árbók Flugmálastjórnar 1981. Reykjavík, 1982.

Forstreuter, K.: Zu den Anfängen der hansischen Islandfahrt. In: Hansische Geschichtsblätter, 85, 1967, S. 111–119.

Framkvæmðastofnun Ríkisins (Hrsg.), Hagtölur Landshluta (Reykjavík):
a) Höfuðborgarsvæðí (April 1983),
b) Suðurnes (Dez. 1982),
c) Vesturland (Sept. 1982),
d) Vestfirðir (Sept. 1982),
e) Fyrir Norðurland (Jan. 1981),
f) Austurland (Febr. 1983),
g) Suðurland (März 1983).

Fridleifsson, I. B.: Geothermal activity in Iceland. In: Jökull, 29, Reykjavik 1979, S. 47–56.

Friðriksson, F.: Grass and grass utilisation in Iceland. In: Ecology, 53, 5, 1972, S. 785–796.

Friedrich, W. L., Símonarson, L. A., & O. Heie: Steingervingar í millilögum in Mókollsdal (Tertiäre Fossilien von Mokollsdalur, NW-Island). In: Náttúrufræðingurinn, 42, 1972, S. 4–17.

Fromme, K.: Die nordgermanische Kolonisation im atlantisch-polaren Raum. Studien zur Frage der nördlichen Siedlungsgrenze in Norwegen und Island. Kiel 1938 (Schriften d. Geogr. Inst. d. Universität Kiel, Bd. 9).

Fuchs, K.: Plattentektonik – eine Hypothese zur Entstehung der Ozeane und Verschiebung der Kontinente. In: Fridericiana, 12, 1973, S. 13–29.

Garðarsson, A.: Waterfowl populations of Lake Mývatn and recent changes in numbers and food habits. In: Oikos, 32, 1979, S. 250–270.

Geiser, W.: Die Islandfischerei und ihre wirtschaftsgeographische Bedeutung. Diss. Münster, Berlin 1918.

Gerke, K.: Crustal movements in the Mývatn and the Thingvallavatn area, both horizontal and vertical. In: Symp. on the Geodynamics of Iceland and the North Atlantic Area (abstract), Reykjavik 1974.

Glawion, R.: Die natürliche Vegetation Islands als Ausdruck des ökologischen Raumpotentials. Paderborn 1985 (Bochumer Geogr. Arbeiten, H. 45).

Glässer, E.: Südnorwegische Agrarlandschaften. Struktur und neuzeitliche Entwicklungsprobleme ländlicher Siedlungs- und Wirtschaftsformen, gezeigt an Aktiv- und Passivräumen Rogalands und Agders. Wiesbaden 1975 (Kölner Forsch. z. Wirtschafts- u. Sozialgeographie, Bd. XXII).

–: Nordeuropa. In: Fischer Länderkunde, Bd. 8, Frankfurt a. M. 1978, S. 159–200.

–: Die heutige Landwirtschaft in Island. Ein Beitrag zur Agrarproblematik am Rande der Ökumene. In:. Z. F. Agrargeographie, 3, H. 2, 1985, S. 116–135.

GLÄSSER, E., u. J. SCHWACKENBERG: Meeresbewirtschaftung und Aquakultur. Entwicklung der Fischwirtschaft in Nordeuropa. In: Geogr. Rundschau, H. 10, 1985, S. 492–502.
GUÐBERGSSON, G. M.: Gróðurkortagerð. In: Ísl. Landbún. J. Agr. Res. Icel., 12, 2, 1980, S. 59–83.
GUÐMUNDSSON, A. T.: Ágrip af jarðfræði Íslands – handa skólum og almenningi. Reykjavík 1982.
–, u. H. KJARTANSSON: Wegweiser durch die Geologie Islands. Reykjavík 1984.
GUÐMUNDSSON, F.: The past status and exploitation of the waterfowl populations. In: Oikos, 32, 1979, S. 232–249.
GUÐMUNDSSON, J. S.: Utilisation of geothermal energy in Iceland. In: Applied Energy, Vol. 2, No. 2, 1976, S. 127–140.
–: Low-temperature geothermal energy use in Iceland. In: Geothermics, Vol. 11, No. 1, 1982, S. 59–68.
–: Geothermal electric power in Iceland: Development in perspective. In: Energy, Vol. 8, No. 7, 1983, S. 491–513.
–, S. ÞÓRHALLSSON & K. RAGNARS: Status of geothermal electric power in Iceland 1980. San Diego 1981 (Electric Power Research Institute, 5th Annual Geothermal Conference and Workshop, 23.–25. 6. 1981, San Diego, California).
GUÐNASON, A.: Farming. Still basic to the economy. In: Iceland Review, 3, 1978, S. 33–39.
Hagstofa Íslands (Statistical Bureau of Iceland, Hrsg.): Tölfræðihandbók. Statistics of Iceland, II, 40, Reykjavík 1967.
– (Hrsg.): Tölfræðihandbók 1974. Statistics of Iceland, II, 63, Reykjavík 1976.
– (Hrsg.): Hagtíðindi: a) 65. Jg., Nr. 8, Reykjavík 1980; b) 68. Jg., Nr. 1, Reykjavík 1983.
– (Hrsg.): Endanlegar tölúr mannfjöldans 1. des. 1983. Landid i heild oj kaupstaðir. Reykjavík 1983.
– & Central Bank of Iceland (Hrsg.): Statistical Bulletin, Reykjavík (versch. Ausgaben).
HANSEN, A.: Growing under glass. In: Iceland Review, 4, 1981, S. 13–19.
HANSEN, H. W.: Island. Von der Wikingerzeit bis zur Gegenwart. Frankfurt a. M. 1965.
HEER, O.: Flora fossilis arctica. I. Island. Zürich 1868.
HENKEL, G.: Siedlungsentwicklung und Wüstungen auf Island. In: Deutsch-Isländisches Jahrbuch, 8, Köln 1981, S. 42–55.
HERRMANN, P.: Island in Vergangenheit und Gegenwart. 3 Bde., Leipzig 1907–1910.
–: Die Hornküste und ihre Bewohner. In: Deutsche Islandforschung 1930, 1. Bd.: Kultur, hrsg. von W. H. VOGT. Breslau 1930, S. 321–348.
HESMER, H.: Waldvernichtung und Waldschaffung auf Island. In: Deutsch-Isländisches Jahrbuch, 6, 1970, S. 7–34.
HITZLER, E.: Sel – Untersuchungen zur Geschichte des isländischen Sennwesens seit der Landnahmezeit. Oslo–Bergen–Tromsö 1979 (hrsg. vom Institutt for Sammenlignende Kulturforskning).
HÖLL, K.: Die heißen Quellen und Geysire Islands, ihre chemische Beschaffenheit und Verwendbarkeit. In: Ber. Forschungsstelle Neðri Ás, Nr. 6, Hveragerði 1971.
Iceland Energy Forecast Committee: Electricity Forecast 1981–2000. Reykjavík 1981.
HORREBOW, N.: Frásognir om Ísland. (Erzählungen über Island.) Reykjavík 1966.
HORREBOW, N.: Zuverlässige Nachrichten von Island nebst einer neuen Landkarte. Copenhagen–Leipzig 1753.

HOPPÉ, G.: The extent of the inland ice sheet of Iceland. In: Jökull, 32, Reykjavík 1982, S. 3–11.
Iceland, Fisheries Yearbook, hrsg. von Iceland Review. Reykjavík 1981.
Iceland Review, Reykjavik (versch. Ausgaben).
ILLIES, J. H.: An intercontinental belt of the world rift system. In: Tectonophysics, 8 (1), Amsterdam 1969, S. 5–9.
IMHOF, A. E.: Grundzüge der nordischen Geschichte. Darmstadt 1970.
IMSLAND, P.: The petrology of Iceland. In: Nordic Volc. Inst. 78 08, 1978, S. 26 ff.
INGVARSSON, G.: Die fischverarbeitende Industrie in Island und ihre räumliche Verbreitung. In: Deutsch-Isländisches Jahrbuch, 4, 1965, S. 47–62.
INGVARSSON, G.: Die Energiequellen Islands und ihre Nutzung. In: Deutsch-Isländisches Jahrbuch, 8, 1981, S. 67–75.
IWAN, W.: Island. Studien zu einer Landeskunde. Stuttgart 1935 (Berliner Geogr. Arbeiten, H. 7).
JACOBY, W. R., A. BJÖRNSSON & D. MÖLLER: Iceland: Evolution, active tectonics, and structure. A preface. In: J. of Geophysics, 47, 1980, S. 1–6.
JAKOBSSON, A.: Whaling. In: Iceland Review, 3–4, 1974, S. 24–31.
JAKOBSSON, S. P.: Chemistry and distribution pattern of recent basaltic rocks in Iceland. In: Lithos, 5, 1972, S. 365–386.
–: Outline of the petrology of Iceland. In: Jökull, 29, Reykjavík 1979, S. 57–73.
JENKINS, E. S.: Looking at geothermal energy: Icelandic drillers don't strike oil, but boiling water. In: Iceland Review, 2, 1979, S. 31–34.
JÓHANNESSON, A.: Die kulturellen Beziehungen zwischen Deutschland und Island. In: Deutsch-Isländisches Jahrbuch, 1960/61, S. 3–18.
JÓHANNESSON, B.: The soils of Iceland. Dep. of Agriculture, Reports Ser. B, No. 13, Reykjavík 1960.
JÓHANNESSON, J.: Islands Historie I: Mellomalderen, Fristatstida. Oslo–Bergen–Tromsö 1969.
JOHN, B. S.: Scandinavia. A new geography. London and New York 1984.
JOHNSON, G. L., & G. PÁLMASON: Observations of the morphology and structure of the sea floor south and west of Iceland. In: J. of Geophysics, 47, 1980, S. 23–30.
JÓNASSON, I.: Die isländische Volkszählung vom Jahre 1703. In: Deutsch-Isländisches Jahrbuch, 7, 1974, S. 16–20.
JÓNASSON, P. M.: The Lake Mývatn ecosystem, Iceland. In: Oikos, 32, S. 289–305.
JÓNSSON, H.: Islands Geografi. Oslo 1924.
JÓNSSON, J.: Notes on the Katla vulcanoglacial debris flows. In: Jökull, 32, 1982, S. 61–68.
KALUS, P.: Island, Struktur und Probleme einer aufstrebenden Volkswirtschaft. Frankfurt a. M. 1953.
KAMPP, A.: The fishing industry of Iceland. In: Inter-Nord, 12, 1972, S. 35–38.
–: Iceland and the Faroes, a comparative demographic study covering the period 1900–1970. In: Inter-Nord, 1974, S. 13–14 und S. 285–302.
KJARTANSSON, G.: Árnesinga saga. Reykjavik 1943.
KJARTANSSON, G., S. ÞÓRARINSSON & Þ. EINARSSON: C^{14}-Datings of quaternary deposits in Iceland. In: Náttúrufræðingurinn, 34, 1964, S. 97–145.
KJARTANSSON, H. S.: Urbaniseringen på Island ca. 1865–1915. In: Urbaniseringsprosessen i Norden, Teil 3, Oslo–Bergen–Tromsö 1977, S. 245–260.

Köhne, R.: Herford und Island. In: Deutsch-Isländisches Jahrbuch, 7, 1974, S. 21–23.
Köppen, W.: Grundriß der Klimakunde. 2. Aufl., Berlin–Leipzig 1931.
Koerfer, L. E.: Zur Geologie des Gebietes Hvammstangi–Bakkabrúnir–Blönduós (Nord-Island). Sonderveröff. Geol. Inst. Universität zu Köln, H. 26, Köln 1974.
Krafft, M.: Führer zu den Vulkanen Europas. Band 1: Allgemeines – Island. Stuttgart 1984.
Kristinsson, K.: The vegetation and flora of Iceland. In: American Rock Garden Soc. Bull., 33, 3, 1975, S. 105–111.
Kristinsson, V.: Population distribution and standard of living in Iceland. In: Geoforum, 13, 1973, S. 53–62.
Kristjansson, L.: Paleomagnetic research on Icelandic rocks – A bibliographical review 1951–1981. In: Jökull, 32, Reykjavík 1982, S. 91–106.
Krüger, Ch. (Hrsg.): Vulkane. Wien–München 1970.
Kuhn, H.: Die Hochweidewirtschaft in Island. In: Deutsche Islandforschung 1930, Bd. I: Kultur, hrsg. von W. H. Vogt. Breslau 1930.
–: Das alte Island. Düsseldorf–Köln 1971.
Lamprecht, W.: Pflanzensoziologische Studien im östlichen Innern Islands. In: Deutsche Islandforschung 1930, 2. Bd., Breslau 1930, S. 116–126.
Liebricht, H.: Das Frostklima Islands seit dem Beginn der Instrumentenbeobachtung. Bamberger Geogr. Schriften, H. 5, Bamberg 1983.
Lötschert, W.: Über progressive und regressive Sukzessionen auf Island. Berichte aus der Forschungsstelle Neðri Ás (Island), Nr. 16, Hveragerði 1974, S. 16–25.
Löve, Á.: Flora of Iceland. Reykjavík 1983.
–, & D. Löve (Hrsg.): North Atlantic biota and their history. Oxford–London–New York–Paris 1963.
Mägdefrau, K.: Paläobiologie der Pflanzen. Stuttgart 1968.
Magnusson, G.: Die isländische Industrie am Scheideweg. In: EFTA-Bulletin, 20 (4), 1979, S. 6–9.
Malin, M. C.: Geomorphic processes in Icelands cold deserts: Mars analogs. In: NASA Technical Memorandum 82385, 1980, S. 367–368.
–, & D. B. Eppler: Catastrophic floods of the Jökulsá á Fjöllum, Iceland. In: NASA Technical Memorandum 84211, 1981, S. 272–273.
Marshall, B. (Hrsg.): Der Große Krüger Atlas der Ozeane. Frankfurt a. M. 1979.
Mathews, W. H.: ›Tuyas‹. Flat-topped volcanoes in Northern British Columbia. In: Amer. Jour. Sci., 245, 1947, S. 560–570.
Maurer, K.: Island von seiner ersten Entdeckung bis zum Untergange des Freistaates. München 1874.
Mead, W. R.: An historical geography of Scandinavia. London 1981.
Meseck, G.: Aufzeichnungen über Island. Informationen über die Fischwirtschaft des Auslandes, 22. Jg., H. 10, Bonn–Hamburg 1972.
Milanovsky, E. E., V. G. Trifonov, A. V. Goriachev & M. G. Lomize: Iceland and mid-oceanic ridge. Geomorphology. Tectonics. Publ. by National Research Council of Iceland, Reykjavik 1982.
Miotke, F. D., u. G. Gerold (Hrsg.): Island-Exkursion 1976 (Exkursionsprotokoll). Geographisches Institut der Technischen Universität Hannover.
Möller, D.: Geodetic determination of horizontal movements of the earth's crust. In:

Mobile earth: Internat. Geodynamics Project; final report of the Federal Republik of Germany/DFG (Hrsg. von H. Closs et al.), 1980, S. 20–22.

Mogh, E.: Island und seine Bewohner. In: Geogr. Zeitschrift, 11, 1905, S. 629–637.

Moorbath, S., H. Sigurdsson & R. Goodwin: K/Ar ages of the oldest exposed rocks in Iceland. In: Earth Planet. Sci. Lett. I, 4, Amsterdam 1968, S. 197–205.

National economic institute of Iceland (Hrsg.): The icelandic economy. Developments 1978–1979. Reykjavik 1979.

News from Iceland, Reykjavik, verschiedene Jahrgänge (hrsg. von Iceland Review).

Nielsen, N.: Contributions to the Physiography of Iceland. In: Kgl. Danske Vidensk. Selsk. Skrifter, 9. R., IV, 1933, S. 185–286.

Nizard, J.: Iceland. The main factors which have contributed to population increase since 1860. In: Inter-Nord, 10, 1968, S. 84–104.

Noll, H.: Maare und maar-ähnliche Explosionskrater in Island. Ein Vergleich mit dem Maar-Vulkanismus der Eifel. Sonderveröff. Geol. Inst. Universität zu Köln, 11, Köln 1967.

Nordal, J., & V. Kristinsson (Hrsg.): Iceland 1966. Handbook. Reykjavík 1967.

– & – (Hrsg.): Iceland 874–1974. Reykjavík 1975.

Norddahl, H.: A prediction of minimum age for Weichselian maximum glaciation in North Iceland. In: Boreas, 10, 1981, S. 471–476.

Nordisk statistisk årsbok (yearbook of nordic statistics). Stockholm (einzelne Jahrgänge).

OECD (Hrsg.): Iceland (Dec. 1977). Paris 1978 (Economic Surveys).

– (Hrsg.): Iceland (Oct. 1983). Paris 1983 (Economic Surveys).

Ólafsdóttir, T.: A moraine ridge on the Iceland shelf, west of Breiðafjörður. In: Náttúrufrædingurinn, 45, 1975, S. 31–36.

Ólafsson, D.: Die isländische Fischerei und ihre Bedeutung für die isländische Volkswirtschaft. In: Deutsch-Isländisches Jahrbuch, 1962/63, S. 86–89.

Ólafsson, J.: Ársskýrsla Búreikningastofu Landbúnaðarins 1981. Reykjavík o. Jg.

Orkustofnun: Orka á Íslandi 1981. Fylgirit með orkumálum, Nr. 33, Reykjavík 1981.

Pálsson, H., & Ó. E. Stefánsson: Farming in Iceland. Reykjavík 1968 (hrsg. von Búnaðarfélag Íslands).

Pflug, H. D.: Sporenbilder aus Island und ihre stratigraphische Deutung. In: N. Jahrb. Geol. Paläontol. Abh., 107, 1959, S. 141–172.

Picard, A.: L'Islande rurale. In: Norois, Tome XIV, 1967, No. 53, S. 68–77.

Pienz, J.: Oetztaler Talkunde. Imst 1963.

Pjeturss, H.: Om Islands Geologi. In: Medd. Dansk Geol. Foren., II, 1905, S. 1–105.

Preusser, H.: Die Deflation in Island. In: Deutsch-Isländisches Jahrbuch, Nr. 7, 1974, S. 32–47.

–: Entwicklung und räumliche Differenzierung der Bevölkerung Islands. In: Geografiska Annaler 58, 2, Stockholm 1976, S. 116–144.

–: The landscapes of Iceland: types and regions. The Hague 1976.

Preyer, W., u. F. Zirkel: Reise nach Island im Sommer 1860. Leipzig 1862.

Rannsóknaráð Ríkisins (The National Research Council, Hrsg.): Þróun landbúnaðar. Reykjavík 1976 (R. r. 6 '76).

– (Hrsg.): Þróun sauðfjárræktar. Reykjavík 1976 (R. r. 8 '76).

Reck, H.: Über vulkanische Horstgebirge. In: Zeitschr. für Vulkanologie, 6, 1921/22, S. 155–182.

Reinton, L.: Saeterbruket i Noreg. 3 Bde., Oslo 1955, 1957, 1961 (hrsg. vom Institutt for Sammenlignende Kulturforskning).

Rist, S.: Jöklabreytingar 1964/65–1973/74 (10 ár), 1974/75–1978/79 (5 ár) og 1979/80 (Glacier variations). In: Jökull, 31, Reykjavík 1981, S. 42–46.

–: Jöklabreytingar 1964/65–1973/74 (10 ár) 1974/75–1977/78 (4 ár) og 1978/79 (Glacier variations). In: Jökull, 31, Reykjavík 1981, S. 37–39.

Rittmann, A.: Vulkane und ihre Tätigkeit. 2. Aufl., Stuttgart 1960.

Roaldset, E.: Tertiary (Miocene-Pliocene) interbasalt sediments, NW- and W-Iceland. In: Jökull, 33, Reykjavík 1983, S. 39–56.

Rochefort, R.: L' Islande face à sa démographie. In: Revue de Géographie de Lyon, 41, 1966, S. 5–28.

Rosenvinge, L. K., & E. Warming (Hrsg.): The botany of Iceland. Copenhagen 1914.

Rummel, F.: Nutzung der Erdwärme. Eine alternative oder additive Möglichkeit zur Energieversorgung? In: Geowissenschaften in unserer Zeit, 2. Jg., H. 3, 1984, S. 73–81.

Ruthsatz, B., u. E. Geyger: Wird die Intensivierung der Grünlandkultur in Island durch das Klima begrenzt? Berichte aus der Forschungsstelle Neðri Ás, Hveragerði (Island), Nr. 8, 1971.

Rutten, M. G., & H. Wensink: Paleomagnetic dating, glaciations and the chronology of the Plio-Pleistocene in Iceland. In: Report Internat. Geol. Congr. XXI. Session V, Kopenhagen 1960, S. 62–70.

Sæmundsson, B.: Die isländische Seefischerei. Stuttgart 1930 (Handbuch der Seefischerei Nordeuropas, VII, H. 4).

Sæmundsson, K.: Outline of the geology of Iceland. In: Jökull, 29, Reykjavík 1979, S. 7 bis 28.

–, & H. Noll: K/Ar ages of rocks from Húsafell, Western Iceland, and the development of the Húsafell central volcano. In: Jökull, 24, 1974, S. 40–59.

Sapper, K.: Island. In: Geogr. Zeitschrift, 13, 1907, S. 225–243 und S. 316–329.

Schäfer, K.: Transform Faults in Island. In: Geologische Rundschau, 61, 3, 1972, S. 942 bis 960.

–: Geodynamik an Europas Plattengrenzen. In: Fridericiana, 23, 1978, S. 30–46.

–: In situ Gesteinsspannungsermittlungen in Island. In: Meßtechnische Briefe, 15, 2, 1979, S. 35–46.

Schier, K.: Konrad Maurer und seine Islandreise 1858. In: Deutsch-Isländisches Jahrbuch, 7, 1974, S. 7–15.

Schmincke, H.-U., V. Lorenz & H. A. Seck: The Quaternary Eifel volcanic fields. In: Plateau Uplift. The Rhenish Shield – A Case Study. Hrsg. von K. Fuchs et al., Berlin–Heidelberg–New York–Tokyo 1983, S. 142–151.

Schnütgen, A.: Island – Natur- und Lebensraum im Laufe der Geschichte. In: K. D. Francke: Island, Köln 1985, S. 53–87.

Schumann, O.: Islands Siedelungsgebiete während der Landnámatid. Diss. Universität Leipzig 1900.

Schunke, E.: Periglazialerscheinungen Islands in Abhängigkeit von Klima und Substrat. Abh. Akad. Wiss. Gött., Math.-Phys. Klasse, 3. Folge, 30, Göttingen 1975.

Schunke, E.: Aktuelle thermische Klimaveränderungen am Polarrand der Ökumene Europas – Ausmaß, Ursachen und Auswirkungen. In: Erdkunde, Bd. 33, 1979, S. 282–291.

Schutzbach, W.: Island – Feuerinsel am Polarkreis. 3. Aufl., Bonn 1985.

Schwaar, J.: Moorkundliche Untersuchungen am Laugarvatn (Südwest-Island). Ber. aus der Forschungsstelle Neðri Ás (Island), Nr. 29, Hveragerði 1978.

Schwarzbach, M.: The geological knowledge of the North Atlantic climates of the past. In: North Atlantic Biota and their History, Oxford–London–New York–Paris 1963, S. 11–19.

–: Zur Verbreitung der Strukturböden und Wüsten in Island. In: Eiszeitalter und Gegenwart, 14, 1963, S. 85–95.

–: Geologenfahrten in Island. Ludwigsburg 1964.

–: Edaphisch bedingte Wüsten. Mit Beispielen aus Island, Teneriffa und Hawaii. In: Z. f. Geomorph, N. F., 8, 4, Berlin 1964, S. 440–452.

–, & H. Noll: Geologischer Routenführer durch Island. Sonderveröff. Geol. Inst. Universität zu Köln, 20, 1971.

–: Alfred Wegener, sein Leben und sein Lebenswerk. In: Geol. Rundschau, Bd. 70, 1980, S. 1–14.

–: Deutsche Islandforscher im 19. Jahrhundert. In: Jökull, 33, Reykjavík 1983, 5.

Sedlacek, P.: Deutsche Auslandsinvestitionen. Die Entwicklung und ihre Wirkung auf die isländische Beschäftigungslage. In: Gegenwartskunde, 29 (3), 1980, S. 321–331.

–: Island – integrative und dissoziative Elemente der Entwicklung in der europäischen Peripherie. In: Entwicklungs- und Planungsprobleme in Nordeuropa, hrsg. von B. Butzin, Paderborn 1981, S. 19–42 (Münstersche Geogr. Arbeiten, 12).

–: Ökonomische Grundlagen und Wirkungen der Aluminiumverhüttung auf Island. In: Z. f. Wirtschaftsgeographie, 25, 2, 1981, S. 60–63.

Seebass, F.: Island. In: Handbuch d. Geogr. Wissenschaft, hrsg. von F. Klute, Bd. West- und Nordeuropa. Potsdam 1938.

Sigbjarnason, G.: Áfok og upblattur (The loessial soil formation and the soil erosion on Haukadalsheiðí). In: Nattúrufræðingurinn, 39 (2), S. 68–118.

–: The quaternary alpine glaciation and marine erosion in Iceland. In: Jökull, 33, Reykjavík 1983, S. 87–98.

Sigurvinsson, J. R.: Weichselian glacial lake deposits in the highlands of North-Western Iceland. In: Jökull, 33, 1983, S. 99–109.

Símonarson, L. A.: On climatic changes in Iceland. In: Jökull, 29, Reykjavík 1979, S. 44–46.

Símonarson, L. A., W. L. Friedrich & P. Imsland: Hraunafsteypur af trjám i íslenzkum tertierlögum (Lava pseudomorphs of tree trunks in Tertiary basalts in Iceland). In: Náttúrufræðingurinn, 44, 1975, S. 140–149.

Skógræktarfélag Íslands (Hrsg.): Ársrit 1982. Reykjavík 1982.

Smith, A. G.: Phanerozoic equal-area maps. In: Geol. Rundschau, Bd. 70, 1980, S. 91–127.

Sonder, R. A.: Zur magmatischen und allgemeinen Tektonik von Island. Schweiz. Min. Petr. Mitt., 18, 1938, S. 429–436.

Spethmann, H. (Hrsg.): Deutsche Islandforschung 1930, 2. Bd.: Natur. Breslau 1930.

Spickernagel, H.: Erdkrustenbewegungen in Island. In: Umschau, 68, 1968, S. 379.

–: Results of height measurements in Northern Iceland 1965/1977. In: Journal of Geophysics, 74, 1980, S. 120–124.

Stählin, A.: Probleme der isländischen Volkswirtschaft in landwirtschaftlicher Sicht. In: Berichte über Landwirtschaft, Bd. XL, Hamburg–Berlin 1962.

Stefánsson, V.: The Krafla geothermal field, Northeast Iceland. In: Geothermal systems: Principles and case histories. Hrsg. von L. Rybach & L. J. P. Muffler, 1981, S. 273–294.

STEINÞÓRSSON, St.: On the age and immigration of the Icelandic Flora. (Societas Scientiarum Islandica, 25, Reykjavík 1962.)

–: A list of Icelandic plantsociations. Ber. aus der Forschungsstelle Neðri Ás (Island), Nr. 17, Hveragerði 1974.

–: Studies on the mire-vegetation of Iceland. Reykjavik 1975 (Societas Scientiarum Islandica, XLI).

STETS, J., & P. WURSTER: Zur Strukturgeschichte des Hohen Atlas in Marokko. In: Geol. Rundschau, Bd. 70, 1980, S. 801–841.

STOCKS, Th.: Island. In: Geogr. Taschenbuch 1960/61. Wiesbaden 1960, S. 321–326.

STONE, K. H.: Isolations and retreat of settlement in Iceland. In: Scottish Geographical Magazine, 87, 1971, 1, S. 3–13.

SUDING, H.: Zur politisch-ökonomischen Situation Islands. In: Geogr. Rundschau, 27, 12, 1975, S. 514–517.

SVEINBJARNARDÓTTIR, G., P. CHRISTOPHER & A. J. GERHARD: Landscape change in Eyjafjallasveit, Southern Iceland. In: Norsk Geografisk Tidsskrift, Vol. 36, No. 2, 1982, S. 75–88.

SWANTESSON, J.: Geomorfologiska Karta over Island, Skala 1 : 1 750 000 (Geomorphological map of Iceland, Scale 1 : 1 750 000). Guni Rapport, Göteborg 1984.

TAUBMANN, W.: Islands Landwirtschaft. Grundzüge und neuere Wandlungen. In: Erdkunde, 23, 1969, S. 30–47.

TEITSSON, B.: Islandske kjøpsteder 1600–1860. In: Urbaniseringsprosessen i Norden, Teil 2, Oslo–Bergen–Tromsö 1977, S. 90–99.

TESSENSOHN, F.: Lineare und zentrische Elemente im geologischen Bau Islands. In: Geologisches Jb., B 20, 1976, S. 57–95.

THANNHEISER, D., G. LEYDAG & Th. WILLERS: Island. Exkursionsbericht, H. 2, Münster 1983 (Institut für Geographie, Universität Münster).

ÞÓRARINSSON, S.: Tefrokronologiska studier på Island. Geografiska Annaler, 26, Stockholm 1944, S. 1–217.

–: Laxárgljúfur and Laxáhraun. In: Geografiska Annaler, 33, 1–2, 1951, S. 1–89.

–: Hverfjall. In: Náttúrufræðingurinn, 22, 1952, S. 113–129 und 145–172.

–: The crater groups in Iceland. In: Bull. Volc. Napoli. Ser. II. Tome XIV, 1953, S. 1–44.

–: The thousand years struggle against ice and fire. In: Museum of Natural History, Department of Geology and Geography, Reykjavík, Misc. Papers, Nr. 14, Reykjavík 1956.

–: The postglacial volcanism. In: On the geology and geophysics of Iceland. Intern. Geol. Congr. XXI Sess. Guide Exc. Nr. A 2, Reykjavik 1960, S. 33–54.

–: Population changes in Iceland. In: The Geographical Review, 51, 1961, 4, S. 519–533.

–: L'érosion éolienne en Islande á la lumiére des études tephrochronologiques. In: Revue de Géomorphologie Dynamique, 13, 7–9, 1962, S. 107–124.

–: The eruptions of Hekla in historical times – a tephrochronological study. In: The eruption of Hekla 1947–48, I. (Vísindafélag Íslendinga), Reykjavik 1967.

–: Hekla and Katiq. In: BJÖRNSSON, S., 1967, S. 190–199.

–: Island. In: SÖMME, A. (Hrsg.), Die Nordischen Länder, Braunschweig 1974, S. 199–227.

–: The postglacial history of the Mývatn area. In: Oikos, 32, Kopenhagen 1979, S. 17–28.

–: Tephrochronology and its application in Iceland. In: Jökull, 29, Reykjavík 1979, S. 33 bis 36.

–: Sitthvaðúr Suðurlandsferðum. In: Jökull, 31, Reykjavík 1981, S. 65–81.

ÞÓRARINSSON, S., T. EINARSSON & G. KJARTANSSON: On the geology and geomorphology of Iceland. In: Int. Geogr. Congr. Norden, Geogr. Ann., 41, Stockholm 1960, S. 135–169.

–, & K. SÆMUNDSSON: Volcanic activitiy in historical time. In: Jökull, 29, Reykjavík 1979, S. 29–32.

ÞÓRLÁKSSON, H.: Urbaniseringstendenser på Island i middelalderen. In: Urbaniseringsprosessen i Norden, Bd. 1, Oslo–Bergen–Tromsö 1982, S. 9–36.

THORODDSEN, Þ.: Geschichte der isländischen Geographie. 2 Bde., Leipzig 1897/98.

–: Island. Grundriß der Geographie und Geologie. Erg.-Heft 152 und 153 zu Petermanns Geogr. Mitteilungen, Gotha 1905 und 1906.

–: Skýrslur um Mývatnselda. In: Safn til sögu Íslands IV, Kaupmannahöfn 1907–1915, S. 385–411.

–: Die Geschichte der isländischen Vulkane. Kgl. Dansk Vidensk. Selsk. Skr. Nat. og Mathem. Afd. 8, IX, Kopenhagen 1925.

TIETZE, W. (Hrsg.): Luftbildatlas Nordischer Länder. Neumünster 1981.

TÓMASSON, H.: The sediment load of Icelandic rivers. In: Nordic Hydrological Conference, V – 1 – 16, Reykjavík 1976.

TRYGGVASON, E.: Measurements of surface deformation in Iceland by precision levelling. In: J. Geophys. Res., 73, 1968, S. 7039–7050.

–: Surface deformation in Iceland and crustal stress over a mantle plume. In: Continuum Mech. Asp. Geodyn. Rock Trac. Mech., D. Reidel, Dordrecht/Holland 1974, S. 245 bis 254.

TÜXEN, R., u. H. BÖTTCHER: Weide- und Wiesen-Gesellschaften (Molinio-Arrhenatheretea) in Südwest-Island. Ber. aus der Forschungsstelle Neðri Ás (Island), Hveragerði 1969.

VALFELLS, A.: Iceland 2000. Production, population and prosperity. Hrsg. von Landsvirkjun, Reykjavík 1979.

VAN BEMMELEN, R. W., & M. G. RUTTEN: Tablemountains of Northern Iceland. Leiden 1955.

Vegagerð Ríkisins: Umferðatalning 1982. Reykjavík 1983.

VENZKE, J. F.: Zur Biotop- und Vegetationsentwicklung auf isländischen Lavafeldern. In: Essener Geogr. Arbeiten, 1, Paderborn 1982, S. 29–61.

–: Geoökologische Charakteristik der wüstenhaften Gebiete Islands. Paderborn 1982 (Essener Geogr. Arbeiten, 3).

–: Die Böden wüstenhafter Ökotope in Island unter besonderer Berücksichtigung des Bodenwasserhaushalts. Ber. aus der Forschungsstelle Neðri As (Island), Nr. 37, Hyeragerði 1982.

–: Desertifikationsbedingende geodynamische Prozesse und daraus resultierende Raumstrukturen in Island. In: 44. Deutscher Geographentag Münster 1983, Tagungsberichte u. wiss. Abhandlungen, Stuttgart 1984, S. 328–337.

–: Bibliographie zur physischen Geographie Islands. Bochum 1985 (Reihe „Norden“, H. 2).

–, & K. VENZKE: Meteorological records of Skiðadalur, Northern Iceland, Summer 1983. Ber. aus der Forschungsstelle Neðri As (Island), Nr. 41, Hveragerði 1984.

VERLEGER, H.: Das Borgarfjordgebiet in Island. (Das Problem der landschaftskundlichen Beschreibung eines subpolaren Wiesenlandes, dargestellt an der Landschaft des Borgarfjordgebietes im Westen Islands.) Diss. Hamburg 1931.

–: Island, die natürlichen Grundlagen und die Probleme der Wirtschaft. In: Geogr. Zeitschrift, 43, 1937, S. 241–253.

VESTDAL, J. E.: Grundlagen der Wirtschaft und die technische Entwicklung in Island. In: Deutsch-Isländisches Jahrbuch, 1960/61, S. 30–48.

VINE, F. G.: Spreading of the ocean floor: New evidence. In: Science, 154, 1966, S. 1405–1415.

–, & D. H. MATTHEWS: Magnetic anomalies over oceanic ridges. In: Nature, 207, 1963, S. 947–949.

VOGT, P. R.: The Iceland phenomenon. Imprints of a hot spot on the ocean crust, and implications for flow below the plates. In: Geodynamics of Iceland and the North Atlantic Area. Hrsg. von L. KRISTJANSSON: NATO Adv. Study Inst. Ser. Dordrecht 1974, S. 49 bis 62.

VOGT, P. R., G. L. JOHNSON & L. KRISTJANSSON: Morphology and magnetic anomalies North of Iceland. In: J. of Geophysics, 47, 1980, S. 67–80.

VOGT, W. H. (Hrsg.): Deutsche Islandforschung 1930, 1. Bd.: Kultur. Breslau 1930.

WALKER, G. P. L.: Some aspects of Quaternary volcanism in Iceland. In: Trans. Leicester Lit. Phil. Soc., 59, 1965, S. 25–39.

–: Zeolite zones and dike distribution in relation to the structure of the basalts of Eastern Iceland. J. Geol., 68, 1960, S. 515–528.

–: Topographic evolution in Iceland. In: Jökull, 32, Reykjavik 1982, S. 13–20.

WETZEL, R., E. WENK, W. STERN u. H. SCHWANDER: Beiträge zur Petrographie Islands. Basel, Stuttgart 1978.

WILHELMY, H.: Geomorphologie in Stichworten. III Exogene Morphodynamik: Karsterscheinungen – Glazialer Formenschatz – Küstenformen. Coburg 1972.

WILLE, V.: Die isländischen Siedlungen (mit Ausnahme der Hauptstadt), funktionale Typen und Siedlungsgestalt. Diss. Bad Homburg v. d. H. 1971.

–: Die räumliche Planung in Island. In: Raumforschung und Raumordnung, 38. Jg., 1980, H. 5/6, S. 233–240.

WILLIAMS, R. S. (Jr.), S. ÞÓRARINSSON & E. C. MORRIS: Geomorphic classification of Icelandic volcanoes. In: Jökull, 33, Reykjavík 1983, S. 19–24.

WILSON, J. T.: Evidence from ocean islands suggesting movement in the earth. In: Symp. Continental Drift. Phil. Trans. Roy. Soc., A 258, 1965, S. 145–167.

–: Mantle plumes and plate motions. In: Tectonophysics, 19, 1973, S. 149–164.

WINKLER, G. G.: Island. Seine Bewohner, Landesbildung und vulkanische Natur. Braunschweig 1861.

–: Island. Der Bau seiner Gebirge und dessen geologische Bedeutung. München 1863.

WYSS, M.: Hawaiian rifts and recent Icelandic volcanism: Expressions of plume generated radial stress fields. In: J. of Geophysics, 47, 1980, S. 19–22.

ZAGWIJN, W. H.: The Pliocene-Pleistocene boundary in Western and Southern Europe. In: Boreas, 6, 3, Haarlem 1974, S. 75–97.

ZAGWIJN, W. H.: Variations in climate as shown by pollen analysis, especially in the Lower Pleistocene of Europe. In: Ice Ages: Ancient and Modern. Hrsg. von A. E. WRIGHT & F. MOSELEY, Liverpool 1975.

REGISTER

Bild 1: Stricklava (helluhraun) im Odáðahraun-Gebiet (Zentralisland). Die Lava ist jünger als die letzte Vereisung, da die Strukturen noch vollständig erhalten sind. Unter einer Gletscherbedeckung wären sie beseitigt worden. (Aufn. AS, 25. 7. 79)

Bild 2: Der Tafelberg Stóra Björnsfell südlich des Þórisjökull (Südwestisland). Die Kante des ›Topbasaltes‹ befindet sich ca. 500 m über der Basisfläche des Vulkans, d. h., die Eisbedeckung wird zur Zeit der Entstehung eine Mächtigkeit von etwa 500 m gehabt haben. (Ausschnittsvergrößerung aus Luftbild Nr. 5046, Aufnahmedatum unbekannt, Landmælingar Íslands, Reykjavík)

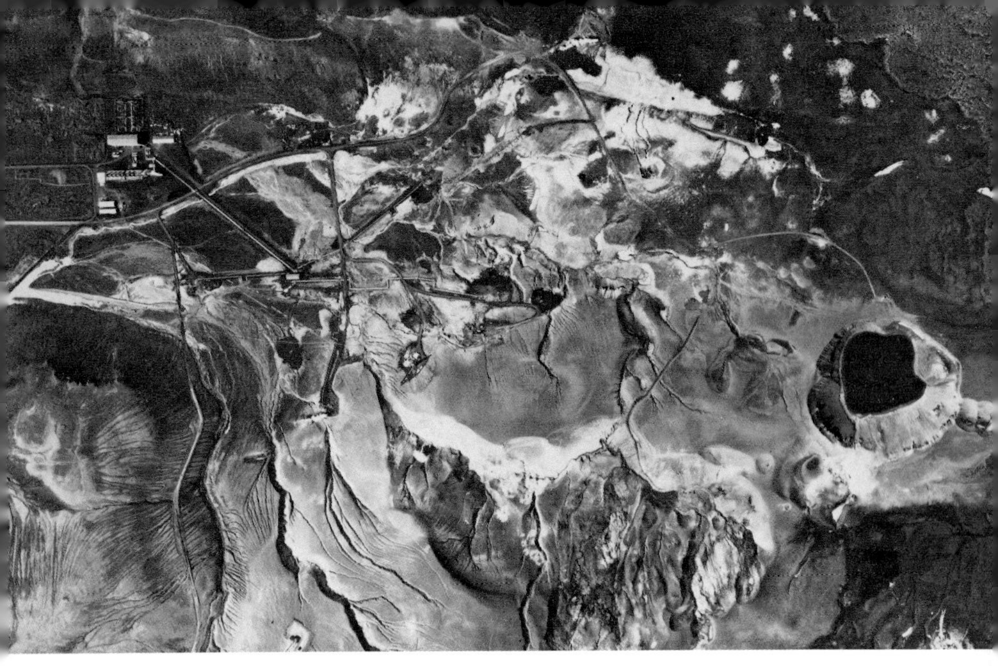

Bild 3: Das Maar Víti im Krafla-Gebiet. Das Maar entstand am 17. 5. 1724. Es hat einen Durchmesser von 320 m und befindet sich mit 4 weiteren Kratern auf der rechten Seite (im Norden) und einem älteren (wahrscheinlich aus dem 14. Jh.) auf der linken auf einer N/S-streichenden Linie. Oben links befindet sich das Krafla-Kraftwerk. (Ausschnittsvergrößerung aus Luftbild Nr. 7880, aufgenommen am 9. 6. 80, Landmælingar Íslands, Reykjavík)

Bild 4: Der Ringwall oder ›Tuffring‹ Hverfjall im Mývatn-Gebiet (Nordisland). Der Krater ist in der relativ kurzen Zeit von nur wenigen Tagen vor ca. 2500 Jahren entstanden. Sein Durchmesser beträgt ca. 1200 m, die relative Höhe etwa 150 m. (Ausschnittsvergrößerung aus Luftbild Nr. 14131, aufgenommen am 28. 8. 60, Landmælingar Íslands, Reykjavík)

Bild 5: Die Eldgjá (Südisland). Als gewaltigste Eruptionsspalte der Welt erreicht die Eldgjá (Feuerschlucht) eine Länge von ca. 30 km. In ihrem mittleren Teil wird sie von der Ofærá durchflossen, die über die Ofærufossar in die bis zu 150 m tiefe Schlucht fällt. (Aufn. EG, 14. 8. 83)

Bild 6: Miniatur-Steinpolygone im nördlichen Vorfeld der Eldborg im Mýrar-Bezirk (Snæfellsnes). (Aufn. AS, 18. 8. 77)

Bild 7: Streifenboden im Tungudalur (innerer Skutulsfjörður, Vestfirðir). (Aufn. AS, 5. 8. 79)

Bild 8: Steinpflasterboden im zentralen Hochland zwischen Vatnajökull und Hofsjökull mit *Armeria maritima* (Grasnelke). (Aufn. AS, 28. 7. 79)

Bild 9: Þúfur am Nordhang des Schildvulkans Strýtur in Zentralisland (nahe Hveravellir). Die Þúfur (Erdbülten) haben einen Durchmesser von 1,0 bis 1,5 m. (Aufn. AS, 22. 7. 79)

Bild 10: Þúfurfläche auf der Ásheiði im Axarfjörður-Gebiet (Nordisland). Im Hintergrund (rechts) der Tafelberg Núpar (341 m). Nach der Lage seiner Schulter besaß die letzte Vereisung in Nordisland eine Mächtigkeit von etwa 150 m. (Aufn. AS, 24. 8. 77)

Bild 11: Schluffausblasung im Vorfeld des Langjökull. Im Vordergrund die Grundmoränenlandschaft der Biskustungnaá, im Hintergrund die subglazialen (Palagonit-)Rücken der Jarlhettur. (Aufn. AS, 22. 7. 79)

Bild 12: Windkanter im Hólssandur, wenige Kilometer südlich des Dettifoss. Die Höhe des Basaltblocks beträgt ca. 80 cm; seine Luvseite ist südexponiert. (Aufn. AS, 23. 8. 82)

Bild 13: ›Rofbards‹ oder Rasenstufen im südlichen Hinterland des Axarfjörður (Nordisland). Die Reste der schluffhaltigen Vegetationsdecke haben eine Höhe von ca. 1,50 m. (Aufn. AS, 23. 8. 82)

Bild 14: Lößprofil auf der Vaðlaheiði (östlich Akureyri). Das Profil enthält Bimsaschen-Bänder (H_3 und H_4) der ca. 220 km entfernten Hekla. Die Ausbrüche fanden vor etwa 2800 bzw. 4000 Jahren statt. Über den hellen Bimsaschen befindet sich noch ein dunkles Basaltaschen-Band. (Aufn. AS, 23. 8. 77)

Bild 15: Steinpflasterböden in der Grundmoränenlandschaft westlich des Vatnajökull (ca. 20 km nordöstlich des Þórisvatn, an der Þveralda, 728 m). Blick nach Nordosten auf die Rhyolith-Kuppen der Hágöngur und den Nordwestteil des Vatnajökull. (Aufn. AS, 28. 7. 79)

Bild 16: Quellfluren in der Grundmoränenlandschaft östlich des Hofsjökull. Hinter den Höhen mit Steinpflasterböden befindet sich der Ostteil des Hofsjökull mit dem breiten Ausläufer des Þjórsárjökull und dem vom Gletscher bedeckten Miklafell (1456 m). (Aufn. AS, 28. 7. 79)

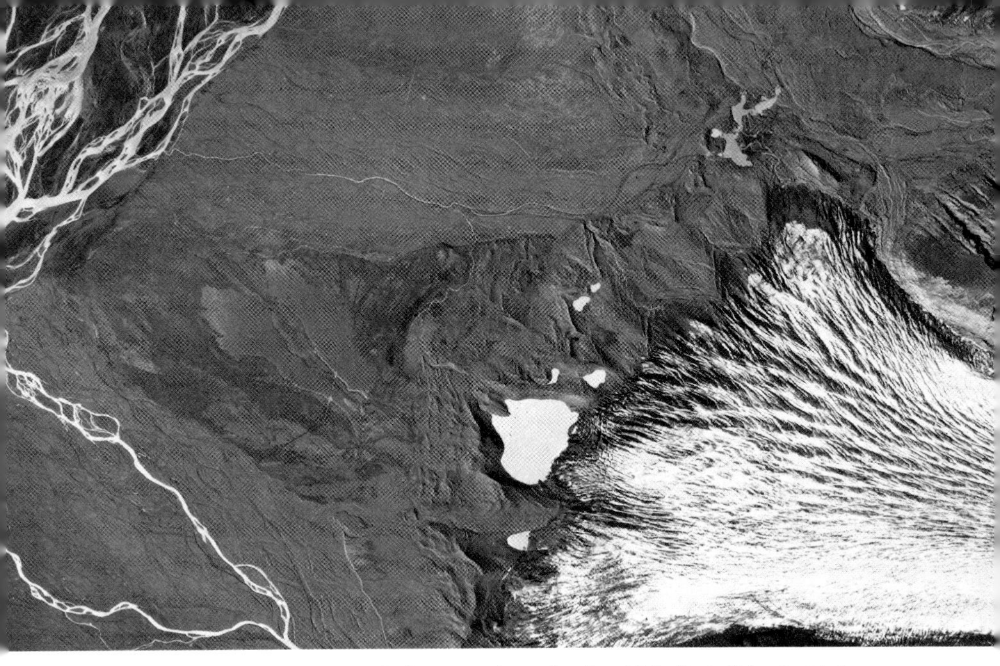

Bild 17: Die Zunge des Svínafellsjökull am Westhang des Öræfajökull (Südisland). Links oben Seitenarme der verwilderten Skaftáfellsá. (Ausschnittsvergrößerung aus Luftbild Nr. 12531, aufgenommen am 15. 9. 54, Landmælingar Íslands, Reykjavík)

Bild 18: Fjellbirkengehölz bei Hljóðaklettar (Nordostisland). Hljóðaklettar befindet sich in dem Gebiet eines der drei isländischen Nationalparke. (Aufn. EG, 13. 8. 83)

Bild 19: Baumschule im Vaglaskógur (östlich Akureyri) mit Beständen von Picea, Pinus, Populus, Salix, Alnus u. a. m. Im Hintergrund die erodierten Hänge der Vaðlaheiði. (Aufn. EG, 11. 8. 83)

Bild 20: Treibholzstämme *(Larix sibirica)* und deren Verarbeitung an der Südwestspitze der Halbinsel Snæfellsnes. (Aufn. EG, 9. 8. 83)

Bild 21: *Rhacomitrium*-Heide auf der Eldhraun-Lava (Südisland). Sie brach vor etwa 1000 Jahren in der Eldgjá aus und bedeckt weite Flächen der südisländischen Sander. (Aufn. EG, 15. 8. 83)

Bild 22: Selfoss im westlichen Suðurland. Die junge Stadt Selfoss (Kaupstaðurrecht seit 1978) im westlichen Suðurland mit 1981 rd. 3500 Einwohnern ist von einem relativ leistungsstarken Agrarraum umgeben, der besonders durch seine intensive Milchviehhaltung bekannt geworden ist. Das frisch geschnittene Grasland (Parzellen in heller Farbe) weist indirekt auf jene Veredlungswirtschaft hin. (Luftbild Nr. 5371, aufgenommen am 20. 8. 82, Landmælingar Íslands, Reykjavík)

Bild 23: Moderner Landwirtschaftsbetrieb bei Ísafjörður (Vestfirðir). (Aufn. EG, 4. 8. 79)

Bild 24: Hveragerði am Südrand des Basaltrückens Reykjafjall. Die Siedlung mit ihren heißen Quellen ist heute das größte Gartenbauzentrum Islands. Zahlreiche Gewächshäuser und die staatliche Gartenbaufachschule konzentrieren sich auf den nördlichen Ortsrand. (Luftbild Nr. 5375 G, aufgenommen am 20. 8. 82, Landmælingar Íslands, Reykjavík)

Bild 25: Gewächshaus in Hveragerði. Temperiertes Gewächshaus der staatlichen Gartenbaufachschule in Hveragerði mit Kohlarten, Tomaten und Paprika. (Aufn. EG, 18. 8. 83)

Bild 26: Das Thermalkraftwerk Krafla nördlich des Mývatn (Nordisland). In dem Werk wird die Hochtemperatur-Energie erbohrten Dampfes aus der aktiven Vulkanzone verstromt. Kapazität des Kraftwerkes: 55 MW. (Aufn. EG, 12. 8. 83)

Bild 27: Das Sigalda-Kraftwerk im Tungnaá-Gebiet ca. 10 km südwestlich des Þórisvatn (Südisland). Die Kapazität des Kraftwerkes, das durch einen Stollen mit dem Wasser des Krókslón betrieben wird, ist auf 150 MW ausgelegt. (Aufn. EG, 14. 8. 83)

Bild 28: Heimaey, die Hauptinsel der Vestmannaeyjar. Der Vulkan Eldfell im Zentrum der rechten Bildseite drohte mit seinem Ausbruch im Januar 1973 die städtische Siedlung ganz zu vernichten und den wichtigen Fischereihafen (oberer Bildteil) zu verschließen. (Luftbild Nr. 5351 G, aufgenommen am 20. 8. 82, Landmælingar Íslands, Reykjavík)

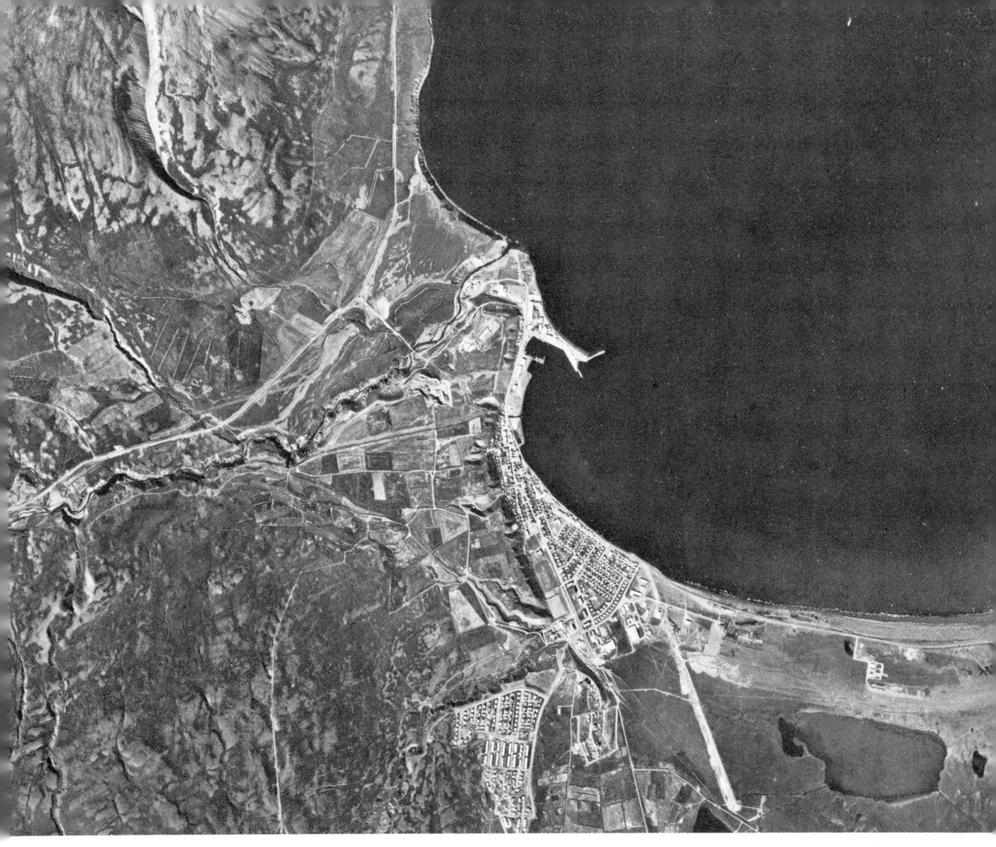

Bild 29: Sauðárkrókur am Skagafjörður (Nordisland). Sie erhielt 1947 die Stadtrechte und zählte um 1980 gut 2000 Einwohner. Nördlich und südlich Sauðárkrókur die Plateaubasalt-Landschaft, am nördlichen Bildrand der Anstieg zum Tindastóll (bis 989 m NN). Südöstlich der Stadt ein kleiner Strandsee und die etwa 2000 m lange, auch für größere Flugzeuge geeignete Rollbahn des Flugplatzes. (Luftbild Nr. 81446, aufgenommen am 28. 8. 82, Landmælingar Íslands, Reykjavík)

Bild 30: Die Innenstadt von Reykjavík. Blick von der Hallgríms-Kirche entlang der Skólavörðurstígur auf das Hafengelände. (Aufn. EG, 19. 8. 83)

Bild 31: Die östlichen Stadtteile von Reykjavík. Neue, mehr oder minder monotone Wohnviertel kennzeichnen die Außenstadtbezirke von Reykjavík, hier die Ostperipherie an der Bucht Elliðavogur. Charakteristisch sind auch die breiten Ausfallstraßen und die Gewerbe- bzw. Industrieflächen entlang der Bucht (vgl. auch Abb. 33). Parallel zur West-Ost-Straße verläuft auf der Südseite als feiner Streifen (unmittelbar am Kleeblatt des Verkehrskreuzes vorbei) die Warmwasser-Versorgungsleitung Reykir–Reykjavík. (Luftbild Nr. 7805, aufgenommen am 7. 6. 80, Landmælingar Íslands, Reykjavík)

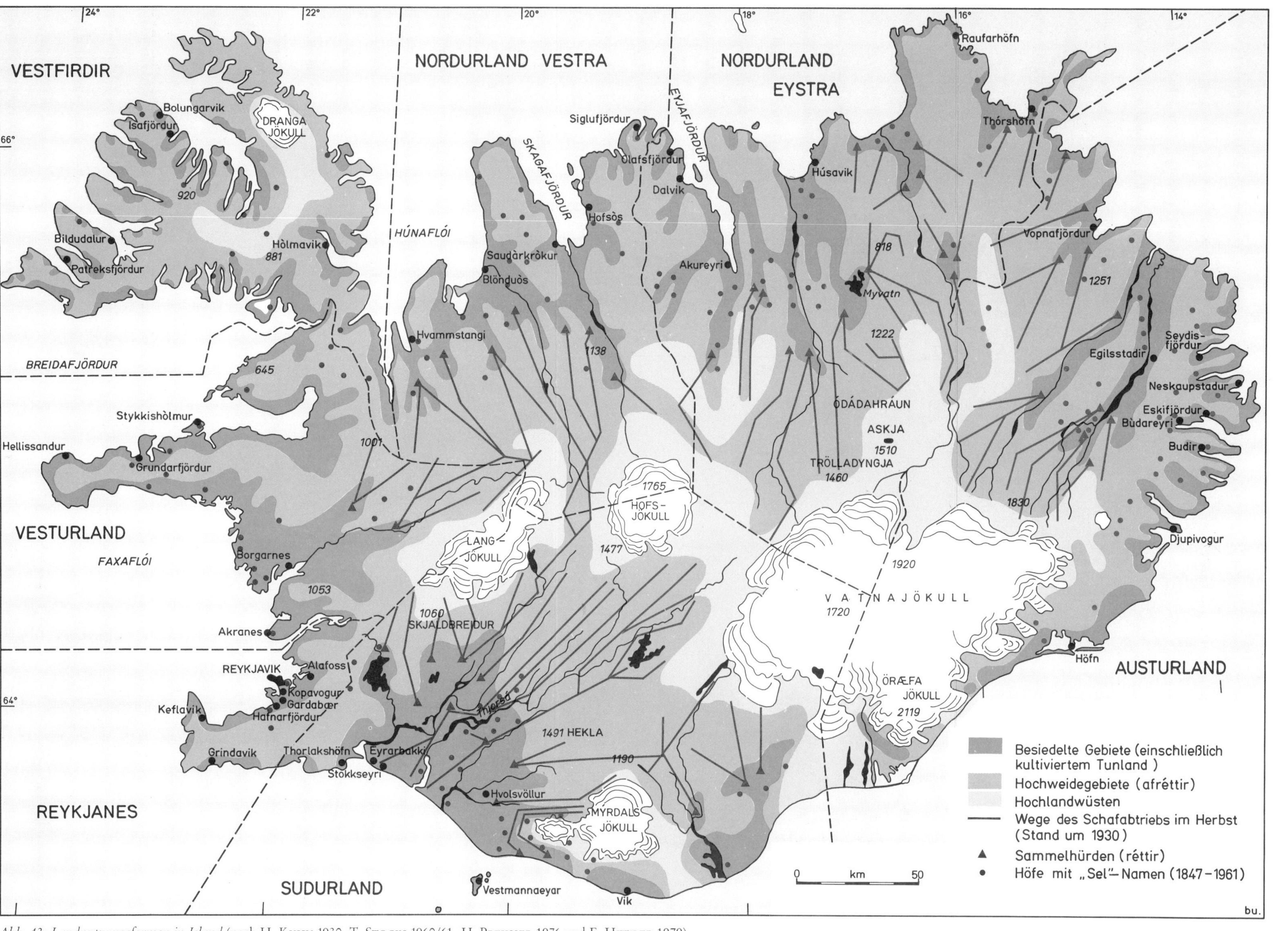

Abb. 43: Landnutzungsformen in Island (nach H. Kuhn 1930, T. Stocks 1960/61, H. Preusser 1976 und E. Hitzler 1979).